古籍善本粹編 10

閱 是 編

浙江人民美術出版社

U0729331

圖書在版編目（ＣＩＰ）數據

古籍善本萃編. 10 / 閱是編. —— 杭州：浙江人
民美術出版社，2018.12
　ISBN 978-7-5340-7128-7

　Ⅰ．①古… Ⅱ．①閱… Ⅲ．①古籍－收藏－中國－圖
録 Ⅳ．①G262.1-64

　中國版本圖書館CIP數據核字(2018)第248058號

古籍善本粹編 10

閱　是　編

責任編輯　楊　晶
文字編輯　傅笛揚　羅仕通　張金輝
裝幀設計　陸豐川
責任印製　陳柏榮

出版發行　浙江人民美術出版社
　　　　　（杭州市體育場路 347 號）
網　　址　http://mss.zjcb.com
經　　銷　全國各地新華書店
製　　版　杭州富春電子印務有限公司
印　　刷　杭州富春電子印務有限公司
版　　次　2018 年 12 月第 1 版・第 1 次印刷
開　　本　889mm×1194mm　1/16
印　　張　13.75
書　　號　ISBN 978-7-5340-7128-7
定　　價　375.00 圓

（如發現印刷裝訂質量問題，影響閱讀，請與出版社發行部聯繫調換。）

前　言

　　"美成在久"，語出《莊子·人間世》。但凡美好之物，都需經日月流光打磨，才能日臻至善。一蹴而就者，哪能經得起歲月的考驗？真正的美善，一定是"用時間來打磨時間的產物"——卓越的藝術品即如此，有社會責任感的藝術拍賣亦如此。

　　西泠印社的文脈已延綿百年，西泠拍賣自成立至今，始終以學術指導拍賣，從藝術的廣度與深度出發，守護傳統，傳承文明，創新門類。每一年，我們秉持著"誠信、創新、堅持"的宗旨，徵集海內外的藝術精品，通過各地的免費鑒定與巡展、預展拍賣、公益講堂等形式，倡導"藝術融入生活"的理念，使更多人參與到藝術收藏拍賣中來。

　　回望藝術發展的長河，如果沒有那些大藏家、藝術商的梳理和遞藏，現在我們就很難去研究當時的藝術脈絡，很難去探尋當時的社會文化風貌。今時今日，我們所做的藝術拍賣，不僅著眼於藝術市場與藝術研究的聯動，更多是對文化與藝術的傳播和普及。

　　進入大眾的視野，提升其文化修養與生活品味，藝術所承載的傳統與文明才能真正達到"美成在久"——我們出版整套西泠印社拍賣會圖錄的想法正源於此。上千件躍然紙上的藝術品，涵括了中國書畫、名人手跡、古籍善本、篆刻印石、歷代名硯、文房古玩、庭院石雕、紫砂藝術、中國歷代錢幣、油畫雕塑、漫畫插圖、陳年名酒、當代玉雕等各個藝術門類，蘊含了民族的優秀傳統與文化，雅致且具有靈魂，有時間細細品味，與它們對話，會給人以超越時空的智慧。

　　現在，就讓我們隨著墨香沁人的書頁，開啟一場博物藝文之旅。

目 録
CONTENTS

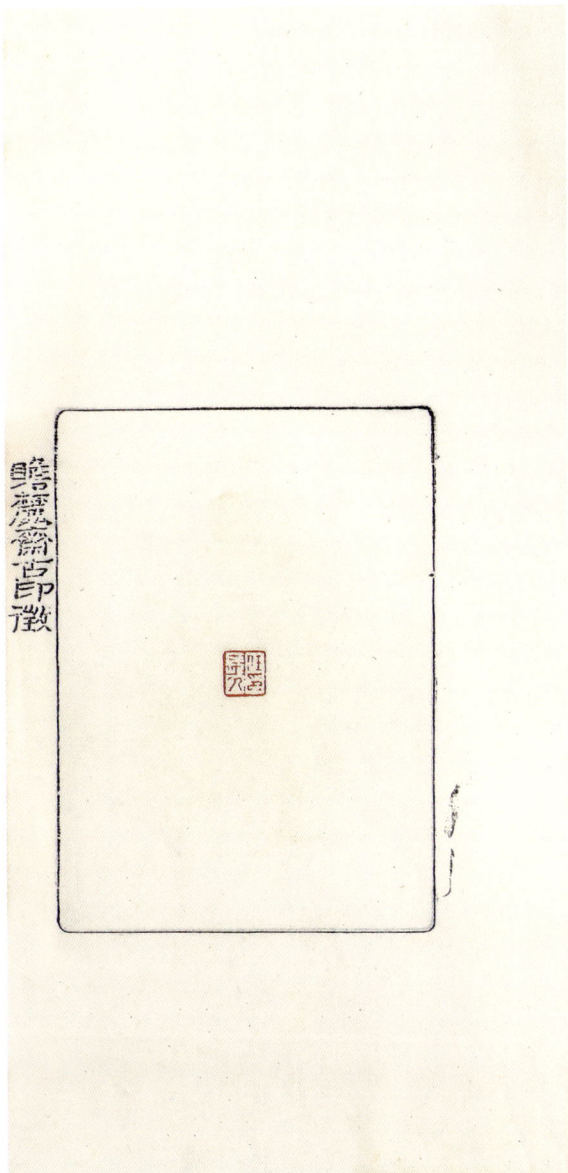

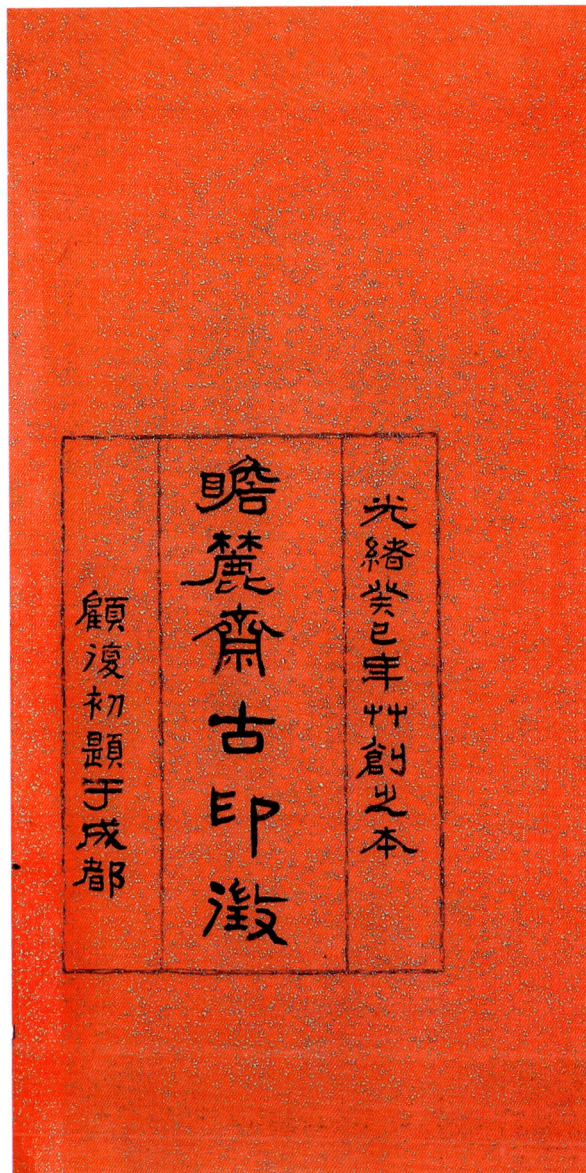

4770

顧復初題龔心釗《瞻麓齋古印徵》

（清）龔心釗輯

清光緒十九年（1893）鈐印稿本

10 冊　白紙

提要：是譜為龔心釗所輯家藏之古印，扉頁顧復初親筆題名："光緒癸巳（1893）年艸創之本，瞻麓齋古印徵，顧復初題于成都。"牌記題："合肥龔心釗裹西氏收藏歷代官私印信，手校成冊，子孫世寶。"內收古印蛻 370 餘枚，多為白文私印，每頁鈐印一枚，拓於黑色邊欄之上，書口上鐫"瞻麓齋古印徵"字樣。是為考訂朝官，互證史實之參考，是冊為初鈐稿本，尤可珍重。

龔心釗（1870 ～ 1949），字懷西，號仲勉，室名瞻麓齋、敏求室，安徽合肥人，寓居上海。清光緒二十一年（1895）進士，任翰林院編修。光緒間出使英、法等國，後出任加拿大總領事，清代著名的外交家。平生篤好文物，潛心研究收藏，精品頗多，如秦商鞅方升，戰國越王劍，宋代米芾、馬遠、夏圭等名家書畫等。

顧復初（1813 ～ 894），字幼耕，一作幼庚，又字樂余、子遠，號道穆、聽雷居士，又號羅曼山人，晚號潛叟。江蘇長洲（今蘇州）人。拔貢出身。清咸豐二年（1852），何紹基任四川學政，邀其隨行入蜀，協助批閱試卷。以後先後作過成都將軍完顏崇實及四川總督吳棠、丁寶楨等人的高級幕僚。有《羅曼山人詩文集》。

SEAL COLLECTION OF ZHANLUZHAI

Impressed in 1893

10 volumes

半框：13.5×9.7cm　開本：30×17cm

RMB: 30,000－50,000

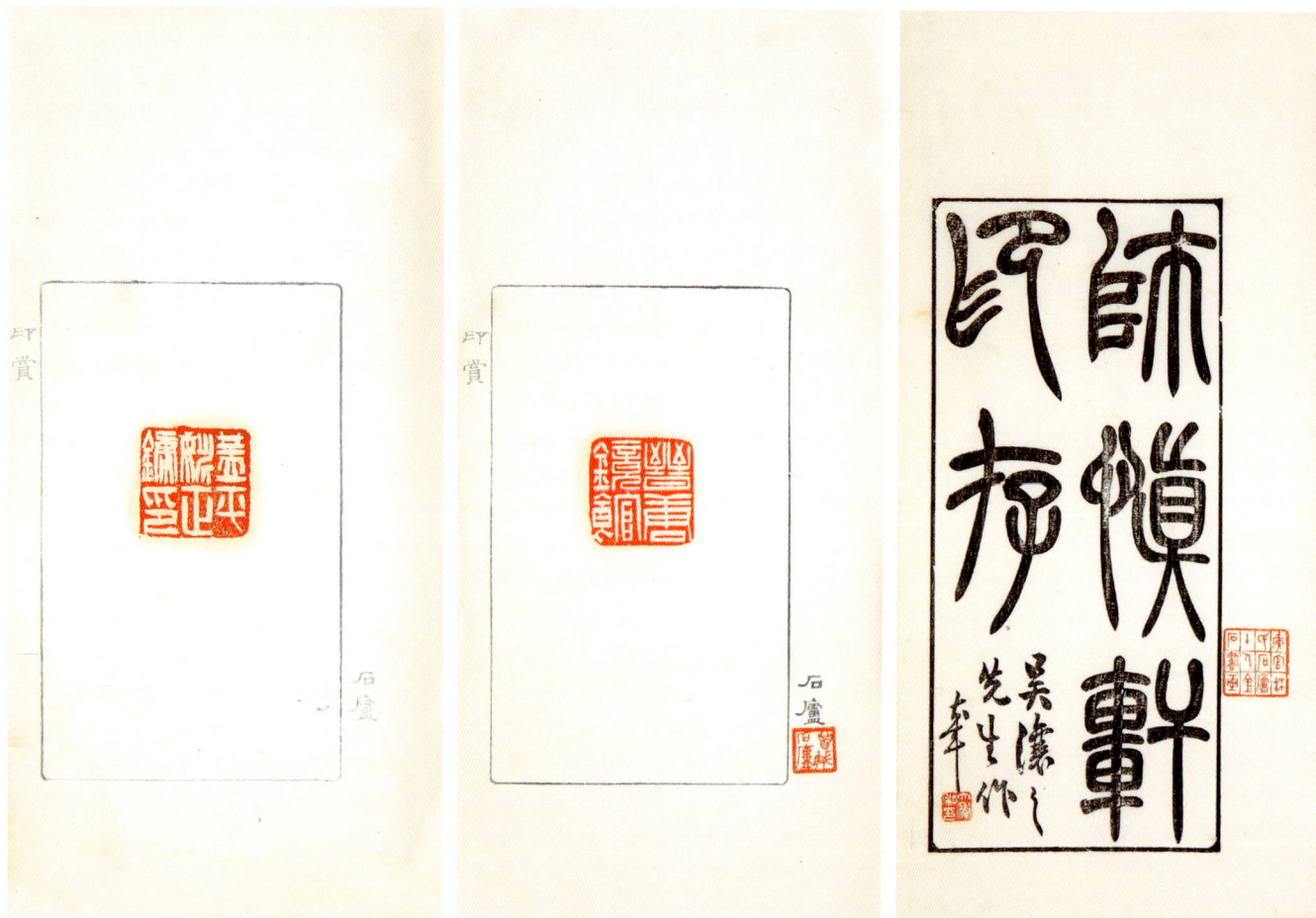

4771

林石廬輯拓吳讓之《師慎軒印存》

民國間鈐印本

1 夾 6 冊　白紙

鑒藏印：侯官林氏石廬主人金石書畫（朱）　侯官林樹臣所拓印譜（白）

提要：是譜為林石廬手拓輯錄吳攘之為岑仲陶等所治印蛻 160 餘枚，童大年篆書署端，每頁鈐印一枚，偶拓
邊款，於藍色邊欄內，書口上鐫"印賞"，下刊"石廬"。

是冊封面籤條鐫："吳讓之先生印存"，內鈐林氏鑒藏章，紙質細膩，朱墨璀璨。

林鈞（1891～1971），字亞傑，號石廬，藏書樓名"寶岱閣"，福建福州人。曾任江西督軍府秘書，
抗戰勝利後，就職於福建省財政廳。1917 年參加由傅增湘、繆荃孫、羅振玉等著名藏書家組織的"訪
碑團"。著有《石廬金石書志》。

[LIN SHILU]　SEAL IMPRESSIONS OF SHISHENXUAN

Impressed in Republic of China

1 case of 6 volumes

半框：13.5×8cm　開本：25×15.5cm

RMB: 40,000－50,000

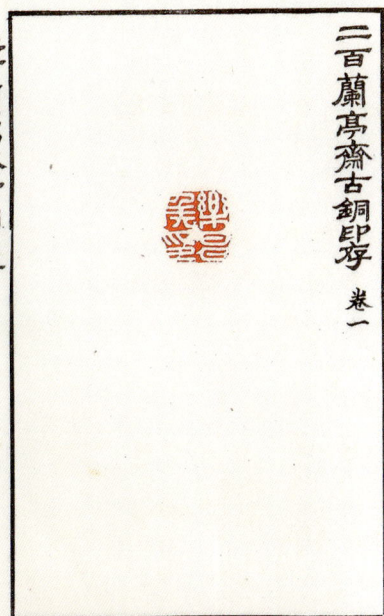

二百蘭亭齋古銅印存 卷一

平齋老弟題

何紹基為

銅金印存

二百蘭亭齋古

4772

吳雲《二百蘭亭齋古銅印存十二卷》

（清）吳雲輯

清光緒間歸安吳氏鈐印本

2 夾 12 冊　白紙

提要：是譜為清代著名金石家、鑒賞家吳雲所輯先秦兩漢以來古銅印蛻，多得自張廷濟清儀閣等東南故家，分十二卷，清
　　　同治年間曾鈐拓二十部，未久即為親友爭取轉購而盡。光緒二年（1876）吳氏應友朋所求重新鈐拓。是冊扉頁何紹
　　　基署簽，內收官印、私印、子母印、雙面印數百枚，每頁鈐印一至數枚，於黑色邊欄內，書口上鐫："二百蘭亭齋古
　　　銅印存"字樣，篆隸兼收，陰陽皆附，舊裝原簽保存，品相端整。
　　　吳雲（1811～1883），字少青，一作少甫，號平齋，晚號退樓，又號愉庭，別署醉石、二百蘭亭齋等，浙江湖州人。
　　　舉人，官鎮江、蘇州知府，篤學考古，曾藏《蘭亭序》二百種，齊侯罍二。善書能印，為清代金石家、鑒賞家。

BRONZE SEAL IMPRESSIONS COLLECTED BY ERBAILANTINGZHAI (12 vols)

Impressed in Guangxu period of Qing Dynasty

2 cases of 12 volumes

半框：19×12cm　開本：29.5×17.5cm

RMB: 120,000－150,000

清官印存

吳越姜殿揚題

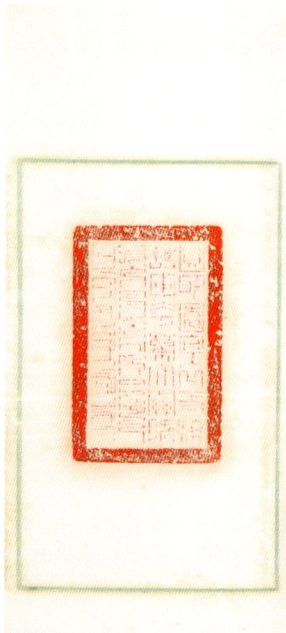

清官印存目錄

提督伊犁等處將軍之印
提督廣東水師據兵官印
湖南巡撫關防
凌寢者守山河關防
圓明園包衣三旗護軍夸蘭大關防
駐劄恰克圖辦理買賣民人事務關防
滿州火器營鑲白旗營據關防

4773

李國森選青草堂清代官印集存

（近代）李國森輯

民國三十二年（1943）合肥李氏選青草堂鈐印本

1冊　白紙

鑒藏印：李國森（白）　蔭軒（朱）　姜（白）　佐禹（朱）

提要：是冊為李鴻章侄孫李國森輯拓清代官印、關防印，內收"總統伊犁等
　　　處將軍之印"、"圓明園包衣三旗護軍夸蘭大關防"等，共計四十方。
　　　每葉一印，淡綠色邊框，版心上鐫："選青草堂"，下鐫"合肥李氏珍藏"。
　　　冊前有民國三十二年（1943）李國森題跋。姜殿揚署題。黃色綾面舊裝，
　　　品相佳。

COLLECTION OF OFFICIAL SEALS BY XUANQINGCAOTANG

Impressed by Xuanqingcaotang in 1943

1 volume

半框：17.2×10.7cm　開本：26.5×15.3cm

RMB：50,000－80,000

跋者簡介：1. 李國森（1911～1972），字蔭軒，室名選青草堂，合肥人。李
　　　　　鴻章侄孫，李經義子。自幼喜好文物故玩，收藏錢幣、青銅器
　　　　　甚豐。
　　　　2. 姜殿揚（？～1957），別名佐禹，江蘇吳縣（今蘇州）人。擅書法。
　　　　　曾任商務印書館編輯，上海文史館館員。

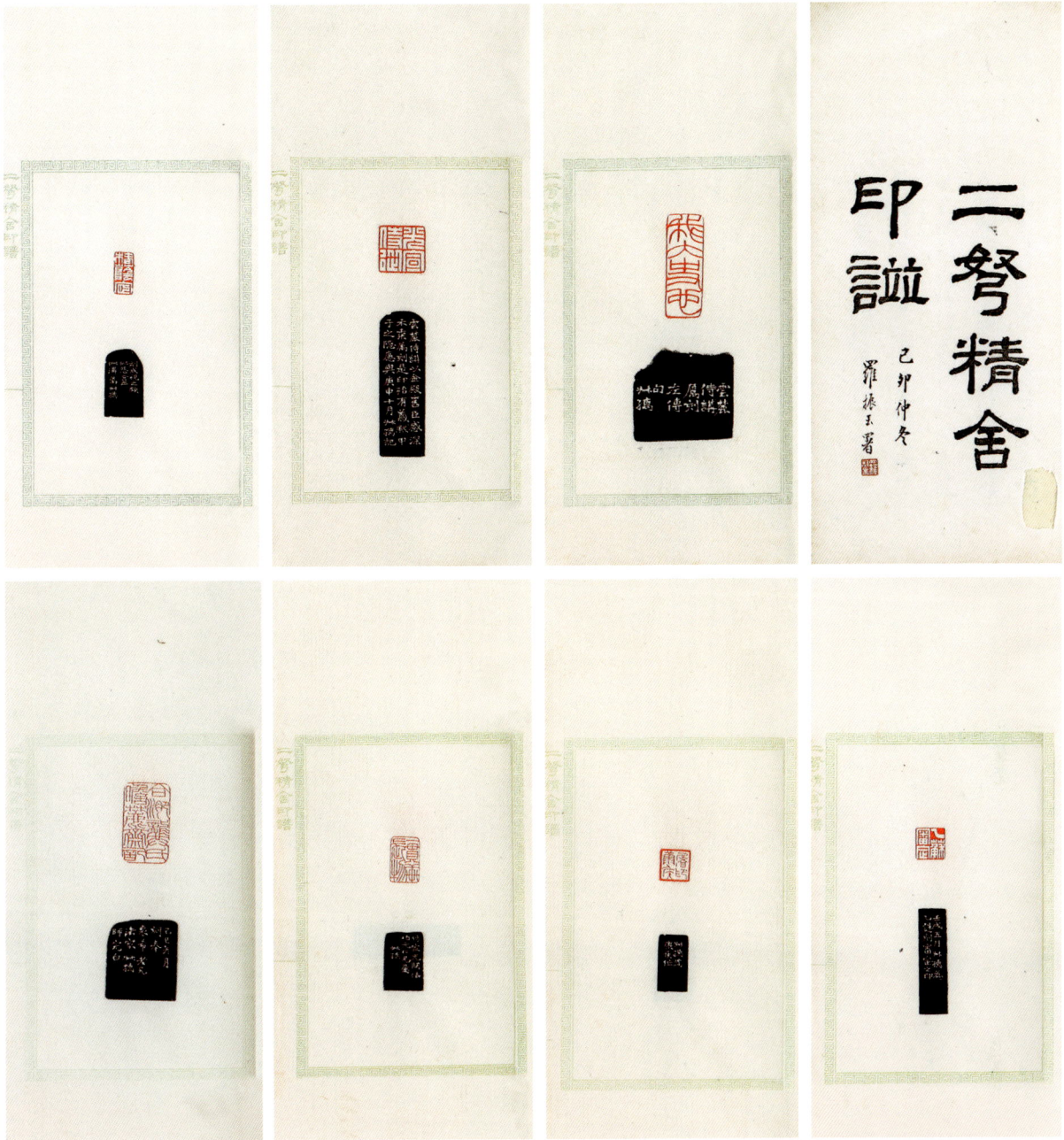

4774

二弩精舍印譜六卷

（民國）趙叔孺篆

民國間鈐印本

6冊　紙本

提要：是譜為張魯盦、葉潞淵、陳子受等人彙集其師趙叔孺數十年
間所治印蛻，倩會稽王秀仁精拓成譜。

　　是冊刊羅振玉題名，褚德彝作序，內收趙叔孺治印300方，
每頁鈐印1方，兼拓邊款於綠色回紋板框內，書口上鐫："二
弩精舍印譜"，後鐫張魯盦跋文。朱文得完白、悲厂之神髓，
白文得鍬印之菁英。拓款考究，紙質綿連，虎皮宣封面，存

原簽。

趙叔孺（1874～1945），名時棡，字叔孺，以字行，浙江鄞縣人。
1911年寓居上海專事書畫創作，名重當時。書工四體，花鳥
山水，皆擅勝場。富收藏、精鑒賞。為海上名家之一。

SEAL IMPRESSIONS OF ER NU JING SHE (6 vols)

Impressed in Republic of China

6 volumes

半框：15.5×10.5cm　開本：26×15cm

RMB: 100,000－150,000

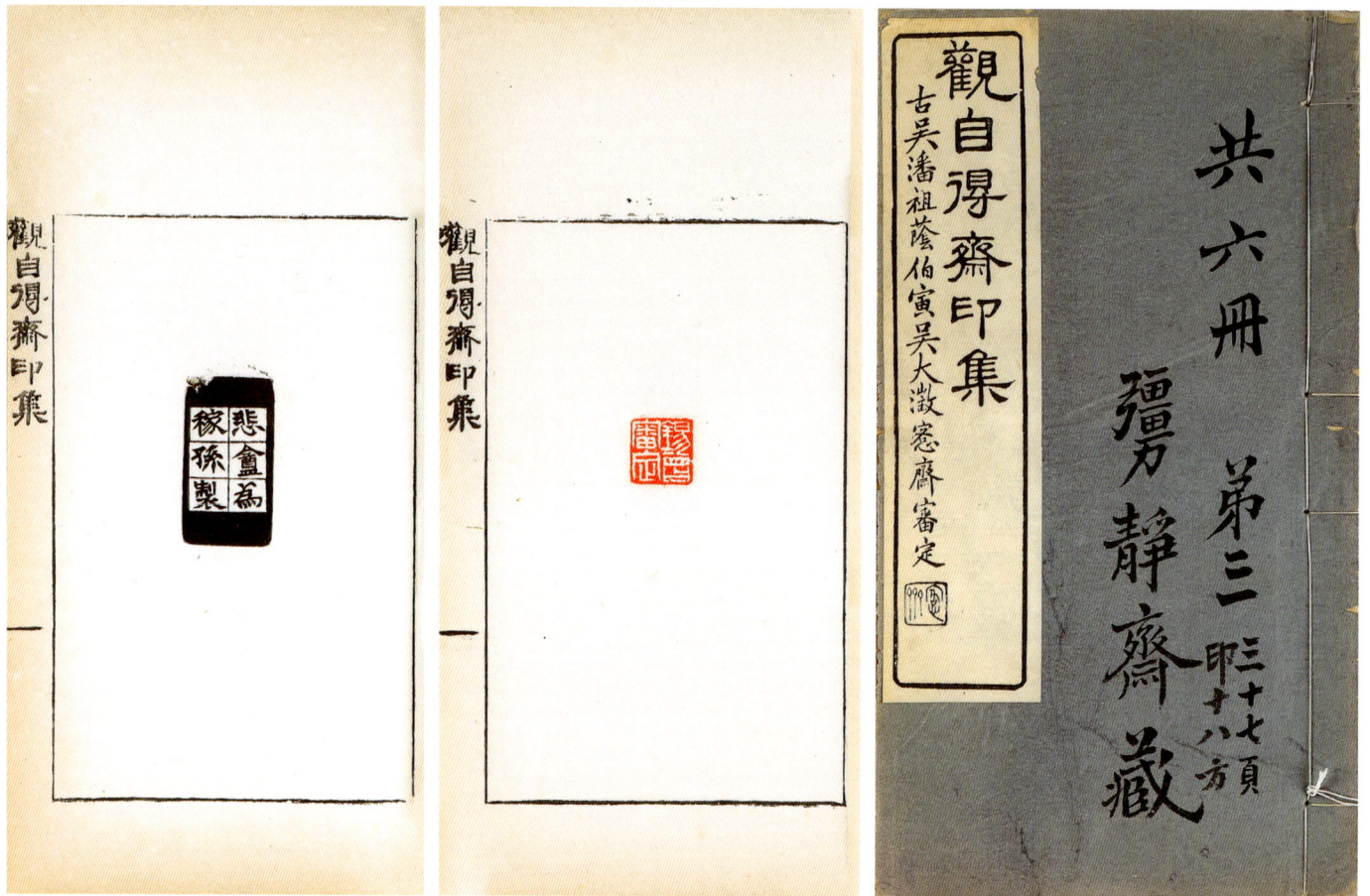

觀自得齋印集

古吳潘祖蔭伯寅吳大澂憲齋審定

共六冊 第三 即三十七頁 十八方

彊靜齋藏

4775

觀自得齋輯趙之謙印譜

（清）徐士愷輯

清光緒間鈐印本

6冊 白紙

提要：拍品內收趙之謙為沈樹鏞、潘祖蔭、魏稼孫等刻篆印百餘方，拓有邊款，黑色邊欄，版心上鐫："觀自得齋印集"字樣。封面刊吳大澂題簽，前刊楊峴署題、葉銘摹趙之謙小像、徐士愷、吳大澂撰序。原裝保存。

徐士愷（1844～1904），字壽安，號子靜，安徽石埭人。官浙江候補道。嗜金石，精鑒別，富收藏，與吳雲兩罍軒相頡頏。著有《觀自得齋叢書》。

SEAL COLLECTION OF ZHAO ZHIQIAN COLLECTED BY GUANZIDEZHAI

Impressed in Guangxu period of Qing Dynasty

6 volumes

半框：16.7×10.6cm 開本：25.7×14.3cm

RMB: 30,000－50,000

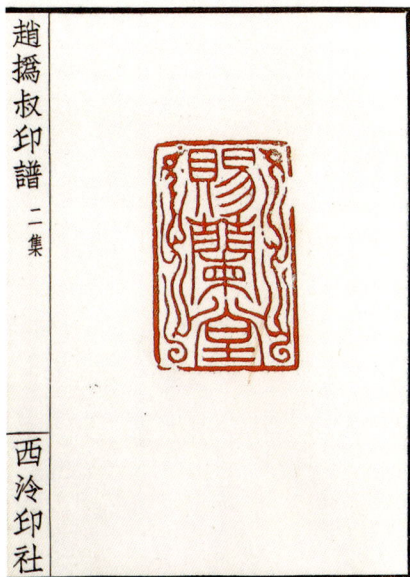

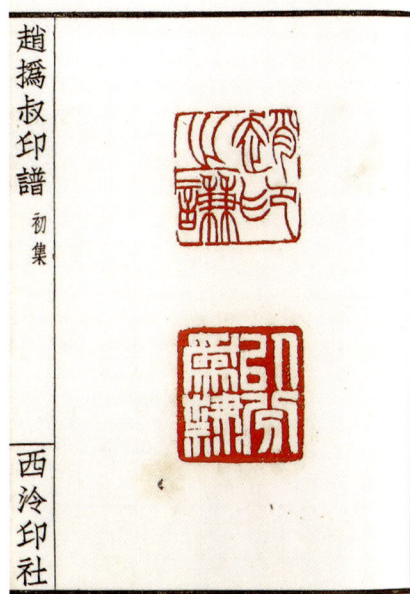

4776

趙撝叔印譜初集、二集

（民國）丁仁、吳隱等編次

民國間西泠印社鈐印本

1函 8冊　白紙

提要：趙之謙篆刻技法以漢碑結構融會於胸，以古幣、古鏡、古磚、古瓦文參錯用之，迥翥縱恣，唯變所適，印外求印。此譜初集扉頁刊羅振玉題名，仁和葉銘摹小像。並有趙之謙、吳讓之、傅栻、胡澍等名家珂羅版印手跡，丁仁、葉銘作序；二集首有吳隱珂羅版照片一幅、西泠印社小景四幅。收趙之謙自用印及為沈樹鏞、魏稼孫、胡澍等名家治印蛻二百八十餘方，每頁鈐印一至二方，兼拓邊款。書口下鐫"西泠印社"字樣，原裝包角，品相佳。

SEAL IMPRESSIONS OF ZHAO ZHIQIAN (Vol. 1 & 2)

Impressed by Xiling Society of Seal Arts in Republic of China

1 case of 8 volumes

半框：18×13.5cm　開本：29.2×17.2cm

RMB: 50,000－60,000

可讀廬印存

光緒丁
酉十月
鞏伯屬
滄宣署

序

朱青雷寶文君之遺製佩自隨
身龔定庵愛飛燕之鑑名藏恩
建閣馬長卿玉刻高鳳翰曾傳
詩話之編海忠介瓦甓周櫟園

推名手初法浙而之道夫繼摹
漢代之形模臣帙彙成蔚然振
彙序文命作美矣聞編僅徒知
薰芝葉之香末解刻芳華之玉
潮古文於彝簡翻小學放而識

字源祕俗本為兔園提六書通
而知篆體印累識四字迴環之
讀功益無三丰別楮之勤特請
夫俗手掮離恐諧天佛顛著真
勸成弁首不取諛言宜如梁書

列入印人之傳是皆文人好古
雅士搜奇嗜奇者痂癖之同情繪
倒好嬉之韻事然而收藏徒富
鐫刻難精技雖不薄夫鼎雕摹
未薰工夫烏篆也乾隆中葉名

士如林始號專家盛傳浙派蔣
山堂葦堪屈鐵黃小松字取藏
鋒丁龍泓古樸堪嘉陳鴻壽勁
堅可喜雕傳私印貴等奇珍觀
其體格則帶方察其神氣則弱

厚雖較諸漢印未能不著力為
工而超出俗流尚屬用精心而
撰自是而後迪不如前訂譜雖
多鐫文總弱趙次閑以秀勻取
朦僅悅時人鄧完白以飛舞生

姿遂開別派風氣隨時而屢變
正宗不失而良難金君鞏伯誠
文確守繆篆舃通亥防三家之
訛皐華四羊之譏帙翱繚碧華
年尚是書生文印泥紅藝事竟

士風流得配鉶閑姬人之作莫
敠姜次生任誕長歌會稽太守
之詞
光緒強圉作噩之歲壯月歸安
邨舍章序周廷華書

金君鞏伯之鍾而趙之出刃才
讀廬印譜觀其佩作深入
漢人連輯古厚不讓皎公而
一種清到良上之氣視葦
老則又過之弨吾鄉山

陝之秀而鍾與吳昌碩司
馬有如駑之靳也夫
戌秋八月陳兆鳳書

可讀廬
印福

可讀廬
印福
鞏伯仁兄

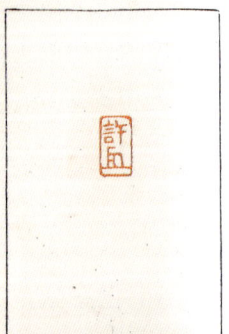

余素特短視不惠密花乃近列趨
視而盆花美穹峇等宗示以偶
煙霧可欹邨書記之記

可讀廬印存
陳兆熊署

可讀廬印存

可讀廬印福

可讀廬印存

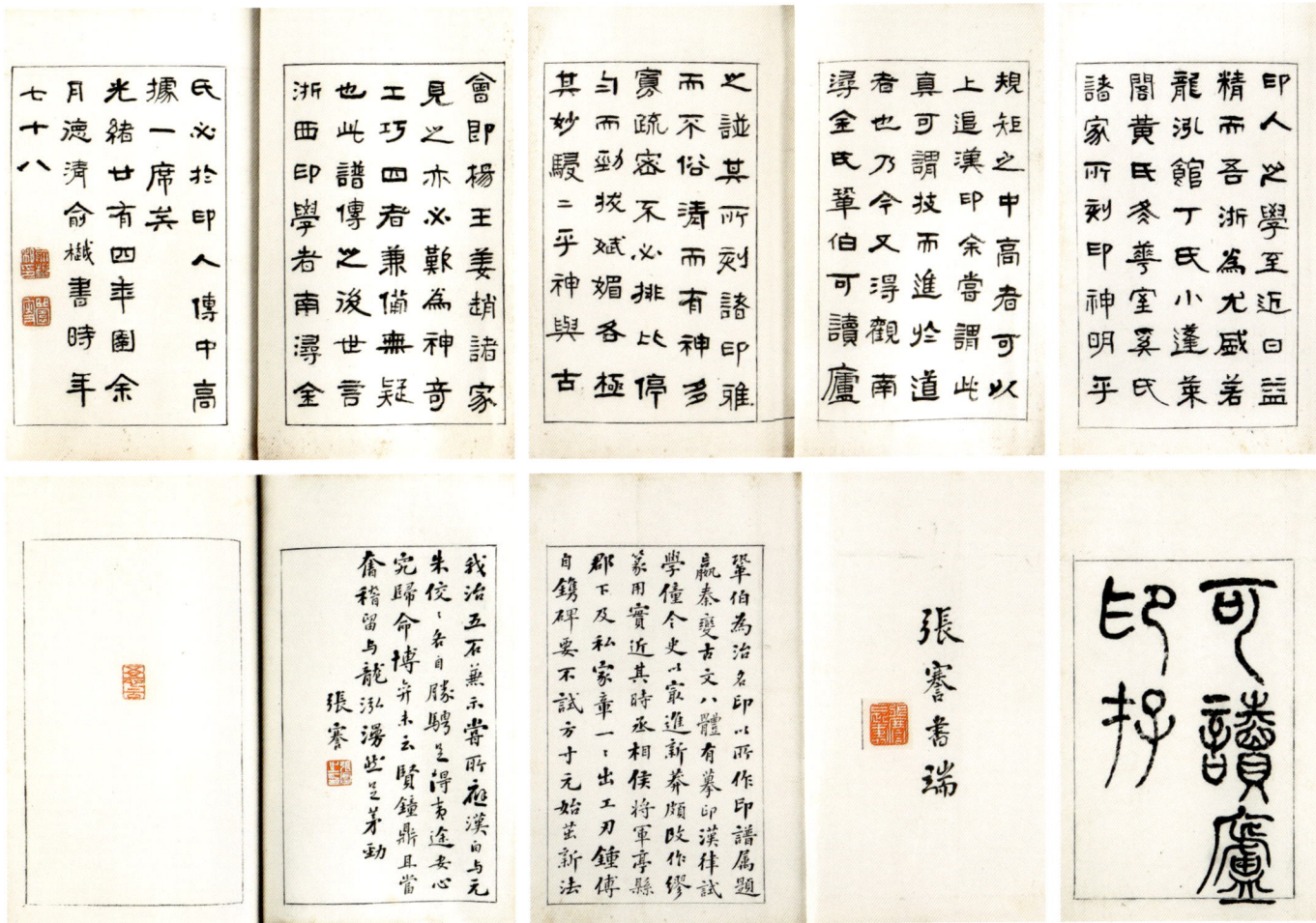

印人之學至近日益
精而吾浙爲尤盛著
龍泓館丁氏小蓬萊
閣黃氏冬花菴奚氏
諸家而刻印神明乎

規矩之中高者可以
上追漢印余嘗謂此
真可謂技而進於道
者也乃今又得觀南
潯金氏華伯可讀廬

之誼其所刻諸印雅
而不俗清而有神多
寡疏密不必排比停
其妙駸駸乎神與古
極

會即楊王姜趙諸家
見之亦必歎爲神奇
工巧四者兼備無疑
也此譜傳之後世言
浙西印學者南潯金

氏必於印人傳中高
據一席矣
光緒廿有四年園余
月德清俞樾書時年
七十八

張謇書瑞

可讀廬
印抄

4777

俞樾、張謇、高邕等題跋金城印譜《可讀廬印存》

（清）金城篆刻

清光緒間鈐印本

12冊　白紙

鑒藏印：俞樾私印（白）　曲園叟（白）　曲園居士（白）　張謇長壽（白）　張謇之印（白）　高邕之（白）　澹宣（白）　稷山（朱）　廷華（白）　兆熊（朱）　陳辰田（白）　辰田（朱）　吳興金坊珍藏印（白）

提要：此譜內收金城篆自用印及其爲俞樾、陸恢、張謇、鄭孝胥、王震、朱祖謀、陸心源、許鼎、楊繼祖、陶濬宣、金紹坊等人刻印約三百五十方，前有光緒二十四年（1898）俞樾親筆題序二則，張謇書耑并題序，高邕、陶濬宣題字并題簽，陳兆熊題簽、題名，邱含章撰序（周廷華書）。每葉鈐一至二印，兼拓邊款，黑色邊欄。拍品分大小兩種開本，其中大開本一冊前有石印俞樾、陳兆熊、張謇序，印文內容及序列均與小開本不同。金城之弟金西厓舊藏。

金城（1878～1926），字拱北，一字鞏伯，又名紹城，號北樓、藕湖，浙江吳興人。家學淵源，古器物書畫收藏甚富。工詩、書畫，擅篆刻，初師浙派，後涉獵古璽印。1910年創立"中國畫學研究會"。著有《藕湖詩草》《北樓論畫》等。

[YU YUE, ZHANG JIAN, GAO YONG, ETC.]　SEAL IMPRESSIONS OF KEDULU

Impressed in Guangxu period of Qing Dynasty

12 volumes

半框：15.9×9.8cm　13.5×7.8cm

開本：20.5×14.7cm　20.8×15.2cm

RMB: 180,000－250,000

跋者簡介：1. 俞樾（1821～1906），字蔭甫，號曲園，晚號曲園老人、曲園叟，浙江德清人。道光三十年（1850）進士。歷任編修、河南學政。晚年僑居蘇州，致力於經學研究。曾主講杭州詁經精舍達三十年。工詩文、書法，著有《春在堂全書》。

2. 張謇（1853～1926），字季直，號嗇翁，別署嗇庵、處默、煙波釣叟，江蘇南通人。光緒二十年（1894）狀元，授翰林院修撰。擅書法，學顏、歐。中日甲午戰爭爆發，曾劾李鴻章妥協。後返里興辦實業。辛亥革命時期曾任南京臨時政府實業總長、北京政府農商總長。

3. 高邕（1850～1921），字邕之，號李盦，浙江仁和（今杭州）人，寓上海。工書，好李邕法，能以草書作畫。畫宗八大、石濤，山水花卉，神味冷雋，兼善篆刻。與錢慧安、吳昌碩等創辦"豫園書畫善會"。為近代六十名家之一。

4. 陶濬宣（1846～1912），字文沖，號心雲，別號東湖居士、稷山居士，浙江會稽（今紹興）人。清光緒二年（1876）舉人。曾任廣雅書院山長，又任職於湖北志書局。工書法、詩文。著有《稷廬文集》。

5. 陳兆熊（清），字辰田，浙江歸安（今湖州）人。舉人。工書法。

6. 邱含章（清），浙江歸安（今湖州）人。同治、光緒間與陳詩、沈焜、蔣錫輪、徐麟年等結"江春吟社"。

4778

龔心釗、趙叔孺、吳湖帆等二十家題《魯盦印稿》

（民國）張魯盦篆刻

民國間鈐印本

22冊　紙本

鑒藏印：龔心釗（白）　馬敘倫（白）　趙叔孺（白）　葉恭綽（白）　宋育德（白）　丁辰翰林（朱）　吳湖帆（朱白）　潘伯鷹（白）　朱中子其石（白）　大可所作（朱）　董元龍（朱白）　許松如（白）　瓶齋（朱）　就出印（白）　閑雲（朱）　青山農（白）　琴西曰利（白）

提要：是譜為西泠印社早期社員、著名篆刻家張魯盦篆印集，內收張魯盦自用印及其為趙叔孺、張大千、溥儒、鄧石如、丁輔之、方介堪、陳巨來、高式熊、陳運彰、馬敘倫、秦康祥等諸家篆印共計八百六十餘方。黑色邊欄，書口上方鐫"魯厂印稿"，下鐫"孝水望雲草堂"，部分印拓有邊款。每冊前均由名家親筆題簽，共計二十人：龔心釗、褚德彝、趙叔孺、王褆、宋育德、黃葆戉、馬敘倫、葉恭綽、譚澤闓、吳湖帆、潘伯鷹、陳巨來、朱大可、朱其石、葉潞淵、高振霄、許松如、杜就田、董元龍、琴西。藍色灑金封皮，舊裝保存完好。

[GONG XINZHAO, ZHAO SHURU, WU FUFAN, ETC.]　SEAL IMPRESSIONS OF LU'AN

Impressed in Republic of China

22 volumes

半框：14×9.5cm　開本：26.5×15.3cm

RMB: 200,000－300,000

作者簡介：張魯盦（1901～1962），原名錫誠，更名英，字魯盦，號咀英，室名望雲草堂，浙江慈溪人。趙時棡弟子。西泠印社社員。精篆刻，又以善制印泥名馳遐邇。癖嗜歷代名家印譜，廣收博集四百餘家。著有《仿鄧完白山人印譜》二卷、《魯盦印選》等，輯有《寄鶹山人印存》《橫雲山氏印聚》《金罍印摭》《完白山人印譜》等。

題者簡介：1. 龔心釗（1870～1949），字懷西，號仲勉，室名瞻麓齋，安徽合肥人，寓居上海。清光緒二十一年（1895）進士，任翰林院編修。光緒間出使英、法等國，後出任加拿大總領事。工書，平生篤好文物，收藏精品頗多，如秦商鞅方升、戰國越王劍、宋代米芾、馬遠等名家書畫等。

2. 褚德彝（1871～1942），原名德儀，字守隅、松窗，號禮堂，別號漢威，室名角荼軒，浙江餘杭人。成惠侄。精金石考據，嗜古博物。尤精篆刻，初師浙派，後潛研秦漢鈢印。工畫，亦能寫梅。

3. 趙叔孺（1874～1945），名時棡，字叔孺，以字行，齋號僕累廬、二弩精舍，浙江鄞縣（今寧波）人。1911年寓居上海專事書畫創作，名重當時。書工四體，花鳥山水，皆擅勝場。富收藏、精鑒賞。為海上名家之一。

4. 宋育德（1878～1944），字翰生，號公威，江西奉新人。光緒三十年（1904）進士，授編修。民國間曾任安福國會眾議院議員，江西省教育司長。創辦《大江報》。工書，小楷名重一時。

5. 王褆（1880～1960），初名壽祺，字維季，更名褆，號福厂，七十後號持默老人，齋名麋研齋，浙江杭州人。精訓詁、詞章、金石、書畫之學，工篆刻，時與吳昌碩、趙叔孺有並美之譽，為西泠印社創始人之一。

6. 黃葆戉（1880～1968），字靄農，號鄰穀、破缽，別號青山農，齋名蔗香館，福建長樂人。精隸書、篆刻，亦工繪畫。歷任安徽法政學堂教員、福建省立圖書館館長、上海美專圖畫系主任，又任商務印書館美術部主任編審二十餘年。1949年後為上海市文史館館員。

7. 馬敘倫（1884～1970），字彝初、夷初，號石翁，晚號石屋老人、天馬山房，浙江杭州人。古文字學家、教育家。歷任上海勞動大學、清華大學、北大教授，中國民主促進會主席和民主同盟中央副主席。

8. 葉恭綽（1889～1968），字裕甫，一字玉甫，號遐庵，廣東番禺人。工書法，擅竹石，精鑒賞。清末京師大學堂畢業。1923年任廣東政府財政部長。1931年任鐵道部長。建國後，曾任全國政協常委、中央文史館副館長、北京中國畫院院長。

9. 譚澤闓（1889～1947），字祖同，號瓶齋，湖南茶陵人。譚延闓弟。工書法，師法翁同龢、何紹基、錢灃，並善榜書。

10. 吳湖帆（1894～1968），名萬、倩，字東莊，號倩庵、醜簃，江蘇蘇州人。西泠印社早期社員，其梅景書屋培養了王季遷、陸抑非、徐邦達等書畫名人。收藏甚豐，精鑒別、填詞。山水宗"四王"、董其昌，上溯宋元各家，以雅映靈秀享譽畫壇，為海上重要名家，亦為海上"三吳一馮"之一。

11. 潘伯鷹（1903～1966），原名式，字伯鷹，以字行，安徽懷寧人。早年從吳闓生習經史文詞，1903年後留學歐美日本，建國後任教於同濟大學、浙江大學，1953年任浙江文史館長。著有《太和會語》《宜山會語》《復性書院講錄》《爾雅臺答問》等。

12. 陳巨來（1905～1984），名斝，字巨來，以字行，號塙齋、安持，齋名安持精舍，浙江平湖人。趙叔孺弟子。擅書法，尤精於篆刻，刻印功力深厚，工致典雅。一生治印不下三萬方。著有《安持精舍印話》。

13. 朱大可（1898～1978），名奇，別署蓮垞、蒲石居士等，浙江嘉興人。朱其石胞弟。幼承家學，工篆籀，并善詩詞。著有《墨池集》《嚶鳴詩話》《中風集》等。

14. 朱其石（1906～1965），名碁，一名宣，以字行，號桂莘、桂龕，別號括蒼山人，室名抱冰廬，浙江嘉興人。工山水、篆刻，尤善梅花。篆刻師吳昌碩。有《篔簹印譜》《抱冰廬印存》《朱其石印存》等行世。

15. 葉潞淵（1907～1994），名豐，別號露園，江蘇吳縣人。趙叔孺弟子。工書法、善國畫、精篆刻。曾參加全國第一屆篆刻展。任四明銀行經理、上海中國畫院畫師、西泠印社社員、上海市文史館館員。

16. 高振霄（1877～1956），字雲麓，又號頑頭陀、洞天真逸，別署閑雲，浙江寧波人。光緒三十年（1904）進士。工書法，亦能畫梅。

17. 許松如［清末民初］，江蘇武進人。金石學者，亦富收藏。著有《金石名著匯目》。

18. 杜就田［清］，字秋孫，號憶尊、農隱，室名味六鑫，浙江紹興人。寄寓上海。布衣。善篆刻，私淑趙之謙。工詩文，擅畫花卉精墨竹。

魯厂印稿

魯盦印 稿 葉爲銘	魯盦印 稾 壬午三月 朱大可	魯盦印 稿 癸未初夏 叔倫	魯盦印 稾 甲申秋日 龔心釗	魯厂盦 丙子孟春三月福厂王禔篆	魯厂印 藁 丁丑春兵測帆
魯厂印 稾 甲寅暮正月 黃慕甫	魯盦印 稾 甲申秋日 龔心釗	魯厂印 稾 丙子正月 特瑞趙莊	魯盦印 稾 庚辰三月 朱真石	魯庵印 稿 丙子春月 瀞涧	魯庵印 稾 丁丑孟月 寵
魯庵印 稿 庚辰春日 靜淳閣	魯盦印 稿 民國壬午 葉爲銘	魯盦印 稾 丁丑春月 許松如	魯盦印 稿 戊寅正月 杜就田	魯盦印 稿 丙子孟春 蔡西	魯厂印 稾 丙子正月 陳巨來
		魯厂印 稿 中龐檢	魯盦印 稾 甲申秋日 宗育梅	魯厂印 稾 丙子正月 德舜	魯盦印 稿 癸未初夏 叔倫

此章左手所作　滄浪亡夫後
笑左手所製謾諫　鑒者亦諫余
也惜余不成專學
不然則南阜畫十
蘭書並余一刻而
鼎足矣可惜
不字甚佳　動字兩有力　天字失味

此章以破釘頭戲製　遇駿記

橅秦銀鉥法為
吳蔚若太年伯作

此為廟漫目廿長先生
作滄浪亡夫遠贈之
二十年遂如此寶題之
讀目殺謂這

此卯為願竹實長
作滄浪亡夫何製
嗚源其人復
刻印色
鮮豔亦為識

學初以西丰畫竹
是此而殺不可識也
張家之

此商周囊蘭
中之偽文程
俗石無本氣

一杯酒二塊肉
三盤飯四海肉
飯饌古今天
下第一快事

此乃秦時鹿鈕之
世夫人者居刻如此
實不佳也

怕河伊
宗生一雲間而畫成
生城日月星辰之妙
則地被

色即是空空即
是色

豐見寶白以人此四
金印以甚後刻作睪
清高宗題王
逸少快雪帖句

此藏章二字不甚
工
周髯為吳
四處
也

北為漢人橅之
以橅刀法之鐵
銅派為蘇糠秋兌
宜作

此為吳唯一元作

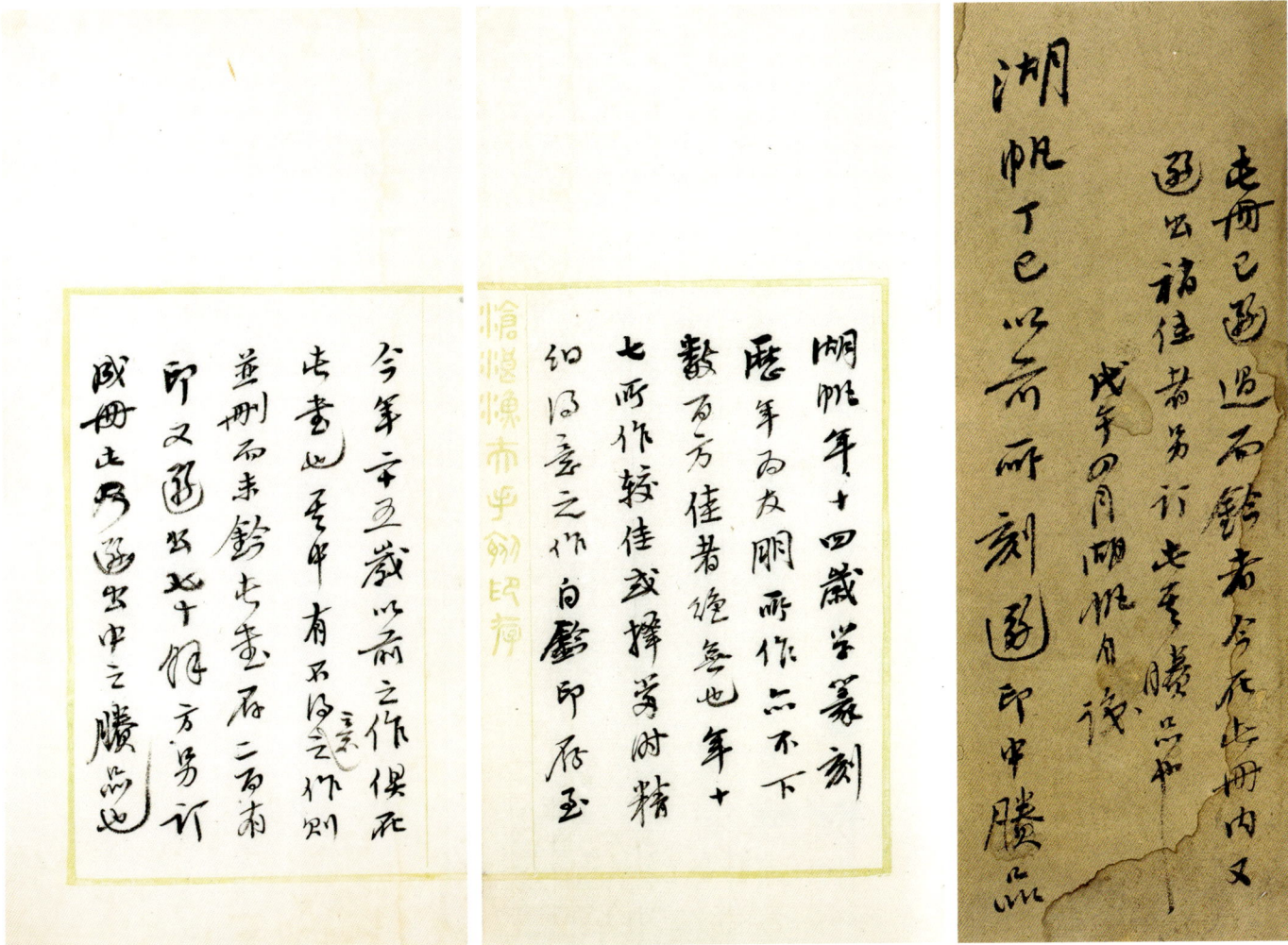

4779

吳湖帆手批自篆印譜《滄浪漁夫手刻印存》

（民國）吳湖帆篆刻

民國間鈐印本

4冊　白紙

提要：是譜為吳湖帆自選14歲至25歲所篆自用名章、鑒藏章，及為顧竹盦、顧浩臣、方唯一、胡瑋、蘇稼秋等親友治印一百餘枚，每頁鈐印一枚，於吳湖帆早年自用綠格稿紙上，書口上鎸："滄浪漁夫手刻印存"。滄浪漁夫為吳湖帆早年之別號。

是冊封面吳湖帆墨筆題記："此冊已選過而鈐者，今在此冊內又選出稍佳者另訂，此其賸品也，戊午（1918）四月湖帆自識。湖帆丁巳（1917）以前所刻選印中賸品。"卷尾有吳湖帆親筆題跋，記此譜由來頗詳盡。內有吳湖帆通篇評點，或從章法、佈局、神韻等多方面評點，或標以"古磁章"、"銀印"、"琉璃章"材質，或記錄為誰所刻。吳湖帆中年之後捨棄篆刻而究心書畫與鑒藏，然自是譜出，猶可見吳湖帆早年刻印之根基與造詣，是為研究吳湖帆早期治印風格及書畫鑒藏鈐印之重要資料，拍場首現，當寶重之。

[WU HUFAN] SEAL IMPRESSIONS OF CANG LANG YU FU

Impressed in Republic of China

4 volumes

半框：13.5×9.5cm　開本：21.8×13.3cm

RMB: 380,000－500,000

作者簡介：吳湖帆（1894～1968），初名翼燕，後更名萬，又名倩，字遹駿、東莊，號倩庵、別署醜簃、湖帆，齋名梅景書屋，江蘇蘇州人。收藏甚豐，精鑒別、填詞。山水宗"四王"、董其昌，上溯宋元各家，以雅腴靈秀享譽畫壇，為海上重要名家。為海上"三吳一馮"之一。

上海歷史文獻圖書館藏近其底□洛高煙之藏陳□□ 🔲

知兵歸去一九五六年元旦拓此贈□贈

於身歸道之其屬為石祖性實見之於滬市以值甚鉅無力擔之今不

子彝先生歸為圖書館雞潛致因題贈也

為鄉影印行世於吳中嘉語也

壬申長期小言名石晉生大本平卷之□虛 🔲

自六朝居士雲印為田石質之妙趣品者去澤于變

高為黃華田吳逸樓貼述己卯余于為滬上

為吳去盧大仲欲晉觀歌年為蒙卿蓋為馬庚

年友余為家兼吳致越為風時出觀兒吸

靳名件吩君伯明慶此原石拓本高以晉劉

名言次歐覺言時水原石以供名質此此非朋姻得諸名合辦

□首歸道之其屬為石祖性實見之於滬市以值甚

福山王漢章吉董錄光我用季木為五山

求府籤之孫待年篤古枝討頻寓為

歌晉冕王主印蛇鈕白文當為印錄

中孫吳太開已歸日本某氏惜我 🔲 鑄

季木藏印

漢友印三十又二
二代吉録百八十九
六不收漢以後私印
印拓送之疏之玉精者 🔲

秋浦周季木寓居天津
為百二漢晉石瓿所收歷代
原石莊之其中島礀右物
蓋去不少皖人文款也 🔲

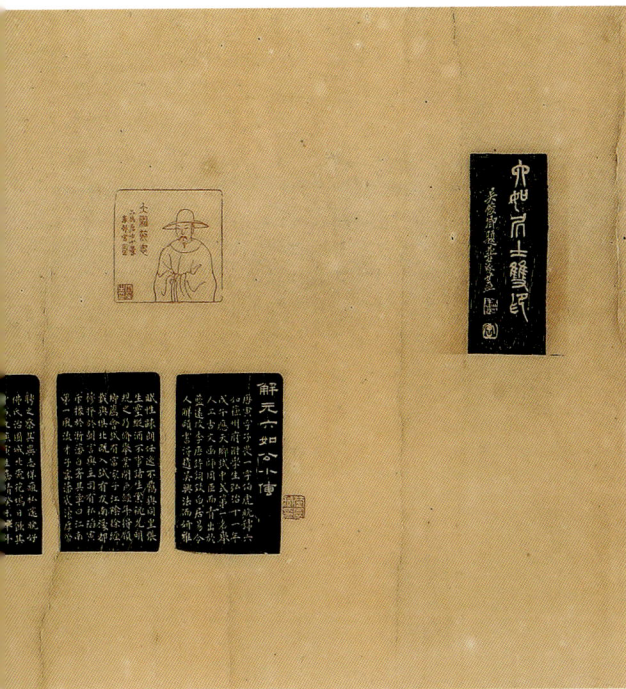

4780

劉之泗、陳子彝題跋《唐寅雙印拓本》

舊拓本

1 幅　紙本

鑒藏印：楚園藏印（白）　公魯手拓（白）　眉翁（白）

提要：拍品內收劉之泗手拓唐六如先生印蛻一雙，兼拓邊款及吳昌碩為其所制匣盒。民
　　　國二十一年（1932）劉氏將此拓題贈陳子彝。後陳氏墨筆書記平生所見六如印信，
　　　及此印後事。

　　　劉之泗（約 1900 ～ 1937），字公魯，號畏齋，又號寅白，安徽貴池人。世珩子。
　　　能詩，好作書畫，書從震均，亦喜收藏。

　　　陳子彝（1897 ～ 1967），名華鼎，號眉盦，江蘇昆山人。現代藏書家、學者，
　　　東吳大學商科畢業。先後在蘇州、昆山等地圖書館和上海南洋中學圖書館任職。
　　　1956 年起任上海師範學院圖書館主任、館長。詩詞書畫、篆刻攝影皆能。著有《漢
　　　字檢字法》《眉盦詩稿》《寰宇貞石圖目錄》等。

[LIU ZHISI AND CHEN ZIYI]　RUBBING OF TANG YIN'S TWO SEAL IMPRESSIONS

Old ink-rubbing

1 piece

110 × 33cm

RMB: 10,000－20,000

4781

易均室題記《季木藏印》

民國間鈐印本

6 冊　白紙

鑒藏印：樗園游藝（白）　易均室審釋金石文字（朱）　天均（朱）　南都易氏庋藏（朱）

提要：是譜內收周季木藏漢官印 2 冊，計 30 餘枚；古鉨印 4 冊，計 90 枚。每頁鈐一印，於黑色板框內，
　　　鈐拓工整，選印至精，有易均室題記。巾箱 6 冊，裝幀雅緻。

　　　易均室（1886 ～ 1969），名忠籙，字均室，號樗園，齋號靜偶軒，湖北潛江人。清末留學日本，
　　　畢業于早稻田大學經濟科，並參加同盟會。先後任湖北圖書館館長、西北大學、四川大學教授等職。
　　　善書畫，工篆刻，精金石。著有《明清名人印集》《錦裡篆刻微存》等。

[YI JUNSHI]　SEAL COLLECTION OF ZHOU JIMU

Impressed in Republic of China

6 volumes

半框：8 × 7.5cm　開本：16.5 × 11.5cm

RMB: 20,000－30,000

赫連泉館古印續存

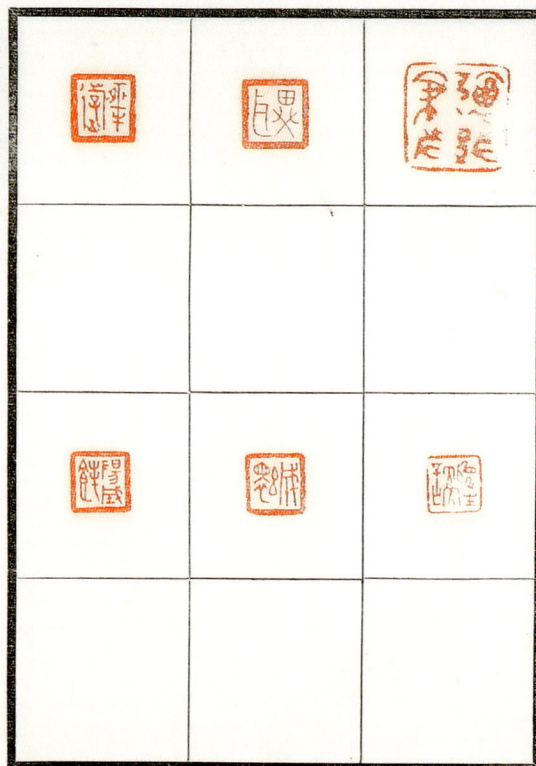

赫連泉館古印存

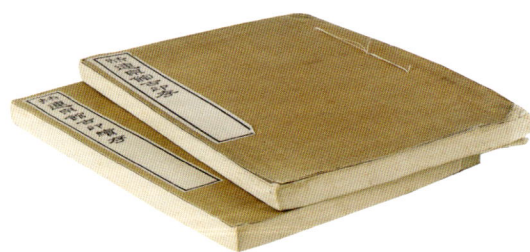

4782

酈承銓舊藏《赫連泉館古印存 續存》

（民國）羅振玉輯

民國四年（1915）至五年（1916）鈐印本

2冊 白紙

提要：是譜為羅振玉輯集古印譜，正集輯錄古印300餘方，續集收印400餘方，內含官印、私印、子母印、雙面印、花押等，質地不一，尤以秦漢古鉨為豐，更有西夏、金元之物，前刊羅振玉自序。《凝清室古官印存》所收諸印皆見於此譜。

是書原裝原簽，每頁收印一至六枚不等，於墨色邊欄格內，書口上鐫"赫連泉館古印存／續存"，朱墨璀璨，拍場罕見。

說明：酈承銓先生舊藏，由其家屬友情提供。

[LI CHENGQUAN] SEAL IMPRESSIONS OF HELIANQUANGUAN AND SEQUAL

Impressed between 1915 and 1916

2 volumes

Provenance: Previously collected by Li Chengquan and provided by his family.

半框：15.5×11cm 開本：22×16.5cm

RMB: 35,000－50,000

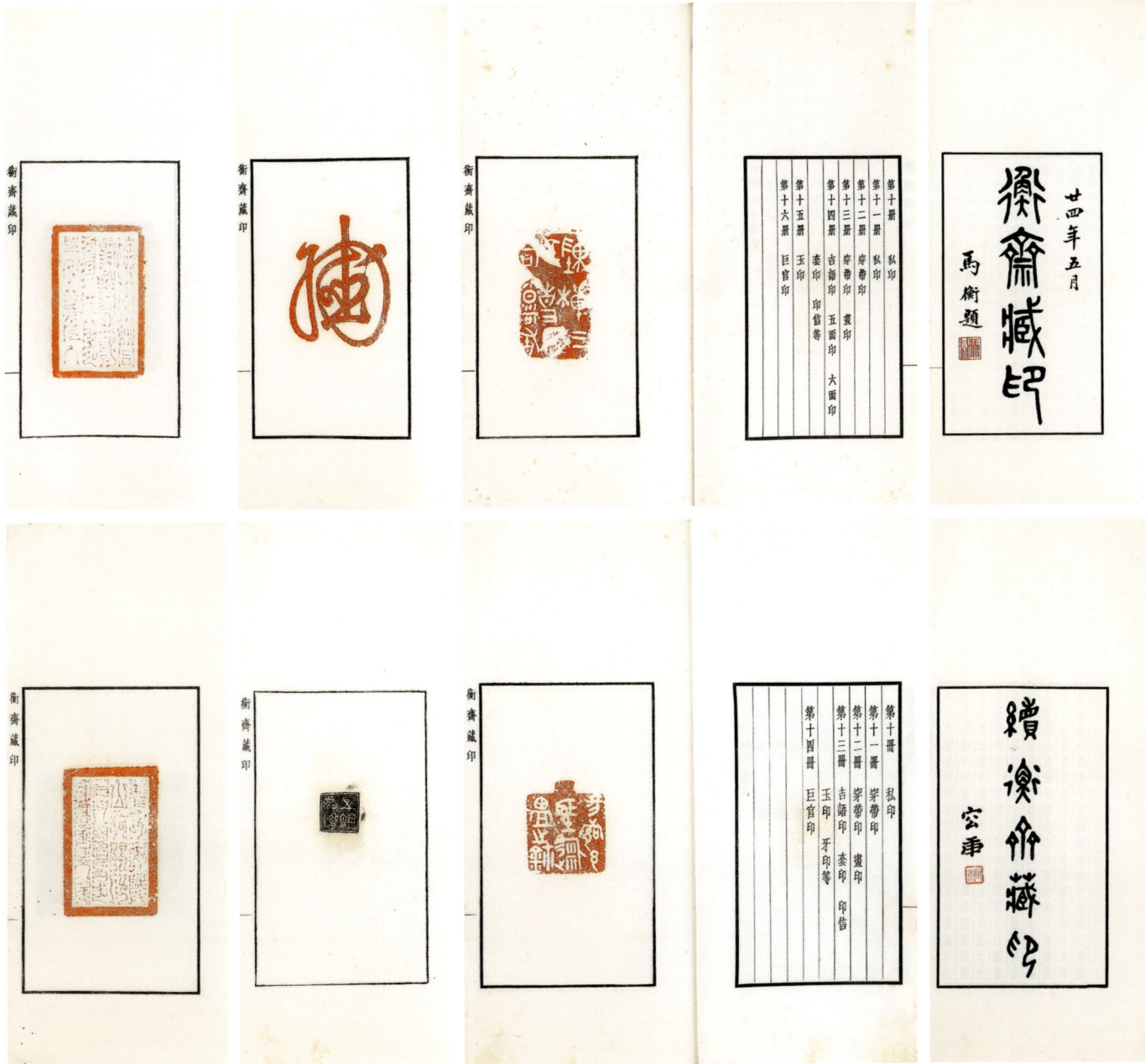

4783

衡齋藏印十六卷　續衡齋藏印十四卷

（民國）黃濬輯

民國二十六年至三十三年（1937～1944）鈐印本

4 函 30 冊　白紙

提要：此譜所錄為黃濬自藏古璽印、官私印等共計八百五十餘種，其中正集一至三冊錄古璽，四、五冊錄周秦印，六、七冊錄官印，八至十一冊錄私印，十二、十三冊錄穿帶印及畫印，十四冊錄吉語印等，十五冊錄玉印，十六冊錄巨官印。扉頁刊馬衡署題，前刊孫壯撰序。民國三十三年(1944)黃氏又輯《衡齋藏印續集》十四冊，容庚署簽。原裝品佳。

黃濬（1880～1952），字伯川，湖北江夏人。經營尊古齋，所經眼之器物多留有記錄，尤其是青銅器，每有收售，必留存拓片。編有《尊古齋所見吉金圖》、《衡齋金石識小錄》、《尊古齋集印》等。

參閱：《中国印谱解题》p212、213，横田实著，二玄社，1976 年。

SEAL IMPRESSIONS OF HENGZHAI (16 vols) AND SEQUEL (14 vols)

Impressed between 1937 and 1944

4 cases of 30 volumes

半框：17.2×10.2cm　開本：31.5×16.8cm

RMB: 200,000－250,000

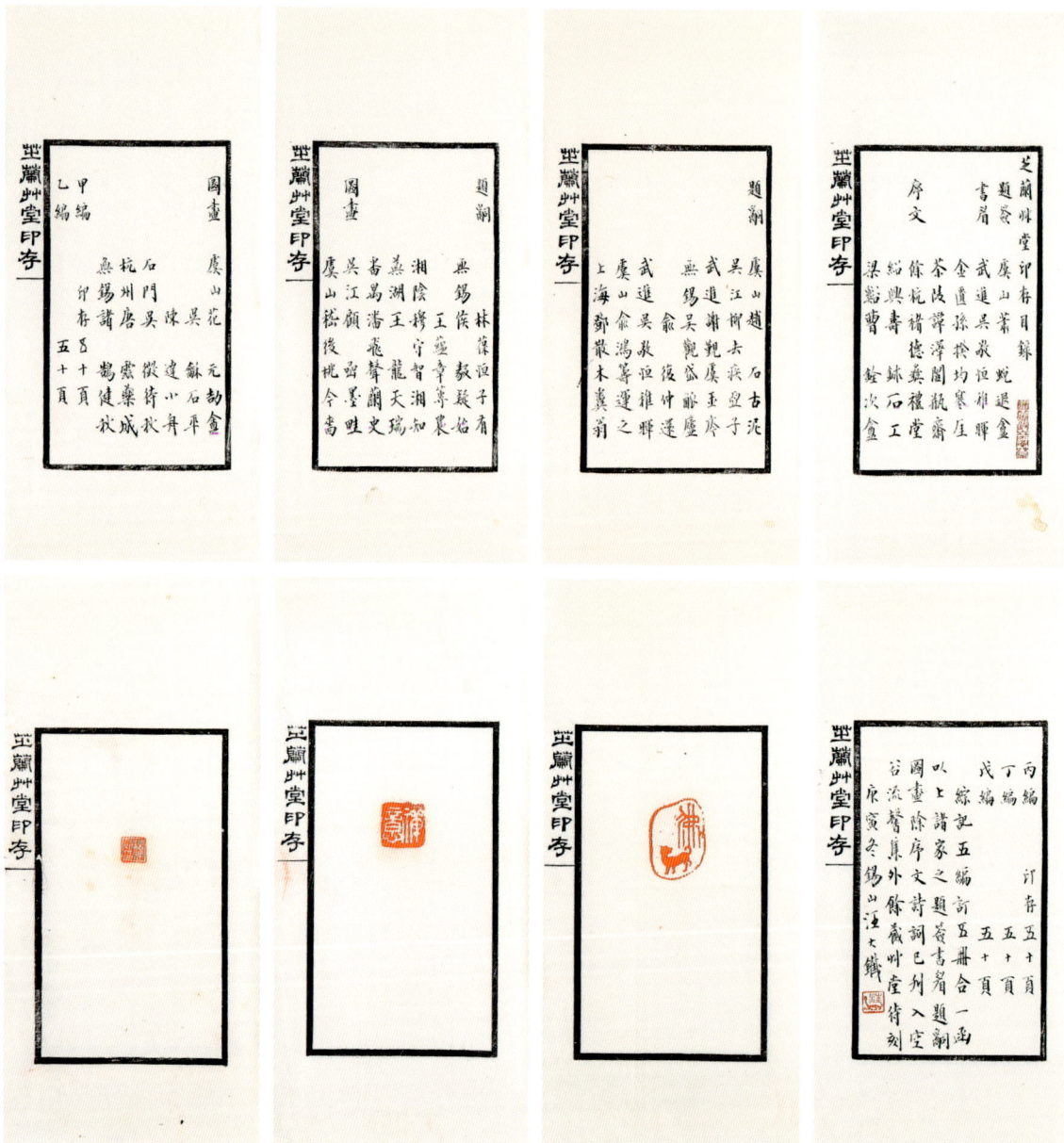

4784

汪大鐵自輯《芝蘭草堂印存全編》

（近代）汪大鐵篆刻

1950年鈐印稿本

1函5冊　白紙

鑒藏印：曾藏錫山芝蘭堂（朱）　汪（朱）

提要：拍品為汪大鐵輯自篆印三百餘方，分拓甲、乙、丙、丁、戊五集，前有汪大鐵墨筆書印存目錄并題記一則，諸家題簽、書眉、題詞、圖書除序文詩詞已刊入《空谷流馨集》外，餘皆待刻。書口上鐫"芝蘭草堂印存"字樣，黑色邊欄，每葉鈐拓一至六印不等。函套有汪大鐵自題簽條。舊裝，品相精好。

汪大鐵（1900～1965），原名瀾，字子東，一字作紫東，室名芝蘭草堂、拜石廬、說篆舊廬等，江蘇無錫人。民國著名篆刻家，趙古泥弟子，富收藏。

[WANG DATIE]　COLLECTION OF SEAL IMPRESSIONS BY ZHILANCAOTANG

Impressed in 1950

1 case of 5 volumes

半框：15.3×8.8cm　開本：26×15.3cm

RMB: 40,000－50,000

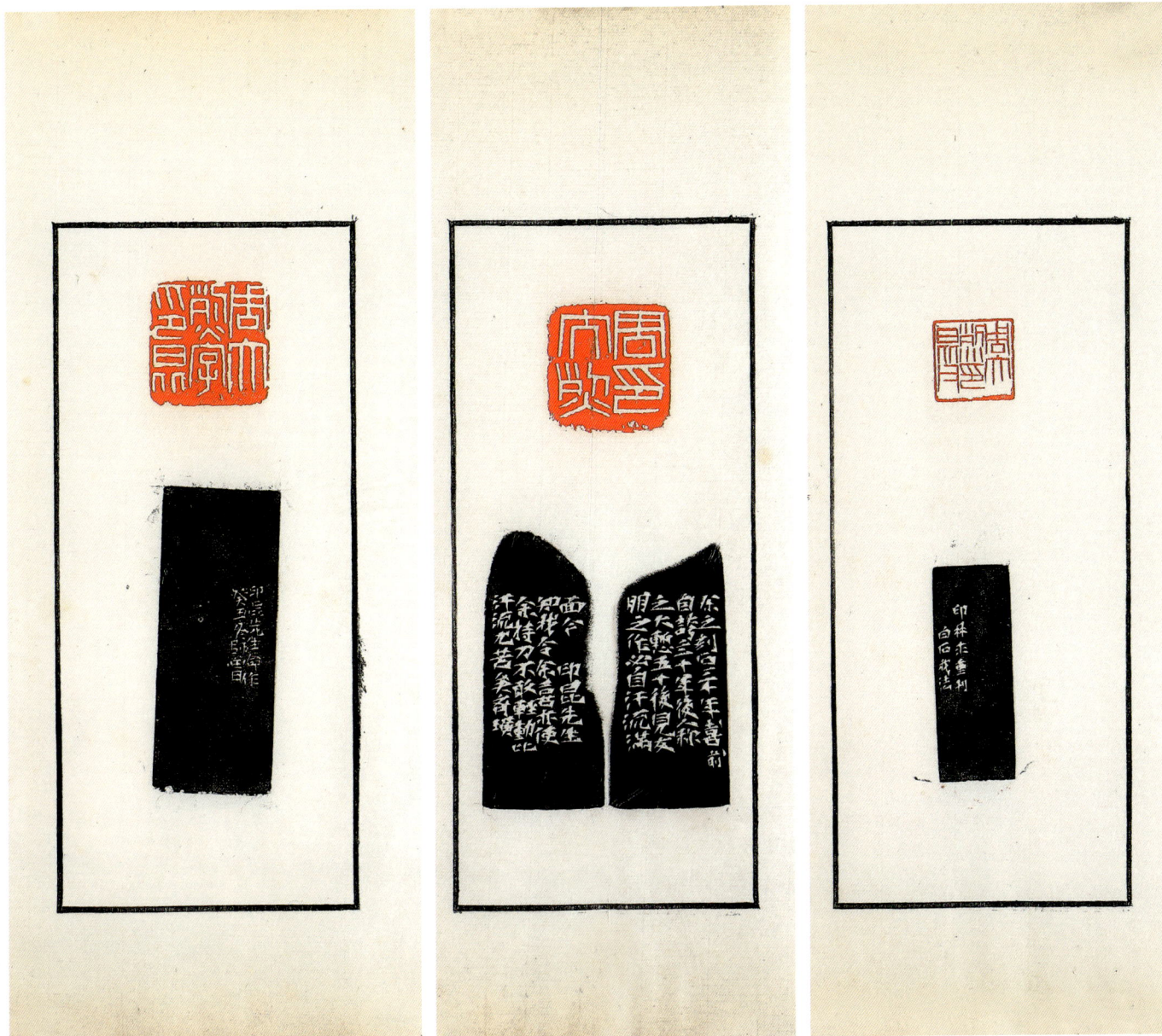

4785

齊白石、陳師曾等刻周大烈印譜

民國間鈐印本

1函3冊　白紙

提要：是譜內收齊白石、陳師曾、黃少牧、唐醉石、汪洛年等為周大烈篆印一百方。黑色邊欄，每葉鈐一印，下拓邊款。
　　　舊裝，封皮有殘。

　　　周大烈 (1862～1934)，字印昆，齋號夕紅樓、十嚴居、樂三堂，湖南湘潭人。生員，與陳三立友善，為陳師曾業
　　　師。曾參與時務學堂籌劃。光緒末赴日本東京習法政，回國後出任吉林自治區民政廳長。民國初年當選為眾議員，
　　　任國史館纂修等職。與齊白石相往來，亦有唱和。著有《夕紅樓詩集》。

SEAL IMPRESSIONS OF ZHOU DALIE ENGRAVED BY QI BAISHI, CHEN SHIZENG, ETC.

Impressed in Republic of China

1 case of 3 volumes

開本：27.2×13.8cm

RMB: 40,000－50,000

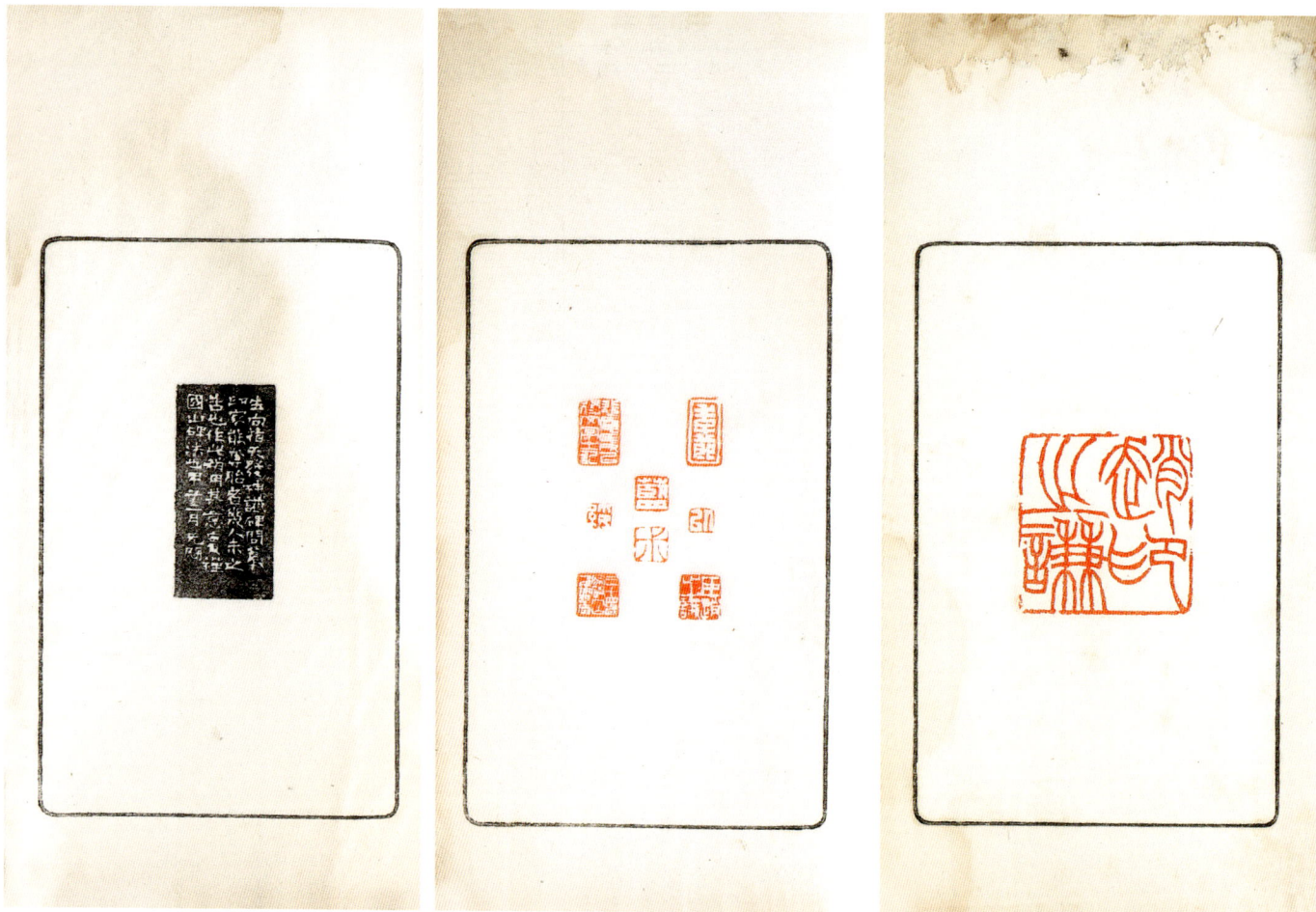

4786

二金蝶堂印賸

（清）趙之謙篆

民國間鈐印本、影印本

8 冊　白紙

提要：是冊封面墨筆篆書題記："二金蝶堂印賸"，內收趙之謙自用及為友潘祖蔭、魏稼孫、沈樹鏞等人治名章、閒章、鑒藏章 200 餘枚，每頁多收印一枚，後附邊款二冊，於黑色邊欄稿紙之上，剪貼成冊，部分為鈐印、部分為影印本。趙之謙（1829～1884），字撝叔，後字益甫、撝叔，號冷君、無悶、悲盦等，室名二金蝶堂，浙江紹興人。精于書畫篆刻、金石考據學。繪畫兼人物、花卉、山水。人物古豔冷雋，格近羅兩峰、陳洪綬，花卉取八大、石濤、青藤、白陽諸家。為近代六十名家之一。

SEAL IMPRESSIONS OF ER JIN DIE TANG

Impressed and copied in Republic of China

8 volumes

半框：13×8cm　開本：20.5×12cm

RMB: 18,000－28,000

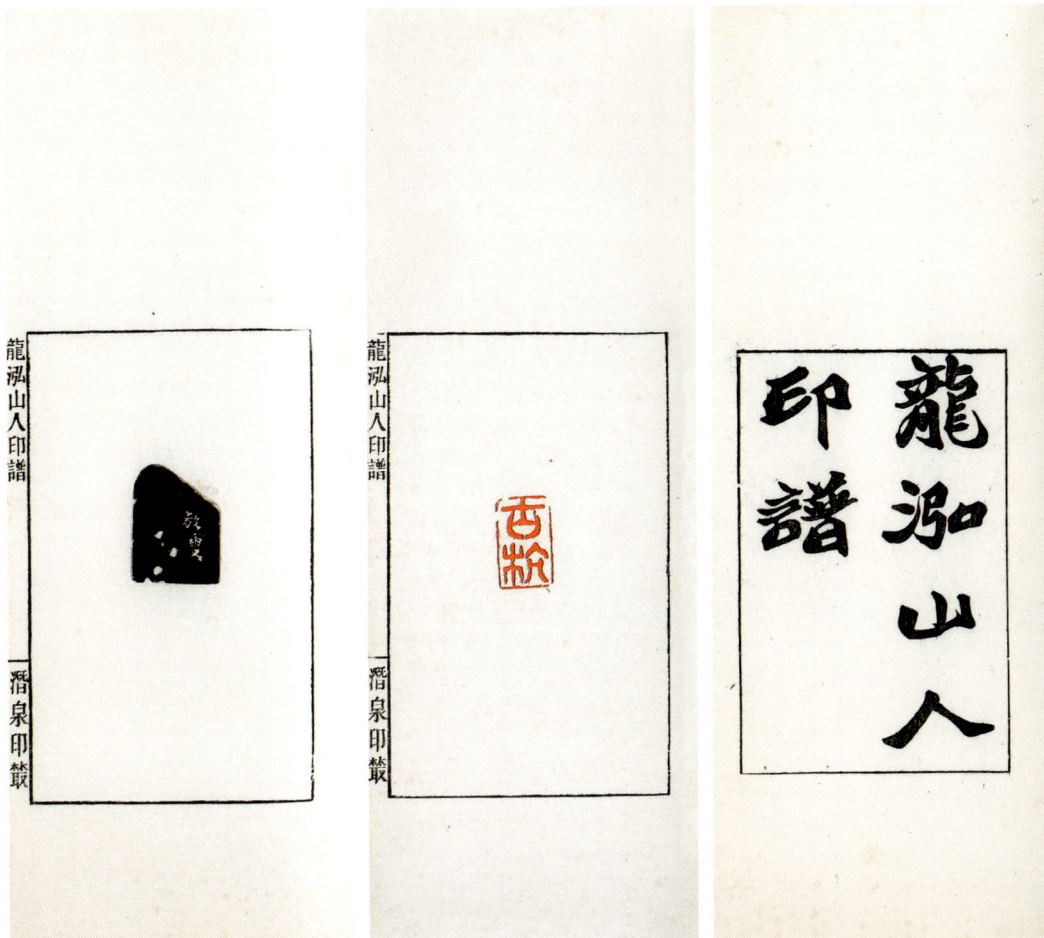

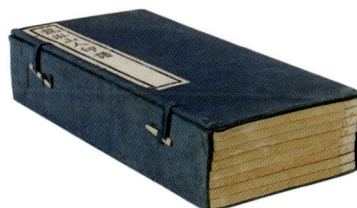

4787

龍泓山人印譜

（清）丁敬篆

清末民國間西泠印社鈐印本

1函8冊　白紙

提要：是譜前刊丁敬小傳，內收丁敬所篆印蛻九十餘枚，每葉鈐印一枚於墨色邊欄內，邊款另葉墨拓，版心下鐫"潛泉印叢"字樣。原裝原簽，品相極佳。

丁敬（1695～1765），字敬身，號硯林、鈍丁、玩茶叟、丁居士，龍泓山人、玉幾翁等，浙江杭州人。乾隆元年博學鴻詞不就，與金農、汪啓淑、明中交往。精鑒別，富收藏，好金石文字。工書法、詩詞，善寫梅蘭竹石，尤精篆刻，擅長以「切刀法」刻印，蒼勁質樸，獨樹一幟，開創「浙派」，為「西泠八家」之首。著有《武林金石記》《硯林詩集》等。

SEAL IMPRESSIONS OF LONG HONG SHAN REN

Impressed by Xiling Society of Seal Arts in Republic of China

1 case of 8 volumes

半框：14.2×8.7cm　開本：29×13cm

RMB: 35,000－45,000

4788

簡經綸篆《琴齋印拓》

（民國）簡經綸篆刻

民國間鈐印本

1函7冊　白紙

提要：此譜內收簡經綸仿周金文印四十方、仿貞卜文字印三十八方、仿秦漢璽印四十方、象形印四十方、姓氏印四十方、雜記印四十方、雜印四十方，共計二百七十八方。藍色板框，每葉一印，有墨筆題簽。舊裝精整。
　　　簡經綸（1888～1950），字琴石，號琴齋，室名千石樓，廣東番禺（今廣州）人。書法篆刻家。工詩文，精研書法篆刻四十餘年，晚年亦以篆筆作畫。著有《琴齋壬戌印存》等。

[JIAN JINGLUN] SEAL IMPRESSIONS OF QINZHAI

Impressed in Republic of China

1 case of 7 volumes

半框：12.2×7cm　開本：18.9×11cm

RMB: 8,000－15,000

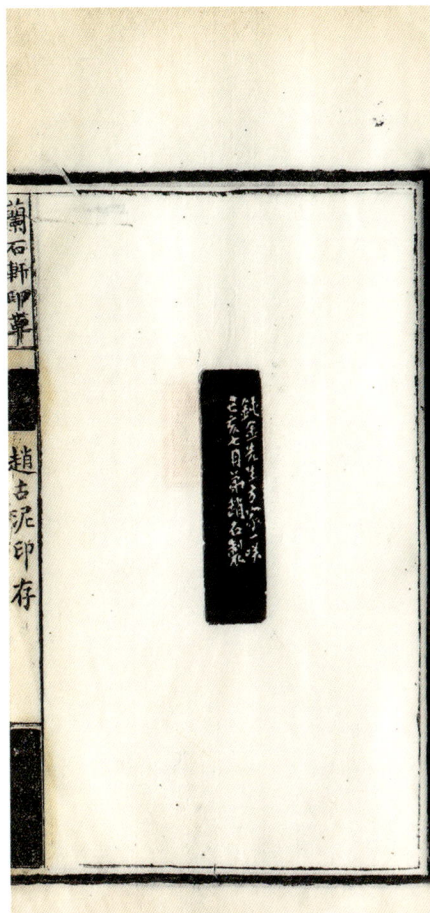

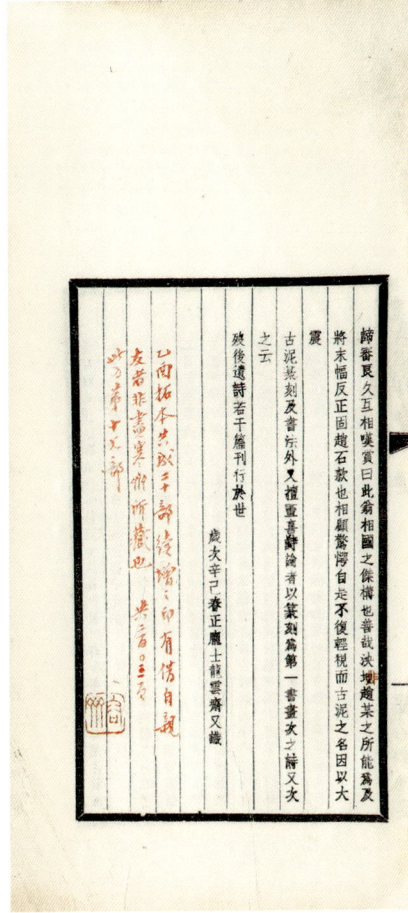

4789

趙古泥印存

（民國）黃士龍輯

民國三十四年（1945）鈐印本

4 冊　棉連紙

鑒藏印：容齋（朱）

提要：古泥朱文得力於鄭庵所藏封泥，白文獲益於十鐘山房印舉。龐士龍於 1937 年劫後餘存集拓趙古泥印存，是冊乙酉拓本，書口印"蘭石軒印草 / 趙古泥印存"，集古泥治名章、閒章等 90 餘枚，兼拓邊款，間或標以銅、玉、牙質，較前本續增之印有借自親友者，後附增訂序文，末頁龐士龍朱筆題記："乙酉拓本共成二十部…此乃第十七部"。

龐士龍（1899～1987），字雲齋，別署海禺山民，江蘇常熟人。致力於金石、版本目録、文物書畫鑒定。著有《常熟書畫史匯傳》《常熟印人録》《宋元版本流傳考》等。

SEAL IMPRESSIONS OF ZHAO GUNI

Impressed in 1945

4 volumes

半框：12×7cm　開本：20×10.5cm

RMB: 30,000－40,000

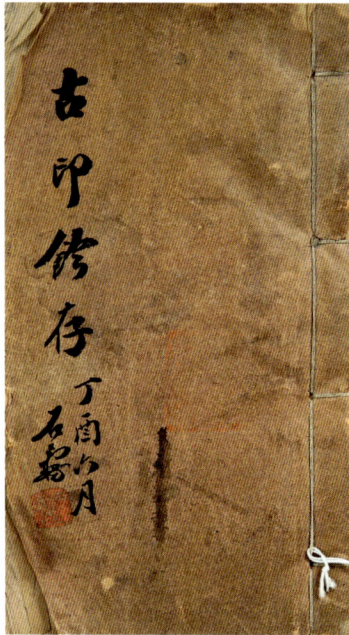

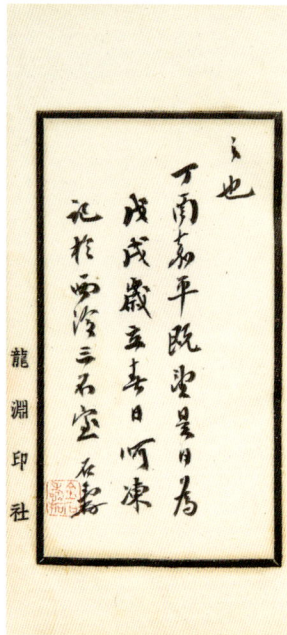

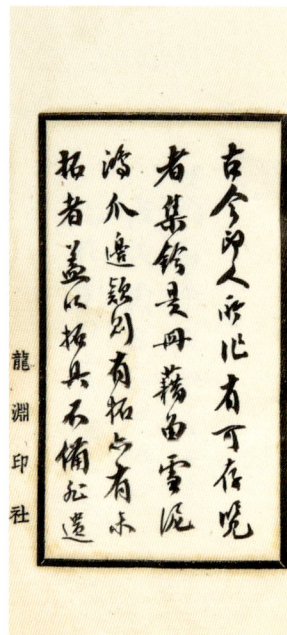

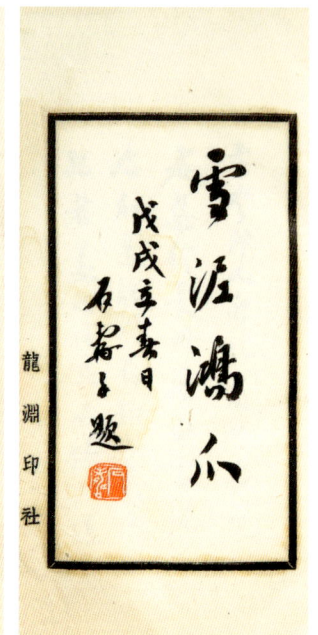

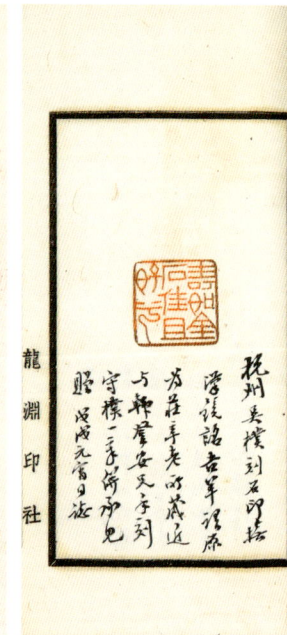

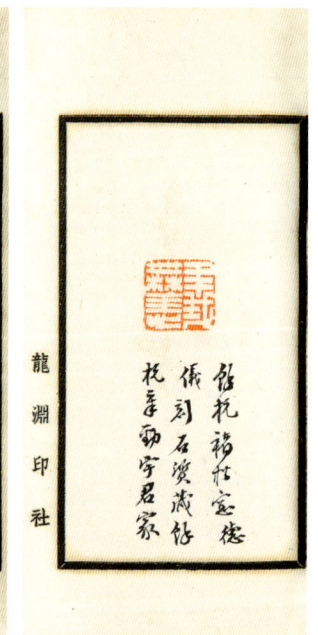

4790

金石壽輯《龍淵古印鈐存》

舊拓本

1冊　紙本

鑒藏印：石壽（白）　金石壽（朱）

提要：此冊為金石壽輯藏漢銅印、元押及黃牧甫、趙仲穆、吳讓之、褚德彝、徐三庚、韓登安、蔣仁、吳昌碩、齊白石、
　　　金石壽、吳樸、王福庵等名家篆印九十餘方，幾乎每種皆附金石壽題跋，記錄刻者姓名、風格及流傳，鈐
　　　於“龍淵印社”黑欄格紙。冊前有金石壽墨筆題記、題跋，封面有金石壽題名。巾箱本舊裝。
　　　金石壽，原名式冑，字石壽，後以字行，齋名三不室、懷弟盦，江蘇吳縣人，久客杭州。供職於鹽務局。工篆刻，
　　　宗鄧散木，籌組“龍淵印社”。擅八法，得力晉唐。

[JIN SHISHOU] RUBBING OF COLLECTION OF ANCIENT SEAL IMPRESSIONS

Old ink-rubbing

1 volume

開本：15×8.5cm

RMB: 6,000－10,000

4791

賓虹藏印二集

（民國）黃賓虹輯

民國間鈐印本

4冊　白紙

提要：是冊內收賓虹所藏秦漢古鈢印蛻200餘枚，每頁鈐印一至二枚，官、私印皆具，於黑色邊欄內，書口印"濱虹草堂藏古鈢印"，紙質綿柔，朱泥璀璨。

黃賓虹（1865～1955），原名質，字樸存，一字予向，安徽歙縣人，生於浙江金華。詩、書、畫、印皆精，山水尤絕。為西泠印社早期社員，曾任中國美協華東分會副主席、中央美院華東分院教授、美術研究所所長。

SEAL IMPRESSIONS OF BIOHONG (2 vols)

Impressed in Republic of China

4 volumes

開本：19×11cm

RMB: 25,000－35,000

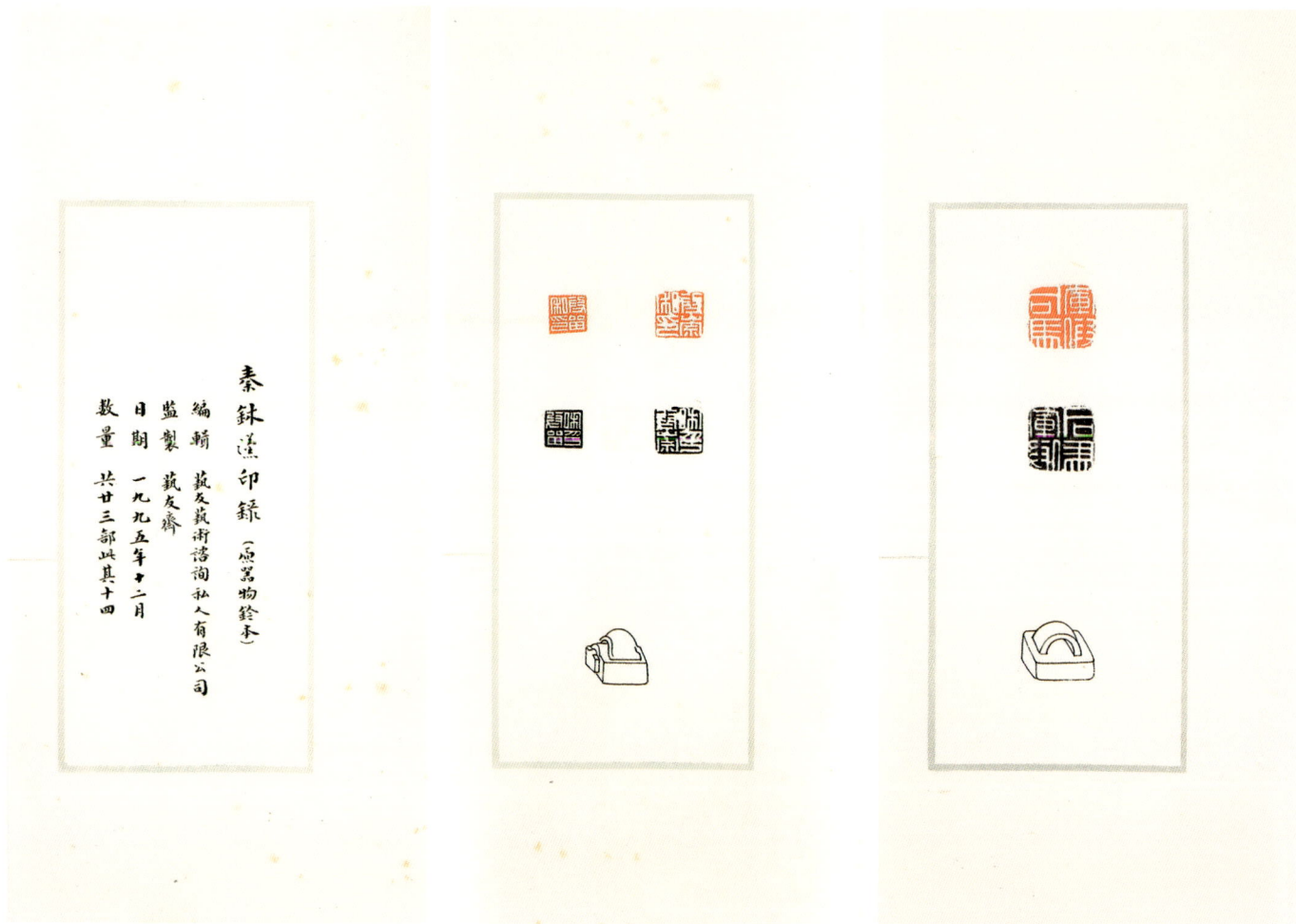

秦鉨漢印錄（原器物鈐本）

編輯　藝友藝術諮詢私人有限公司

監製　藝友齋

日期　一九九五年十二月

數量　共廿三部此其十四

4792

秦鉨漢印錄（廿三部之十四）

1995 年藝友齋鈐印本

1 函 2 冊　宣紙

提要：是冊內收藝友藝術咨詢私人有限公司所輯秦漢古鉨印蛻一百餘枚，原器椎拓，每頁鈐一印，內偶有雙

　　　面印，於灰色邊欄稿紙之上，下拓印文，并墨繪形制，末頁牌記刊："共廿三部此其十四"。

COLLECTION OF SEALS FROM QIN-HAN DYNASTIES

Impressed by Yiyouzhai Studio in 1995

1 cases of 2 volumes

半框：19×8.8cm　開本：31.5×17cm

RMB: 10,000－20,000

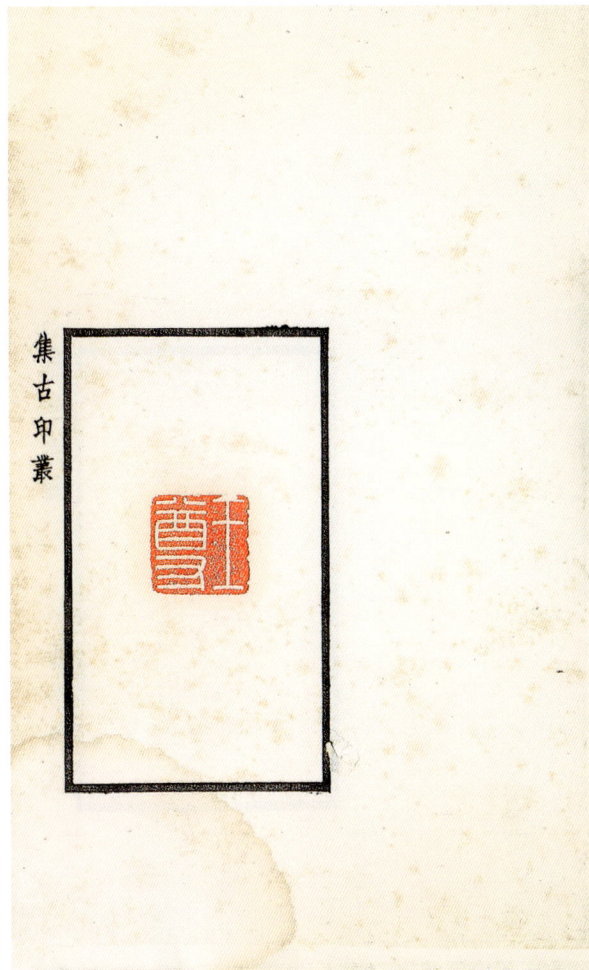

4793

集古印叢

鈐印本

7 冊　白紙

提要：拍品為漢皋焦氏輯拓漢官印、人名印、肖形印等三百餘方，黑色邊欄，每葉鈐一印，書口上鐫："集
　　　古印叢"，下鐫："漢皋焦氏"字樣。鉚釘裝。

JI GU YIN CONG

Impression

7 volumes

開本：23×16.5cm

RMB: 20,000－30,000

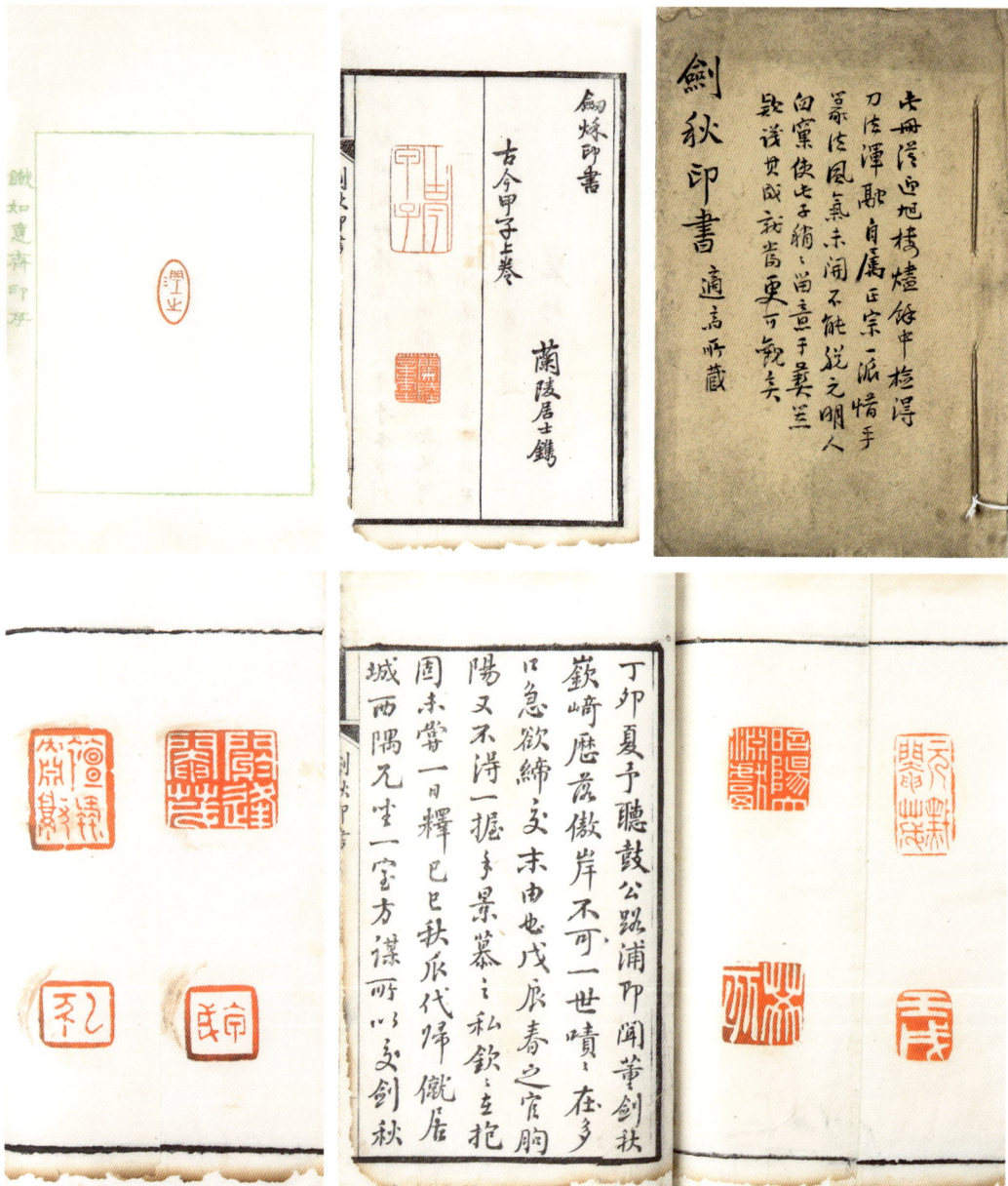

4794

《鐵如意齋印存》《劍秋印書》印譜二種

清鈐印本

3冊　白紙

提要：1.《鐵如意齋印存》，清鈐印本，2冊，白紙。半框：13.5×10.5cm，開本：21.5×15cm。是冊內收為湯潤之、
趙潤谷、黃曜等人所篆印蛻110餘枚，每頁鈐一至數印不等，於綠色邊欄內，書口上鐫："鐵如意齋印存"。
封面墨筆題簽："鐵如意齋印序"，上鈐趙潤谷之印，原裝二冊。鑒藏印：潤谷金石（白）小銕八分小篆（朱）

2.《劍秋印書》，（清）董威篆，清鈐印本，1冊，白紙。開本：20.5×13.5cm。此書又名《古今百二甲子印譜》。
內收董威所篆歲星紀年、天干地支印蛻百餘枚，每頁鈐印四枚，於墨色上下邊欄之上。是冊首有張之萬題字，
歐陽利見、賈芳、張之京等作序，諸序後印章均為鈐蓋。封面適齋墨筆題記，言此物乃迎旭樓爐餘遺存。

SEAL IMPRESSIONS OF TIERUYIZHAI, JIAN QIU YIN SHU

Impressed in Qing Dynasty

3 volumes

尺寸不一

RMB: 10,000－20,000

石瓢示我印譜屬我試作印譜詩我於
金石素茫昧口欲道之心轉疑然香郤塲
澈心慮開函靜對窮幽思璀璨到眼生眩
纈朱碧耀尢陸離龍跳虎卧鳳鸞舞雲
气瀜齰蟜蛟蟎景星縣青壁月滿絳一
纏天半坐太古衣冠神仙侶蓺姑綽約好
頒儀銀鈎鐵畫撥祕奧奏刀巧拙縻不宜
方寸之際殊空濶輕塵不勤萬騎馳楝端

天之降才何其甚也毋亦世變日亟而風
雅道衰耶讓之蔚起於邗上而失之弱昆
玉橫絕於嶺表又病其廬獨有趙子撝叔
才情跌宕其製印一依漢法怱齋剄其融
會泉幣錯綜軱鏡乃晚近之傑也友人張
君仲甲鯉庭承訓學有根原自其聲齡甚
為湖人吳俊卿所驚毀近更造精詣微故
能無忿不縮由渾入蒼其於撝叔殆伯仲

行耳甲辰四月仲甲入京為僕刻石甚夥
縱橫變化方百出而未有窮儔由此而效
篆籀之源流參秦漢人之制作為藝學闉
一新界以爰方來又豈直媲美撝叔也哉
光緒乙巳春仲江浦陳孝威序於京邸

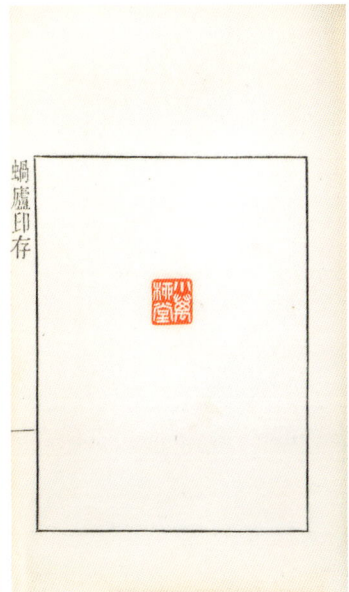

4795

蝸廬印存（張延奐印譜）

（清）張延奐輯

清光緒間鈐印本

4冊　白紙

提要：是譜前刊悟道人宗壽、陳孝威序言，內收張延奐為陳孝威、廉泉、耆齡等人治印一百餘枚，篆隸兼收，
偶拓邊款，鈐於黑色邊欄稿紙之上，書口上鐫："蝸廬印存"，虎皮宣封面，朱泥璀璨。

張延奐（1874～1931），字君美、號仲甲、仲嘉，晚年名齋號曰寶度齋，晚號度翁，安徽桐城人。
張祖翼次子。篆、隸、楷法皆有可觀。刻印私淑趙之謙，能得其用筆之妙。

SEAL IMPRESSIONS OF WOLU

Impressed in Guangxu period of Qing Dynasty

4 volumes

半框：12×8.7cm　開本：19.2×13cm

RMB: 40,000－50,000

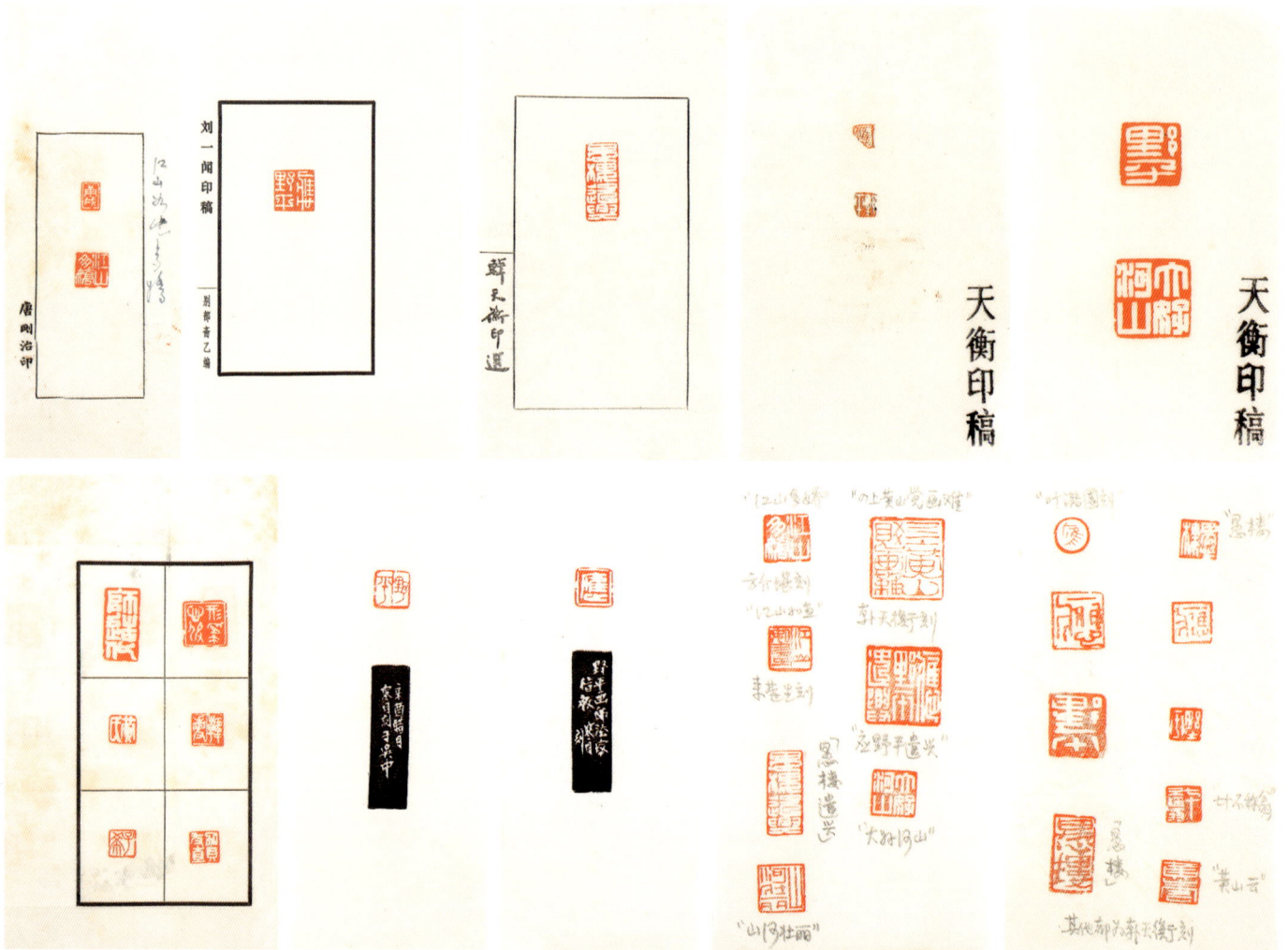

4796

韓天衡、錢君匋、方介堪等篆刻名家為應野平治印蛻一批

舊鈐印本

散頁 60 餘枚　紙本

提要：是冊內收韓天衡、劉一聞、方介堪、錢君匋等篆刻名手為應野平治名章、閒章 200 餘枚，內收"應野平"、"愚樓遣興"、"筆墨當隨時代"等應氏常用印，偶有附拓邊款者，部分散頁鉛筆考釋文字及篆者，散頁未裝，是為研究應野平常用印蛻之詳實資料。

應野平（1910～1990），初名端俊，改名俊，以字行，一字野萍、野蘋，浙江寧海人。工山水，擅書法，精畫論，注重寫生。曾任上海中國畫院畫師、上海美協常務理事、上海書協名譽理事、上海大學美術學院教授。海上著名畫家。

[HAN TIANHENG, QIAN JUNTAO, FANG JIEKAN, ETC.] IMPRESSIONS OF SEALS ENGRAVED FOR YING YEPING'S PRIVATE USE

Old seal impression

Over 60 pages

尺寸不一

RMB: 8,000－12,000

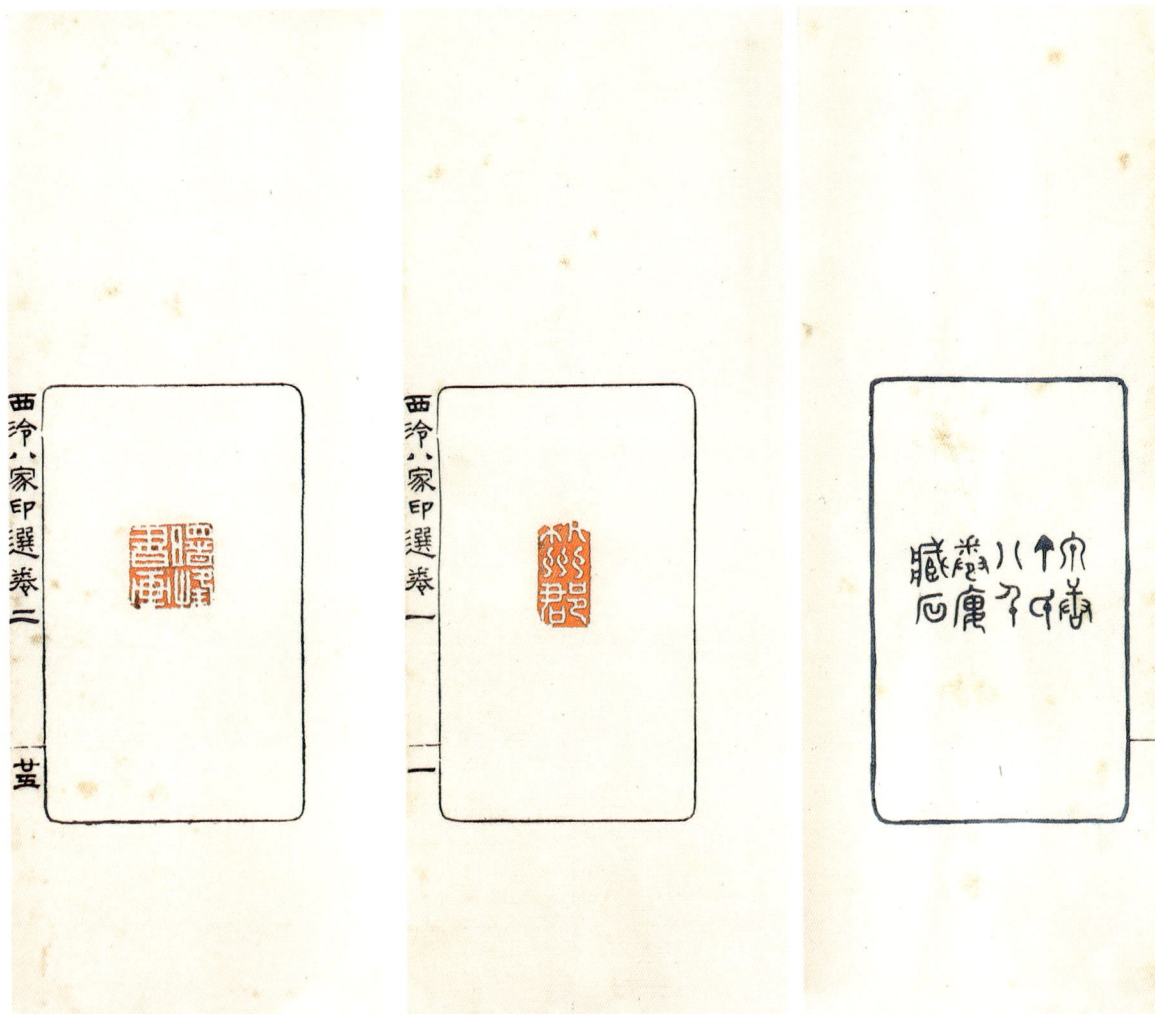

4797

西泠八家印選（存二十二卷）

（清）丁輔之 輯

清光緒間泉唐丁氏鈐印本

22冊 白紙

提要：是譜又名《泉唐丁氏八家印譜》，為丁輔之所輯丁敬、蔣仁、黃易、奚岡、陳豫鐘、陳鴻壽、趙之琛、錢松八人印蛻，原計三十冊。

是冊首刊江尊題名，羅榘序文，前拓丁敬像及袁枚題贊各一頁，存卷一至卷二十二，内收前七家印蛻280餘枚，鈐於藍色邊欄内，書口上鐫書名及卷次，每頁鈐印一枚，兼拓邊款，是為研究西泠八家印風及浙派印史之詳實參考。

丁輔之（1879～1949），原名仁友，後改名仁，字輔之，號鶴廬，浙江杭州人。系晚清著名藏書家"八千卷樓主人"丁松生從孫，其家以藏書之豐聞名於海内。近代篆刻家、書畫家。嗜甲骨文，又喜篆刻，收羅印作尤以西泠八家為多。1904年與王褆、吳隱、葉舟創辦西泠印社於杭州孤山。

SELECTION OF SEALS BY EIGHT MASTERS OF XILING SOCIETY OF SEAL ARTS (22 vols)

Impressed in Guangxu period of Qing Dynasty

22 volumes

半框：12.3×7cm　開本：29×13cm

RMB: 80,000－100,000

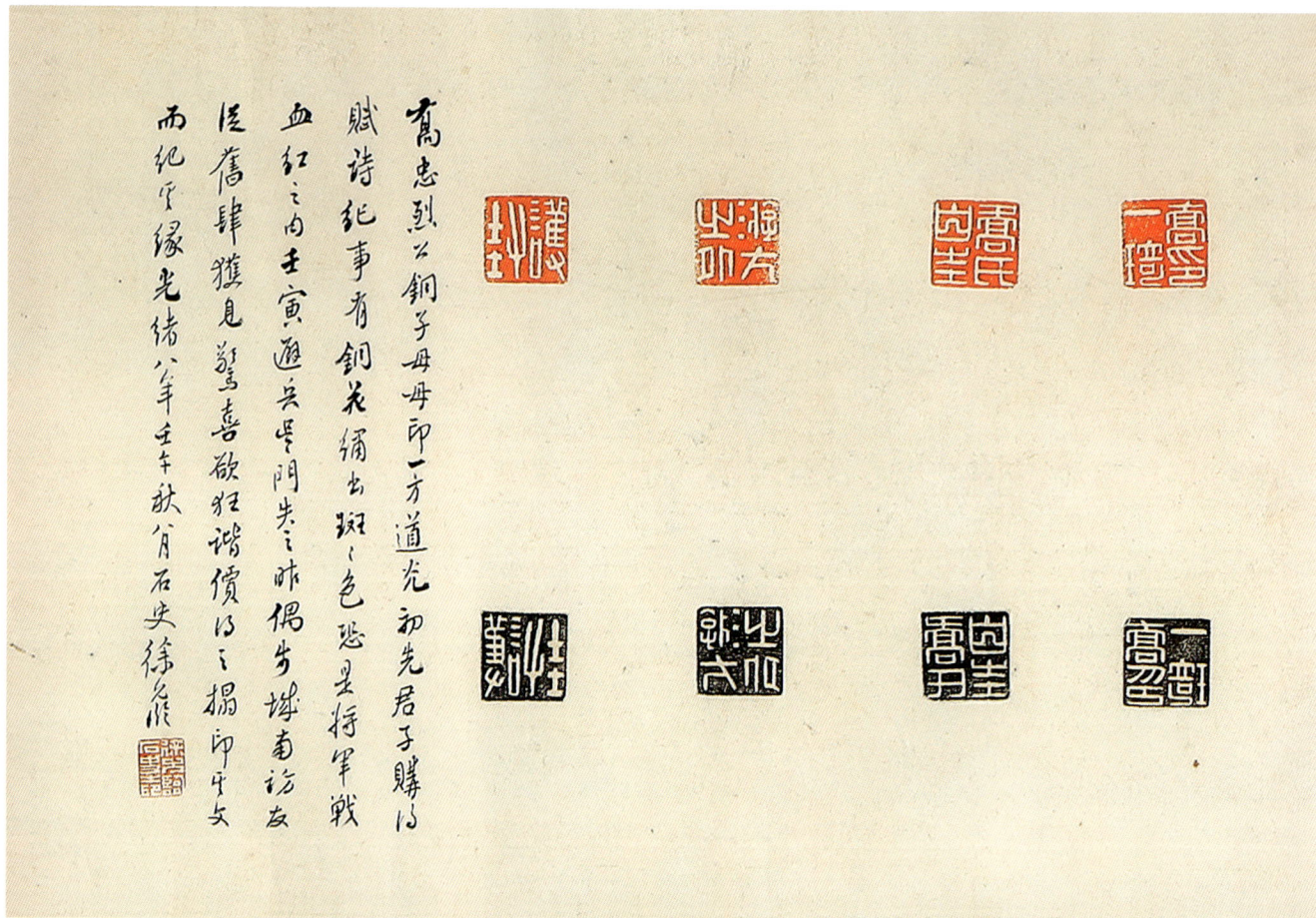

4798

徐允臨題跋明忠烈喬一琦印拓

清光緒八年（1882）鈐拓本

1幅　紙本

鑒藏印：徐允臨石史之印（白）

提要：拍品為明將領喬一琦銅子母印拓本，卷末有清光緒八年（1882）徐渭仁之子徐允臨題跋，知此印道光初年曾為徐渭仁
購藏并有賦詩，壬寅遯兵吳門失之。光緒八年（1882）徐允臨於書肆獲見，驚喜慾狂，協價得之。

喬一琦（？～1603），字伯圭，崔堡（今赤城縣後城鎮）人，原籍上海縣。萬曆三十一（1603）武舉人。赤城滴水崖一戰
寡不敵眾，又無援兵，遂投崖自盡，後被賜左府都督同知。

徐允臨，原名大有，字石史，一號順之，徐渭仁之子。諸生，工書畫，書學蘇軾、董其昌，善寫墨蘭。酷嗜金石，收藏頗豐。

[XU YUNLIN] SEAL IMPRESSIONS OF QIAO YIQI

Impressed in 1882

1 piece

22.4×33.3cm

RMB: 22,000－30,000

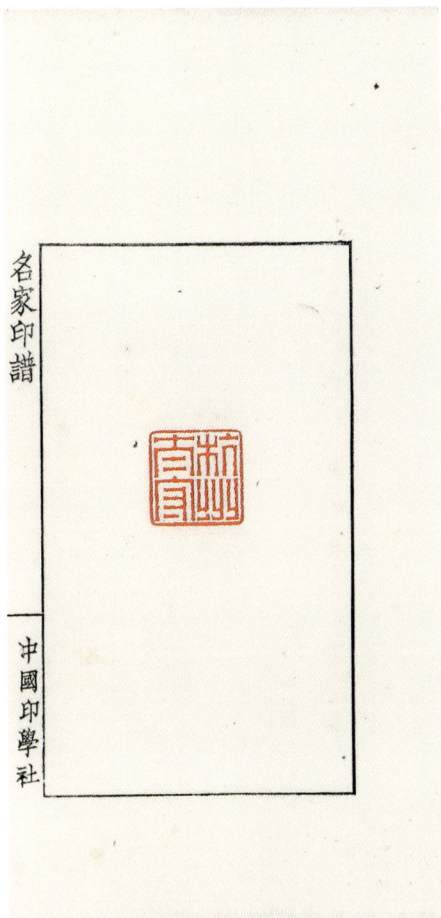

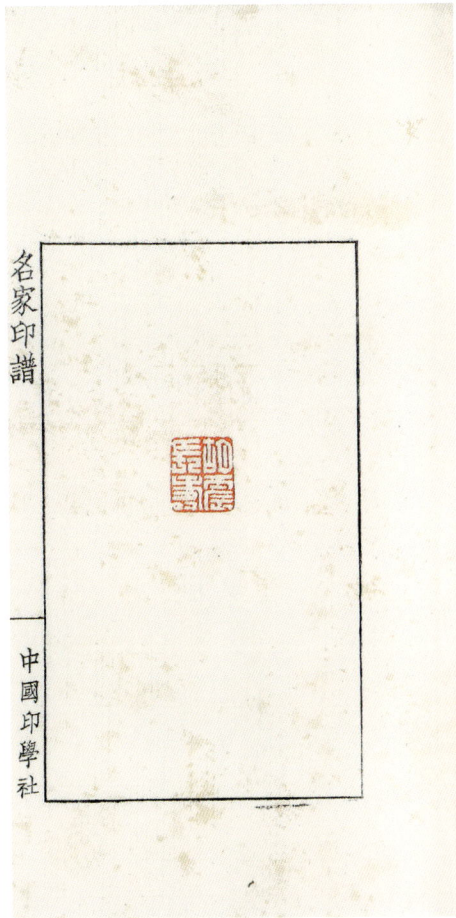

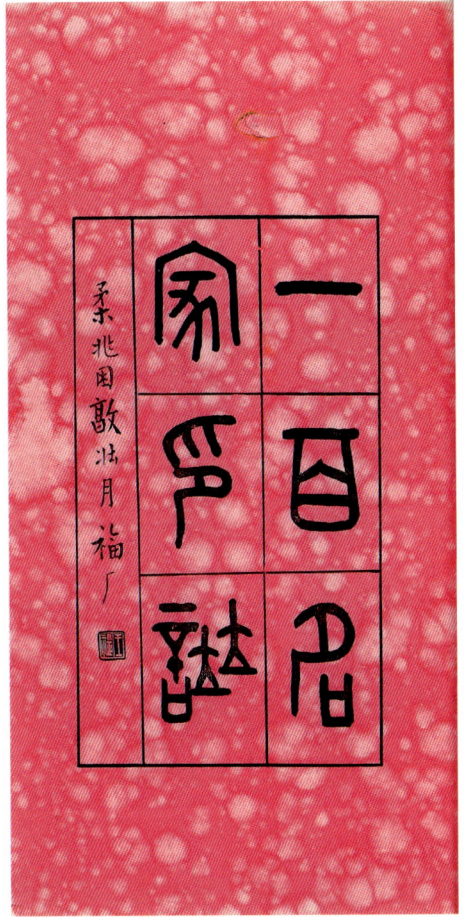

4799

一百名家印譜十二卷

（民國）山陰吳熊纂輯

民國二十五年（1936）中國印學社鈐印本

1函 12冊　白紙

鑒藏印：江海梯云子（朱）　越不瞭明越快活（白）

提要：是譜為吳熊纂輯文彭、汪啟淑、黃易、張廷濟、陳鴻壽、楊澥、程庭鷺、錢松、徐三庚、黃士陵、吳昌碩、吳隱等明清以來百位名人自用印，附無款名人印譜，每葉一印，附拓邊款。書口上鐫"名家印譜"，下鐫"中國印學社"字樣。扉頁刊王福庵題名，首刊目録及人物小傳。原裝原簽，品相佳。此譜稀見。

吳熊（1902～？），字幼潛，浙江山陰（今紹興）人。吳隱子。工書能畫，擅篆刻，佐其父出品西泠印泥及各種印譜。輯有《金石家書畫集》等。

SEAL IMPRESSIONS OF OVER 100 FAMOUS SEAL ENGRAVERS (12 vols)

Impressed by China Seal Research Society in 1936

1 case of 12 volumes

半框：15.5×9cm　開本：26×15.2cm

RMB: 120,000－150,000

4800

吾炙集不分卷

（清）錢謙益輯

舊鈔本

1 冊　白紙

鑒藏印：王伯衡（朱）

提要：是書為虞山錢謙益所輯時人清詞麗句，取炙成集。因詩中多涉敏感事體，乾隆時列為禁書，故多以鈔本行世。是冊封面王伯衡墨筆題簽："吾炙集"，小楷恭錄全集於藍色邊欄稿紙之上，末頁謄錄乾隆甲戌年（1754）年菊村主人墨筆跋文，言此書"未梓行，鈔本間有互異，今復參訂而錄之"。綾邊包角，紙綿墨精，原裝一厚冊。

王伯衡（1894～1970），字國均，號子美，生於上海。清華大學畢業，後獲美國普林斯頓大學學士，哥倫比亞大學碩士。曾任大陸銀行上海分行副理，國華銀行南京分行經理，上海太平洋保險公司經理、協理。1947年創辦交通產物保險公司，任總經理。1948年任裕國保險公司董事長。新中國建立後，任中國人民保險公司華東區公司專門委員、上海市分公司秘書。喜愛古玩和京劇。交友甚廣。

WU ZHI JI

Old manuscript

1 volume

半框：21.5×16.5cm　開本：29×20.5cm

RMB: 10,000－20,000

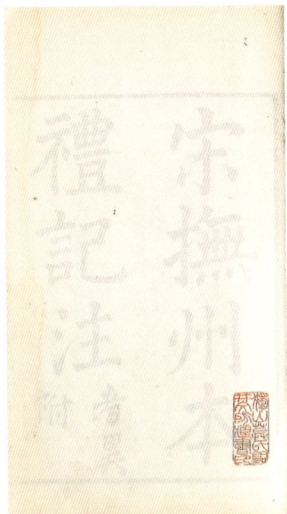

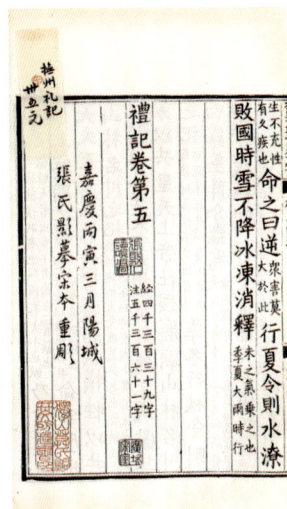

古餘先生重刊宋撫州本禮記注家中有先人付本而余四十
年中所收此為第四本矣投贈易書惟家本在廣州得者屬黃
紙模印其釋文乃重脩校視初本為佳此十七本所□三早貽歸安
沈蔚庭頃在通州遇持此者久而不售浼於余因價取之或病
其不統一究亦何害於善本乎昔錢警石先生記郵陽胡氏刻
通鑑文逆在江南摹印者紙勝至南昌則邍古縣官迹亦自蘇
而豫章殆相同也古餘所刻鹽論余先後獲黃白紙印本各
數卷猶不足則景寫補之當裁目為三合本當與佞宋之百衲
比重已可資書林一嘆耳余老矣於聖經注無能為役獨於
此區□者論述為則亦何興臨安書棚中人語哉可媿巳陽城
重彫嘉慶丙寅後一百二十一年再周丙寅六月伏日癸丑獨
山莫棠記於灤西小閣

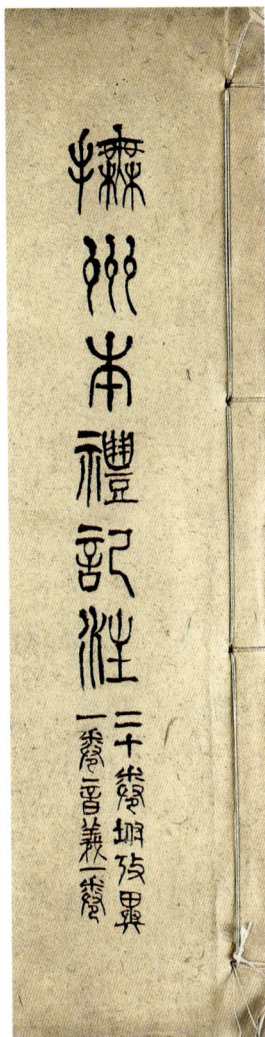

宋撫州本
禮記注 附音異

撫州禮記
禮記卷第五
張氏影摹宋本重彫
嘉慶丙寅三月陽城
命之曰遞行夏令則水潦
敗國時雪不降冰凍消釋

撫州本禮記注 二十卷 考異一卷音義一卷

4801

莫棠題跋張敦仁影宋刻本《禮記注二十卷 附考異二卷》

（漢）鄭玄注

清嘉慶十一年（1806）張敦仁影宋刻本

4冊　白紙、竹紙

鑑藏印：獨山莫氏銅井文房藏書印（朱）　皋堂羈旅（朱）　獨山莫棠（白）　楚生第三（朱）　莫棠所藏（朱）　獨山莫氏銅井文房（朱）

提要：南宋淳熙四年（1177）撫州公使庫刻本《禮記注二十卷》為《禮記注》傳世重要版本之一，舊藏於顧廣圻之兄顧抱沖處，嘉慶間張敦仁傳借影寫，并以此為底本影刻。此本卷首有莫棠長跋二百七十餘字，記藏書佚事。扉頁刊："宋撫州本禮記注 考異附"、"嘉慶丙寅陽城張氏影摹重雕"，書口上鐫每版字數，下鐫刻工名"余寶"、"余俊"、"高安國"等，一依宋版原貌，末有"劉文奎刻字"字樣。末附刻張敦仁撰《撫本禮記鄭注考異序》、嘉慶十一年（1806）顧廣圻跋。其中卷十二至十四為

補配竹紙本。舊裝，保存完好。

[MO TANG AND ZHANG DUNREN] ANNOTATION FOR THE BOOK OF RITES (20 vols) AND PROOFREADING (2 vols)

Block-printed by Zhang Dunren in 1806

4 volumes

半框：20.7×15.2cm　開本：28.2×17.8cm

RMB: 40,000－60,000

跋者簡介：莫棠（1865～1929），字楚孫，一字楚生，一署銅井，室名文淵樓、銅井文房，貴州獨山人。莫友芝之姪，莫祥芝第三子。官至廣東韶州知府。雅好藏書，採集精秘。著有《文淵樓藏書目錄》《銅井文房書跋》等。

4802

王振聲批校《群經音辨七卷》

（宋）賈昌朝撰

清康熙間澤存堂張氏精寫刻本

1冊 竹紙

提要：此書專辨字音諸經所讀及五方言語字同音異者，卷一至卷五為辨字同音異；卷六曰辨字音清濁、曰辨彼此異音、曰辨字音疑混；卷七為附辨字訓得失一門。

是冊封面墨筆題名"群經音辯，光緒壬辰重修，織庵題眉"。扉頁過錄南昌彭元瑞題跋此書之宋版三刻由來，並審其裝潢之訛誤。內頁王振聲於書眉處黏紙題按數則，仿宋鑄刻，極肖極精。

彭元瑞（1731～1803），字輯五、雲楣，號身雲居士，江西南昌人。彭廷訓子。乾隆二十二年（1757）進士，授編修。歷禮、兵、吏、戶、工部尚書，乾隆五十五年（1790）由吏部尚書授協辦大學士。嘉慶八年（1803）退休，加太子太保，諡"文勤"。精書法、目錄學，富

藏書，著述極豐。

[WANG ZHENSHENG] QUN JING YIN BIAN (7 vols)

Block-printed by Zecuntang Studio in Kangxi period of Qing Dynasty

1 volume

半框：19×15.5cm 開本：26×17cm

RMB: 8,000－12,000

批校者簡介：王振聲（1842～1922），一作（1836～1913），字勁農，一作少農，號黃山遯叟，通州人。同治十三年進士，由給事中官徽州知府。善書、畫，承家學，花鳥得華嵒逸韻，作品被收入《北平箋譜》。

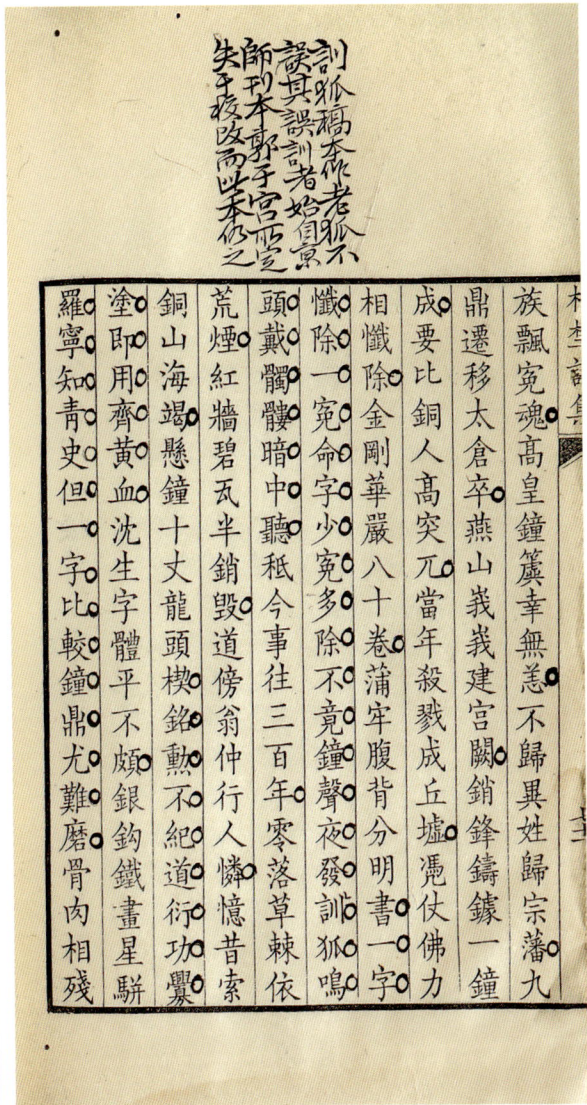

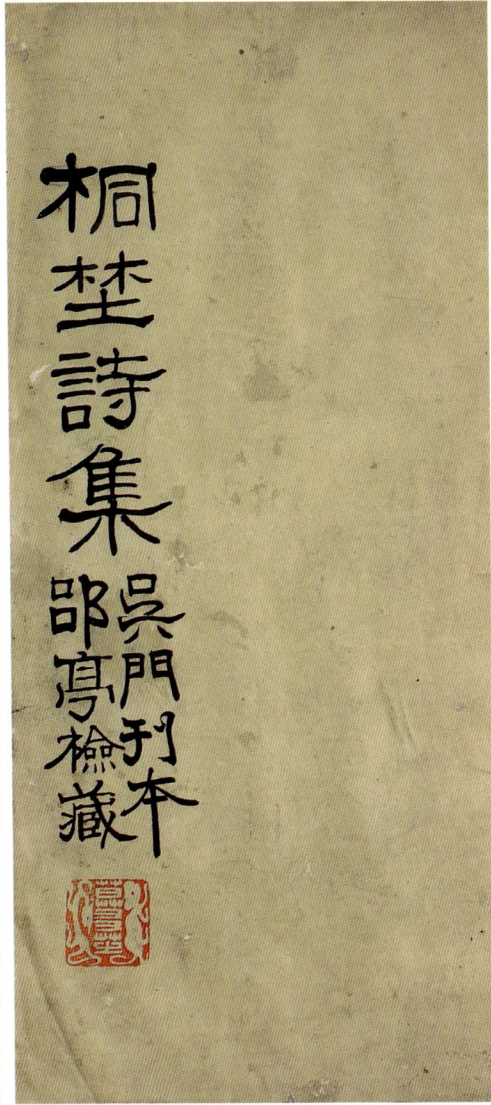

4803

莫友芝等遞藏《桐埜詩集不分卷》

（清）貴陽周起渭著

清康熙五十五年（1716）汪雲刊精寫刻本

1冊　竹紙

鑒藏印：莫友芝（白）友芝私印（朱）莫氏子偲（朱）莫彝孫印（朱）莫
　　　繩孫印（白）莫友芝圖書印（朱）莫經農印（白）郘亭長（白）

提要：是書內收貴陽周起渭平生遊歷，題記頌詠之作。於康熙間有南、北兩本，
　　其弟起濂於京師所刊之本謂之北本；友人汪雲復雕於吳門者謂之南本，
　　即此本也。

是冊封面莫友芝墨筆題名："桐埜詩集，吳門刊本，郘亭檢藏。"并校自
藏稿本、京本圈點批校，跋文於卷尾："同治戊辰（1868）二月獲此本
于吳門，是康熙丙申（1716）汪千波氏刊于吳中者，所謂南本也，郘亭記。"
原裝一厚冊，字體鐫刻雋美，經莫友芝、莫彝孫、莫繩孫、莫經農祖孫
三代世守遞藏，誠為不易。

參閱：1.《中國古籍善本總目》集部‧清別集 P1535，線裝書局，2005。
　　　2.《販書偶記》卷十四 P366，孫殿起錄，上海古籍出版社，1982年。

[MO YOUZHI, ETC.]　TONG YE SHI JI

Block-printed by Wang Yun in 1716

1 volume

半框：18×13.5cm　開本：27.5×17.8cm

RMB: 60,000－80,000

藏家簡介：1. 莫友芝（1811～1871），字子偲，號郘亭，晚號眲叟，貴州獨山
　　　人。與儔子。道光十一年（1831）舉人。幼承家學，於名物訓詁、
　　　金石目錄之學皆精。能詩，與鄭珍齊名。著有《郘亭詩鈔》《影
　　　山詞》《宋元舊本書經眼錄》等。

　　2. 莫彝孫（1842～1870），字伯鬯，貴州獨山人。莫友芝長子。少
　　　時曾從鄭珍學 於巢經巢。附貢生，以軍功候補訓導，惜早逝。曾
　　　為莫友芝校訂《郘亭詩鈔六卷》。

　　3. 莫繩孫（1844～1919後），字仲武，號省教，貴州獨山人。莫友
　　　芝次子。官江蘇同知。清光緒十二年（1886）隨劉履芬出使俄國
　　　和法國，任參贊。輯有《金石文字集拓》《影山草堂書目》等。

　　4. 莫經農（1865～？），字筱農、伯衡、伯恒，貴州獨山人。莫繩
　　　孫長子。曾考取民國第一屆縣知事，分發江蘇任用。

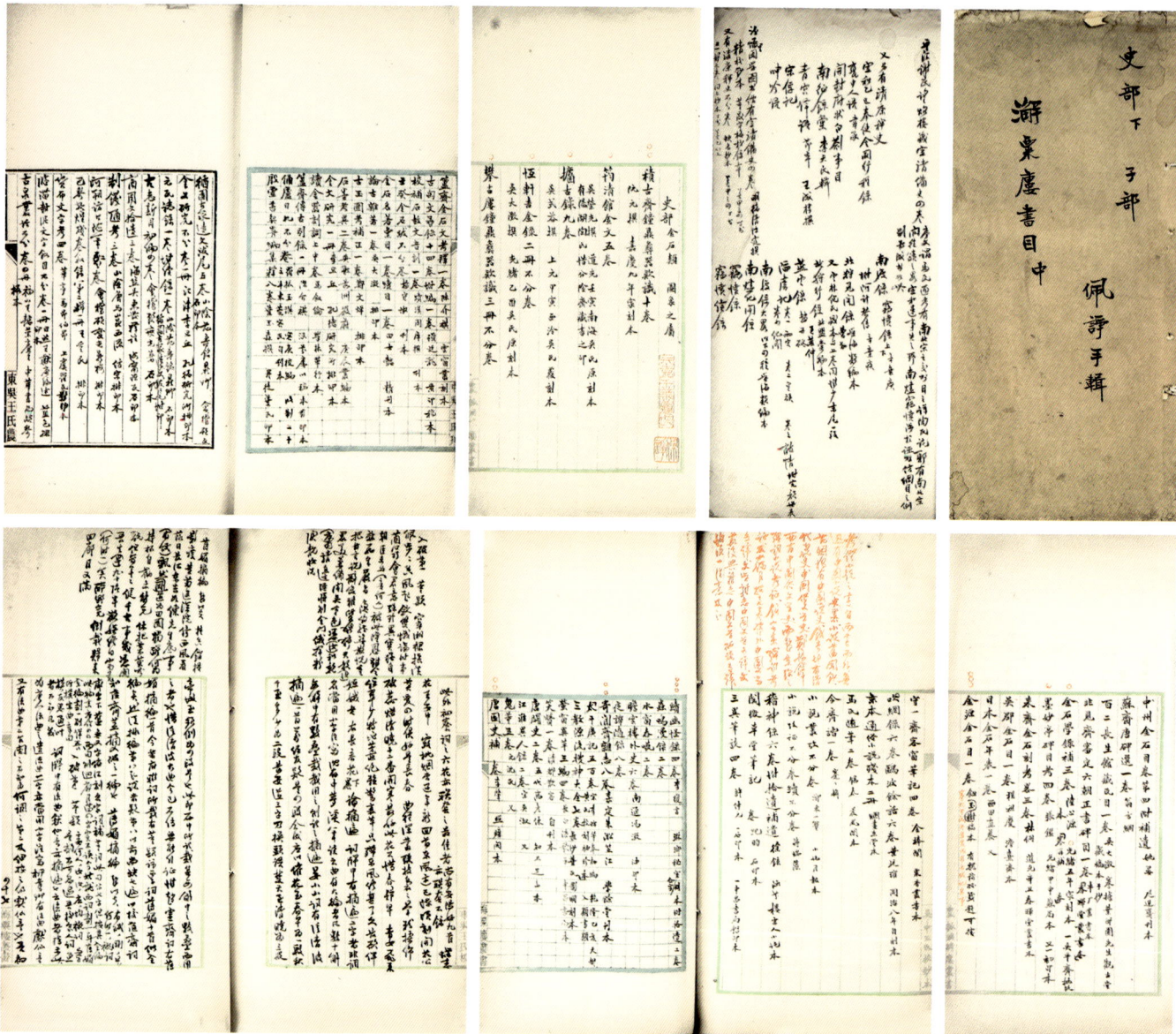

4804

王謇手輯《海粟樓藏書目》《疚齋詞初論》

晚清民國間手稿本

2 冊　紙本

鑒藏印：佩諍（朱）元嘉千葉蓮堪（朱）

提要：拍品為近代著名蘇州學者、藏書家王謇（佩諍）輯錄《海粟樓藏書目》（中）、冒廣生撰《疚齋詞初論二卷》。

1.《海粟樓藏書目》存卷中，1厚冊，開本：28.5×16.3cm，封面有王謇墨筆題字："海粟樓藏書目 中，史部下，子部，佩諍手輯。"內收史部金石類、簿錄類、史鈔類、子部先秦諸子類、儒家類、雜家類、小說家類、釋道家類、術數類、藝術類、方技類、叢書類、類書類等，每條皆列書名、作者、版本，內有王謇朱墨筆校改及圈點。稿紙下端鐫有"海粟樓叢書／東吳王氏校"、"海粟樓叢書／東吳王氏刊"、"農瓠明綺樓叢書／吳中王氏校鈔本"等字樣。

2.《疚齋詞初論二卷》，如皋冒廣生撰，1冊，開本：28.9×16.5cm，王謇手錄於海粟樓綠格稿紙，天頭處有其墨筆校改。

[WANG JIAN]　HAI SU LOU CANG SHU MU AND JIU ZHAI CI CHU LUN

Manuscript between late Qing Dynasty and Republic of China

2 volumes

尺寸不一

RMB: 25,000－35,000

作者簡介：王謇（1888～1969），字佩諍，號瓠盧，江蘇蘇州人。早年就讀東吳大學，師從章太炎、吳梅等。善治周秦諸子，長於版本目錄、金石之學。所藏鄉幫文獻、清人詞集、金石拓片甚豐。歷任震旦大學、大同大學、東吳大學教授。解放後任華東師範大學教授，上海文物保管委員會編纂。著有《先秦漢魏兩晉南北朝群書校釋》、《海粟樓書目》、《新莽金石列目》等。

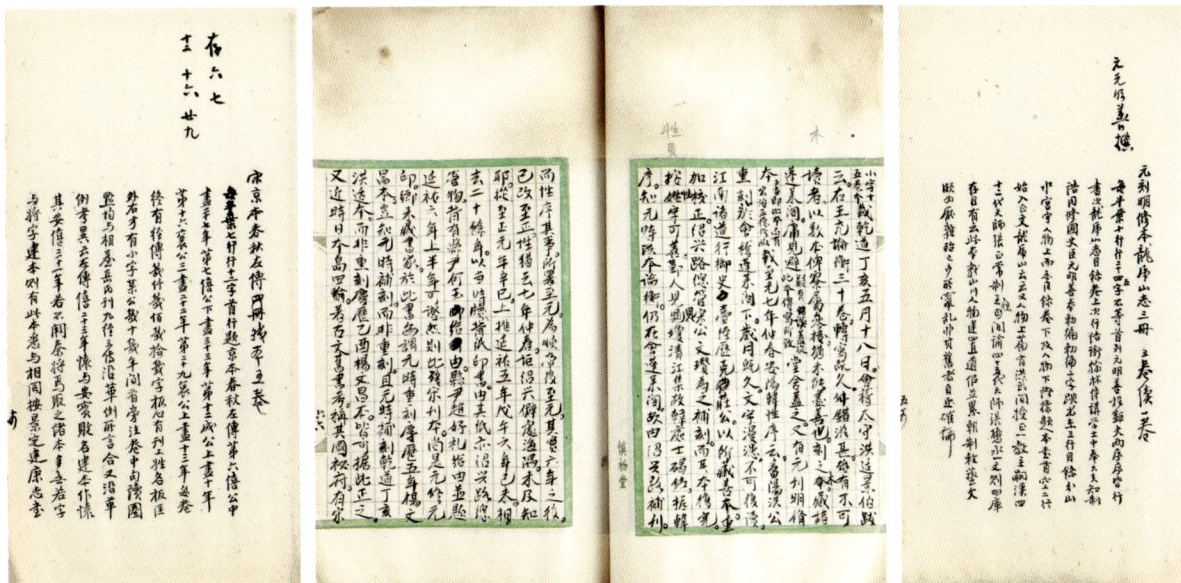

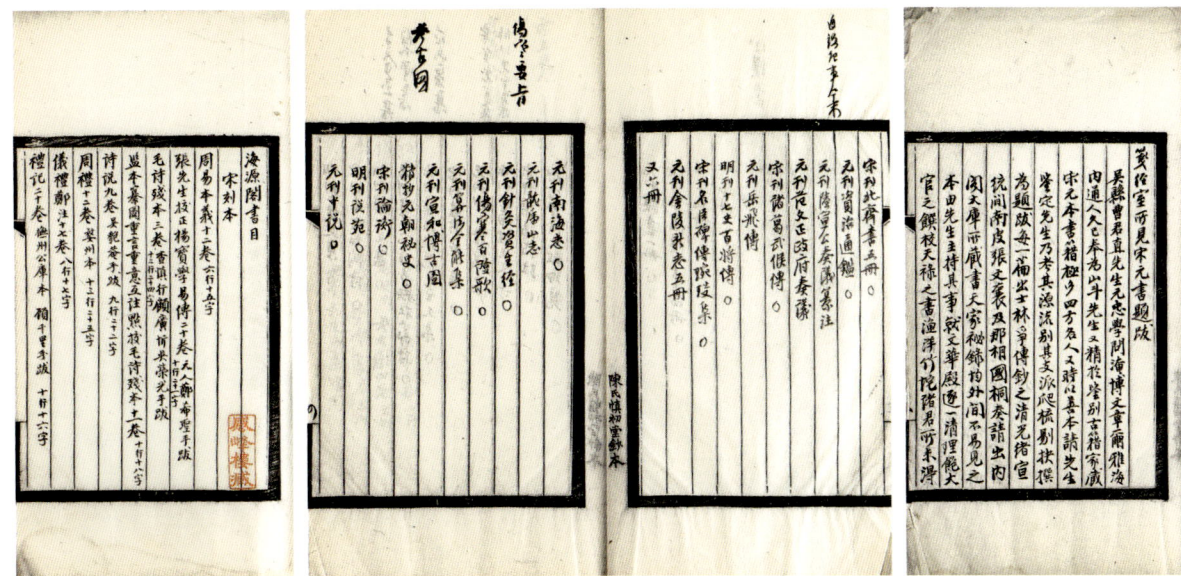

4805

陳乃乾鈔校《箋經室所見宋元書題跋》《海源閣書目》

民國間陳乃乾慎初堂鈔校本

毛裝 1 冊 111 葉　紙本

鑒藏印：感峰樓藏（朱）

提要：拍品為陳乃乾手鈔《箋經室所見宋元書題跋》、《海源閣書目》，二種合訂為一冊，黑欄稿紙書口下鎸"陳氏慎初堂鈔本"，綠欄稿紙書口下鎸"慎初堂"字樣，內經陳乃乾校勘并手編目錄、頁碼。

1.《箋經室所見宋元書題跋一卷》，吳縣曹元忠撰，前錄雲間雷瑨題跋一則，知此鈔之底本乃雷瑨據曹元忠錄存初稿過錄，正文按經史子集分類，內收《唐吳彩鸞寫本切韻跋》等唐宋元版書跋六十六種，目錄另附宋刊《後漢書》等宋刻舊鈔十一種。曹元忠（1865～1923），字揆一，號君直，江蘇吳縣人。光緒甲午舉人，官至內閣侍讀學士。曹氏學問淹博，文章爾雅，又精於古籍鑒藏，曾為韓應陛、劉世珩等校刻善本、編寫書目，光緒宣統間曾住持校理內閣所藏秘笈，其中尤珍者均撰有提要，極稽古之能事。此本所載題跋，皆為其所見宋元孤本之心得，精審詳核，與1940年蘇州圖書館排印《吳中文獻小叢書》本相較，文字篇帙或相出入。此本復經陳乃乾手校，當時似有付梓出版之意。

2.《海源閣書目》，半葉十行，分宋刻、元刻、景宋元鈔本、明刻本、校明鈔舊鈔、校刻本六類，卷末有"以上俱見《楹書隅錄》"字樣，錄於陳氏慎初堂黑格稿紙，前鈐吳興沈韻齋"感峰樓藏"朱文長方印。

[CHEN NAIQIAN]　JIANJINGSHI STUDIO'S COLLECTION OF INSCRIPTIONS FOR THE BOOKS OF SONG AND YUAN DYNASTIES, CATALOGUE OF HAIYUANGE

Mnuascript by Shenchutang Studio in Republic of China

1 volume of 111 pages

開本：29.5×18.2cm

RMB: 30,000－40,000

鈔校者簡介：陳乃乾（1896～1971），名乾，字乃乾，齋名慎初堂、共讀樓，浙江海寧人。藏書家陳鱣後裔。文獻學家，編輯出版家。早年就學東吳大學國文系，後經徐蓉初、費景韓指點，遂精版本目錄之學。編撰出版《共讀樓藏年譜目錄》《慎初堂所藏書目》《澠海樓善本書目》《室名索引》《別號索引》等，新中國成立後負責中華書局影印重要古籍如《永樂大典》《文苑英華》《楚辭集注》等。

右パネル（傭廬日札）

傭廬日札
予居京師三年杜門不通干謁曹務餘閒頗得溫
習舊學問與二三同好討論金石書畫以自遣厭
肆知予所好每以吉金古刻名迹善本求售顧以
食指繁眾體入不能給朝夕故所見不少而所得
良晝然爾頭壁上往往留粉痕每是亦不寔我有
尖又每就觀友人藏弆見聞所及暇輒信筆記之
日久積纍狼籍比冬寒人事益簡乃暑加頮次手
自寫定顏之曰傭廬日札以詁好事者且以誌吾
之枉擲日力為可惜也光緒戊申歲蒼上虞羅振

中パネル（古泉叢話）

古泉叢話卷一
戴熙六九
右周寶六化漢書食貨志周景王鑄大錢文曰寶貨
國語景王二十一年將鑄大錢賈逵曰大於舊余業
寶化平錢當鑄於二十一年以前大錢者寶若千化
也平錢余見之吳我甌銓部珩家寶四化劉燕庭太
守喜海有之六化余家有一枚即此
何子貞翰林紹基於都城廠肆見泉譜十許本以示
余余復札云來譜寶貨寶冠首甚當然其鈎摹之誤
非也宋洪遵泉志論寶化甚核乃以四化六化歸於

左パネル（選巷叢譚）

選巷叢譚 阮盦筆記五種之一 況周儀
戊戌九月自瓊花觀移居舊城小牛泉巷按半泉
巷名見太白作同氣新後人錄政非是 泉後太傅街即古興
仁街儀徵太傅文達所重建也志選巷今無定址要當距
樓不遠吾在樓西南不百武田取以名防小滄浪
定香亭筆談例黨所聞見為叢談屬文達軼事采撷
較詳則私淑之志也
小牛泉巷住宅內院稍東北盡夾道得小園牆東北

4806
師米老人手寫《傭廬日札》等三種
民國間沈煦孫手鈔本
3冊 紙本
鑒藏印：石佛龕（朱） 成伯手寫（朱） 虞山沈氏師米齋精鈔本（朱）
提要：拍品為沈煦孫手錄羅振玉《傭廬日札》、戴熙《古泉叢話》、況周頤《選巷叢譚》《鹵底叢譚》，每冊前均鈐"成伯手寫"朱文方印、"虞山沈氏師米齋精鈔本"朱文長方印。封面有前人墨筆題簽，舊裝三冊，保存完好。
沈煦孫（1868～1942），字成伯，一字師米，號虞山聾隱，晚號師米老人，虞山（今江蘇常熟）人。光緒二十五年（1899）庠生。蓄金石、書畫、碑帖甚豐，編著有《師米齋集古印存》、《師米齋所藏古銅印》、《師米齋吉金圖錄》、《芥彌精舍書畫碑帖目錄》、《師米齋焚餘書錄》等。

[SHEN XUSUN] YONG LU RI ZHA, ETC.
Manuscript in Republic of China
3 volumes
開本：31×19.1cm
RMB: 30,000－40,000

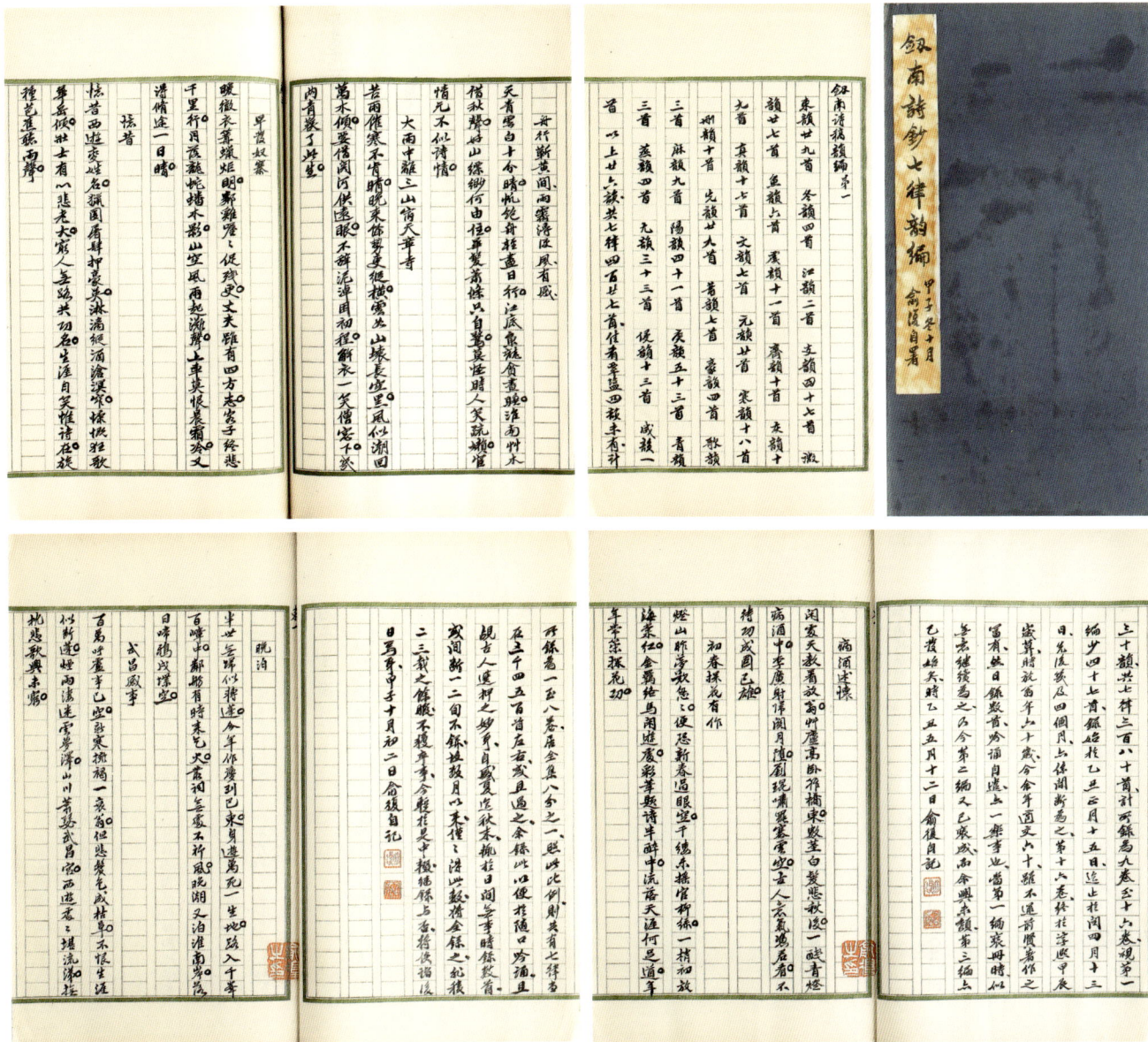

4807

劍南詩鈔七律韻編二卷

（清）俞復撰

民國十三年（1924）、十四年（1925）俞復手稿本

2冊　紙本

鑒藏印：俞復（朱）　仲還（白）　俞復之印（白）

提要：《劍南詩鈔》為南宋愛國詩人陸游之生平記游之作。是書俞復依《劍南詩鈔》，整理謄錄七律詩中音韻之作，輯為二卷。上卷於甲子年（1924）整理卷一至卷八東韻、江韻、麻韻等廿六韻七律四百餘首；二卷於乙丑年（1925）收卷九至十六卷東韻、虞韻、侵韻等三十韻七律三百餘首。封面墨筆自署："劍南詩鈔七律韻編"，前附自記，

錄於綠色格紙之上，原裝二厚冊，篋藏吟誦，可觀古人選押之妙。

JIAN NAN SHI CHAO QI LV YUN BIAN (2 vols)

Manuscript by Yu Fu in 1924 and 1925

2 volumes

半框：21×15.8cm　開本：28×18.5cm

RMB: 40,000－50,000

作者簡介：俞復（1866～1931），字仲還，號仲培，江蘇無錫人。光緒二十年舉人。曾參加"公車上書"，與吳雅暉合辦無錫三等學堂，1912年、1927年曾兩度任無錫縣長，工書法。

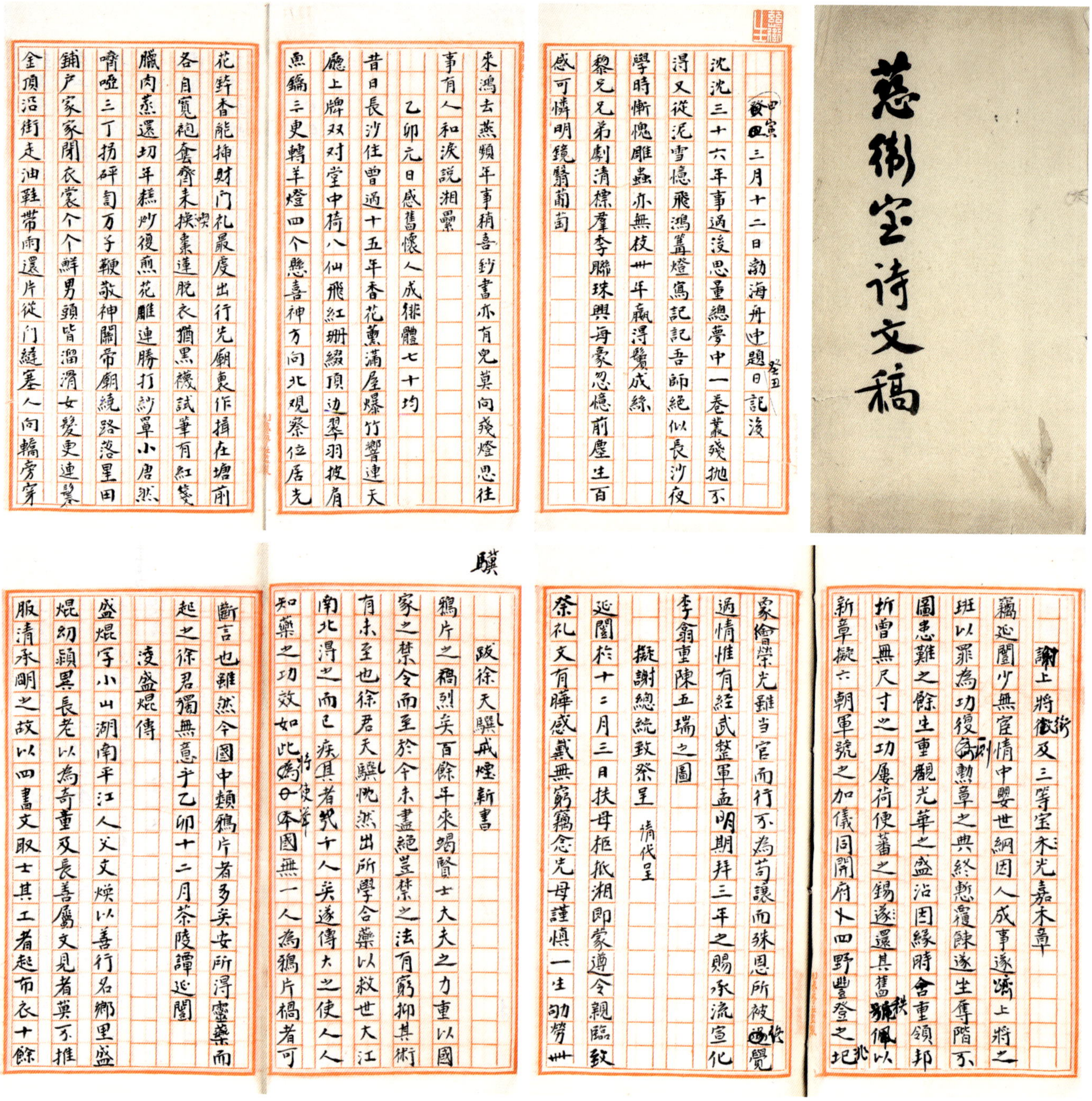

慈衛室詩文稿

（上半部手稿）

甲寅三月十二日勃海舟中題日記後
癸丑

沈沈三十六年事過沒思量總夢中一卷業殘抛不
得又從泥雪憶蟲飛鴻舊燈寫記記吾師絕似長沙夜
學時慚憶雕摽摩李聯珠與每豪忍憶前塵生百
黎兄弟劇清摽摩李聯珠與每豪忍憶前塵生百
感可憐明鏡鬢葡萄

來鴻去燕頻平事稍喜鈔書亦有兒莫向殘燈思往
事有人和淚說湘纍

乙卯元日感舊懷人成俳體七十均

昔日長沙住曹通十五年香花薰滿屋爆竹響連天
應上牌雙對堂中荷八仙飛紅珊綴頂邊翠羽披肩
魚籥三吏轉羊燈四個懸喜神方向北觀察位居先

花鈄香能拂財門礼最虔出行先廟更作揖在塘厠
各目寬袍套齊來換棗連肱衣猶黑襪試筆有紅箋
臘肉蒸還切年糕炒復煎花雕連勝打紗章小唐然
嚌嚘三丁揚碎詢万子鞭救神關帝廟綫路浴里田
鋪戶家開衣裳個個鮮男頭皆溜滑女髮更連鬈
金頂沿街走油鞋帶雨還片從門縫塞人向輪旁穿

（下半部手稿）

謝上將銜又三等寶禾光嘉禾章
竊延闓少官情中要世綱因人成事逯上將之
班以罪為功復酬勳章之典終懇禮陳遂生摹時
圖忠難之餘生重觀光華之盛治固緣還其舊镇邦
折曾無尺寸之功廑荷便蕃之錫逯還其舊镇邦
新章擬六朝軍競之加儀同開府卜四野豐登之紀
秩俾以

家繪榮先雖當官而行不為苟讓而殊恩所被
過情惟有經武整軍盂明期拜三年之賜承流宣化
李翁重陳五瑞之圖
擬謝總統致祭呈 攝代呈

延闓於十二月三日扶母柩抵湘即蒙遣令親臨致
茶礼文有膊感戴無窮竊念先母謹慎一生劬勞卅

跋徐天驥戒煙新書

鴉片之稿烈矣百餘年來竭賢士大夫之力重以國
家之禁令而至於今未盡絕豈禁之法有窮抑其術
有未至也徐君天驥慨然出所學合藥以救世大江
南北得之而已疾其者凡十人矣遂傳大之使人人
知藥之功效如此焉日本國無一人為鴉片稿者可

斷言也雖然今圖中頻鴉片者多矣安所得靈藥而
起之徐君獨無意于乙卯十二月茶陵譚延闓
凌盛焜傳
盛焜字小山湖南平江人父焜以善行名鄉里盛
焜幼讀黑長老以為奇董及長善屬文見者莫不推
服清穎承鮒之故以四書文取士其工者起而衣十餘

4808
譚延闓手稿《慈衛室詩文稿》
（清末民初）譚延闓撰
民國間手稿本
1冊 紙本
鑑藏印：慈衛生（白）
提要：此冊為譚延闓自書詩文稿十餘種,內收民國三至四年（1914～1915）
紀事感懷詩、入青島所作詩、重修族譜後記、先母墓誌銘、跋徐天
驥《戒煙新書》、題翁方綱摹退谷藏《蘭亭》等。譚延闓親筆抄錄
於劉藝學社紅格稿紙,內有墨筆校改多處。

POEM MANUSCRIPTS OF CI WEI SHI

Manuscript in Republic of China
1 volume
開本：22×13cm
RMB: 20,000－30,000

作者簡介：譚延闓（1880～1930）,字祖庵、祖安,號畏三,切齋居士,
室名瓶廬、慈衛室,湖南茶陵人。光緒三十年（1904）進士,
授翰林院編修。入民國,曾任國民政府主席、行政院院長等職。
工書法,擅詩文。著有《切齋詩草》、《慈衛室詩》等。

4809

譚澤闓手書《盛唐詩選》、《歌行補遺》

手稿本

1 厚冊 紙本

鈐印：大武校鈔（白）大武老人（白）大武手裝（白）大武先生二十以前
所作（白）大武先生手筆（白）譚澤闓（白）譚澤闓印（白）大
武書翰（朱）復齋平生真賞（朱）

提要：拍品為譚澤闓手寫詩鈔二種：
1.《盛唐詩選》，為譚澤闓手寫書第五種，以"歌行"為卷一，以待續
錄，前有清光緒三十三年（1907）譚延闓自題扉頁并長跋，選錄元宗、
李昂、杜甫、李白等盛唐二十八人詩一百首，內有譚氏蠅頭小楷題記。
2.《歌行補遺一卷》，內錄《瑞雪篇》、《奉和聖制》等詩二十首，後有

譚澤闓光緒三十四年（1908）、民國五年（1916）、民國七年（1918）
墨筆題記。附便條一紙。譚澤闓手自裝訂，鈐印累累，保存完好。

[TAN ZEKAI] SHENG TANG SHI XUAN, GE XING BU YI

1 volume

開本：27.5×20cm

RMB: 60,000－80,000

作者簡介：譚澤闓（1889～1947），字祖同，又字大武，號瓶齋，湖南茶陵人。
譚延闓弟。工書法，師法翁同龢、何紹基、錢灃，並善榜書。

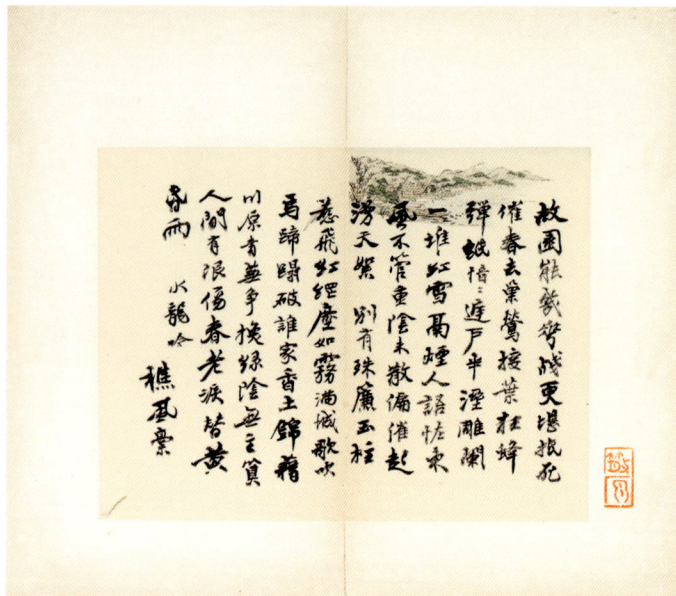

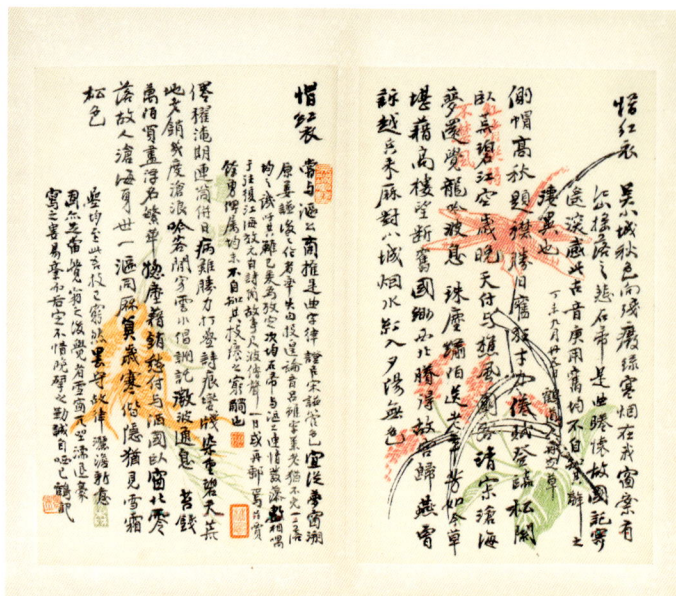

4810

陳三立、陳寅恪父子遞藏《鄭文焯詞稿》

（清）鄭文焯撰

清光緒至宣統間手稿本

1 冊 15 頁　紙本

鈐印：老芝無恙（白）　冷紅詞客（白）　大壺（朱）　鶴公（白）　石芝（白）　傖歌（朱）　老芝（朱）　鄭文
　　　焯（白）　樵風近制（白）　大鶴山人題記（白）　樵風（朱）　吳小城東墅（白）

鑒藏印：陳寅恪印（朱）　散原（朱）

提要：此冊為"晚清四大詞人"之一鄭文焯手書詞稿十三篇，光緒二十七年（1901）至宣統元年（1909）間所
　　　作，多與朱祖謀唱和，相與探討聲律，有睠懷故國之歎，內容頗足玩味。其中《惜紅衣》二首，有鄭文
　　　焯丁未（1907）九月廿四日、廿五日初稿及再定稿兩種。《踏莎行》一首為鄭氏辛丑（1901）秋夜泊石
　　　湖所作，憶壬辰（1892）秋攜蘇曼殊越城橋泛月之遊。《天香》一首前有鄭氏丙午（1906）長題，記述
　　　海鹽陳氏舊藏石濤和尚所制並藏貝多子鼻煙壺，鄭氏愛其樸栗渾成，又為名僧之遺，因寫山水一幅從陳
　　　氏易得，並作詞為念。
　　　此冊老裱，部分詞稿書於鄭文焯自製彩箋。封面題簽"鄭大鶴寫詞十五頁"，下鈐"陳寅恪印"一方。陳三立、
　　　陳寅恪父子遞藏。

[CHEN SANLI, CHEN YINKE] MANUSRIPTS OF ZHENG WENZHUO

Manuscript between Guangxu and Xuantong periods of Qing Dynasty

1 album of 15 leaves

28.7×16.7cm

RMB: 200,000－300,000

作者簡介：鄭文焯（1856～1918），字俊臣，號小坡、叔問、老芝等，自號江南退士，別號鶴道人、大鶴山人，
　　　　　山東高密人。曾任內閣中書。精通音律，工詩詞，與王鵬運、朱祖謀、況周頤並稱"晚清四大詞人"。
　　　　　著有《大鶴山房全集》。

藏家簡介：1. 陳三立（1852～1937），字伯嚴，號散原，江西義寧（修水）人。光緒十五年進士，助其父陳寶
　　　　　　箴於湖南施行新政，戊戌後同被黜。善詩，為"同光詩體"代表人物。子衡恪、寅恪，婿俞大維
　　　　　　皆知名於世。

　　　　　2. 陳寅恪（1890～1969），號青園，又署青園翁，室名寒柳堂、金明館、不見為淨之室，江西義寧
　　　　　　（今修水縣）人。湖南巡撫陳寶箴之孫，著名詩人陳三立三子。著名歷史學家、古典文學研究家、
　　　　　　語言學家。著有《隋唐制度淵源略論稿》《元白詩箋證稿》等。

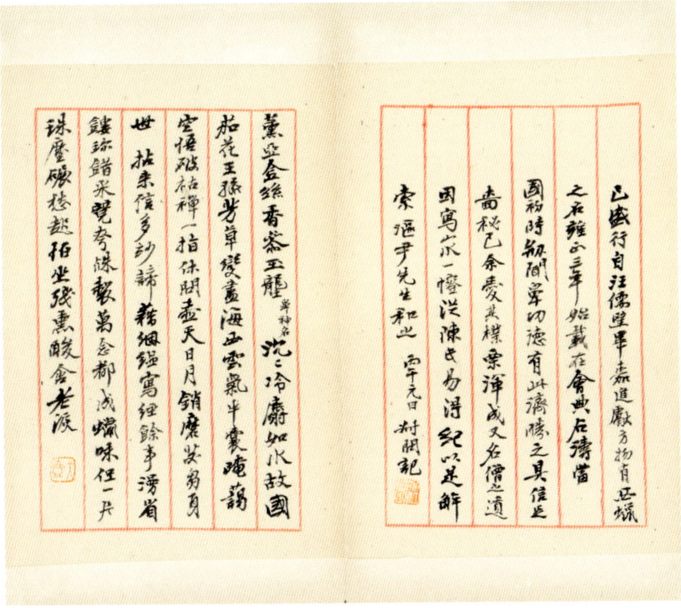

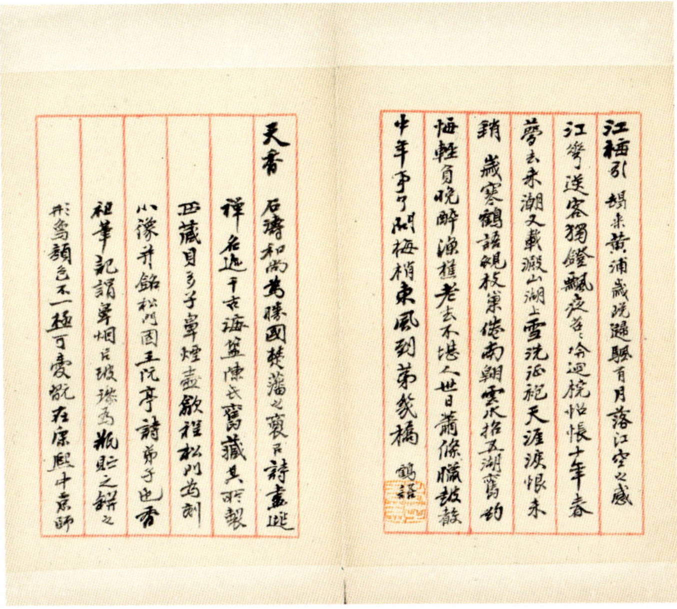

江梅引
天香

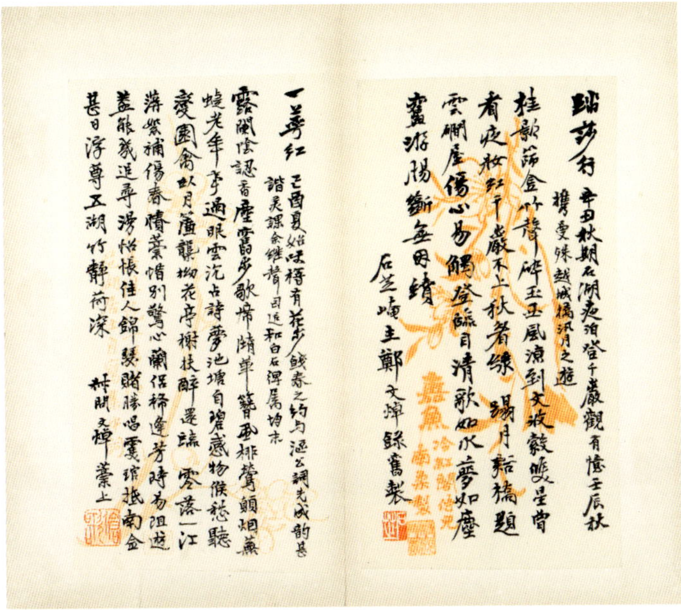

踏莎行
一萼紅

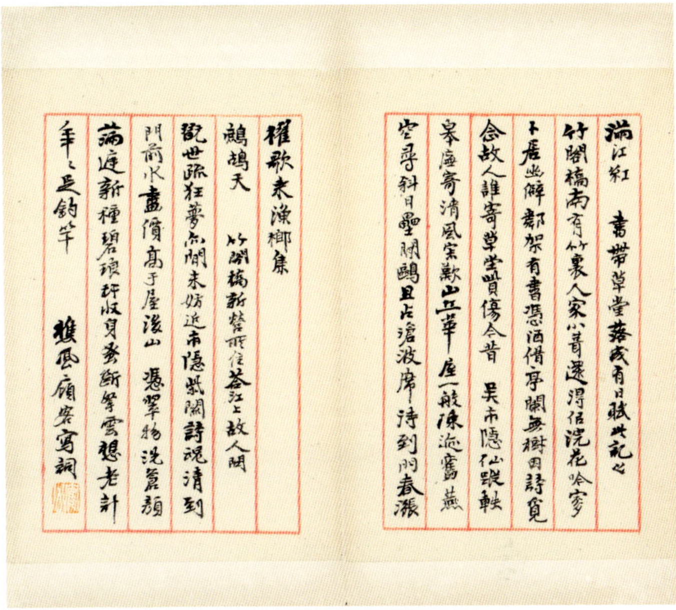

滿江紅

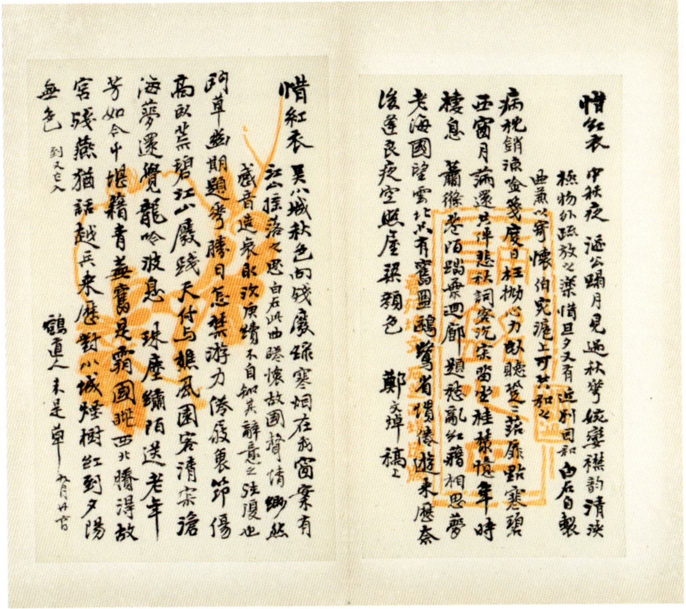

惜紅衣
惜紅衣

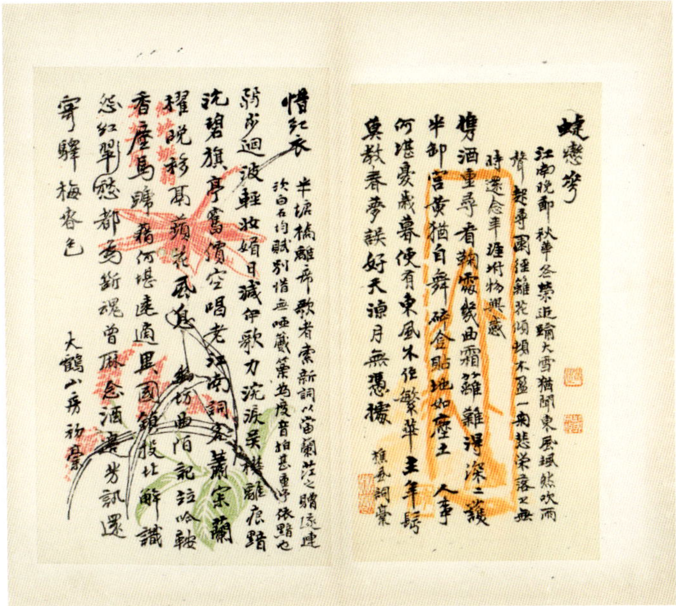

惜紅衣

4811

丁晏稿本《柘唐文稿》

（清）丁晏撰

清代道光咸豐間手稿本、校稿本

紙撚裝 1 厚冊 紙本

提要：拍品內收清代著名學者、校勘家丁晏文稿五十餘篇，為道光十六年（1836）至咸豐十年（1860）左右所作，其中約三分之一為丁晏手稿，部分為謄清稿復經其親筆刪潤，天頭處有友朋評閱批語。內容主要分為：

一、經史相關著述，如《校汪春園<日知錄>補正》《金石跋存》《<禮記>、<中庸>、<大學>跋》等；二、師友及自己著作所撰序跋，如《山陽詩徵序、後序》《柘唐著錄自序》《包卷翁<安吳四種>書後》、《<晉略>序》等；三、江蘇淮安供職期間所撰記文，如《重修淮安西門關帝廟碑》《重修九阪橋水龍局記》《城西道院新建秋水兼葭館記》《丙辰旱荒賑粥記》等；四、壽序、行狀及答師友書信等。

此稿紙撚裝合訂一厚冊，由其後人丁瑞侯保管，向未刊行。民國二十二年（1933）吳庠見之，曾擇選若干篇連載於《青鶴》雜誌。顧廷龍在1945年影印出版的合眾圖書館叢書第十二種——丁晏早年論經著作《論語孔注證偽》題跋中稱，"柘唐先生博聞強記，著作等身，晚年自定叢書目未刻，繕稿計二十五種，經後學先後刊行者十五種，遺稿為邑子宋焜所得最多，近亦散售。其未刊之稿，葉揆初丈亦收得二，

曰《春秋胡傳申正》，曰《論語孔注證偽》" 今丁晏手稿散見於國家圖書館、上海圖書館，此本為拍場僅見之本，值得寶藏。

部分刊載：《柘唐遺文》《校汪春園<日知錄>補正》，載《青鶴》雜誌，第2卷第4、6、8、10、12、14、16、18、20、22、24期，第3卷第1、3、5、7、9、11、13、16期，1933年至1935年。

[DING YAN] ZHE TANG ZA GAO

Manuscript between Daoguang and Xianfeng periods of Qing Dynasty

1 volume

Published (part): Qing He, vol. 2 & vol. 3, 1933-1935

開本：26×18cm

RMB: 80,000－120,000

作者簡介：丁晏（1794～1875），字儉卿，號柘唐，晚號石亭居士，江蘇山陽（今淮安）人，原籍山東濟寧。道光元年（1821）舉人，官至內閣中書。性嗜典籍，勤學不輟，篤號鄭學，於詩箋、禮注研究尤深。歷主觀海、麗正、文津書院，有"江淮經師"之稱。手校書籍極多，必徹始終。撰著極富，有《毛鄭詩釋》《儀禮釋注》《周易述傳》等四十餘種，多刊入《頤志齋叢書》。

上海圖書館藏丁晏手稿
《詩集傳附釋一卷》

上海圖書館藏丁晏跋
明刻本《風俗通》

4812號至4827號拍品為浙江文獻專題

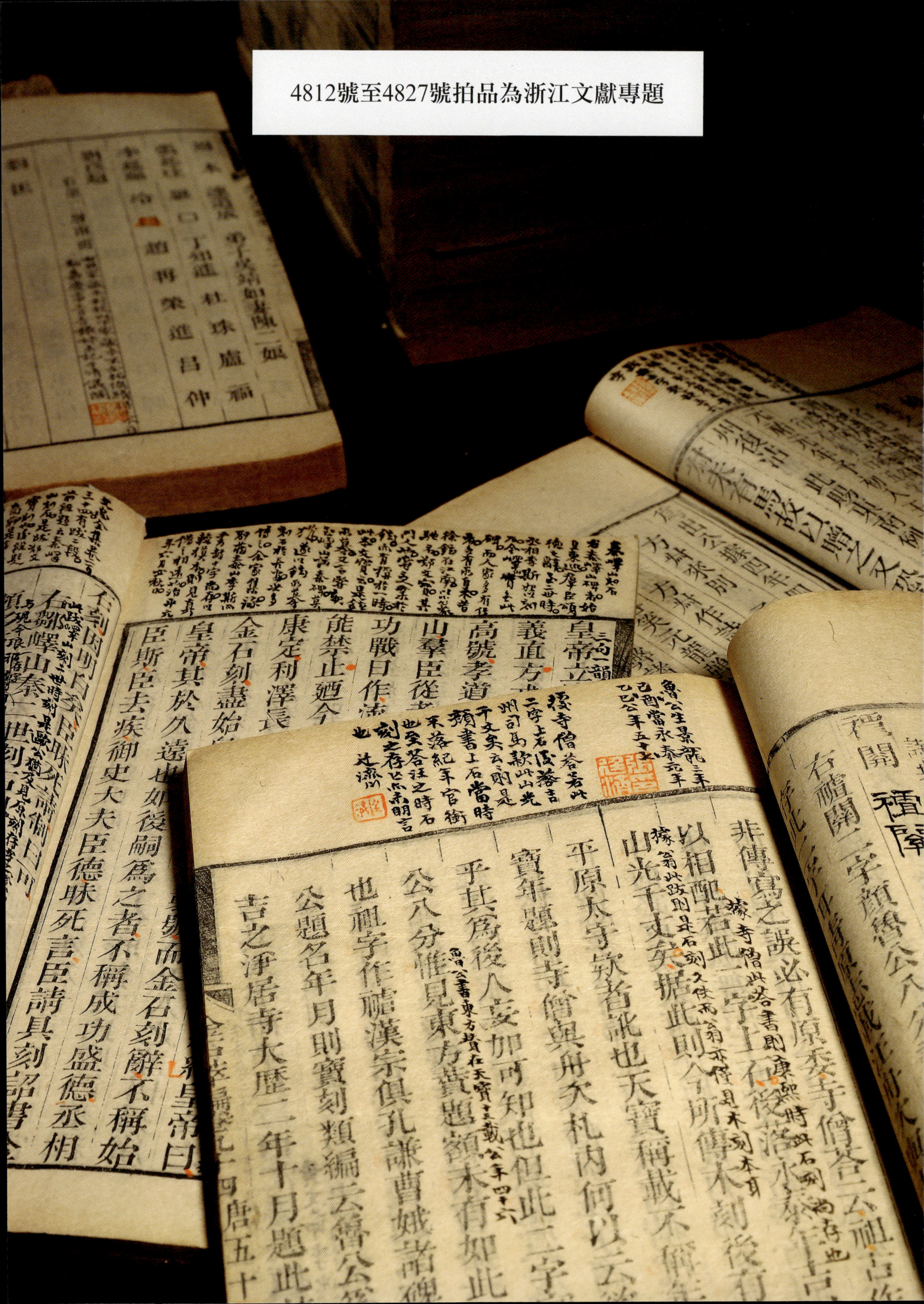

浙江文獻專題

　　浙江自古山川清淑，物土殷饒，自明清以降，文乃益華，詞逾彬郁。本次西泠春拍浙江文獻專題，將推出張廷濟批校王昶原刻本《金石萃編一百六十卷》全帙；蔡元培、黃賓虹等晚清民國三十五家題徐印香先生手抄《龍文鞭影》等四種；朱孔陽舊藏張廷濟、管庭芬、梁同書等詩文稿；李瑞清題繪吳越王刻《雷峰塔藏經》等浙江相關稿、鈔、刻本近二十種，以饗藏家。

　　尤為矚目的有，張廷濟批校《金石萃編》一百六十卷全帙，此書在金石學史上堪稱劃時代之作，張廷濟依據原碑、自藏及友人藏拓和相關學術著述通篇批校數千言，具有重要學術價值，莫伯驥五十萬卷樓舊藏。張元濟、金蓉鏡、蔡元培、黃賓虹等晚清民國三十五家題徐印香先生手抄《龍文鞭影》等四種，墨運翰藻，滿紙生輝。北宋開寶八年（975）吳越王錢俶刻《雷峰塔藏經》一卷，此為錢俶在杭州西湖畔為其妃黃氏所建"黃妃塔"（又稱雷峰塔）中所藏之佛經，是中國早期雕版印刷的珍貴實物，前有李瑞清彩繪雷峰塔圖，更為之增色。

　　此次還徵集到朱孔陽舊藏數種，其中包括管庭芬校錄《金石萃編漢碑校正三卷》、梁同書手錄《杜詩摘句》、張廷濟道光年間自批詩稿（此應為道光刻本《桂馨堂集·順安詩草》刊刻的底本）等稿鈔本。此外，還有劉承幹之父劉錦藻的未刊詩文集《堅匏盦詩賦文鈔八卷 葭洲書屋賦鈔二卷》，清咸豐朱氏師卯敦室雙鉤精刻本《趙書天冠山詩真跡》（內收趙孟頫書天冠山詩帖，有日本近代書道創立者之一、西泠印社早期社員日下部鳴鶴親筆題簽，《清代版刻一隅》收錄），翰墨華章，誠足寶之。

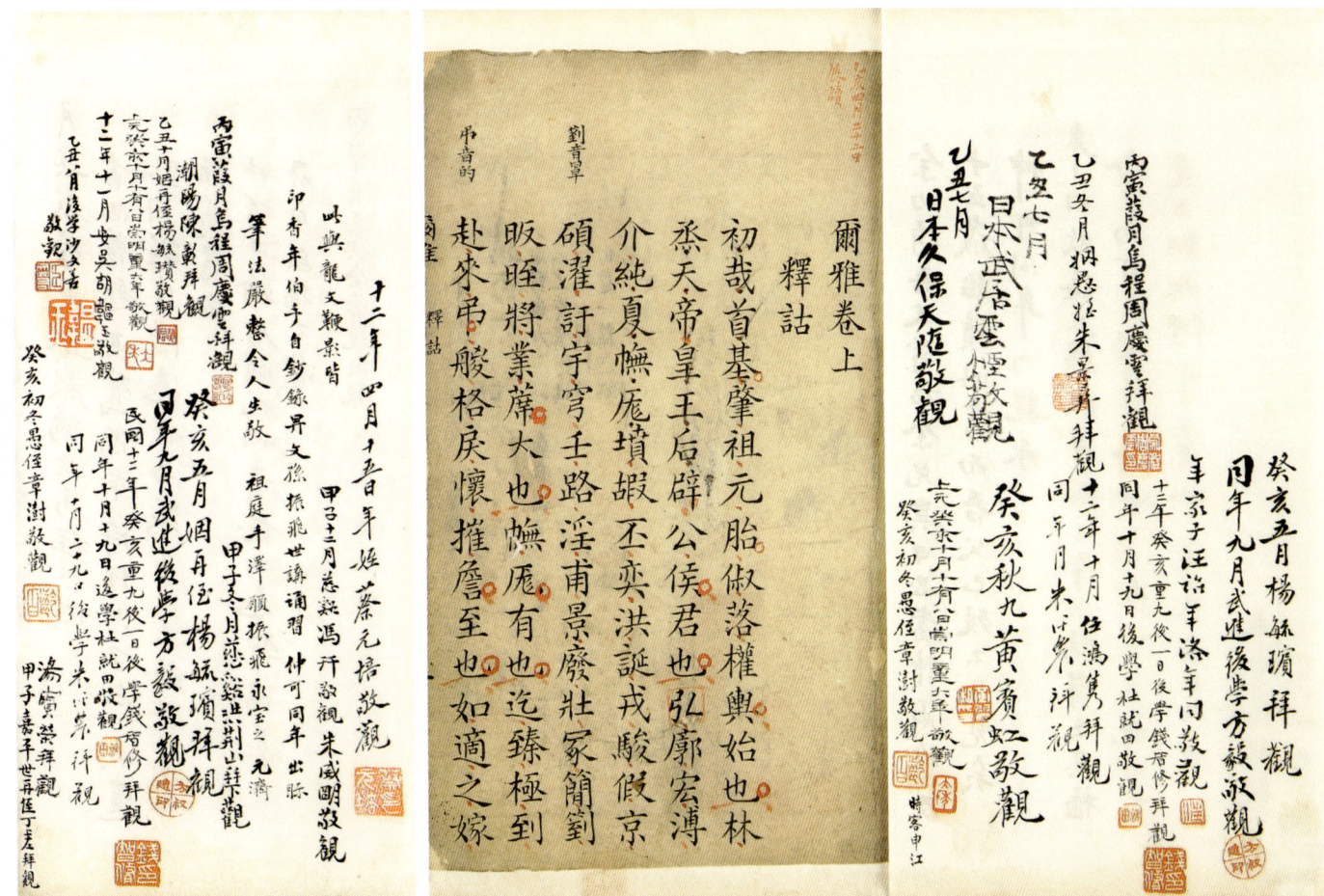

蔡元培、黃賓虹等三十五家題徐印香先生手抄《詩經》《爾雅》等四種

4812

蔡元培、黄賓虹等三十五家題徐印香先生手抄《詩經》《爾雅》等四種

清光緒間徐恩綬手抄本

2函4冊 紙本

鑒藏印：蔡元培印（白）黄質私印（白）沙文若印（白）臣文若（朱白）闇伯（朱）韞玉（白）大年（朱）心安（白）烏程周慶雲印（白）夢坡題記（朱）殿揚之印（白）佐禹長壽（朱）汪（朱）朱景彝印（朱）齡百（朱）木道人（白）毓瓚（白）錢智修印（白）就田（朱）臣驄私印（白）姚虞琴（白）虞琴（朱）方叔遠印（朱）馮（朱）

提要：拍品為清光緒中葉錢塘徐恩綬（印香）為餘姚教諭時，為其子徐珂、文孫徐振飛（興鶴）課讀手錄本，內經張元濟、金蓉鏡、蔡元培、黄賓虹、連橫等晚清民國時期三十五位名家題跋，蔚為大觀。

徐恩綬（1831～1894），字印香、杏亩，號復盦，浙江錢塘（今杭州）人。為《清稗類鈔》著者徐珂之父。同治十二年（1873）舉人，官內閣中書，終徽姚縣教諭。授徽仕郎封中議大夫。

1.《龍文鞭影》，1冊，卷首題"徐興鶴讀，癸巳七月十五日讀起"，末題："癸巳年七月十五日讀起，甲午年五月廿六日讀完，共五百十五行"。蠅頭細楷，內有朱筆圈點。卷前有姜殿揚題跋并題簽，蔡元培、黄賓虹、沙文若、張元濟、金蓉鏡、連橫、胡韞玉、童大年、蔡北侕、汪治年、汪洛年、周慶雲、錢智修（二次）、任鴻雋、湯寶榮、朱景彝、章澍、陳彰、洪曰湄、馮开、楊毓瓚、楊毓瓚、杜就田、楊士驄、汪詒年、葛暘、姚虞琴、朱經農、久保天隨等二十八人題觀款。

2.《詩經》，1冊，卷首題"癸巳十月初三日起"，此為徐恩綬為其文孫徐振飛誦習手錄本，卷首題："癸巳十月初三日起"。內有張元濟、姜殿揚題跋，蔡元培、沙文若、金蓉鏡、胡韞玉、童大年、姚虞琴、蔡北侕、連橫、朱景彝、楊士驄、馮开、朱威明、周慶雲、陳彰、洪荆山、楊毓瓚、楊毓瓚、方毅、錢智修、杜就田、朱經農、湯寶榮、章澍、丁上左、武居雲煙、久保天隨等二十六家觀跋。姜殿揚題簽。

3.《爾雅》，1冊，此為光緒元年（1875）徐珂七歲時其父徐恩綬手錄本，卷端朱筆題："乙亥十月二十二日展讀"，點畫端肅，音訓句讀朱墨燦然。內有蔡元培、張元濟、金蓉鏡、姜殿揚題跋，黄賓虹、沙文若、胡韞玉、童大年、周慶雲、朱景彝、楊士驄、馮开（二次）、朱威明、丁上左、李宣龔、湯寶榮、楊毓瓚、楊毓瓚、方毅、汪治年、汪洛年、錢眉修、杜就田、任鴻雋、朱經農、章澍、陳彬、洪曰湄、陳彰、姚虞琴、葛暘、武居雲煙、久保天隨等二十九家觀跋。姜殿揚題簽。

4.《徐印香先生行狀》，吳縣湯寶榮撰，1冊，民國四年（1915）商務印書館石印本。杜就田墨筆題字。姜殿揚題簽。

[CAI YUANPEI, HUANG BINHONG, ETC.] THE BOOK OF SONGS, ETC.

Manuscript in Guangxu period of Qing Dynasty

2 cases of 4 volumes

開本：26.2×15.3cm

RMB: 150,000－250,000

跋者簡介：1. 蔡元培（1867～1940），字鶴卿，號鶴青，浙江紹興人。光緒十八年進士，授編修。1905年入同盟會，後留學德、法。回國後出任北京大學校長。後被選為國民黨中央監察委員。1927年後，任南京政府大學院院長、中央研究院院長、監察院長等職。又為上海音樂學院創始人。

　2. 黄賓虹（1865～1955），原名質，字樸存，一字予向，安徽歙縣人，生於浙江金華。詩、書、畫、印皆精，山水尤絕，為一代藝術大師。

　3. 張元濟（1867～1959），號菊生，浙江海鹽人。光緒壬辰（1892）進士，入翰林院任庶吉士，後在總理事務衙門任章京。1902年入商務印書館，歷任編譯所所長、經理、監 理、董事長等職。對於中國文化、出版、藏書事業貢獻極大。他大力搜集古今圖書，陸續收購州蔣氏、會稽徐氏、太倉頤氏等藏書家藏書，於商務印書館內特辟"涵芬樓"（後擴建為東方圖書館）為藏書處，開創了私營出版社設專職專業編輯和圖書數據以保證出版物品質。

　4. 金蓉鏡（1856～1930），初名鼎元，字學範，一字闇伯，號殿臣、一作甸丞萃圃，潛父、潛廬等，浙江秀水（嘉興）人。光緒十五年進士。曾居周夢坡晨內廬多年。究輿地之學，善畫山水，著有《潛廬全集》。

5. 沙孟海（1900～1995），原名文若，別名石荒、沙邨、決明，浙江鄞縣人。曾任西泠印社社長，中國書協副主席，中國美術學院教授等職。

6. 周慶雲（1866～1934），字景星，號湘齡，別號夢坡，浙江吳興人。近代著名的民族資本家。精於書畫金石收藏，編有《夢坡室獲古叢編》《夢坡室藏硯拓本》，主修《南潯志》《莫干山志》《西溪秋雪庵志》等。

7. 楊士驄（1870～?），原籍安徽泗州。光緒癸巳舉人。歷任候補四品京堂，廣東補用道，京奉鐵路總辦，放山西巡鹽道，民國初年當選多屆眾議院議員。兒子楊毓珣娶袁世凱第四女為妻。

8. 陳運彰（1905～1956），一作陳彰、運章，字君謨、蒙安、蒙盦，號華西、默堂，室名越雪山堂，原籍廣東潮陽，生長上海。集藏碑拓，考訂精詳。歷任潮州修志局委員、之江文理學院、太炎文學院及聖約翰大學諸院教授。

9. 胡樸安（1878～1947），名韞玉，號樸安，安徽涇縣人。民國時期著名古文字學家、訓詁學家、藏書家、南社詩人，曾任《民國日報社》社長、《上海正論社》社長、上海通志館館長等職。

10. 童大年（1874～1954），字醒盦，又字心安、心盦，號性涵，江蘇崇明（今上海）人。篆刻家，精研六書。間作花卉，書法負盛名。

11. 連橫（1878～1936），字雅堂，號武公、劍花，別署慕陶、慕真，臺灣省臺南人，祖籍福建漳州。原國民黨主席連戰之祖父。著有《臺灣通史》《臺灣語典》《臺灣詩乘》《大陸詩草》《劍花室詩集》等，是臺灣著名愛國詩人和史學家。

12. 汪洛年（1870～1925），字社耆，號友蓉、鷗客，浙江錢塘（今杭州）人。久居淮上。師戴用柏。工山水，與沈塘齊名。亦能書法、篆刻，皆恪守師法。曾任兩湖師範學校圖畫教員。辛亥革命後，寓滬上賣畫自給。為海上名家之一。

13. 姚虞琴（1867～1961），名景瀛，字虞琴，晚年以字行，又字漁吟，浙江餘杭人，寄寓上海。擅書法、詩文、鑒賞。尤擅蘭竹，取法明人。為中國畫院畫師、中國美協上海分會會員、上海文史館館員，以畫蘭名馳江南。

14. 姜殿揚（?～1957），別名佐禹，江蘇吳縣人。善書法。商務印書館編輯，上海文史館館員。

15. 楊毓瓚（民國），字慈君，楊士琦之子。1927～1928年間為北洋政府國務院印鑄局長。徐珂之子徐新六之妻兄。

16. 方毅（1876～1954），字叔遠，江蘇武進人。商務印書館元老，《辭源》主編之一。

17. 錢智修（1883～1947），字經宇，浙江嵊縣人。中國著名國學大家，博古文學家，東方學派思想家。曾任商務印書館編輯、《東方雜誌》主編。參與編輯《辭源》及《中國人名大辭典》《中國古今地名大辭典》。

18. 杜就田（清末民國），字秋孫，號憶尊、農隱，室名味六盦，浙江紹興人。寄寓上海。布衣。善篆刻，私淑趙之謙。工詩文，擅畫花卉精墨竹。

19. 任鴻雋（1886～1961），字叔永，四川墊江（現屬重慶）人。著名思想家、學者、科學家和教育家，辛亥革命元老，我國近代科學的奠基人之一。參與創建中國最早的綜合性科學團體中國科學社和最早的綜合性科學雜誌《科學》月刊。

20. 馮开（1873～1931），字階青，又字君木，室名回風堂，浙江慈溪人。光緒二十三年以拔貢選麗水縣訓導。晚歲講學於滬上，得交海內名宿，與況夔笙、朱孝臧尤善，文詞皆為眾所賞。

21. 朱景彝（1868～1948），字暢甫，又字鬯父，號劍芝，錢塘（浙江杭州）人。西泠印社早期會員。

22. 丁上左（1878～1929），字宜之，號竹孫，一作竹蓀，又號白丁，浙江杭州人。南社社友。著名藏書家丁申之孫，丁立誠長子，丁輔之兄。

23. 湯寶榮（?～1932），字伯遲，號頤鎖，江蘇吳縣（今蘇州）人。商務印書館耆宿，校勘《涵芬樓叢刊》。早年師從俞曲園。工詩。

24. 朱經農（1887～1951），原名有町，後改名經，以字行，祖籍江蘇寶山（今上海），生於浙江浦江。清光緒三十年（1904）赴日本留學，入弘文書院。1905年加入同盟會。1916年赴美留學，歸國後任北京大學教育系教授。1925年另組光華大學，主持校務。

25. 久保天隨（1875～1934），名得二，號天隨，字長野，又號默龍、青琴、秋碧吟廬主人，日本東京人。近代日本漢學家。以漢式古風文筆馳名文壇。先後擔任法政大學講師、圖書寮編修官、大東文化學院講師等職。著有《秋碧吟廬詩鈔》《琉球游草》等。

徐卬香先生行狀

逸學杜就田敬題

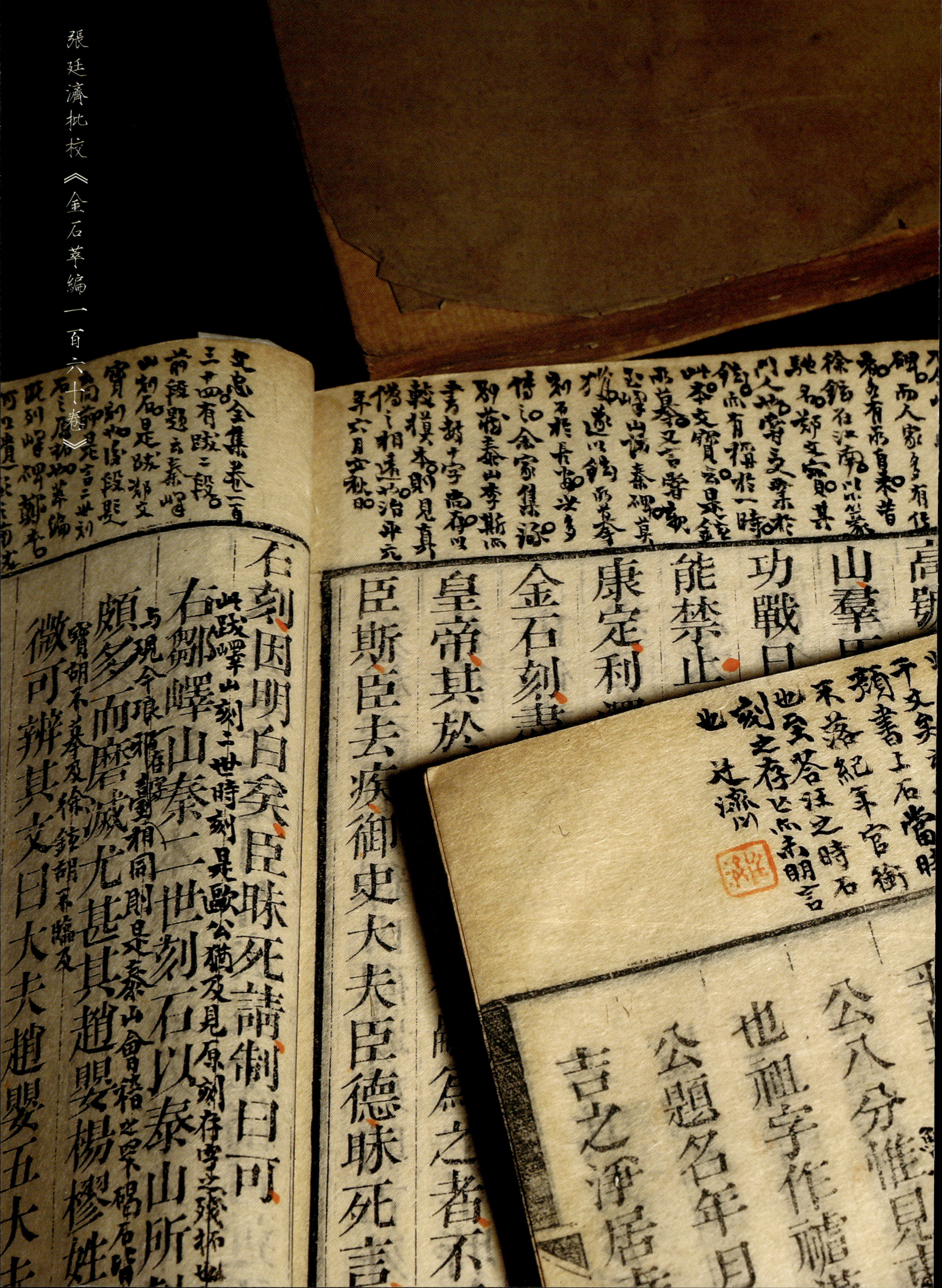

右嶧山秦二世刻石以泰山所

石刻因明白矣臣昧死請制曰可

臣斯臣去疾御史大夫臣德昧死言

皇帝其於

金石刻畫

康定利

能禁止

功戰日

山舉

高號

始
宋之縣城使
唯書者樂份
名已鋏　賜馬
贈李方　賜王堂蒙
元祐元年　六字亦不等行書在嘉
行分不等行　恩賜王臺驛令
初入玉堂蒙

右禖開二字耳壽原志載
存此二字顏壽原公入分
續降

非傳寫之誤必有原希
以相配若此二字
山光千丈矣據此則是石刻二字
平原太守題

魯公生景龍三年
己卯當永泰元年
乙巳公年五十

秦澤山刻石都始
皇帝

顧氏都道謂□政和刺
此記左□行有尉負狎
吳江王鰲

濰□□□
劉山□

淮王都仲容記
顧政和六年四月一日
尉負狎

數 細審意

綿下二 翁作極末
珣上來 顯是眾
字

乃是左筆舊本已損
此應缺

遷緣皆有舊拓
寬紙都有十六
七行然第十四行
表字之下實無
字

仁銘
儀門內碑陰有
榮陽縣盧公清
德文對面為韓
在河南滎陽縣
三有此碑跋云
虛身題跋卷

當云二十四行三十
二字
王云下橫前多是
第十行三十字校翁
氏兩漢金石記少陽
字之一行也

十米□
番□□
□歸□

所下几上拓本有
翁圖有

非字翁作草

屻翁圖有

云是最字上畫重
故損者 是最字

此文極明
此舉作米涉誤

史不載吉州別駕
歷三年則改吉州司馬
宜初貶陝州未改吉州似實

郡守云碑字小變隸書
陵景福寺碑不知存否

國華德名昭宣沖用微婉動必

處北海眞蹟的非文敏所能良鄉
摩碑一李思訓一李秀官同姓又同
疑鐫華良鄉為趙書則無疑
秀碑在良鄉秦人著

年二月檢校水部員外郎崔頲
聯華陰縣令韋綬三人題名碑中空
月通直郎劉陶題名碑中空處其

餘年而始題其額耳碑前兩行
驗石本果關字

通赫赫復
國氣灝華
振振秩宗三思齊禍
子惟孝靈龜是從

碑舊在鳴犢鎮今在西安府學戊子君房皆學
亭覆之丙申比壓碑中斷碑故剜二十餘字至是

右澤山碑斷裂多矣余得之習禮檢討嘗見
黃跋使有義以下

字

嘉靖興縣學流虹專祠祷券黃跋是書□條石高尺銖三尺此武咨高四尺七寸書畫石咨寺
贈李方村賜馬券月下嘗云在留州藏□記之高廣若干點或石右在嘉興縣學方合蓋緣
名已存二紙云咨存二紙蘂編成書不一手故有此誤延濟
名高四尺七寸廣二尺作三截書八行六
行不等行五字六字亦不等書在嘉興縣學

名已鈇唯書者樂份字存存 偃師金
錄石

州復沾 此賜東南例乘肩輿得一馬足矣而 李方

元祐元年予初入玉堂蒙
恩賜玉皇駝今年出守杭

諱故改開為深爾萬紐子瑾者唐瑾也周文帝時賜
姓宇文後以于瑾詢盡同姓更萬紐于天錫 金石
著碑頌數十萬言此其一也而文詞殊無超拔其稱

參儀之餉勞以蔘莪寫蔘儀

傳字見空 石
字今本石字尚存此則本
石東忌及末蔘

東林寺碑記 金石
八年緣

唐大忍寺碑記

右碑山碑青祉本斷裂多矣余得之習禮檢討嘗見
陳思孝論澤山翻本次第六長安第一紹興第二浦
江鄭氏第三應天府學第四青祉第五蜀中第六鄒

劉臣

周本　連道成　弟子吳靖如妻陳二娘
張廷珪　羅口　丁知進　杜珠盧福
李延福　冷口　趙再榮進昌伸
劉彥超

右第二層南面

4813

張廷濟批校《金石萃編一百六十卷》

（清）王昶撰

清嘉慶十年（1805）王昶原刻本

44冊　紙本

鑒藏印：廷濟（朱）　張叔未（白）　張廷濟印（白）　張廷濟印（朱白）

提要：王昶的《金石萃編一百六十卷》是金石學史上的劃時代著作，它上承洪適《隸釋》《隸續》之統緒，將目錄、存文、集釋和按語匯為一編，收錄自周至宋、遼、金歷代石刻文字、銅器銘文一千五百餘種。全書於石刻、銅器名稱下註明大小、文字、存放地點及保存狀況，再錄器物原文，原文為篆書或隸書者，皆依原樣摹寫并加訓釋，欲使讀者展卷如見古物。原文後刊載歷代史籍中相關資料，引經據典，末附以按語考論，以金石證史，為清代乾嘉學術鼎盛期的金石學發展奠定了重要基礎。

此書問世以來，金石諸家多有續補，西泠春拍中的此套《金石萃編》內有張廷濟通篇朱墨筆批校數千言，時間跨度比較長，落有年款的分別有嘉慶壬申（1812），嘉慶庚辰（1820），審其筆跡主要是道光之後的批校。張廷濟依據原碑、自藏及友人藏舊拓，對比較方綱《兩漢金石記》、朱彝尊《曝書亭集》、錢大昕《潛研堂集》、王澍《虛舟題跋》等乾嘉學者著述考訂碑文，對闕文、訛誤一一訂補，具有重要校勘價值。

一、校勘碑文。如卷二十四《天發神讖碑》，張廷濟據原石、家藏宋拓、清初拓本、舊本等考補闕字甚詳。中段十四行"數"字，張氏跋曰："數，此摹誤。此字百年內之拓下半全蝕，余家藏國初時隱隱可辨，宋拓則口顯，叔未。"卷七十二《李思訓碑》，原文闕字甚多，張廷濟標註每行碑文的起止，并考補大量闕字，如第二十七行原文作"嘗恐竹口紀事"，張廷濟補"簡"字并下注："吾家有丁敬身所藏舊拓，簡字極清"；又如第二十六行原文作"口布和"，張氏注曰："兩驗舊本，悲字可辨"。卷七十八《東林寺碑》，張廷濟據海鹽黃錫蕃藏舊拓割裝本補釋碑文、紀年、鑄刻者名氏共計三百餘字。卷十四《孔褒碑》據舊拓考正王昶《萃

編》及翁方綱論點中的誤字，如"危令"二字，張跋曰："危下'伶'，顯是'險'字，此作'令'，大誤"；"浮雲集口"四字，張氏跋："'集'下'者'字顯存，翁記亦未及。……乾隆初年拓本'集者'二字已缺失。"

二、考證史實。如卷九十四顏魯公書"祖關"二大字，內有張廷濟題跋、夾注八則，對此刻石的紀年進行詳細考證。卷一百三十九《贈李方叔賜馬券》有張廷濟題跋二則，考證《萃編》將此嘉興縣蒲學刻石與眉州蘇祠刻石誤記為同一石。卷三《壇山刻石》，張廷濟據"鑛"字損泐之跡考證此石為政和重摹，非原刻。卷七十二《李思訓碑》，對趙子函《石墨鐫華》中有關此碑書寫者的考論進行評斷："朱秉器謂蒲城為趙瑯，固謬，而趙子函謂長鄉為趙書，則亦謬。"

三、補錄佚文。如卷四《嶧山刻石》，《萃編》本漏刻歐陽修前跋，張廷濟據《歐陽文忠公集》補錄，卷七十三《奉先寺像龕記》，《萃編》本失載鐫刻者名氏及年款，張廷濟據吳江王鯤題跋以朱筆校補二十字。

四、提出疑問。如卷二十六《蕭公神道碑額》有張廷濟題記："此字極好，然反刻不可解。"

全書卷帙齊全，保存尚佳，前刊嘉慶十年（1805）王昶序，末刊嘉慶十年（1805）錢侗、朱文藻跋。內經張廷濟批校、補錄，為莫氏五十萬卷樓舊藏。拍場首見，洵當珍護。

[ZHANG TINGJI]　JIN SHI CUI BIAN (160 vols)

Block-printed in 1805

44 volumes

半框：19.2×14cm　開本：24.3×15.8cm

RMB: 600,000－800,000

批校者簡介：張廷濟（1768～1848），原名汝霖，字順安，號叔未，晚號眉壽老人，室名清儀閣，浙江嘉興人。嘉慶三年（1789）解元，工詩詞，精金石考據之學，收藏鼎彝、碑版、書畫甚豐。著有《桂馨堂集》、《清儀閣題跋》、《眉壽堂集》等。

其四
□□板
郡信發廣乘願言有述以莇無能惟石可□□與山不崩
照牛車結輪連率順風駧驪欽烈□道追勝形馳□
其三人與地靈心將法滅既往往在此比明齊哲□久□
飛石林雲起□月窺窓裹花臺隨足天樂盈耳□□
其二□幽巖左崿崇山右峙職郭萬家帶江千里玉水□布
金方置廟衡麓開場龍象擁□人天□
錫
香鬼神賜
民作則安□樂是陟□靈驚□是式一想冥
天地有象□賢建極宴坐中巖成道西域後代襲武前

前陳州刺史李邕文并書　　江夏黃仙鶴刻

大唐開元十八年歲次庚午九月壬子朔告壬戌建

英英披霧崇其德允機卓立雋才摽□
余友俞仲蔚爲余言李北海岳麓寺碑勝雲麾余亟
購得之題名稱前陳州刺史按邕謁上太山還獻書
賦土悅會有仇人發其贓者張說忌之下獄論死許
昌男子孔璋救之得免謫尉遵化此其赴謫時道書
也碑文頗庸陋又於仕拾遺集見其一詩禪語殊不
可曉何以貢十將莫邪稱於世耶邕以纖文獲名以
虛名獲死以佳書獲譽皆所不虞者因附識之山人

三句一韻
皇帝立國維初在昔嗣世稱王討伐亂逆威動四極武
義直方戎臣奉詔經時不久滅六暴強廿有六年上薦
高號孝道顯明既獻泰成乃降專惠親輶遠方登于繹
山羣臣從者咸思攸長追念亂世分土建邦以開爭理
功戰日作流血於野自泰古始世無萬數陀及五帝莫
能禁止廼今皇帝壹家天下兵不復起烖害滅除黔首
康定利澤長久羣臣誦畧刻此樂石以著經紀皇帝曰金
石刻盡始皇帝所爲也今襲號而金石刻辭不稱成功盛德丞相
臣斯臣去疾御史大夫臣德昧死言臣請具刻詔書金

石刻因明白矣臣昧死請制曰可
右鄒嶧山
頗多□而磨滅尤甚其碑□皇帝曰金石
微可辨其文曰大夫趙嬰五大夫楊樛姓名以史記考之乃
同嶧山字差小又不類泰山之石又滅盛德二字其餘則
多於泰山存者而泰山之石存者剝盡完好而附錄
于此者古物難得兼資博覽顧錄
右泰嶧山刻石者鄭文寶得其摹本于徐鉉刻石實
之長安此本是也唐封演聞見記云後魏太武帝登

4814

朱孔陽舊藏管庭芬校錄《金石萃編漢碑校正三卷》

（清）許光治撰，管庭芬校

清咸豐三年（1853）管庭芬鈔校本

1冊　紙本

鈐印：淳溪老屋（朱）　庭芬（朱）　湖上寓公（白）　庭（白）　芬（白）　子保（朱）

鑒藏印：雲間朱孔陽云裳父鑒藏（朱）　曾經云間朱孔陽收藏（白）　觀其寶觀其藏延年益壽樂目康（朱）　曾經云間朱孔陽朱德天式代珍藏（朱）

提要：是書為管庭芬表侄許光治（虁梅）撰，因王昶《金石萃編》所臨諸刻筆畫頗多舛訛，故每遇原刻即為手校，歷十載之功。此本為管庭芬借臨，同觀者有汪士驤（鐵樵）、釋六舟。內收嵩嶽太室石闕、開通褒斜道石刻、祀三公山碑等漢碑二十六種，管氏又以朱筆重校一過，以補所臨之脫字。卷末有管庭芬手書題跋二則。朱孔陽舊藏。

[ZHU KONGYANG, GUAN TINGFEN] JIN SHI CUI BIAN HAN BEI JIAO ZHENG (3 vols)

Manuscript in 1853

1 volume

開本：24×13.3cm

RMB: 20,000－30,000

作者簡介：1. 許光治（1811～1858），字龍華，號虁梅，浙江海寧人。廩貢生，以授徒為生。通曉書畫、音樂、篆刻、醫藥等，治《說文》尤精。擅長詞曲。著有《江山風月譜》《聲畫詩》等。

2. 管庭芬（1797～1880），字培蘭，號芷湘，亦號淳溪老漁，浙江海寧人。清學者、藏書家、畫家。著有《芷湘吟稿》《淳溪老屋自娛集》等，輯刻《花近樓叢書》等。

藏家簡介：朱孔陽（1892～1986），字雲裳，晚號庸丈、龍翁、豐翁，上海松江人。抗戰後寓居海上，擔任金陵神學院和金陵女子神學院文史教授。解放後發起成立上海美術考古學社。被聘為杭州市文管會委員、上海市文史館館員。著有《名墓誌》《分韻古跡考》《分韻山川考》等，編輯《殷虛文字考釋校正》。

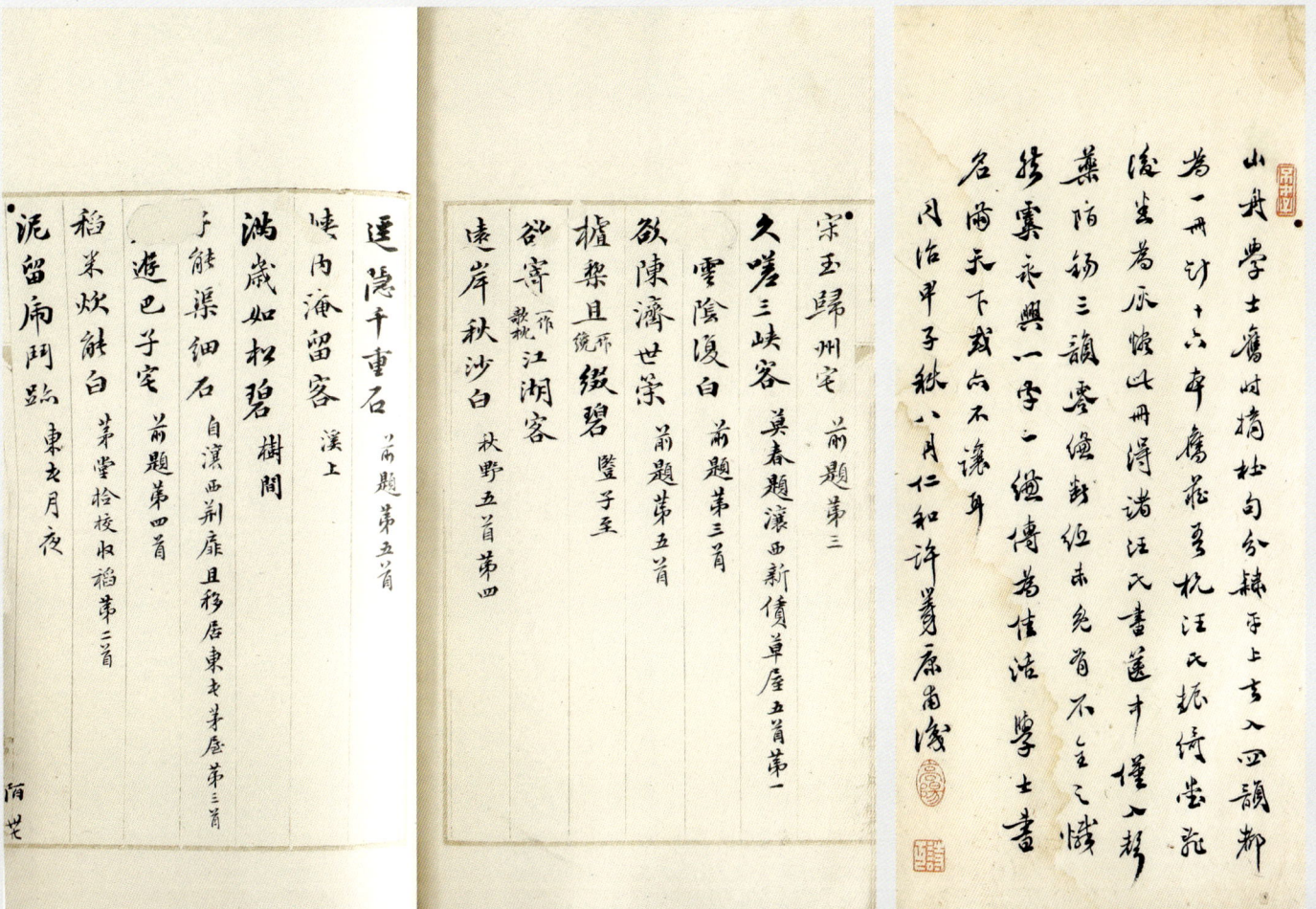

4815

朱孔陽舊藏梁同書手錄《杜詩摘句》

（清）梁同書撰

清代稿本

1冊　紙本

鑒藏印：振綺堂兵燹後收藏書（朱）　康父壬戌後所作（朱）　康甫（朱）　許等身印（白）　曾經云間朱孔
　　　　陽收藏（白）　雲間朱孔陽云裳父鑒藏（朱）　曾經云間朱孔陽朱德天弍代珍藏（朱）上海圖書館
　　　　退還圖書章（朱）

提要：是書為梁同書摘鈔杜詩，按平、上、去、入四聲分類，每句下注明出處，舊藏於杭州汪氏振綺堂。
　　　此拍品為許等身得之於汪氏書篋，惜僅存入聲藥、陌、錫三韻。扉頁有清同治甲子（1864）仁和許
　　　等身題跋。汪氏振綺堂、許等身、朱孔陽遞藏。前半部頁面中上方破損，有蟲蛀。
　　　梁同書（1723～1815），字元穎，號山舟，浙江杭州人。詩正子。乾隆十七年（1752）特賜進士，官侍講。
　　　工書，與翁方綱、劉墉、王文治並稱四大家。
　　　許等身（清），字述之，號康甫，浙江錢塘人。乃烈子。貢生，官兩淮運判。著有《薇雲吟稿》。
　　　朱孔陽（1892～1986），字雲裳，晚號庸丈、龍翁、豔翁，上海松江人。抗戰後寓居海上，擔任金
　　　陵神學院和金陵女子神學院文史教授。解放後發起成立上海美術考古學社。被聘為杭州市文管會委員、
　　　上海市文史館館員。著有《名墓誌》《分韻古跡考》《分韻山川考》等，編輯《殷虛文字考釋校正》。

[ZHU KONGYANG, LIANG TONGSHU]　DU SHI ZHAI JU

Manuscript in Qing Dynasty

1 volume

開本：28.8×17cm

RMB: 10,000－20,000

靖君十日來重商量
萋萋首樂多眼科南園符分道愛多回首海天存官連
廿年扶柳已堪愛五春墳藏一卷清新一卷嫌
賢者清進憑問俗何緣佳蹟付南鴻
都知夢裏曾相傳家東小同五古蒼儉情教惟
丁野雪詞墨李話玲瓏黃金賦重燕臺備纖紀
熟夏平准高一首謝野東話瑤美話當年事
難得坐金剛不壞身白頭相對話前因同年也要同心結
拄杖敲門有幾人
師為西圍雅集圖九月九日

鴻城同年淮安大守師為門談綠字曰揚州朱訪
漢家稷桂十二氏篆法南陽先擅場多少春開古金石

已亥七
九月初九日
[朱印]

待雪樓玩酒一尊碑鶴黃燈石重們田家風味詩前前章
老畫英雄是菜根
村莊宛落石歆科曉畫畫嘉餘喜章牙前素秋令恭偷
夕陽選間故城飛瓜賦戰士報歉此兒姓數詩尾
休提竟勁歐學王等景裕瓊莊新詳雖又們老只諸農園味
換寫邁蹟吉雕餘錄傳說漳州天越州皂竟寬雜祖進
一般狂虎水聚宿
謾藏褌穸超城卿井處
可寵叶石根詩青巖池井十名上石臣是广房畫月前到
頭知蒙堂攝卿釋井草堂
海馬未被識釣枉海夢遊園五月廿一日

[朱印]

墨是良園陰雨斷腸淚還得寒林蘭是情何限窗外梅花
試雙樣
哭程聽溪十二月五日
廿年中懋公面而今已訂來生伴
冰眼懋嬛看舊日詩無期難心可笑哭雞鳴色
喜懋嬛嬛嬛餘頻仙鹿鳴色
濃重書時吳吳山色已依依舊聞嬛嬛雲空夢時
偶亡厚慶尾箇爾水閣可能前步怱康前鱷室盈詩題
書界聽心嬛步亦趨便把輪師教甫塵燒避蜥龜安筆
除伴梅華不伴他累風影得來多只防慈出相思夢
月落參橫無余何
梅華四首十二月廿五日
丙午八
影共雄火凮大刑
[朱印]

老作家帥也月朔無多來日歎輕拋拈題索句同和
學隔雨有山是寫交假佛觀心必佛師不須問壽卜
義文秉慄伔佳溢溪屋添情方遠大指腳時屛嶂
閒得京華信郡君正建疆夏閣方歌勞慰歸聚台
十一月廿五日清虔虔慶巳閣船北上府學教授
贈井韻以詩光康六年八月十日計氏作戟以
音韻作帥日計氏元康六年內計
又作祠主廿二年朞卅石豈一片卓降福喚入閒華
家譜樂栽蹜浪主一雙飢飢一家成桂陽遠遊同
林園可憐陶家主未谷吳音鱷史主庸帝五湖計君同
乙巳四
題永安六年紀作者為非日計氏元康六年兩計

王芑庭宥疾祥愈十月四日
有病即無顧無私父母愛愛傳東金飛益
堂起居供愁福臻祿溢前程方遠大指腳時屛嶂
秀水計聚伯光新舊石吳斯安次六年計氏遠靴字
廿石照索谷詩而入之石吳余令谷所藏
賴中檢尋尋光康六年八月十日計氏作戟以

[朱印]

山已聯屋江濤溪溪水天碧德塞臺当此安宅期君他
月湃江來不數山熱一片石
我聞十二句韻诽滴海與朱輯載
德清八十一歲老友程聽溪景蘇用把宇韻詩至
仍發其韻八月廿二日
又遠憶作海戈遠圍為前夢
虹橋北一里況晴湖亂石
畫臨湖花華溪交錄謹步四十二
換將殊耆臨花韻三叉井檀菜廿
逯臨湖花華溪主于撰留葉裙井糟侯無謀與有
曷說彙壯畝駁晩耆羔耆无諜與有
程索詩

[朱印]

此兒補天餘轘人鴞歡曉弩挑鼻雕建邦仇池石豈如百金
馬可買一品詎香虛廿霑頑露潔師雲定蕖詩君還
細氅可有米公富
賤子青瞌經米跡又喫晢縣應白寒輕卻歌紅塵雕
歸魯吳盂試高堂毒鬚吳他櫄甲乙牛羊是
巖人
吳門王竹安價髮圖三月十二日
道光丁未二
未生儒冠誤此生狼貓倒怕心祇刮唐海元龍氣
蜜椒梅華不伴厄累風影清氣得來多只防蕭蕭長清
憐者老去秋枯寂白髮薔腥對短蔓
哭股雲樓樹柏三月十九日
[朱印]
二

老梅將月成孫冥羲卿推圍膳斷綠如此湊清如此夜
斷腸人唱斷腸詞
庭前五桿開
白滿窗青巖花花真箇玉無數排排暖送平安信
使低春生苦吟天上有堂閣老月江細紫盟沉紗
若教寫待詩人人間無價看清華
其二十二月七日

真接揭華帶雪閏休楊吝嗇與挑腮萬我錦段并壽去
一卿矇峰碑峥我身水海中山銀尺閏南朝新藏玉慶堂
將不得過肥不彩定是階前永蓋代
朱建師真保石圖二月八日

子
江北江南幾閒逵無緣白畫舊髻綬緣從今已尚松聲聽
為喜選添第二圍播俶卿僵傳傳價嚴
四月十五日賦贈儀徽卿唐賣圍井並起
冊再重見上古呈帶華素繽滿歷弟于顧震扈赤白
先生情眼迴靑頷必學真卿遺傳壽稽
育亭經畐唐經不是王芑庭庵傳鑽慎鴻
周未唐述士未是王芑庭余卿其冊首日
報謝李君六月五日
道喜偏宜小喬天吟聞一路寺門前圍名題宇都新樣

[朱印]
癸卯三

溪延臺與吳大頑渾溪水法源流論入微達峯卬山鳥未愴
今風夜卐燐溪水濱流
斷交鳴謂計氣峤溪石拓竪巒緗臣瞬暾凕靖
輒壯萬瞅索倘明光唐鳴井四番候伴紗
換叶殊廿長谷清明井光甲辰為陵
廣陵北一向可地明月井光四卐寬井
天試人聞第二泉坐堂察顏蔚歸去
一路清風對楊紙卬朝其有何事輕畫銀百斗

丁未五

道光丁未七月廿三日自題八十歲畫像
空有長眉長過額苦無大膽大於身只應老作書風漢
野叟邨翁位此人
村居尚是至元里田笑猶存嘉靖年瓦屋泥牆杉木桶
筭來章布是家傳
朝籍一生嘗不挂此心何處者貪癡垂頭閉目無他想
半生温書半改詩
那得昨伴便半是只愛夕死未朝聞勉茲一息尚存日
縱惜光陰有幾分

紙上有英氣秋風悲歎濤天償一于偶人與兩山高几
硯習塵夢詩篇摧等曹空餘懷舊意勾髮鬢蕭騷 太過
題海昌硤石蔣靄峰道俊為吟筋作 六月十七日
復同扶杖誰成有益棺從今風雨夜麦被永孤寒
七十八年伴何曾哭得先明知相見總苦割情難無
春雨劉禮闈
哭季勤四弟 六月一日

五月十四日慶榮歸自京邸六月一日
多歡腸見汝歸錦衣未衣勝來衣如兩已飽長途苦
涕慶雖知近事非
漫慮官賦辨新俗愛水田肥
莫愁
朝
鐵鐙

道光二十年庚子
石門蔡松如秀才蘆渚盟鷗圖 正月十日
郭西門外好尋秋笑指蘆華也
筭來無過是閒鷗故應鴻鷺是同班
嚴陵淵雲宣室閒鷗
只說東泉清要在山
正月人子二兒婦未子瓊歸省其母繪有春溪歸
棹圖十六日二兒婦未子瓊歸省
非關春至要遊觀念母思永色笑歡料得鴻
好隨雁序勤加餐一心顧祝東風順郵城
愁朔雪寒侭到家門都可愛闖華富貴竹平安
道光庚子一

4816

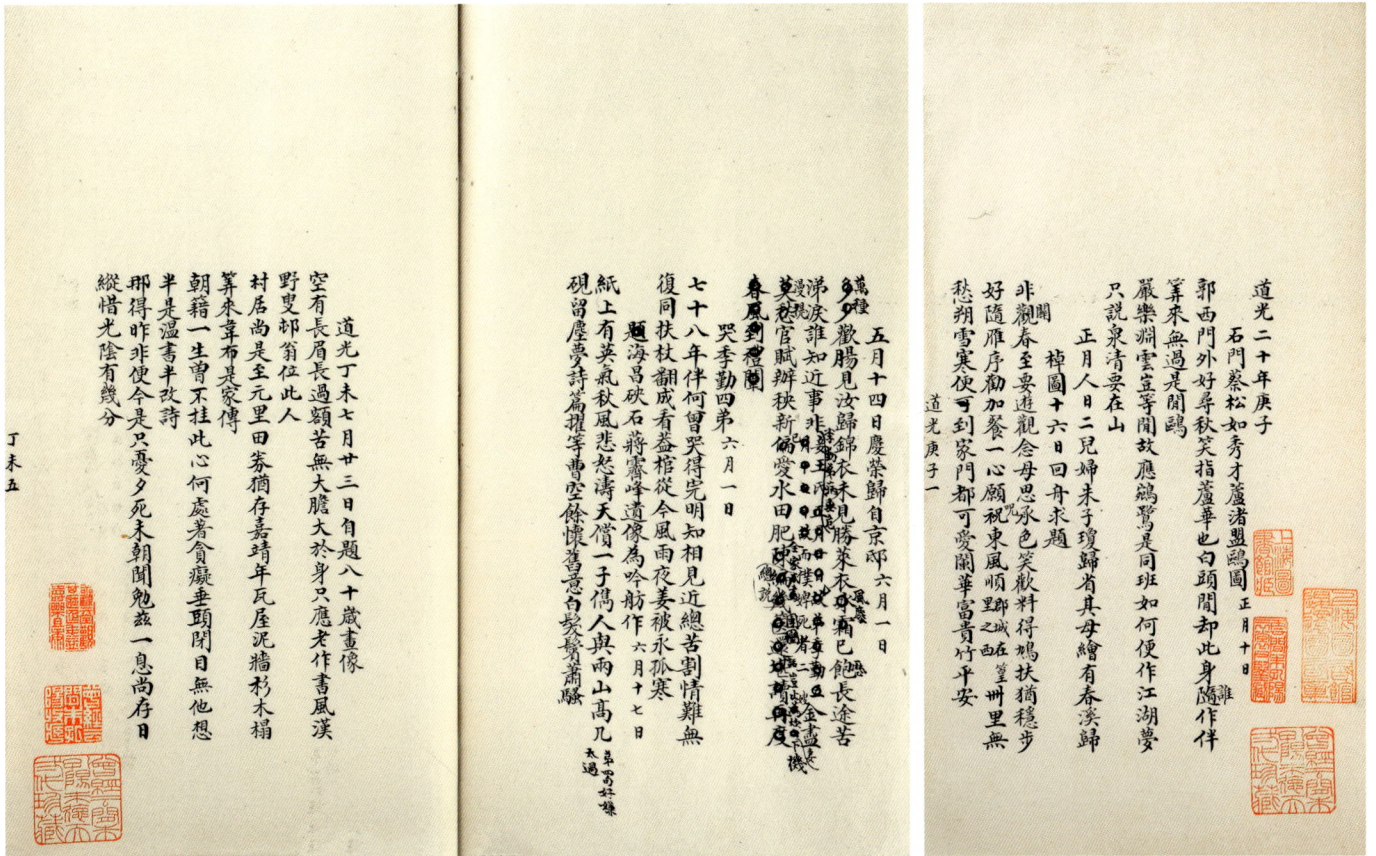

朱孔陽舊藏張廷濟《戊戌至丁未十年詩稿》

（清）張廷濟撰
清道光間稿本
4冊 紙本
鈐印：張叔未（白）
鑒藏印：雲間朱孔陽云裳父鑒藏（朱） 曾經雲間朱孔陽朱德天式代珍藏
　　（朱） 上海圖書館藏（朱） 上海圖書館退還圖書章（朱）
提要：拍品為道光十八至二十七年（1838-1847）間張廷濟詩稿，內容多為張
　　氏與瞿世瑛、朱錦琮、何夢華、趙晉齋、六舟等人索題、答贈。全書
　　抄錄端整，書口中部錄年號及頁碼，內有張廷濟墨筆校改多處，道光
　　刻本《桂馨堂集·順安詩草》皆據之刊刻。如《武林瞿穎山持虞黃
　　庭經拓本索題》有張廷濟補注：「此賈秋壑刻石，杭州北關門內賈家花
　　園牆中所出土，人亦名井底黃庭者，因穎井致譌耳」，刻本有此註；又
　　如《四月十五日賦謝俄徵師眉壽圖并記之惠卽以留別》，此詩原在《周
　　末庵進士杕為王芑亭逢辰作報玖圖余題其冊首曰報橋李也》之前，張
　　廷濟批云：「此應排《揚行雜詩》之前」，刻本從之。
　　此稿每首詩題下均標註作詩月日，刻本一概刪去。另外，道光二十六
　　年《蕭山湯沂門梅華紙帳》道光二十七年《吳門王竹安僧裝圖》二首，
　　有張氏批云「刪」、「非僧而僧裝不可詩也 刪」等語，刻本刪去，此稿

則保留。
朱孔陽舊藏，毛裝四冊，品相佳。

[ZHU KONGYANG] POEMS COMMENTED BY ZHANG TINGJI

Manuscript in Daoguang period of Qing Dynasty
4 volumes
開本：30.2×19.7cm
RMB：80,000－120,000

著者簡介：張廷濟（1768～1848），原名汝霖，字順安，號叔未，晚號眉壽
　　老人，室名清儀閣，浙江嘉興人。嘉慶三年（1789）解元，工詩詞，
　　精金石考據之學，收藏鼎彝、碑版、書畫甚豐。著有《桂馨堂集》、
　　《清儀閣題跋》、《眉壽堂集》等。
藏家簡介：朱孔陽（1892～1986），字雲裳，晚號庸丈、龍翁、疊翁，上海
　　松江人。抗戰後寓居海上，擔任金陵神學院和金陵女子神學院文
　　史教授。解放後發起成立上海美術考古學社。被聘為杭州市文管
　　會委員、上海市文史館館員。著有《名墓誌》、《分韻古跡考》、《分
　　韻山川考》等，編輯《殷虛文字考釋校正》。

4817

朱孔揚舊藏經香草堂敏求錄

（清）山陰何一坤撰

清嘉道間手稿本

3冊　紙本

提要：此稿為經香草堂讀書雜記，前有"擬目"，所錄內容多涉及詩話及明
清人物考訂，黑格稿紙中鎸"敏求錄"，下鎸"經香草堂"四字，撰
寫時間自壬申二月二十四清明日至乙亥三月，正文多校改。此稿內容
主要有：為明清鼎革之難死者者，如倪元璐、祁彪佳、劉宗周、史可
法等作傳，詳考正史并采遺聞逸事；為編撰《詩話初集》采錄資料，
此稿中有《＜詩話初集十六卷＞應采書目》一篇，搜羅歷代詩學引文

資料甚豐。另夾雜少量日記及自作詩，如《園林六詠 和信芳夫子原韻》
等。

經香草堂，為浙江山陰（今紹興）人何一坤室名。何一坤，字平餘，
號經香，著有《經香草堂集》。嘉慶道光間"泊鷗吟社"社員。

[ZHU KONGYANG]　JING XIANG CAO TANG MIN QIU LU

Manuscript between Jiaqing and Daoguang periods of Qing Dynasty

3 volumes

開本：19.7×13cm

RMB: 10,000－20,000

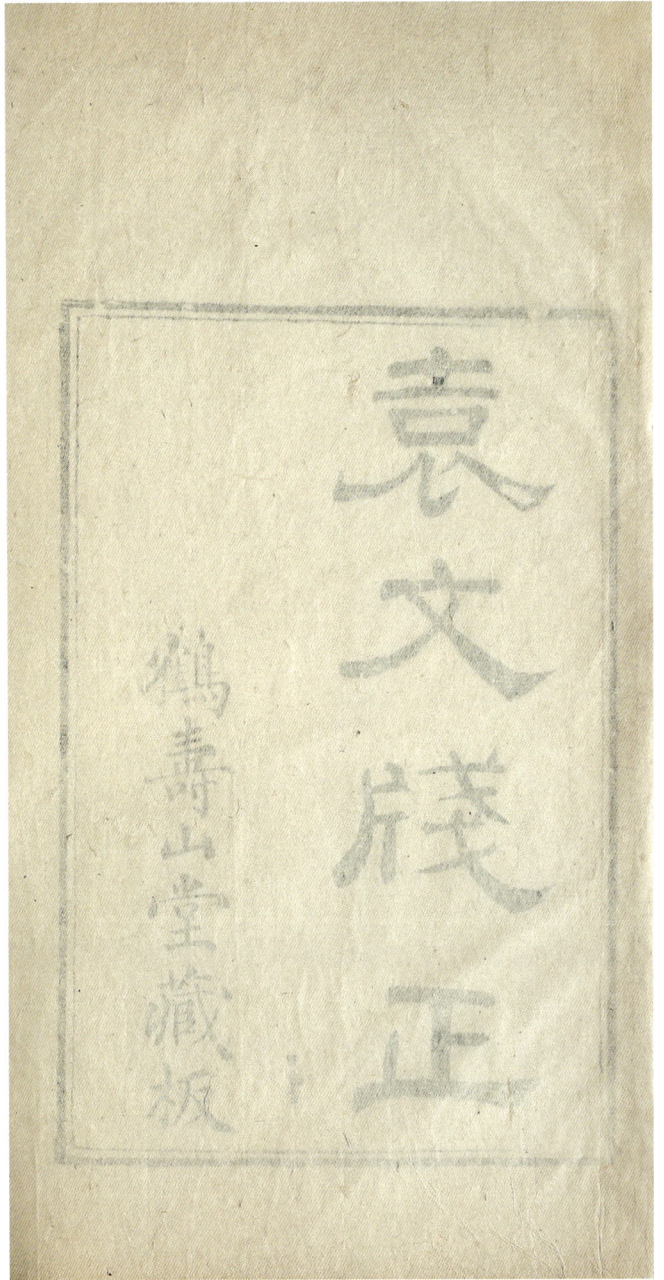

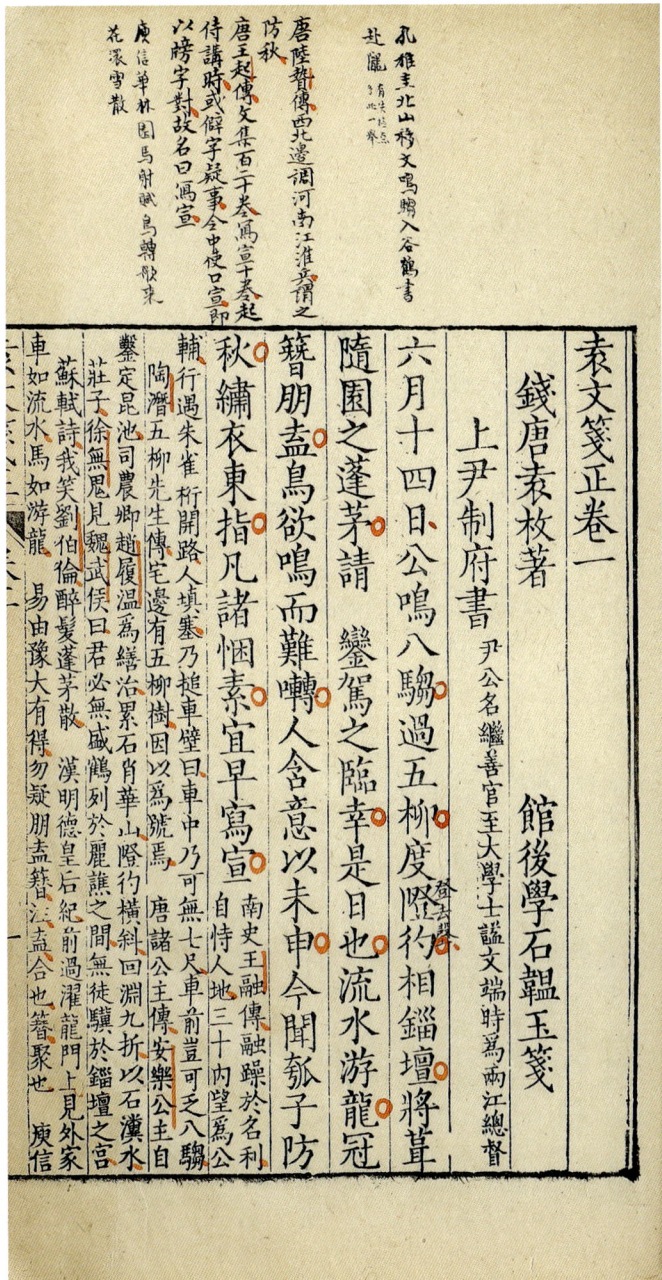

袁文箋正卷一

錢唐袁枚著

館後學石韞玉箋

上尹制府書

袁文箋正
鶴壽山堂藏板

4818

袁文箋正十六卷　補注一卷

（清）吳縣石韞玉箋

清嘉慶十七年（1812）鶴壽山堂寫刻本

1夾6冊　竹紙

鑒藏印：孫笠民印（白）

提要：是書為石氏所輯袁枚駢體文。袁枚沉博絕麗，胸羅萬卷，石氏積三年
之功，詳加注釋，字字來歷，盡述所出。

　　是冊卷帙完整，鐫刻俊美。前刊吳縣石韞玉序言，後附目錄，內頁前
人通篇朱筆圈點，并於書眉處點校《世說》、《隨園隨筆》、《列仙傳》、
《日知錄》等舊籍，墨筆考釋。

參閱：《中國古籍善本總目》集部·清別集 P1588，線裝書局，2005。

YUAN WEN JIAN ZHENG (16 vols) AND SUPPLEMENT (1 vol)

Block-printed by Heshoushantang Studio in 1812

1 case of 6 volumes

半框：18.5×14cm　開本：28×17.5cm

RMB: 15,000－25,000

4819

西泠詞鈔等詩詞文稿

舊寫本

一批　紙本

提要：拍品內收《西泠詞鈔》二種，一為錢塘項繼章（蓮生）《佇月樓琴言》，一為仁和女詞人吳藻（蘋香）《花簾詞》，端楷鈔錄，書口下鐫"酒邊人倚紅樓藏本"字樣，應為錢塘汪清冕（子周）所輯。內載清道光年前後錢塘文人題畫唱和舊事，如孤山重建林和靖先生祠。

另有汪清冕、周紹曾、李卓、施憲曾十餘人詩課鈔本，有"戊戌姚大宗師入杭州府學"等字樣，附墨筆批校。

MANUSCRIPTS OF POEMS AND VERSES, INCLUDING XI LING CI CHAO, ETC.

Old manuscript

尺寸不一

RMB: 60,000－70,000

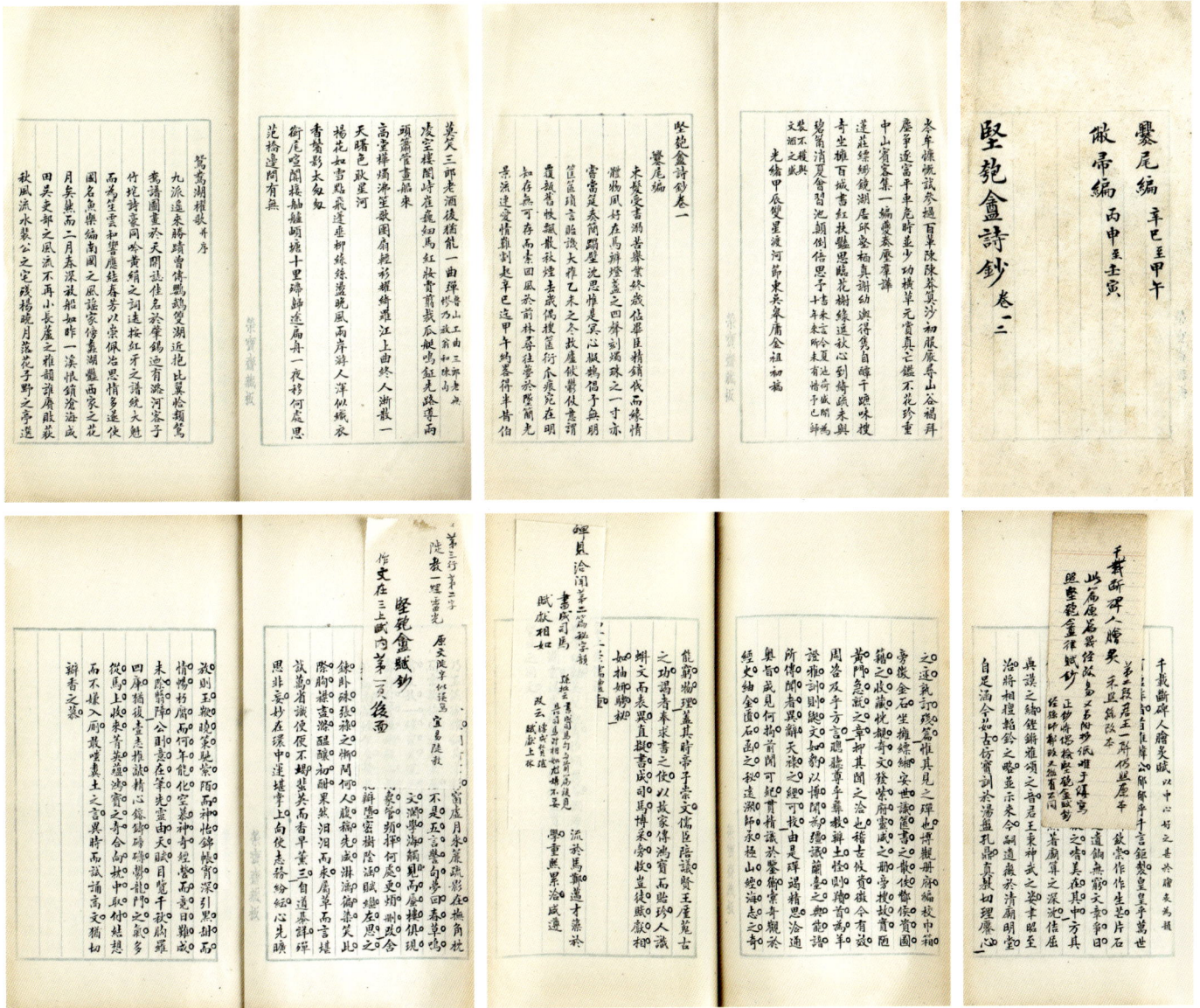

4820

劉錦藻未刊詩文集《堅匏盦詩賦文鈔八卷 葭洲書屋賦鈔二卷》

（清）劉錦藻撰

民國間鈔校本

紙捻裝 9 冊　紙本

提要：拍品為劉承幹之父劉錦藻的詩賦文鈔，此為謄清稿，錄於榮寶齋藍格箋紙，封面及內頁有夾批，原詩誤處已經改正。劉錦藻的詩文集見1982杭州古舊書店影印《堅匏詩文集二卷》，此拍品應為未刊之本。內含：
1. 《堅匏盦詩鈔四卷》，其中辛巳至甲午（1881～1894）為《鸞尾編》，丙申至壬寅（1896～1902）為《敝帚編》，癸卯至辛亥（1903～1911）為《堂蕘編》，壬子至辛酉（1912～1921）為《捫膝編》，內多有與俞平伯、周慶雲等友人贈答及西湖題詠。
2. 《堅匏盦賦鈔二卷》，前有民國十三年（1924）金壇馮煦序，民國二十一年（1932）常熟孫師鄭序。內附鈔孫師鄭、吳鈍齋批語。
3. 《堅匏盦文集二卷》，內分奏、論、策、議、壽序、祝文、序、跋、書後、題辭、傳、記、書事、題圖、祭文、像讚、箴言、銘等諸類，內容有關文化事業如重修文瀾閣奏議，為《皇朝續文獻通考》、《南潯志》、

《南潯詩徵》等撰序，有關經濟改革的，如變通團法議，浙江全省鐵路議略等。
4. 《葭洲書屋賦鈔二卷》，內鈔韓碑、燈花等為韻的詩賦五十篇。

劉錦藻（1862～1934），原名安江，字澄如，號小蓮莊主人，藏書處為“堅匏盦”，浙江南潯人。南潯首富劉鏞次子，承繼於從父劉鑣，劉承幹之父。清末內閣侍讀學士、四品京堂候補。民國實業家。進士出身，曾創辦浙江鐵路公司、浙江興業銀行，參與保路運動，富藏書。著有《續皇朝文獻通考》、《堅匏盦詩文鈔》等。

LIU JINZAO'S UNPUBLISHED POEMS, INCLUDING JIAN PAO AN SHI FU WEN CHAO (8 vols), JIA ZHOU SHU WU FU CHAO (2 vols)

Manuscript in Republic of China

9 volumes

開本：25.3×14.2cm

RMB: 50,000－60,000

4821

李瑞清題繪北宋吳越王刻本《雷峰塔藏經一卷》

（唐）釋不空譯

北宋開寶八年（975）吳越王錢俶刻本

1卷　黃棉紙

鑒藏印：清道人（朱）　黃龍硯齋（白）　經煒（白）　春帆（朱）

提要：雷峰塔藏經，全稱《一切如來心秘密全身舍利寶篋印陀羅尼經》，為北宋開寶八年（975）吳越王錢俶在杭州西湖畔為其妃黃氏所建"黃妃塔"（又稱雷峰塔）中所藏之佛經，是中國早期雕版印刷的珍貴實物。卷首刊禮佛圖一幅，圖前刊刻文字三行："天下兵馬大元帥吳越國王錢俶造此經八萬四千卷，捨入西關磚塔，永充供養。乙亥八月日紀"。圖後經文約二千七百餘字，行十字，字體嚴整、古樸。

此拍品卷前有李瑞清以張僧繇沒骨法彩繪雷峰塔圖一幅，并題記一則，記其與曾熙（老髯）同登初陽台。經文缺損處由蔡經煒以朱筆補足，卷末有民國二十二年（1933）蔡經煒手書題記。舊裝一卷，保存完好。

[LI RUIQING] SUTRA OF LEIFENG PAGODA (1 vol)

Block-printed in 975

1 scroll

經文：50.5×212.5cm　繪畫：93.5×15.3cm　題跋：9.8×28.5cm

RMB: 400,000－500,000

跋者簡介：1. 李瑞清（1867～1920），字仲麟，號梅庵、清道人，江西臨川人。光緒二十一年（1895）進士，官江寧布政使，後居上海。工書畫，花卉、山水皆能，書法尤長於北碑。中國近現代教育的重要奠基人和改革者。張大千、胡小石、李仲乾、黃鴻圖皆出自其門下。為近代六十名家之一。

　　　　　2. 蔡經煒（民國），字春帆，浙江德清人。善山水。

雷峰塔印西關皇妃塔在南屏山下顯嚴院間宋太祖開寶八年吳越王錢俶建造塔磚於甲子年秋至金寶地藏有本刻地共孔藏印陀羅尼經卷尚完好賀雨越年去暮法水西湖書凡補闕永開起以李梅盦畫圖為芝一卷用述製語以德鴻爪壽飆盦作偉識

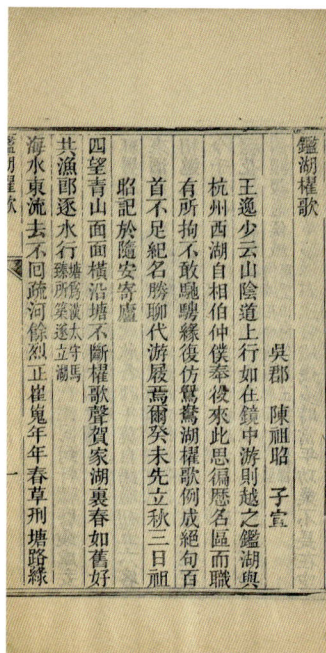

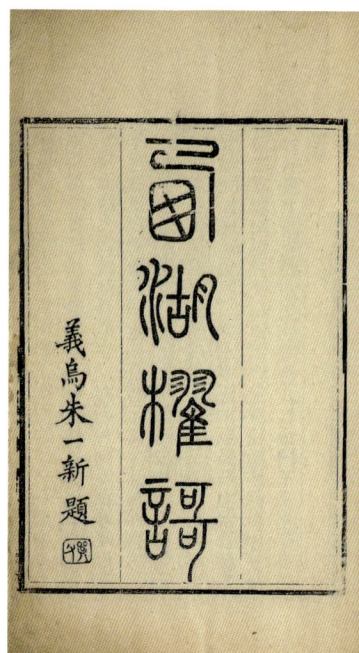

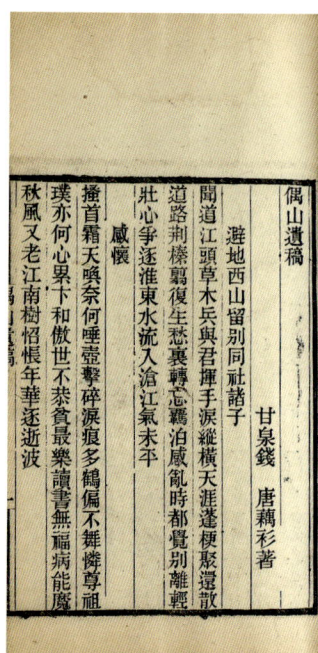

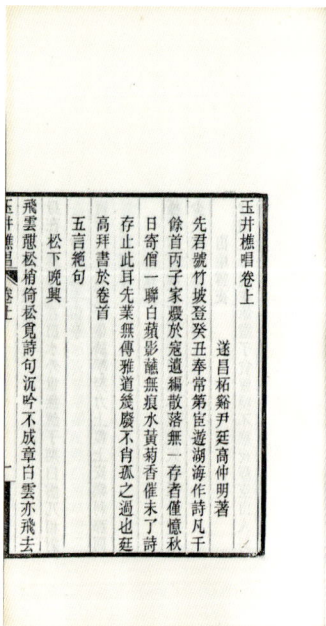

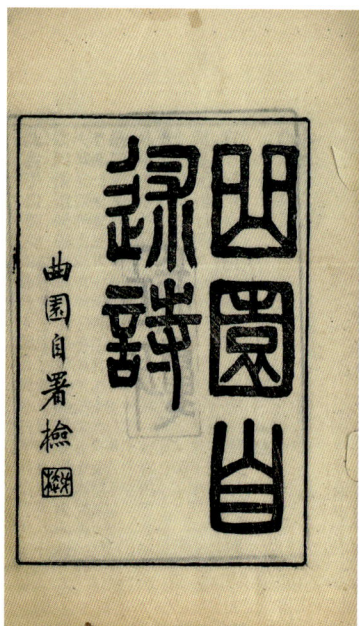

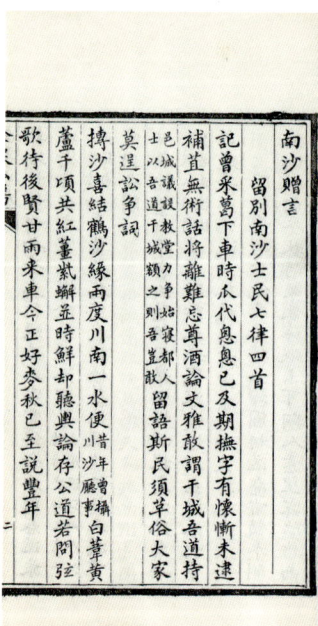

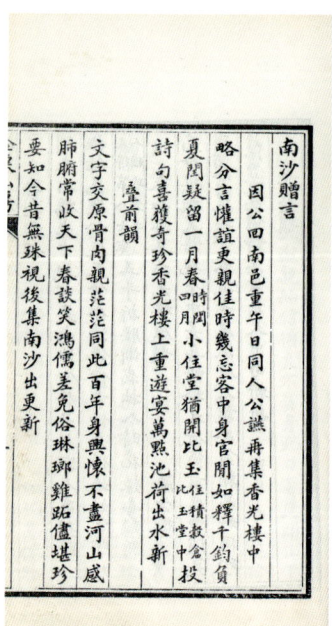

鑑湖櫂歌
吳郡 陳祖昭 子宣

王逸少云山陰道上行如在鏡中游則越之鑑湖與
杭州西湖自相伯仲僕奉俊來此思得應名區而職
有所拘不敢驟驂繅復仿駕鶩鴦湖櫂歌何成絕句百
首不足紀名勝聊代游屐喬爾癸未先立秋三日祖
昭記於臨安寄廬
四望青山面面橫沿塘不斷櫂歌聲賀家湖裏春如舊好
共漁郎逐水行臻鷗波送太行湖
海水東流去不回疏河儉烈正崔嵬年年春草荊塘路綠

鑑湖櫂歌
義烏朱一新題

偶山遺稿
甘泉錢 唐韓彩著

感懷
遊地西山留別同社諸子
閩道江頭草木兵與君揮手淚縱橫天涯遙梗聚還散
道路荊榛羈復生愁裏轉忘鵑泊咸亂時都覺別離輕
壯心爭逐淮東水流入滄江氣未平
搔首霜天曉奈何唾壺擊碎淚痕多鶺偏不舞憐尊祖
瑛亦何心累下和傲世不恭貧最樂讀書無福病能魔
秋風又老江南樹怊悵年華逐逝波

庚子二月
偶山遺稿
貴池劉世珩署

玉井樵唱卷上
遂昌柏谿尹廷高仲明著

先君號柏谿癸丑奉常第宦游湖海作詩凡千
餘首西子家穠於寇道無痕散落無存者僅憶秋
存此耳此先業無傳雅道幾廢不肖孤之過也庭
高拜書於卷首
五言絕句
松下曉興
飛雲思松柏倚幾覺詩句沉吟不成章白雲亦飛去

曲園錄詩
曲園自署檢

南沙贈言
留別南沙士民七律四首

記曾采萬下車時未代恩恩己及期撫字有懷慚未逮
補葺無術荒將離難志茸酒論文雅散謂千城吾道持
邑城讓教望志甍力爭城郭之則吾壹散留語斯民須草俗大家
莫逞訟爭詞
搏沙喜結鶴沙緣兩度川南一水便昔少年曾攝白葦黃
蘆千項共紅薑魘菰時鮮卻聽興論存公道若問弦
歌待後賢來車今正好麥秋已至說豐年

南沙贈言

因公四南邑重午日同人公讌再集香光樓中
夏閏疑留一月春四閏小住堂猶開比玉住積敔食堂中投
詩句喜穠奇珍香光樓上重遊宴萬點池荷出水新
臺甫韻
文字交原骨肉觀范范范同此百年身興懷不盡河山感
肺腑常收天下春談笑鴻儒差免俗琳琅雖詎儔堪珍
要如今昔無珠視後集南沙出更新

4822
尹恭壽舊藏《西湖櫂歌 附鑑湖櫂歌》等江浙文獻五種
清末民國間刻本
6冊 紙本
提要：1.《西湖櫂歌 附鑑湖櫂歌》，（清）陳祖昭撰，清光緒十三年（1887）刻本，
1冊，竹紙。半框：17×12.5cm，開本：23.5×15cm。鑒藏印：尹氏
所藏（朱）。是冊內收俞樾門人陳祖昭所作西湖新詩，以花紅雲白之
辭寫晴好雨奇之態。是冊前刊俞樾序言，後附鑑湖櫂歌。
2.《南沙贈言》，（清）俞樾輯，清光緒十六年（1890）金栗山房寫刻本，
2冊，白紙。半框：19×12.5cm，開本：25.5×15cm。是冊內收俞樾
所輯蔣一貫相關詩作，刊鐫雋美，白紙印行。
3.《偶山遺稿》，（清）甘泉錢唐撰，清光緒二十五年（1899）刻本，1冊，
竹紙。半框：16.5×12cm，開本：25×14cm。鑒藏印：尹氏所藏（朱）、
丹徒尹子（朱）。是冊內收錢唐所遺古近體詩九十餘首，經王筱汀校
訂，前刊繆荃孫等人序言，詩風清剛俊逸，意思深遠。
4.《曲園自述詩》，（清）德清俞樾撰，清光緒十五年（1889）刻本，1冊，
竹紙。半框：16.5×12cm，開本：24×15.5cm。是冊為俞樾平生敘事
記游所作詩作。
5.《玉井樵唱三卷》，（元）尹廷高撰，民國二十年京江尹氏刻本，1冊，
白紙。半框：17×12.5cm，開本：29.5×18cm。是冊前刊"民國二十
年辛未京江尹氏重校栞"牌記，依徐氏家藏本校刻，紙白墨精，開
卷悅目。
尹恭壽（1876～1945），字潤生，又字南山，別署洗心藏密軒主，祖
籍鎮江丹徒，宋朝著名理學家尹焞二十三世孫，清末秀才，善吟詠，
工書法，喜收藏。

[YIN GONGSHOU] LITERATURES OF JIANGSU AND
ZHEJIANG, INCLUDING XI HU ZHAO GE FU JIAN HU ZHAO
GE, ETC.
Block-printed between late Qing Dynasty and Republic of China
6 volumes
尺寸不一
RMB: 10,000－20,000

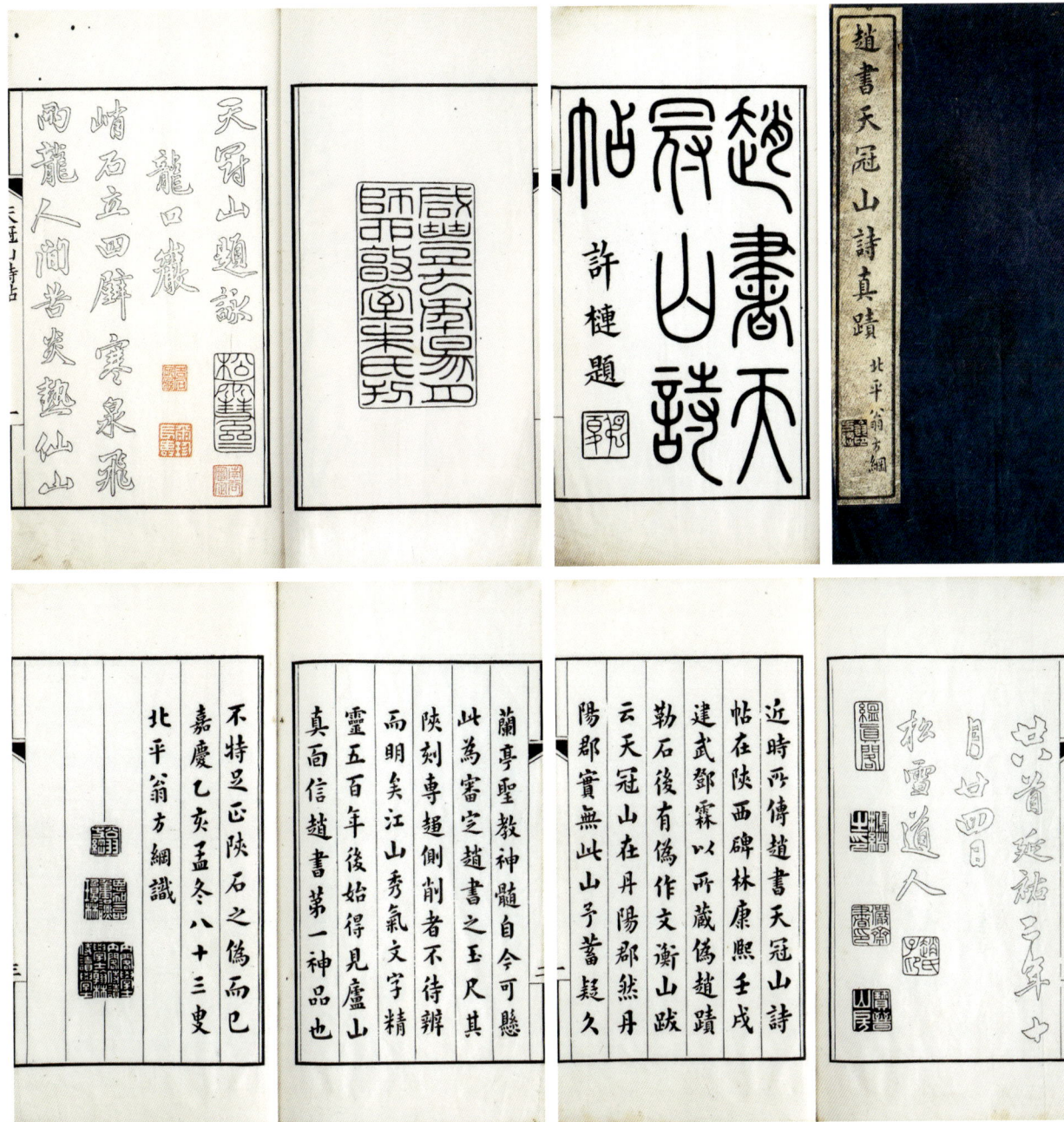

4823

日下部鳴鶴題簽《趙書天冠山詩真跡》

（元）趙孟頫書

清咸豐七年（1857）朱鈞師卯敦室雙鈎精刻本

1 函 1 冊　白紙

鑒藏印：吉石所藏（朱）　爾珍長壽（白）　南谷審定（朱）　寄梅花館（白）

提要：是書又名《天冠山詩帖》，翁方綱署簽、許槤題名，內收趙文敏書天冠
山詩帖雙鈎上板，末刊嘉慶乙亥（1815）孟冬八十三叟北平翁方綱識，
朱鈞隸書跋。許槤刻《六朝文絜》，亦朱鈞同參校，此同是兩人合作刊
行，實亦許槤刻也。此書在許槤刻本中向稱稀見，黃裳《清代版刻一隅》
稱此本刻極精。

是冊函套日下部鳴鶴題簽：“趙書天冠山真本鈎刻”，白紙精刷，雙鈎
逼肖。

參閱：《清代版刻一隅》（增訂本）P375，復旦大學出版社，2005。

[KUSAKABE MEIKAKU] ZHAO SHU TIAN GUAN SHAN SHI ZHEN JI

Block-printed by Shimaodunshi Studio in 1857

1 case of 1 volume

半框：21×13.2cm　開本：28.5×16cm

RMB: 15,000－25,000

題簽者簡介：日下部鳴鶴（1838～1922），本名東作，字子暘，別號鳴鶴、野鶴，
日本近江彥根人。為藩士之子，與中林梧竹、嚴穀一六並稱為“明
治三筆”。日本近代書道確立者之一。西泠印社早期社員。與吳
昌碩、楊守敬友善。

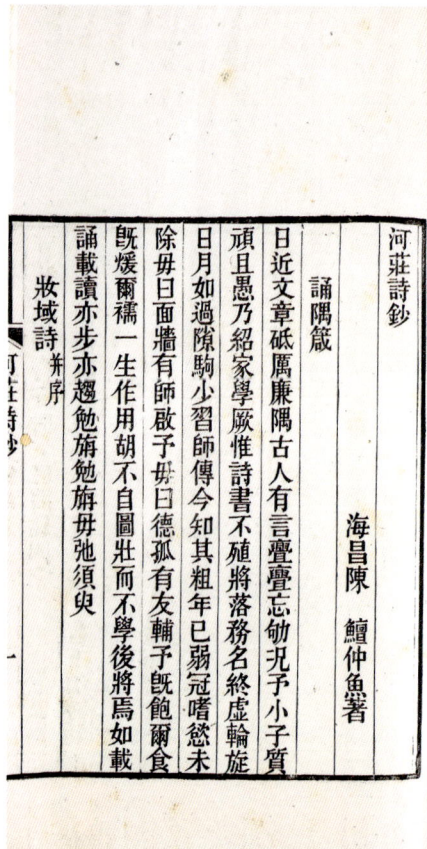

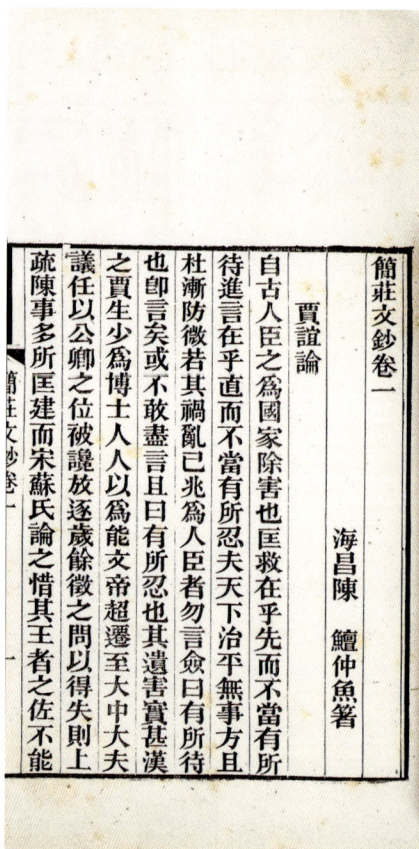

4824

簡莊文鈔六卷 續編二卷 河莊詩鈔一卷

（清）陳鱣撰

清光緒十四年（1888）粵東羊復禮刻本

1函 4冊　白紙

提要：拍品為清乾嘉時期著名學者、藏書家陳鱣詩文集，扉頁刊牌記："光緒戊子五月海昌羊氏鋟於粵東，錢塘汪鳴鑾署檢"，前刊段玉裁序、《海昌備志》擬傳、李嶽雲摹簡莊先生像，末刊光緒十四年（1888）羊復禮跋，述此集刊刻原委。文鈔卷六末刊："粵東省城西湖街富文齋承接刊印"字樣。品相佳。

陳鱣（1753～1817），字仲魚，號簡莊，浙江海寧人。晚年構"向山閣"藏書十萬卷，多宋元雕本舊鈔。與黃丕烈、吳騫等人交好，每遇佳本，相互傳鈔賞鑒。著有《經籍跋文》、《續唐書》等。

JIAN ZHUANG WEN CHAO (6 vols), SEQUEL (2 vols) AND HE ZHUANG SHI CHAO (1 vol)

Block-printed in 1888

1 case of 4 volumes

半框：17×13.3cm　開本：27.5×16.4cm

RMB: 8,000—12,000

蘭谿櫂歌
天都汪啟淑秀峯撰

蘭谿名著自唐初地富民淳好卜居稽古
似分姑蔑地楓山底事竟忘書

風生微澇漾輕波掠岸漁舟動櫂歌愛煞
谿山凝碧處斷雲歸鳥晚來多

壹

蘭谿櫂歌
題詞

翠堆烟塞練橫江墨瀋淋漓倒酒缸隔岸
月斜燈火亂數聲漁笛按新腔星沙雪舫
周宣猷

第八洞天眾香國溪山真箇水精域我友
汪君本謫仙欲挺營邱兼百幅斗牛之墟
吳會西徧生香草惟蘭溪寓公三載獨倚
櫂此間顏有梯仙梯映門一水流泯泯續
屋名山如束筍擁書萬卷托櫂歌吟就百

題詞
一

蘭谿櫂歌

排擊新都不少休筆叢著述亦風流一般
也有癡疎處布婦空謳壯繆侯

當年摹印推君大蝸匾輕窺細討論剩有
六書分類在老成雖謝典型存

二

4825
汪啟淑《蘭溪櫂歌一卷》附拓本
（清）汪啟淑撰
清乾隆二十年（1755）刻本
1函1冊附9開　紙本
提要：1.《蘭溪櫂歌一卷》，前刊乾隆二十年（1755）沈德潛序，次刊杭世駿、施謙、周芬佩、戴廷禧等諸家題詞，是書為汪啟淑仿朱彝尊《鴛鴦櫂歌》而成，每首詩皆附小注，刊刻甚精，版心上鐫"蘭溪櫂歌"。首尾葉有殘污。
　　2.另附拓本9開，有翁方綱為汪啟淑撰《臥游處箴》、祝德麟撰《息軒箴》、吳玉綸撰《安拙窩記》等。

[WANG QISHU] LAN XI ZHAO GE (1 vol) AND RUBBING
Block-printed in 1755
1 case of 1 volume
半框：18×14.5cm　開本：28.8×18cm
RMB: 20,000－30,000

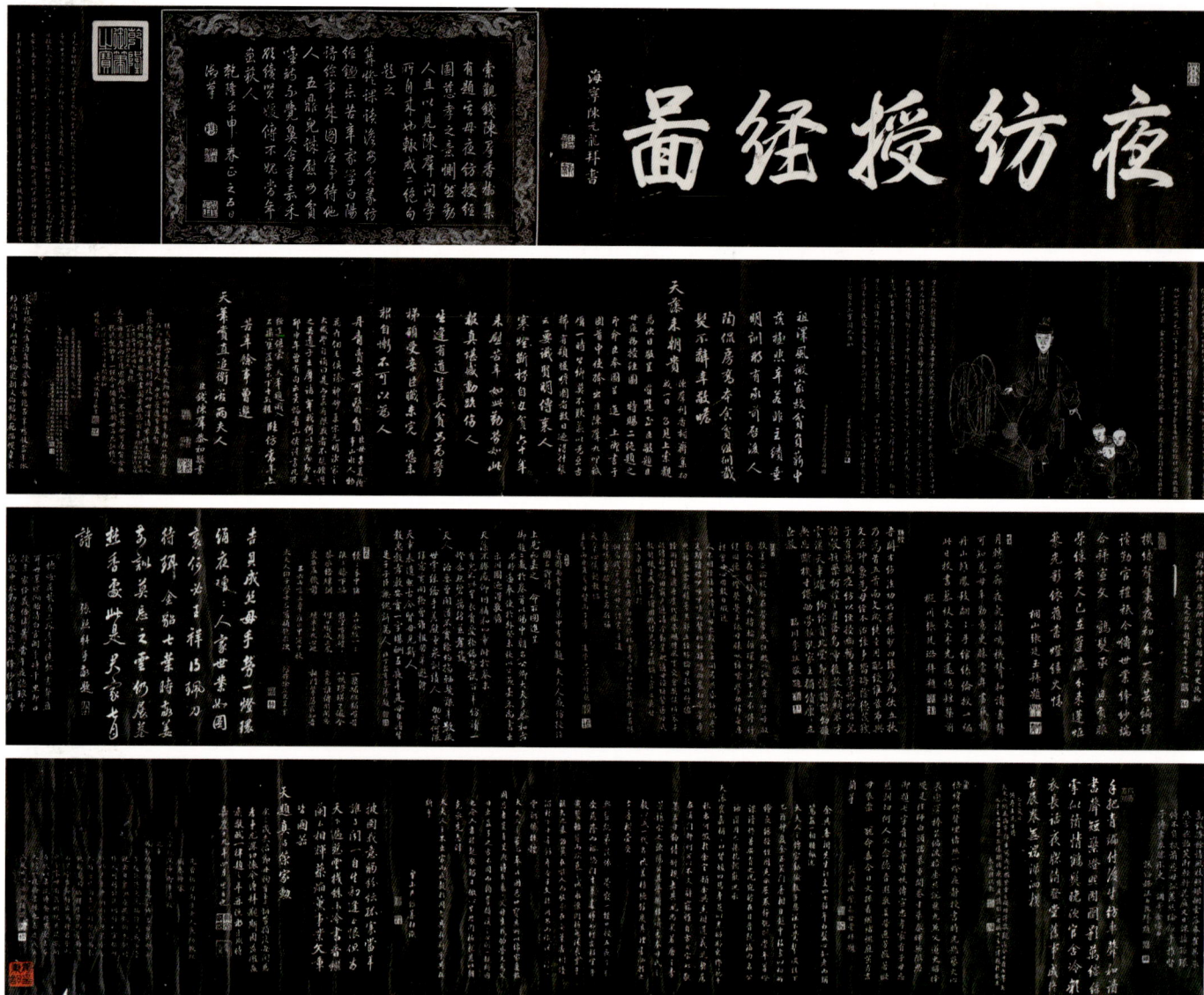

4826

姜東舒舊藏《夜紡授經圖》拓本

舊拓本

1卷　紙本

鑑藏印：姜（朱）　東舒（白）　姜東舒印（白）

提要：《夜紡授經圖》為海寧錢陳群為其母所作，得乾隆御筆褒題，王公巨卿亦附詩文於後。觀者日眾，遂摹勒付梓，以諸同好。是拓姜東舒墨筆題簽："海寧宰相陳元龍夜紡授經圖，一九九七年十一月廿三。"前刊陳元龍題名，內鐫乾隆御題《夜紡授經圖》，附錢汝誠、張廷玉、張廷璐等十餘家拜題。烏墨棰拓，名家舊藏。

　　姜東舒（1923～2008），筆名蘇東，號夢蟾、聽雨樓主，山東省乳山人。西泠印社社員、中國書協會員、中國硬筆書法家協會名譽主席等。工詩，善書法，兼事書論。

[JIANG DONGSHU] RUBBING OF YE FANG SHOU JING TU

Old ink-rubbing

1 scroll

803×39cm

RMB: 10,000－20,000

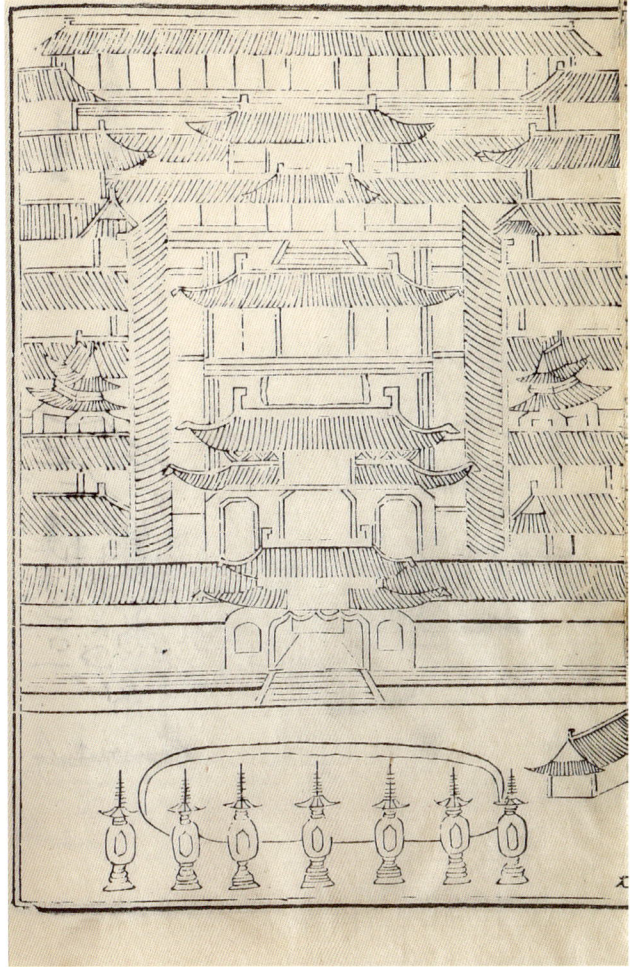

天童寺志卷之一

山川攷

太白山又名天童山在浙江寧波府鄞縣之東其鄉
曰陽堂里曰太白距城而遙者六十里

從正山其圖上下遠至正續志太白天童分為二
宋羅參軍濬寶慶四明志楊外翰寔成化志張大司馬
元恭元袁學士楠延祐志王總志黃敕志時敏嘉靖志皆分
管志難岐指濬家廬
兩山沿革今山本合一山二名為定論
陵未經躬歷筆屬傅會惟一山二名為定論
山之名始晉義興師結茅此山感太白星幻為童子
日供薪水遂以太白稱師并以名山又唐法璿禪

4827

天童寺志十卷

（清）釋德介等撰

清刻本

1函4冊　竹紙

提要：天童寺為浙江鄞縣天童山之名寺，為四明第一佛教聖地；自晉永康以來，海內禪宗群尊為祖庭。
明嘉靖年間，楊明輯《天童寺集》七卷，崇禎五年（1632），張客卿等纂《天童寺志》，崇禎十四
年黃毓祺重纂之。聞性道、德介乃參稽舊志，為纂新志，卷首為序、山圖、寺圖與凡例；下分十考：
山川、建置、先覺、盛典、雲蹤、法要、塔像、表貽、轄麗（附莊產）、附餘考，各一卷，共十卷。
是書原裝原簽，是為浙江天童寺之重要文獻。

CHRONICLE OF TIANTONG TEMPLE (10 vols)

Block-printed in Qing Dynasty

1 case of 4 volumes

半框：20×14.5cm　開本：26×17cm

RMB: 10,000—20,000

鄔承銓（1904～1967）

鄔承銓（1904～1967），字衡叔，號願堂、無願居士，江蘇南京人。早年師從王伯沆，在小學、詩學、詩文等方面奠定了深厚基礎。後經王氏之介，又得向柳詒徵、吳梅二者問學。先後受聘於第四中山大學（現南京大學）、暨南大學、廈門大學、浙江大學、台灣大學等，以講授文字學、目錄學為主，著有《說文解字敘講疏》、《唐詩史》、《願堂詩錄》等。抗戰前在南京狀元境一帶書肆，每遇善本不惜重值購買，如毛扆手校汲古閣原刻本《六十家詞》，唐圭璋編《全宋詞》時曾借閱之，惜毀於戰火。1950年鄔承銓出任浙江省文物管理委員會常務委員兼秘書主任，1953年負責整理西湖博物館文物，在長達十七年的文博生涯中，為新中國文物事業做出了不可磨滅的貢獻，其舊藏《臨李龍眠五馬圖》等書畫後由其子嗣無償捐贈給浙江省博物館。

本次西泠春拍有幸得其家屬友情支持，徵集到鄔承銓舊藏古籍及印譜十七種，如有鄔承銓題跋的明嘉靖羊城崇正書院刻白棉紙印本《杜氏通典》二百卷全帙，清嘉慶張敦仁刻《儀禮註疏》五十卷，清嘉慶張敦仁影宋刻《禮記注》二十卷，清道光汪士鐘藝芸書舍仿宋精寫刻《儀禮疏》五十卷，鄔承銓、徐恕批校《漢隸字源》五卷等，品相齊整，槧刻精絕，且版本價值高，值得各位藏家關注。

鄔承銓伉儷攜長子鄔家駒（1929年攝於南京）

4828

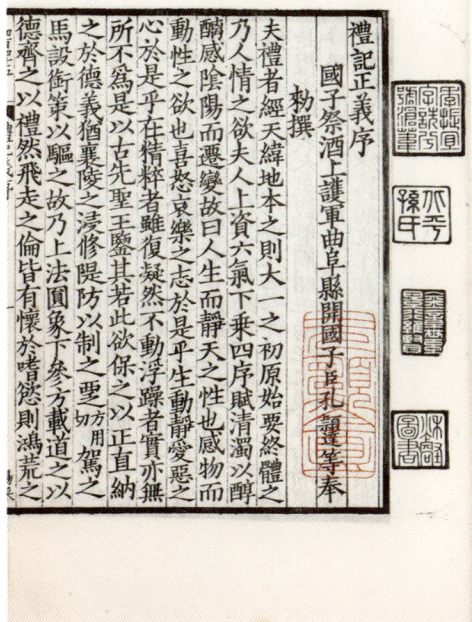

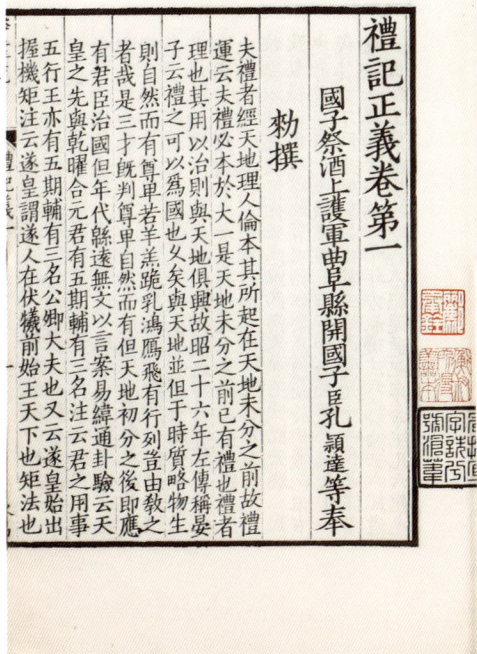

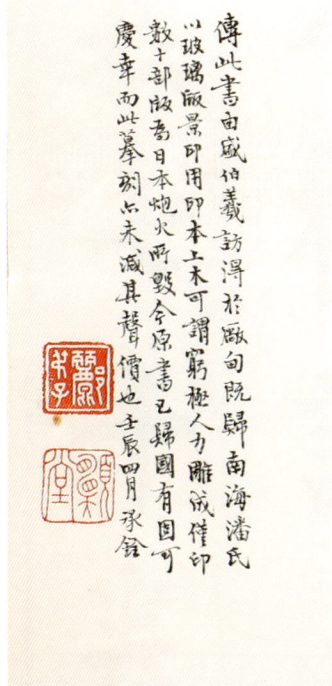

酈承銓題跋《景宋紹熙本禮記正義七十卷》

（唐）孔穎達等撰

民國十六年（1927）南海潘氏刻本

16 冊　宣紙

鑒藏印：酈承銓衡叔（白）　不覺百年半（朱）　酈叔子（白）　願堂（朱）　元頤盦？（朱）　酈
　　　　承銓（白）　衡叔所得善本（朱）

提要：南宋紹熙三年（1192）兩浙東路茶鹽司公使庫刻《禮記正義七十卷》，為《禮記》經、注、
　　　疏合刻的首個刻本。此為潘宗周據宋本影刻，開本敞闊，品相佳。卷前有酈承銓墨筆題記：
　　　"傳此書由盛伯羲訪得於廠甸，既歸南海潘氏，以玻璃版景印，用印本上木，可謂窮極
　　　人力雕成，僅印數十部，版為日本炮火所毀。今原書已歸國有，固可慶幸，而此摹刻亦
　　　未減其聲價也。壬辰五月，承銓。"
　　　酈承銓（1904～1967），字衡叔，江蘇南京人。著名詩人、學者、書畫家。王伯沆弟子。
　　　一生從事古代文學藝術教學與研究工作。

說明：酈承銓先生舊藏，由其家屬友情提供。

[LI CHENGQUAN] JING SONG SHAO XI BEN LI JI ZHENG YI (70 vols)

Block-printed in 1927

16 volumes

Provenance: Previously collected by Li Chengquan and provided by his family.

半框：21.2×16.8cm　開本：33×22cm

RMB: 50,000－80,000

食貨三

鄉黨土斷版籍並附　周　東晉　宋　齊　陳　後魏　北齊　隋　大唐

昔黃帝始經土設井以塞爭端立步制畝以防不足
使八家為井井開四道而分八宅鑿井於中一則不
洩地氣二則無費一家窒三則同風俗四則齊巧拙五
則通財貨六則存亡更守七則出入相司八則嫁娶
相媒九則無有相貸十則疾病相救是以情性可得
而親生產可得而均則侵凌之路塞親則鬪訟之
心弭既牧之於邑故井一為鄰鄰三為朋朋三為里
里五為邑邑十為都都十為師師十為州夫始分之

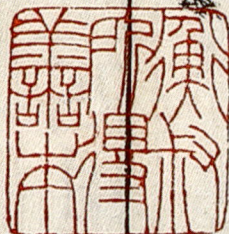

杜氏通典卷第一

唐岐國公尚書右丞前領南節度使京兆杜佑撰
明文林郎巡按廣東監察御史連江王德溢校
奉議大夫廣東提督學校僉事秀水吳鵬編並校

食貨一
一　田制
二　屯田
三　鄉黨土斷
四上　賦稅
五中　屯賦稅
六下　賦稅
七　歷代盛衰戶口
八上　錢幣
九下　錢幣
十　漕運
十一　鹽鐵
十二　雜稅榷酤算緡均輸　輕重

食貨二
田制上　陶唐　有虞　夏　殷　周　秦　兩漢　後漢　晉　後魏

杜氏通典序

唐東補闕李翰撰

儒家者流博而寡要，勞而少功，何哉？惠在於習之不精知之不周，入而不得其門，行而不由其逕，以徵之夫五經群史之書，大不過本天地設君臣，明十倫五教之義，陳政刑賞罰之柄，述禮樂制度之統，究治亂興亡之由，立邦家之道，盡於此矣。非此典籍之謂寃，無益世教則聖人不書，學者不覽，懼冗煩而無所從也。宣尼祖述堯舜憲章文武，七十子之徒宣明大世之道，百世可師，而諸子云云，復制作由其門則其教已備，及其人可誅而學者以多。

此杜君鄉通典，乃刊於廣東崇正書院，首此霜崖先生以為出於元本，蓋錄單閩更為宋本，此字十五行者不合，而巳此刻善本書室藏書目所有之，享末十月收得詞記，橫州詮。
此本首貳跋宋當覽八千卷樓藏，志此徐文記。
酈觀慶此本乃丁氏藏本，十五行三字之刻，嘉靖本，板心視此本差長。一可卿時心多，校勘未知本遠。善想似生當印，若此，所似嘉靖本…刻善本書室藏書目所有…一通尚可。謀影刻閱書本…酈志因。橫州詮漫書以正其誤。

右書計鏤板凡一千七百九十二，卷凡二百，帙凡四十，梓匠凡七十。始於嘉靖戊戌仲冬，迄於己亥孟冬，閱月凡一十有三，貯於羊城之崇正書院。

4829

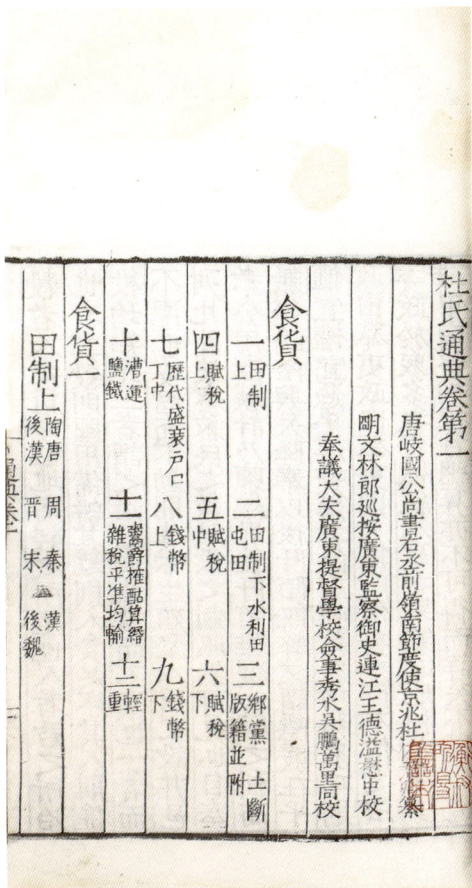

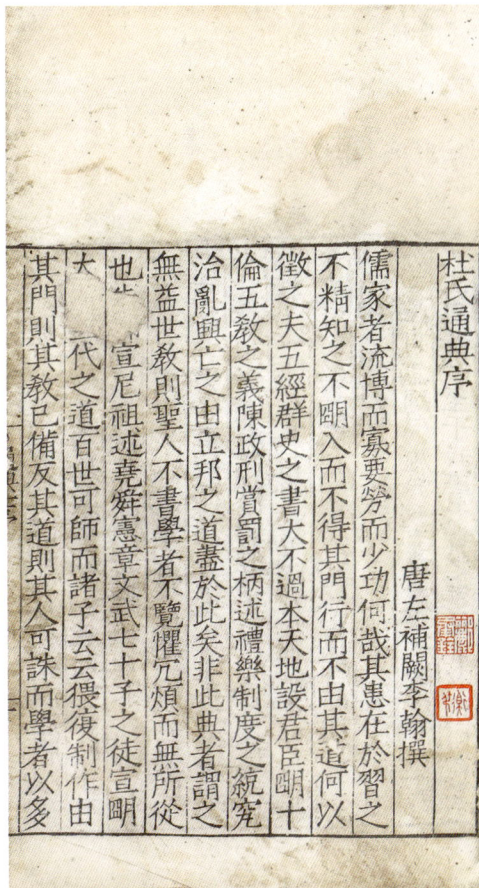

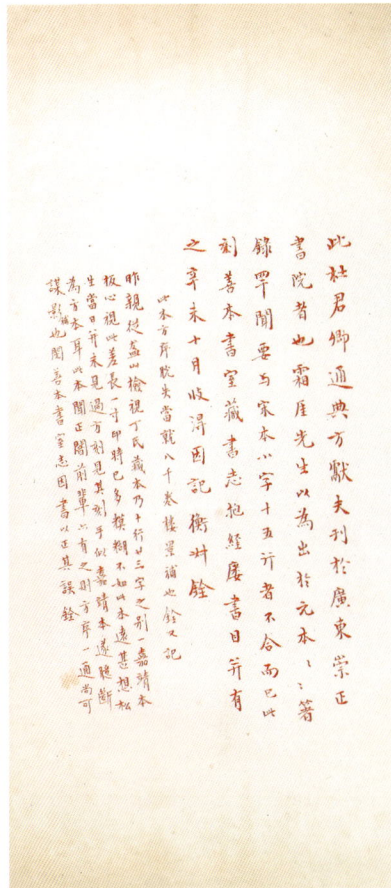

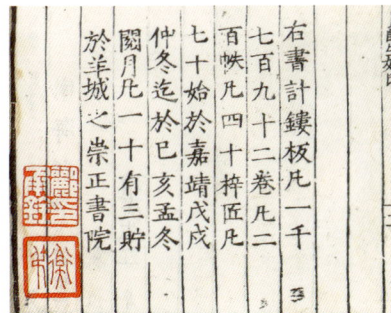

酈承銓題跋明嘉靖刻《杜氏通典二百卷》全帙

（唐）杜佑撰　（明）王德溢、吳鵬校

明嘉靖十八年（1539）羊城崇正書院刻本

58冊　白棉紙

鑒藏印：酈承銓（白）　衡叔（朱）　衡叔所得善本（朱）　酈承銓印（白）

提要：是書為我國第一部典志體史書，共二百卷，下列食貨、選舉、職官、禮、樂、刑等綱，延正史之《志》，合歷代典章，詳述原委。宋版以下即推此王德溢、吳鵬校本為最古。此本半葉十一行，行二十字，四周單邊。前刊李翰撰《杜氏通典序》、杜佑撰《通典序》、《杜氏本傳》。末刊分理官員師生姓氏，牌記云："右書計鏤版凡一千七百九十二，卷凡二百，帙凡四十，梓匠凡七十。始於嘉靖戊戌仲冬，迄於己亥孟冬，閱月凡一十有三，貯於羊城之崇正書院。"舊裝卷帙齊整，白棉紙刷印。扉頁有酈承銓朱筆題跋三則，考辨此書之版本源流。

酈承銓（1904～1967），字衡叔，江蘇南京人。著名詩人、學者、書畫家。王伯沆弟子。一生從事古代文學藝術教學與研究工作。

說明：酈承銓先生舊藏，由其家屬友情提供。

參閱：《中國古籍善本總目》，《第一批國家珍貴古籍名錄圖錄》。

[LI CHENGQUAN]　DU SHI TONG DIAN (200 vols)

Block-printed by Guangzhou Chongzheng Academy in 1539

58 volumes

Provenance: Previously collected by Li Chengquan and provided by his family.

半框：18.1×15.2cm　開本：28×16.8cm

RMB: 350,000－450,000

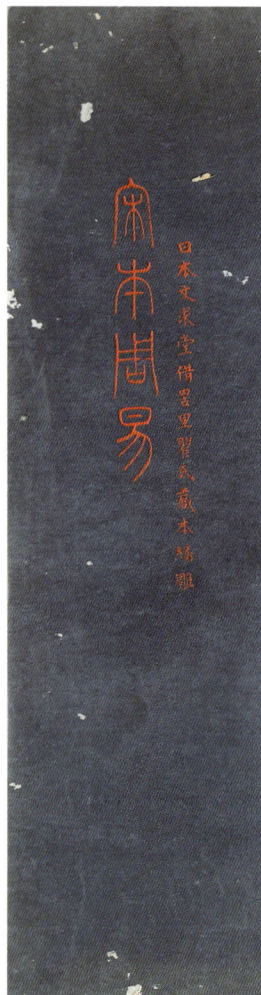

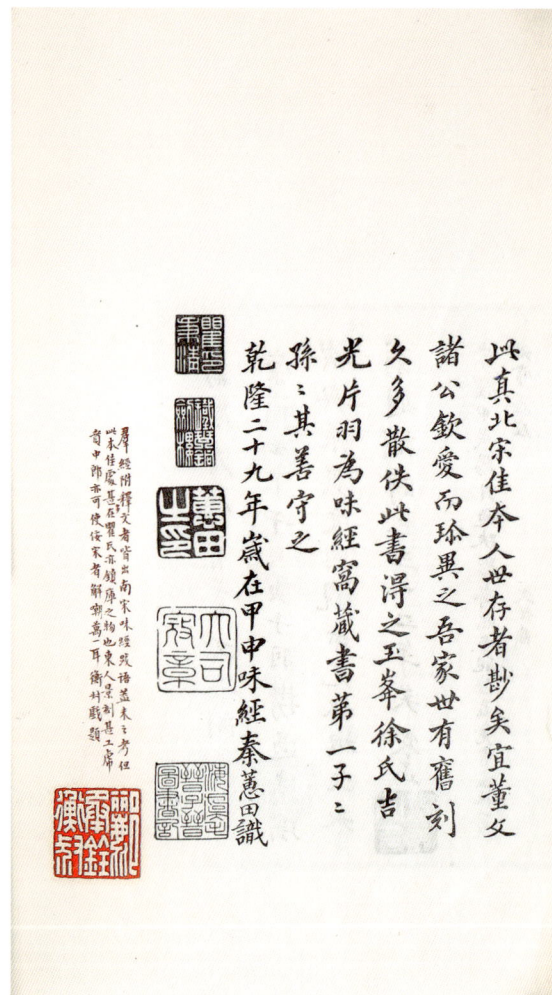

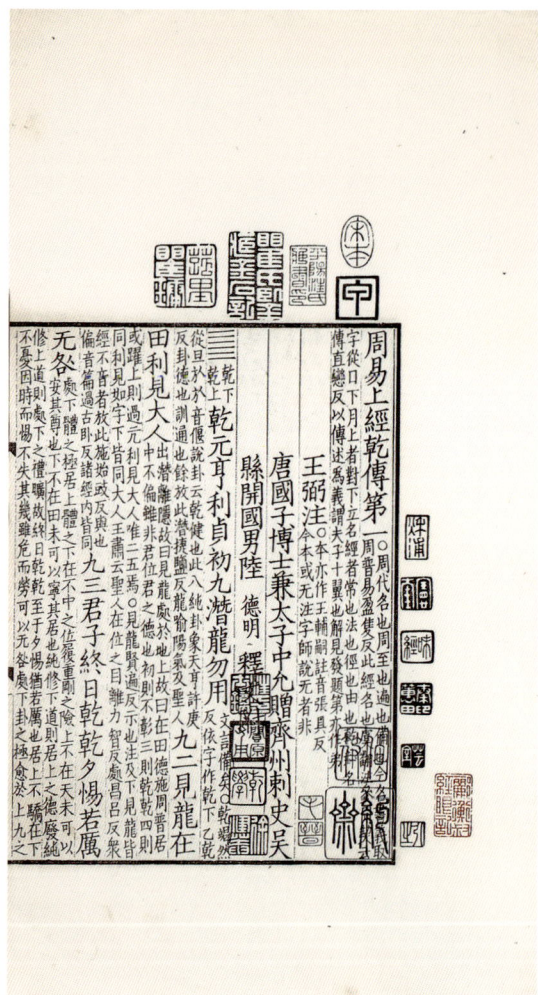

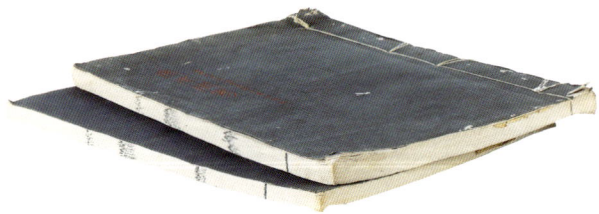

4830

酈承銓舊藏《宋槧周易十卷》

（魏）王弼 （晉）韓康伯注 （唐）陸德明釋

日本昭和三年（1928）東京文求堂仿宋精寫刻本

2 冊　白紙

鑒藏印：酈衡叔經眼記（朱）　酈承銓印（白）　衡叔（朱）　酈承銓衡叔（白）

提要：是書為昭和戊辰（1828）仲秋，東京文求堂影菰里瞿氏鐵琴銅劍樓藏宋本重雕，歷代鑒藏印鎸摹逼肖，後刊文震孟等人題記。

是冊封面酈承銓篆書朱筆恭題："宋本周易"，并於卷尾跋記一則。開本敞闊，紙質綿白，藍皮舊裝。

酈承銓（1904～1967），字衡叔，江蘇南京人。著名詩人、學者、書畫家。王伯沆弟子。一生從事古代文學藝術教學與研究工作。

說明：酈承銓先生舊藏，由其家屬友情提供。

[LI CHENGQUAN] SONG QIAN ZHOU YI (10 vols)

Block-printed by Tokyo Bunkyudo in 1928

2 volumes

Provenance: Previously collected by Li Chengquan and provided by his family.

半框：18×13.2cm　開本：33.5×22.2cm

RMB: 10,000－20,000

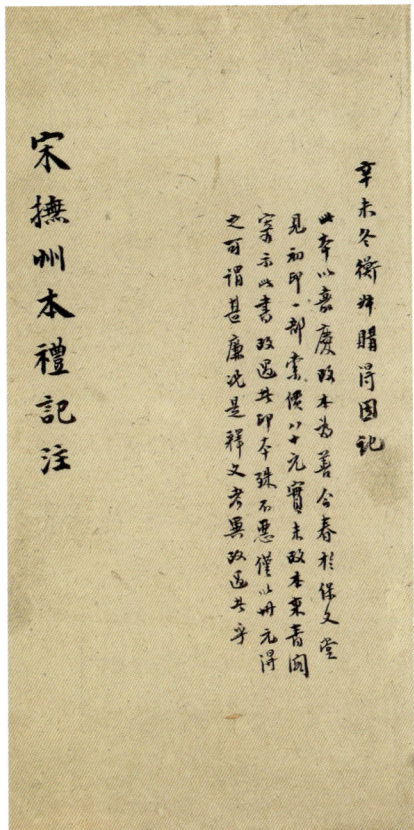

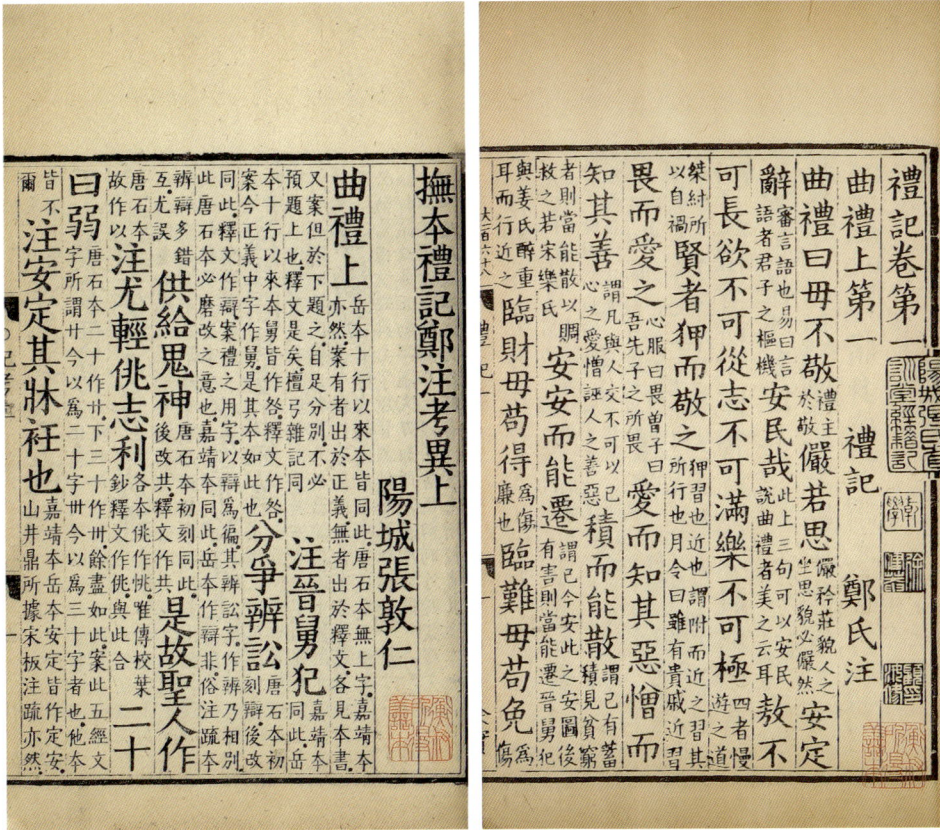

4831

酈承銓題記《宋撫州本禮記注二十卷 釋文四卷 考異二卷》

清嘉慶十一年（1806）張敦仁仿刻宋淳熙四年撫州公使庫本二十五年（1820）重校本

12 冊 竹紙

鑒藏印：酈承銓（白）衡叔（朱）衡叔所得善本（朱）

題跋：辛未冬衡叔購得因記。此本以嘉慶改本為善，今春於保文堂見初印一部，索價八十元，實未改本，來青閣寄示此書，改過者印本殊不惡，僅以卅元得之，可謂甚廉，況是釋文考異改過者乎。

提要：是書夙稱佳刻，為清嘉慶十年 (1805)，著名藏書家張敦仁據宋淳熙四年（1177）撫州公使庫本《禮記單注本》覆刻，延請顧廣圻比照諸本為其校訂，倩劉文奎刊刻，成于"嘉慶丙寅（1806）七月"，隨校隨刻，並於每卷尾鐫明刊刻時間等。

此書初印本《釋文》部分沒有見到宋本，不得不以通志堂本代替，十四年後根據宋本重校修版，連《考異》也有改動，內容勝過初印本。內收宋撫州本禮記注二十卷，釋文四卷，考異二卷，卷末牌記鐫："嘉慶廿五年（1820）庚辰宋本釋文再校修訖印行"。書衣有酈承銓墨筆題記，言此書較嘉慶十一年本（1806）改過，更為詳實可靠，勝過初印。

酈承銓（1904～1967），字衡叔，江蘇南京人。著名詩人、學者、書畫家。王伯沆弟子。一生從事古代文學藝術教學與研究工作。

說明：酈承銓先生舊藏，由其家屬由其家屬友情提供。

[LI CHENGQUAN] SONG FU ZHOU BEN LI JI ZHU (20 vols), INTERPRETATION (4 vols) AND PROOFREADING (2 vols)

Block-printed by Zhang Dunren in 1820

12 volumes

Provenance: Previously collected by Li Chengquan and provided by his family.

半框：20.5×15.2cm 開本：27×17.2cm

RMB: 30,000－50,000

4832

葉啟勳、黃鏐、酈承銓等舊藏《儀禮鄭氏注十七卷 附校錄一卷》

（漢）鄭玄注

清嘉慶二十年（1815）士禮居仿宋嚴州刻本

3 冊　紙本

鑒藏印：酈衡叔經眼記（朱）　葉啟勳（白）　定侯所藏（朱）　石林後裔（白）　東明所藏（朱）　葉啟發讀書記（白）　黃鏐之印（白）　咸夷（朱）　石經廔藏書記（朱）　曾在葉啟勳處（白）　酈承銓（白）　衡叔（朱）

提要：是書為清嘉慶黃丕烈依宋嚴州本覆刻，後附校錄一卷，半葉 14 行，行 23 字，左右雙邊，單魚尾，書口下鐫刻工名。於嚴本之是非悉校錄之，為清代經注校勘之代表。

是冊經葉啟勳、葉啟發、黃鏐、酈承銓諸家舊藏，朱印累累，仿宋精刻，墨色烏亮，開卷悅目。

葉啟勳（1900～1972），字定侯，又字更生，湖南長沙人。系葉德輝三弟德炯次子，家有拾經樓藏書。

葉啟發（1902～1952），字東明，湖南長沙人，葉啟勳弟。

黃鏐（民國），字咸夷，湖南湘潭人，南社社員。

酈承銓（1904～1967），字衡叔，江蘇南京人。著名詩人、學者、書畫家。王伯沆弟子。一生從事古代文學藝術教學與研究工作。

說明：酈承銓先生舊藏，由其家屬由其家屬友情提供。

[YE QIXUN, HUANG LIU, LI CHENGQUAN, ETC.] YI LI ZHENG SHI ZHU (17 vols) AND PROOFREADING (1 vol)

Block-printed in 1815

3 volumes

Provenance: Previously collected by Li Chengquan and provided by his family.

半框：21×15cm　開本：27.5×18.5cm

RMB: 20,000－30,000

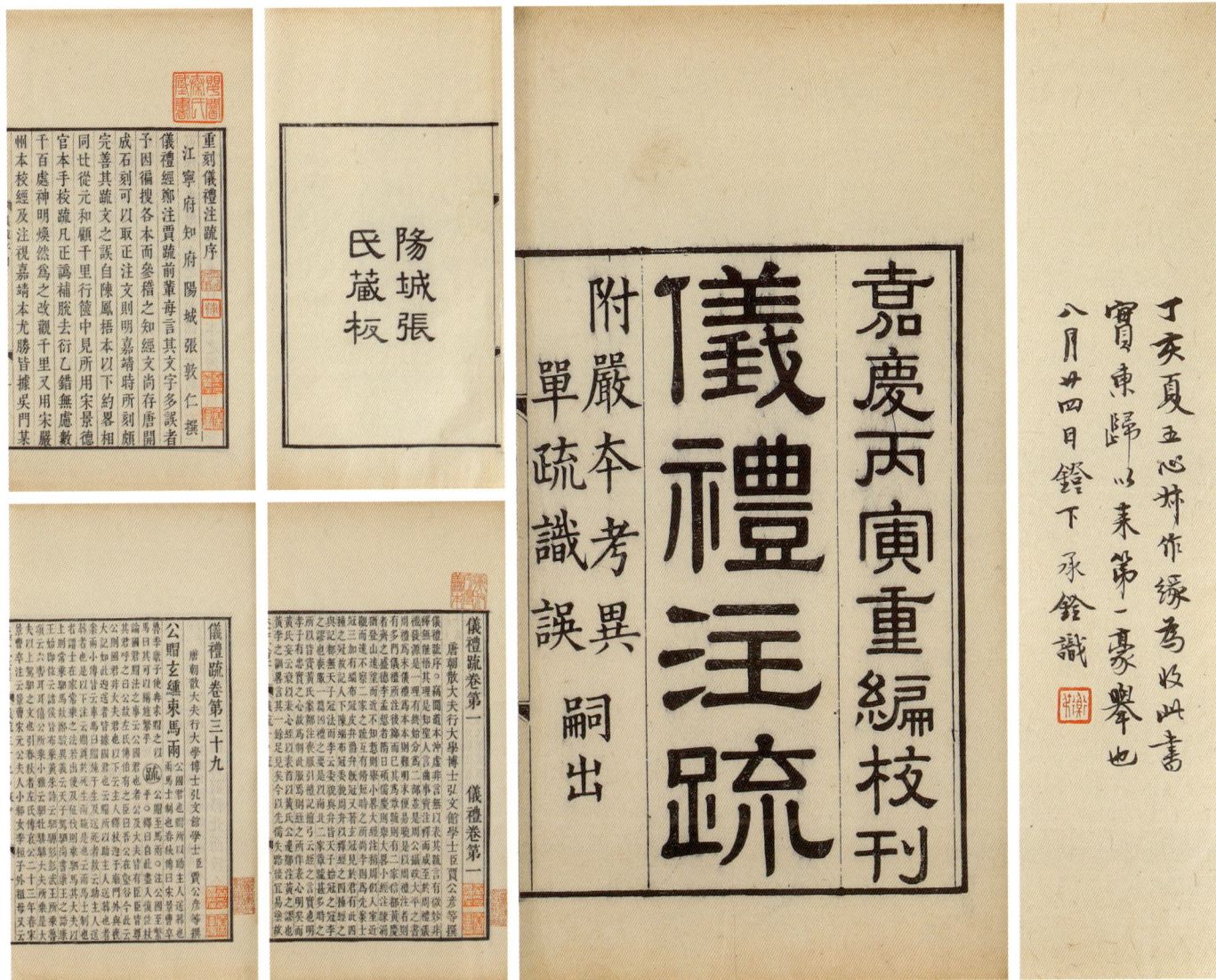

重刻儀禮注疏序

江寧府知府陽城張敦仁撰

儀禮經鄭賈註前輩每言其文字多誤者予因偏搜各本而參稽之知經之所存唐開成石刻可以取正其文自陳風以下約畧相同此從元和顧千里行篋中見所用宋景祐完善其疏之衍誤官本手校疏凡正譌脫去衍乙錯無處敷千百處神明煥然自爲之改觀千里又用宋監本校經及注視嘉靖本尤勝皆據吳門某

陽城張
民藏板

嘉慶丙寅重編校刊
儀禮注疏
附嚴本考異
單疏識誤 嗣出

儀禮卷第一

儀禮疏卷第三十九

公膳玄纁束馬兩

儀禮疏卷第一

唐朝散大夫行大學博士弘文館學士臣賈公彥等撰

丁亥夏五心叔作緣為收此書 實東歸以來第一豪舉也 八月廿四日鐙下承銓識

4833

秦更年、酈承銓遞藏《重刻儀禮註疏五十卷》

（漢）鄭玄注

清嘉慶十一年（1806）陽城張敦仁刻本

1函4冊 竹紙

鑒藏印：嬰闇秦氏藏書（朱） 秦更年印（白） 秦曼青（白） 曾在秦嬰闇處（朱） 酈承銓（白） 衡叔（朱） 衡叔所得善本（朱） 酈衡叔經眼記（朱）

題跋：丁亥夏五，心叔作緣為收此書，實東歸以來第一豪舉也。八月廿四日鐙下，承銓識。

提要：此顧廣圻用宋鄞州本經注及單疏宋刻合編，由張敦仁精刻，每卷後刻"江寧知府張敦仁編校，元和縣學生顧廣圻覆校"一行，目錄後有"江寧劉文奎刻字"一行。目錄及內封面均謂附《嚴本考異》、《單疏識誤》嗣出，然而實未刊行，即此注疏之印本亦極稀見，百年前已公認為文物性善本矣。

是書線裝四厚冊，扉頁有酈承銓先生墨筆題記，稱購此書為東歸以來第一豪舉，既可想見先生得此書雖花費不菲，然中心實欣喜異常。亦可證黃永年所言此書百年前已公認為文物性善本，實非過譽。學者藏書，首重內容，兼顧版本，此本刊刻年代雖非久遠，而以其底本精良、

校勘審慎、刊刻精整、流傳極少，故頗得先生喜愛。拍場首現。

此本經秦更年、酈承銓兩位名家遞藏，亦足為其增色。

參閱：《清代版本圖錄》卷三 P47-48頁，黃永年、賈二強撰集，浙江人民出版社，1997年。

說明：酈承銓先生舊藏，由其家屬由其家屬友情提供。

[QIN GENGNIAN, LI CHENGQUAN] YI LI ZHU SU (50 vols)

Block-printed by Zhang Dunren in 1806

1 case of 4 volumes

Provenance: Previously collected by Li Chengquan and provided by his family.

半框：19×13cm 開本：28×17.5cm

RMB: 80,000－100,000

藏家簡介：1. 秦更年（1885～1956），字曼青、曼卿，號嬰闇，江蘇揚州人。服務銀行業，擅詩文，好收古書與稀見近刻及碑帖、錢幣。著有《漢延熹西嶽華山廟碑續考》、《嬰闇詩存》、《嬰闇題跋》。

2. 酈承銓（1904～1967），字衡叔，江蘇南京人。著名詩人、學者、書畫家。王伯沆弟子。一生從事古代文學藝術教學與研究工作。

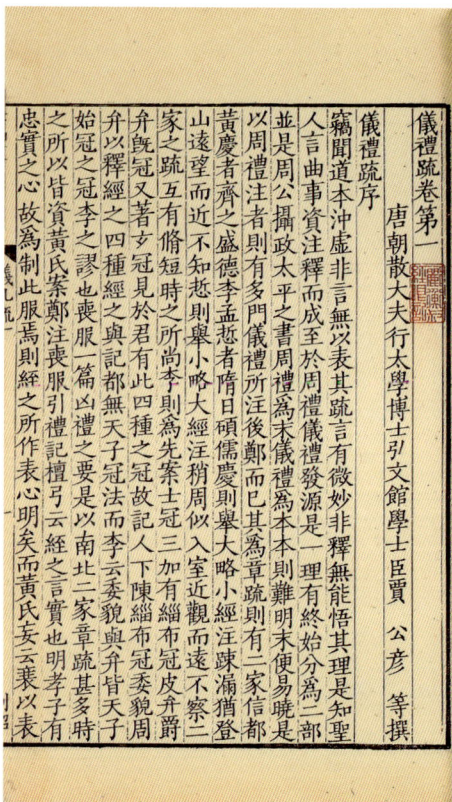

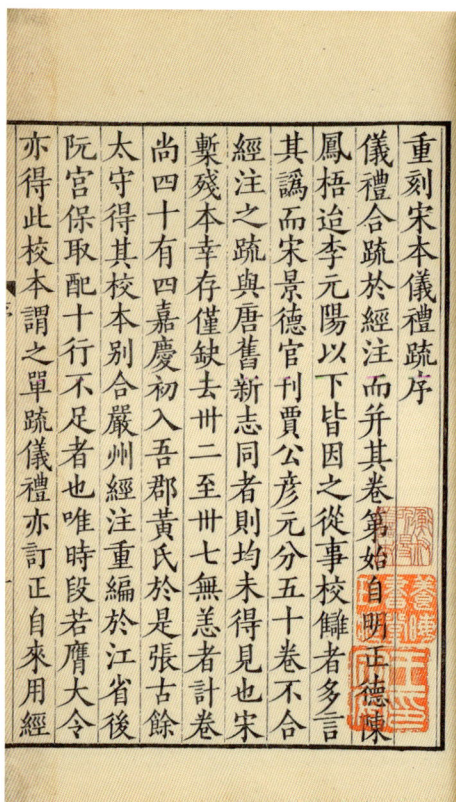

道光庚寅重刊
宋本儀禮疏
藝芸書舍藏板

重刻宋本儀禮疏序
儀禮合疏於經注而并其卷第始
鳳梧迮李元陽以下皆因之從事校讎者多言
其譌而宋景德官刊賈公彥元分五十卷不合
經注之疏與唐舊刊新志同者則均未得見也宋
槧殘本幸存僅缺去卅二至卅七無恙者計卷
尚四十有四嘉慶初入吾郡黃氏於是張古餘
太守得其校本別合嚴州經注重編於江省後
阮宮保取配十行不足者也唯時段若膺大令
亦得此校本謂之單疏儀禮亦訂正自來用經

儀禮疏卷第一
唐朝散大夫行太學博士引文館學士臣賈 公彥 等撰
儀禮疏序
竊聞道本沖虛非言無以表其疏言有微妙非釋無能悟其理是知聖
人言曲事資注釋而成至於周禮儀禮發源是一理有終始分為二部
並是周公攝政太平之書周禮為末儀禮為本則難明未便易曉是
以周禮注者則有多門儀禮所注後鄭而已其為章疏則有二家信都
黃慶者齊之盛德李孟悊者隋日碩儒慶則舉大略小經疏疏滿猶登
山遠望而近不知

4834

酈承銓舊藏《宋本儀禮疏五十卷》

（唐）賈公彥疏

清道光十年（1830）汪士鐘藝芸書舍仿宋精寫刻本

12冊　竹紙

鑒藏印：衡叔所得善本（朱）　酈衡叔經眼記（朱）　養晦書堂珍藏（白）　王定安印（白）

提要：儀禮合疏於經而并其卷第始自明正德，是書汪氏依藝芸書舍自藏南宋單疏本覆刻，延請顧千里校讎，後原本佚失，故此本承載補闕之功。《四部叢刊》即據此本影印。

是冊卷帙齊整，前附汪士鐘、顧千里序言。仿宋鐫刻精絕，字體俊美，為清中晚期版刻名品。

酈承銓（1904～1967），字衡叔，江蘇南京人。著名詩人、學者、書畫家。王伯沆弟子。一生從事古代文學藝術教學與研究工作。

參閱：《清代版本圖錄》P32，黃永年、賈二強編纂，浙江人民出版社，1997年。

說明：酈承銓先生舊藏，由其家屬友情提供。

[LI CHENGQUAN] SONG BEN YI LI SHU (50 vols)

Block-printed by Yunyishushe Studio in 1830

12 volumes

Provenance: Previously collected by Li Chengquan and provided by his family.

半框：23×16.5cm　開本：28.5×19cm

RMB: 60,000－80,000

己未孟春吳興劉氏嘉
業堂景宋蜀大字本

重刻蜀大字本史記序

史記刻本以蜀大字本為最古顧常熟毛
氏昭文張氏吳縣黃氏諸城劉氏上海郁
氏所藏皆非完袠近劉翰怡京卿得有大
字本集解其書出於吳退樓觀察吳氏審
定為蜀大字本每葉十八行行十六字注
每行二十字或二十一字不等與張氏郁
氏藏本同而視諸家為完備然蜀刻雖始
於毋守素至宋初尚雕造不絕其後亦時

史紀集解序

裴駰

班固有言曰司馬遷據左氏國語采世本
戰國策述楚漢接其後事訖于天漢
其言秦漢詳矣至於採經摭傳分散數家
之事甚多疎略或有抵捂亦其所涉獵者
廣博貫穿經傳馳騁古今上下數千載間
斯已勤矣又其是非頗謬於聖人論大道
則先黃老而後六經序游俠則退處士而

4835

酈承銓舊藏嘉業堂影宋刻《史記一百三十卷》全帙

（西漢）司馬遷撰

民國八年（1919）吳興劉氏嘉業堂景宋蜀大字本

32 冊　宣紙

鑒藏印：酈承銓印（白）　衡叔（朱）　酈承銓衡叔（白）

提要：宋蜀大字本《史記》與白鷺書院本《漢書》、一經堂本《後漢書》、大字監本《三國志》等四部宋版為劉承幹所藏宋槧之翹楚，劉氏專辟“四史齋”以作存放，堪稱鎮館之寶。此為民國八年（1919）劉氏嘉業堂影宋刻本，前刊吳郁生署簽，牌記云：“己未孟春吳興劉氏嘉業堂景宋蜀大字本”，黃巖王舟瑤撰《重刻蜀大字本史記序》。全書分本紀十二卷、年表十卷、八書八卷、世家三十卷、列傳七十卷，葉昌熾以嘉業堂藏本為母本，以潘氏寶禮堂藏宋大字本、震澤王氏本、嘉靖李元陽本、南北監本、汲古閣本等互校，由陶子麟刊刻，在筆力、體例各方面務

求與原本一致。故此書一經刊行，便極獲學人讚譽。此本為酈承銓舊藏，開本宏闊，舊裝品佳。

酈承銓（1904 ～ 1967），字衡叔，江蘇南京人。著名詩人、學者、書畫家。王伯沆弟子。一生從事古代文學藝術教學與研究工作。

說明：酈承銓先生舊藏，由其家屬友情提供。

[LI CHENGQUAN] SHI JI (130 vols)

Block-printed by Jiayetang Studio in 1919

32 volumes

Provenance: Previously collected by Li Chengquan and provided by his family.

半框：22.1×18.9cm　　開本：33×22cm

RMB: 120,000－150,000

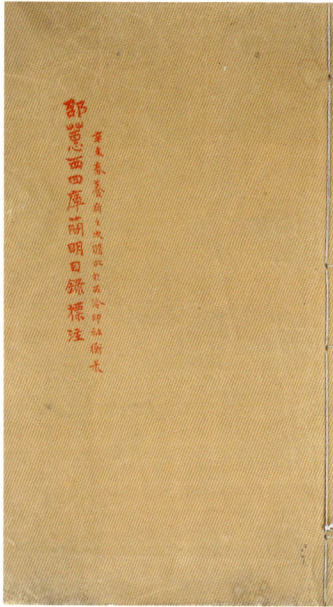

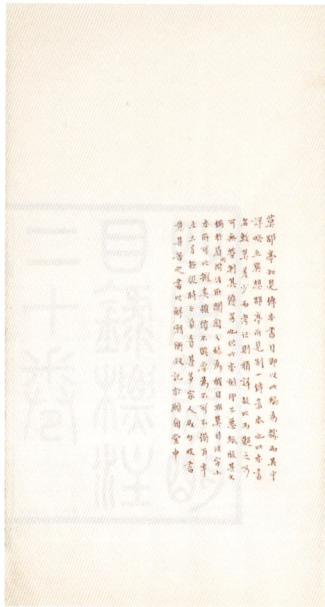

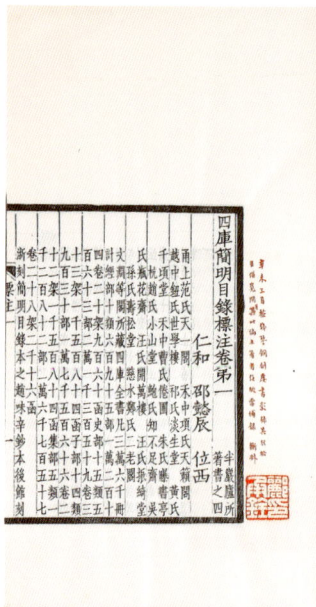

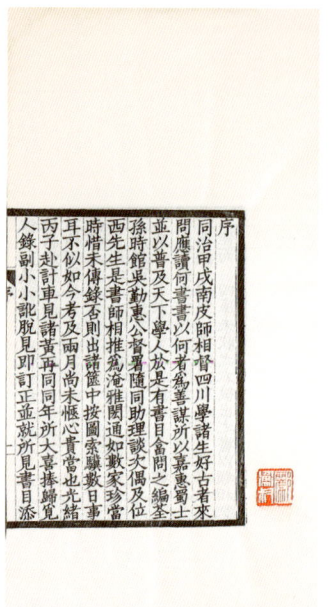

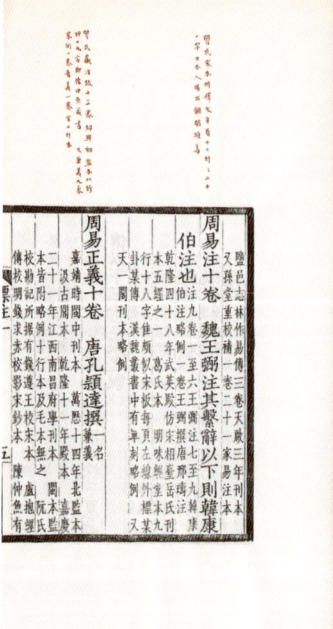

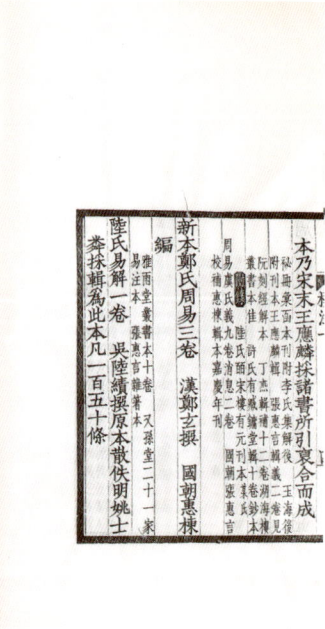

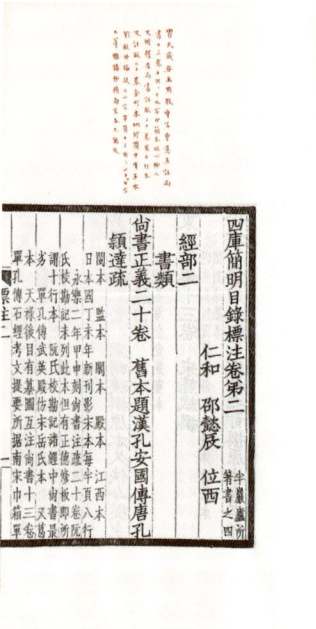

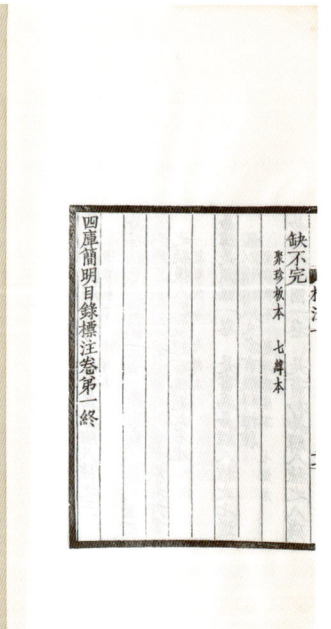

4836

酈承銓批校《四庫簡明目錄標注二十卷》

（清）邵懿辰撰

清宣統三年（1911）仁和邵氏家刻本

6冊 白紙

鑒藏印：酈衡叔（朱白） 酈承銓印（白） 酈衡叔經眼記（朱）

提要：是書就四庫簡明目錄所著錄各書下，臚列邵氏所知見之版本，頗便檢閱，故時價極昂。

是冊封面酈承銓朱筆題名："邵蕙西四庫簡明目錄標註"，扉頁牌記刊："仁和邵氏半巖廬所著書之四，宣統三年辛亥夏四月付棊，冬十月竣工。"內酈承銓據瞿氏《鐵琴銅劍樓書影》於書眉處補錄行格。開本閎大，卷帙齊整。

酈承銓（1904～1967），字衡叔，江蘇南京人。著名詩人、學者、書畫家。

王伯沆弟子。一生從事古代文學藝術教學與研究工作。

說明：酈承銓先生舊藏，由其家屬友情提供。

[LI CHENGQUAN] SI KU JIAN MING MU LU BIAO ZHUN (20 vols)

Block-printed in 1911

6 volumes

Provenance: Previously collected by Li Chengquan and provided by his family.

半框：16.5×13cm 開本：32×20.5cm

RMB: 15,000－25,000

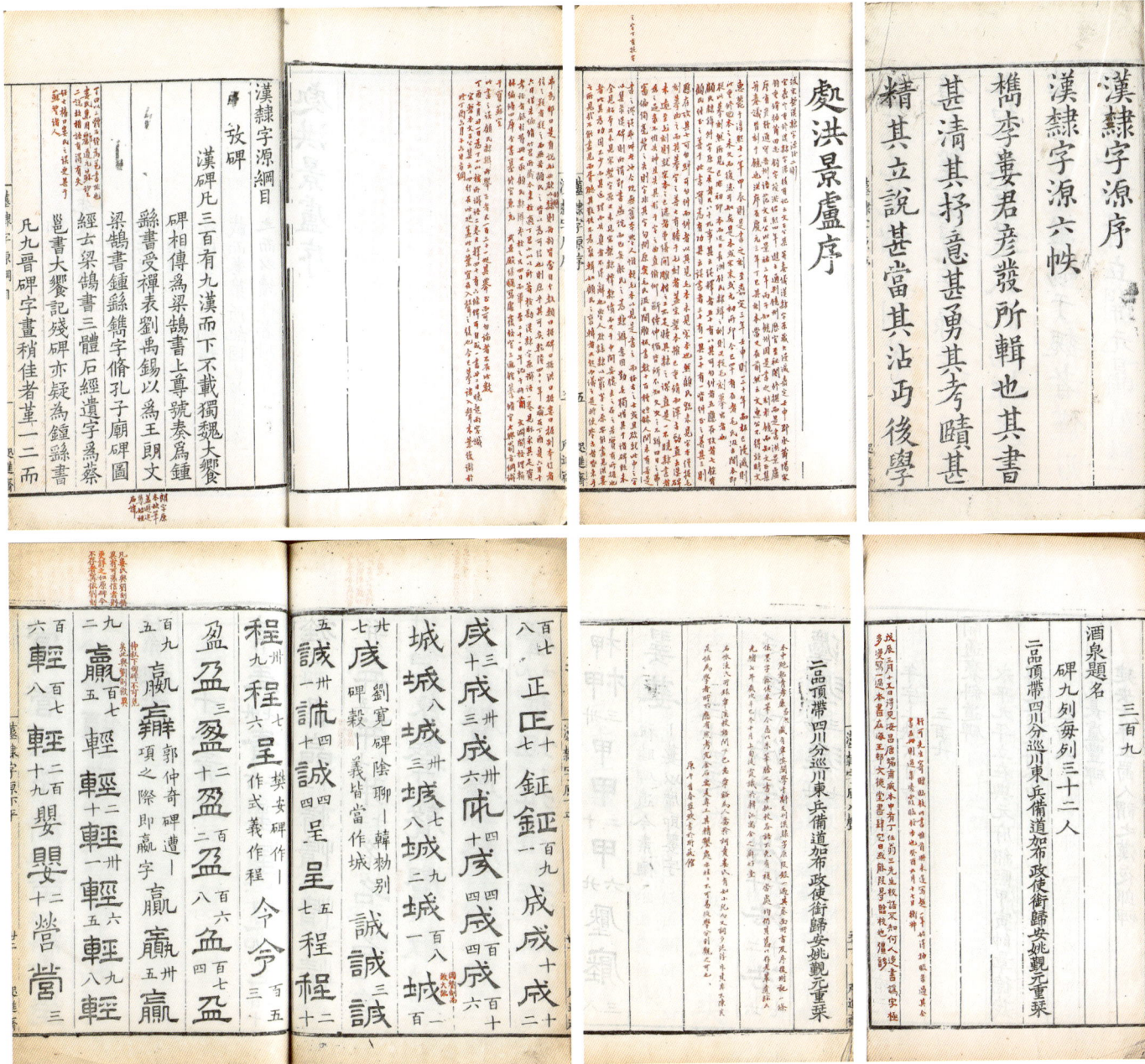

4837

酈承銓、徐恕批校《漢隸字源五卷 碑目一卷》

（宋）婁機撰

清光緒三年（1877）歸安姚氏咫進齋精寫刻本

6冊　白紙

鑒藏印：蘇州振新書社印刷發行（朱）

提要：是書為宋人婁機依漢碑所立之年，將各碑字體分次編列，考證漢碑的結構樣式與流傳延變，所著諸多漢碑今已蕩然無存，其文獻價值頗顯珍貴。

此冊內有徐恕過錄翁方綱、丁傑、任大椿校語及跋記，間下己意，唯首冊未迻寫。徐恕後將此書贈予酈承銓，酈氏又據凌霞臨校本補全首冊校語。首冊卷末有徐恕、酈承銓朱筆題記各一則。版格舒朗，版心下鐫“咫進齋”字樣，寫刻雋美，紙白墨精。

酈承銓（1904～1967），字衡叔，江蘇南京人。著名詩人、學者、書畫家。王伯沆弟子。一生從事古代文學藝術教學與研究工作。

徐恕（1890-1959），武昌人，字行可，號強誃，室名知論物齋、箕志堂、藏棱齋等，與章太炎、黃季剛、馬一孚皆為摯友，是近代著名藏書家。徐氏藏書後來全部捐獻湖北省圖書館，箱數逾千，冊近十萬，包括明清善本、鈔本、稿本、批校本近萬冊。內有朱墨批校、圈點。

說明：酈承銓先生舊藏，由其家屬友情提供。

[LI CHENG QUAN, XU SHU] HAN LI ZI YUAN (5 vols), BEI MU (1 vol)

Block-printed by Zhijinzhai in 1877

6 volumes

Provenance: Previously collected by Li Chengquan and provided by his family.

半框：23.5×16.5cm　開本：29.5×18cm

RMB: 20,000－30,000

徐公文集卷第一　賦　詩上

頌德賦　新月賦　頌德賦　東海徐鉉

東宮生日獻

惟先王之建國體皇極而垂制仰則觀於辰象俯
則察於地義前星為帝座之輔蒼震乃少陽之位
非明德與茂親不足膺茲主器故萬邦以貞而本
枝百世是必天錫嘉祉神輸百祥山河資其正氣
日月分其融光鴈期運以載誕配乾坤而永昌者

進徐騎省文集表

臣克順言伏以德必有言見稱於君子文之行遠
用示於方來矧逢
熙盛之期茂聞
欽明之化 臣克順 誠惶誠懼頓首頓首伏念臣
惟寒族偶叨龍緒風幻服佩於義方長陶烝於
孝治築室一百堵介處於下鄉教子一經敢隨於素業
旌間雖勣勤於往事
賜書甯謝於古人家藏稍多耳剽亦久竊見故散
騎常侍徐鉉傑出江表風負重名逮事

4838

酈承銓舊藏《徐公文集三十卷》

（宋）徐鉉撰

民國八年（1919）南陵徐乃昌景宋明州精寫刻本

8冊 白紙

鑒藏印：酈叔子（白）衡叔（朱）願堂（白）

提要：此書於宋代有二刻，為北宋天禧元年胡克順本，南宋紹興徐琛明州公使庫本。其後元明兩代皆無覆刻。此二宋本國內今
　　　皆不傳，所傳最高為明抄本。民國八年，徐乃昌依所得影寫宋明州本付梓。又別為《校記》一卷，復從《宋文鑒》、《會
　　　稽掇英集》、《全唐文》等書輯得佚文六篇。影刊精美，收文又全，堪稱善本。

　　　是冊刊嘉興沈增植題名，內收文賦、詩、墓誌、碑銘等，半葉十行，行十九字，左右雙欄，單魚尾，下鐫刻工名，計三十卷，
　　　後附行狀、後序。仿宋摹刻之精，幾與宋版相捋。紙質綿柔，開本闊大，是為民國精寫刻之翹楚。內附上海漢口路蟫隱
　　　廬書籍發兌票一紙。

　　　酈承銓（1904～1967），字衡叔，江蘇南京人。著名詩人、學者、書畫家。王伯沆弟子。一生從事古代文學藝術教學與研究工作。

說明：酈承銓先生舊藏，由其家屬友情提供。

[LI CHENGQUAN]　XU GONG WEN JI (30 vols)

Block-printed by Xu Naichang in Republic of China

8 volumes

Provenance: Previously collected by Li Chengquan and provided by his family.

半框：22.5×17cm 開本：33.3×22.3cm

RMB: 20,000－30,000

4839

酈承銓舊藏《山谷詩內集註二十卷 外集十七卷 別集二卷》

（宋）黃庭堅撰，任淵、史容等註

清光緒二十一年（1895）至宣統二年（1910）刻本

20 冊　白紙

提要：此書為清光緒間陳三立用楊守敬從日本帶回的古刻本翻雕，其中《山谷內集詩註》為日本寬
永年間翻雕宋紹定本，《山谷外集詩註》、《山谷別集詩註》則為朝鮮古活字本，由湖北黃岡
陶子麟精刊而成。末刊陳三立題辭，楊守敬跋，宣統二年（1910）傅春官跋。全書初刻初印，
開本閎朗，品相佳。酈承銓舊藏。

酈承銓（1904～1967），字衡叔，江蘇南京人。著名詩人、學者、書畫家。王伯沆弟子。一
生從事古代文學藝術教學與研究工作。

說明：酈承銓先生舊藏，由其家屬友情提供。

**[LI CHENGQUAN] SHAN GU SHI NEI JI ZHU (20 vols), SUPPLEMENT (17
vols) AND ANTHOLOGY (2 vols)**

Block-printed between 1895 and 1910

20 volumes

Provenance: Previously collected by Li Chengquan and provided by his family.

半框：22×17.5cm　開本：31.7×21.5cm

RMB: 50,000－60,000

昭德先生郡齋讀書志卷第一上

自漢武帝之後雖世有治亂無不知崇尚典籍劉歆
始著七略總録群書一曰輯略二曰六藝三曰諸子
四曰詩賦五曰兵書六曰術數七曰方技至荀勖更
著新簿分為四部一曰甲部紀六藝及小學等書二
曰乙部有古今諸子家及兵書術數三曰丙部有史
記及故事四曰丁部有詩賦圖讚助之簿蓋合兵書
術數方技於諸子自春秋類摘出史記別為一六藝
著緒之徒咸從歆舊例謝靈運任昉之徒咸從勖例唐
諸子詩賦皆仍歆舊其後歷代所編書目如王儉阮
孝緒之徒咸從歆例謝靈運任昉之徒咸從勖例唐

宋槧袁本昭德先生郡齋讀書志

續古逸叢書之三十五

4840

酈承銓舊藏《宋槧袁本昭德先生郡齋讀書志四卷 附志一卷 後志二卷》

（宋）晁公武撰 姚應績輯

民國二十二年（1933）上海商務印書館影印本

8冊 白紙

鑒藏印：酈承銓印（白）

提要：晁公武依所讀、所藏之書，校讎訛誤集訂成書。行世有衢本、袁本之別，番陽黎安朝於原志四卷之後登録趙希弁藏書為附志，録衢本姚氏所增為後志，增訂考翼，合刊於宜春郡，即為此袁本。

是冊《續古逸叢書》之三十五，據北京故宮博物院圖書館所藏宋淳祐袁本影印，後附張元濟跋文，末刊牌記，夾貢紙綿柔，開本闊大。

酈承銓（1904～1967），字衡叔，江蘇南京人。著名詩人、學者、書畫家。

王伯沆弟子。一生從事古代文學藝術教學與研究工作。

說明：酈承銓先生舊藏，由其家屬友情提供。

[LI CHENGQUAN] DU SHU ZHI (4 vols), APPENDIX (1 vol) AND SEQUEL (2 vols)

Photocopied by the Shanghai Commercial Press in 1933

8 volumes

Provenance: Previously collected by Li Chengquan and provided by his family.

開本：33.5×22cm

RMB: 4,000－6,000

4841

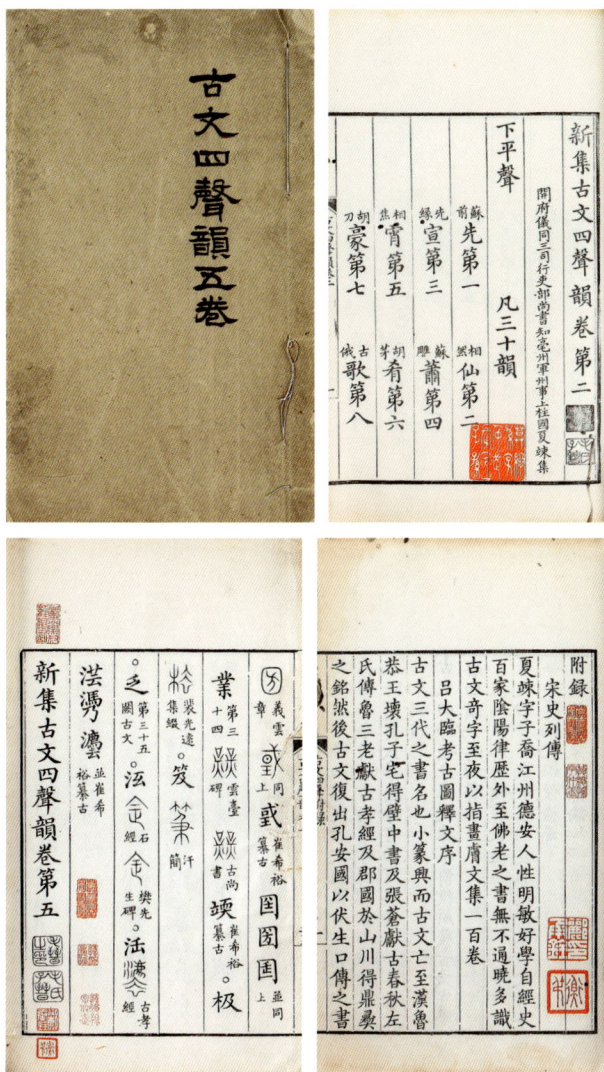

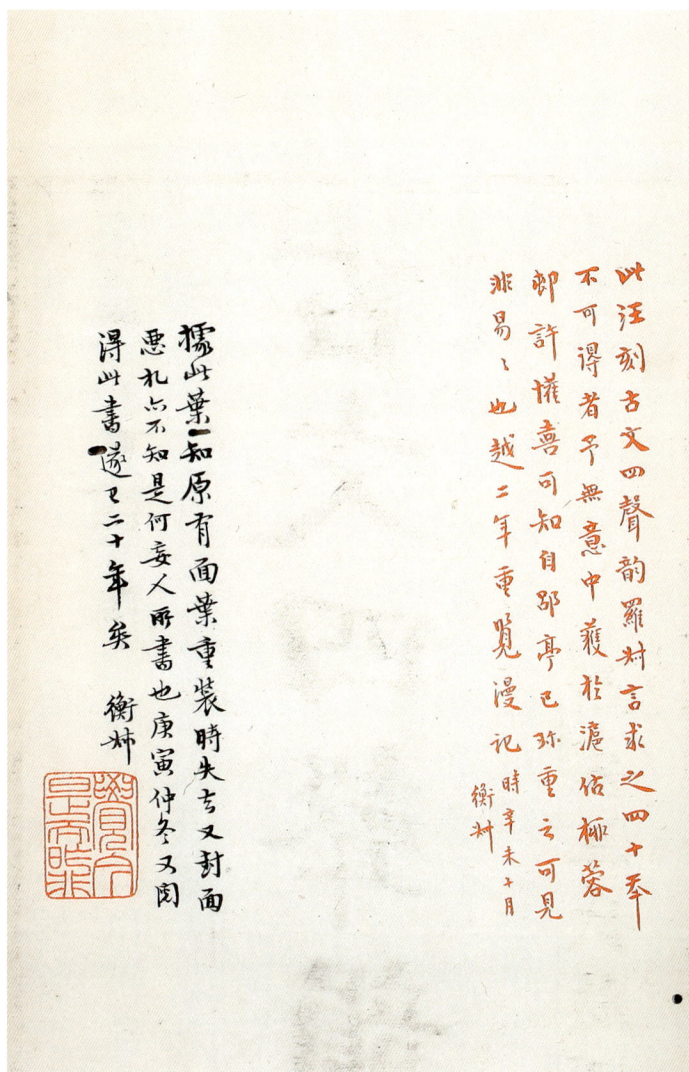

莫友芝、莫繩孫、莫彝孫、酈承銓遞藏《古文四聲韻五卷 附錄一卷》

（宋）夏竦撰

清乾隆四十四年（1779）新安汪氏精寫刻本

1厚冊 白紙

鑒藏印：不覺百年半（朱） 酈承銓（白） 衡叔（朱） 覺今是而昨非（朱） 衡叔所得善本（朱） 莫友芝圖書印（朱） 莫友芝（白） 莫繩孫字仲武（朱） 莫繩孫印（白） 莫繩孫觀（朱） 莫繩孫字仲武長宜子孫（白） 酈叔經眼記（朱） 郘亭長（白） 莫彝孫印（朱）

題跋：此汪刻古文四聲韻，羅叔言求之四十年不可得者，予無意中獲於滬估柳蓉邨許，懽喜可知，自郘亭已珍重之，可見非易易也。越二年重覽漫記。時辛未十月，衡叔。
據此葉知原有面葉，重裝時失去，又封面惡札不知是何妄人所書也。
庚寅仲冬又閱，得此書已二十年矣。

提要：是書為新安汪啟淑依古閣影宋抄本覆雕，因抄本英公序闕百數十字，汪氏校永樂大典借抄補入，校讎精準，考據詳實。

是冊扉頁酈承銓朱墨二筆題記，言此版本乃"羅叔言求之四十年不可得者"。內收附錄、汪跋，卷帙完整。經莫友芝、莫繩孫、莫彝孫遞藏。行格舒朗，紙質綿白。

莫友芝（1811～1871），字子偲，號郘亭，晚號眳叟，貴州獨山人。與儔子。

道光十一年（1831）舉人。幼承家學，於名物訓詁、金石目錄之學皆精。能詩，與鄭珍齊名。著有《郘亭詩鈔》《影山詞》《宋元舊本書經眼錄》等。

莫繩孫（1844～1919後），字仲武，號省齋，貴州獨山人。莫友芝次子。官江蘇同知。清光緒十二年（1886）隨劉履芬出使俄國和法國，任參贊。輯有《金石文字集拓》《影山草堂書目》等。

莫彝孫（1842～1870），字伯酓，貴州獨山人。莫友芝長子。少時曾從鄭珍學於巢經巢。附貢生，以軍功候補訓導，惜早逝。曾為莫友芝校訂《郘亭詩鈔六卷》。

酈承銓（1904～1967），字衡叔，江蘇南京人。著名詩人、學者、書畫家。王伯沆弟子。一生從事古代文學藝術教學與研究工作。

說明：酈承銓先生舊藏，由其家屬友情提供。

[MO YOUZHI, MO SHENGSUN, MO YISUN AND LI CHENGQUAN]
GU WEN SI SHENG YUN (5 vols) AND APPENDIX (1 vol)

Block-printed in 1779

1 volume

Provenance: Previously collected by Li Chengquan and provided by his family.

半框：20.5×15.5cm 開本：29.5×18cm

RMB: 6,000－9,000

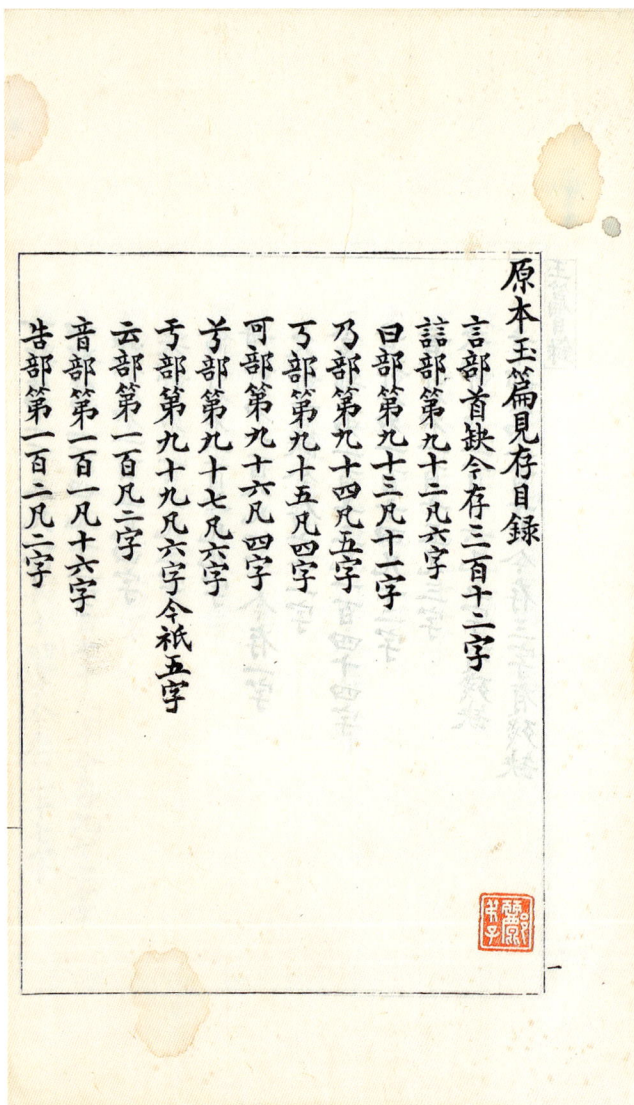

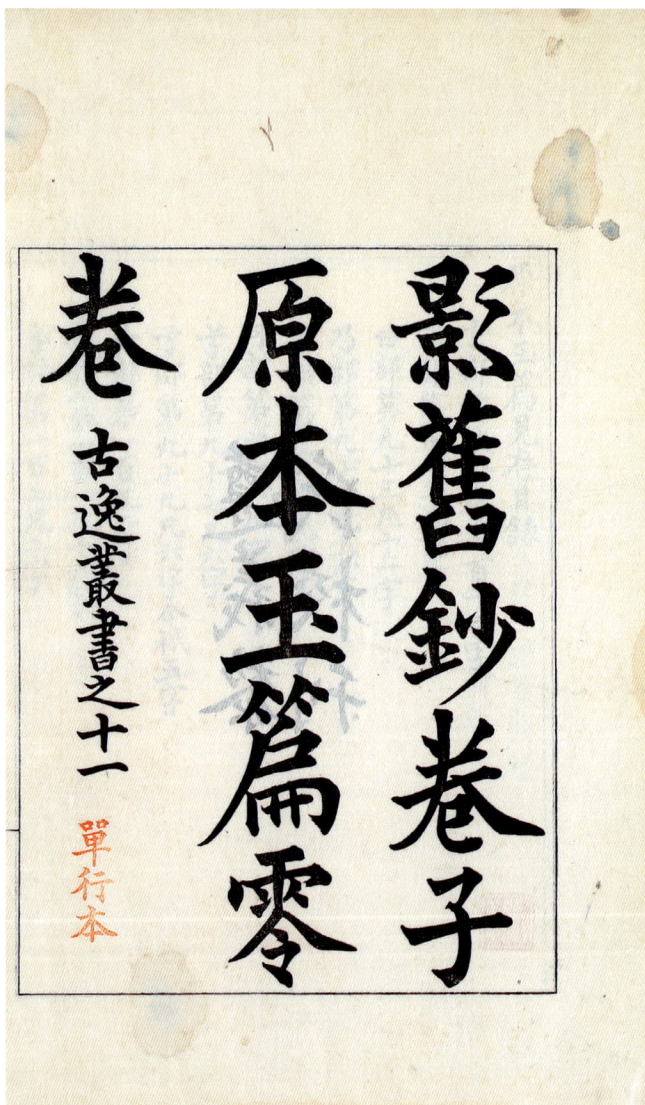

原本玉篇見存目錄

言部首缺今存三百十二字

詰部第九十二凡六字

曰部第九十三凡十一字

乃部第九十四凡五字

万部第九十五凡四字

可部第九十六凡四字

丂部第九十七凡六字

亏部第九十九凡六字今祇五字

云部第一百凡二字

音部第一百一凡十六字

告部第一百二凡二字

影舊鈔卷子原本玉篇零卷 古逸叢書之十一 單行本

4842

酈承銓舊藏《影舊鈔卷子原本玉篇零卷四卷》（單行本）

（清）黎庶昌刊

清光緒十年（1884）遵義黎氏刻本

2冊 美濃紙

鑒藏印：酈叔子（白） 星吾校字監槧督印記（朱） 衡叔（朱）

提要：《玉篇》一書歷經千年，多文人刪改，原貌不能窺見。是書為黎氏《古逸叢書》之十一，依黎庶昌清緒間出使日本間所輯古寫本，西洋影照法加以翻刻，書風俊美，校勘精準，直逼原貌。

是冊卷前護頁上鈐有"星吾校字監槧督印記"朱文方印，在內封面書名下"古逸叢書之十一"字樣下又鈐有楷書"單行本"戳記，後鐫楊守敬光緒十年（1884）跋文。美濃紙刷印，開本闊大，是為初刻初印之本。

酈承銓（1904～1967），字衡叔，江蘇南京人。著名詩人、學者、書畫家。王伯沆弟子。一生從事古代文學藝術教學與研究工作。

說明：酈承銓先生舊藏，由其家屬友情提供。

[LI CHENGQUAN] YU PIAN

Block-printed in 1884

2 volumes

Provenance: Previously collected by Li Chengquan and provided by his family.

半框：22×16cm 開本：32.5×21.5cm

RMB: 10,000—20,000

廣韻上平聲卷第一

德
紅
東第一 獨用

鍾第三
容職
宗冬第二 鍾同用
都

江第四 獨用
古雙
古

支第五
章移
脂之同用

脂第六
夷旨
古

之第七
而止

微第八 獨用
非無

魚第九 獨用
居語

虞第十 模同用
俱遇

模第十一
胡莫

齊第十二 獨用
奚

佳第十三 皆同用
膎

皆第十四
古諧

灰第十五 咍同用
恢乎

咍第十六
來呼

眞第十七 諄臻同用
鄰職

諄第十八
純之

古逸叢書之十二
覆宋本重修廣韻

4843

酈承銓舊藏《覆宋本重修廣韻五卷》

（清）黎庶昌輯

清光緒十年（1884）遵義黎氏古逸叢書精寫刻本

3 冊　美濃紙

鑒藏印：酈承銓印（白）　衡叔（朱）

提要：黎庶昌光緒七年出使日本，時宜都楊守敬客使署中，搜羅古籍，多中土已佚之本，庶昌屬其擇善而匯輯成書，倩名工木邨嘉平次第刊行。始于光緒八年（1882），成於光緒十年（1884），以其多古本逸編，遂命之為《古逸叢書》。

是書為古逸叢書之十二，據張氏士後澤存堂之本覆刻，內收平、上、去、入四調。後附校刻札記。美濃紙刷印，宋體逼肖，墨色烏亮，開本闊大。

說明：酈承銓先生舊藏，由其家屬由其家屬友情提供。

[LI CHENGQUAN]　GUANG YUN (5 vols)

Block-printed in 1884

3 albums

Provenance: Previously collected by Li Chengquan and provided by his family.

半框：21.5×15.5cm　開本：26.5×19cm

RMB: 10,000－20,000

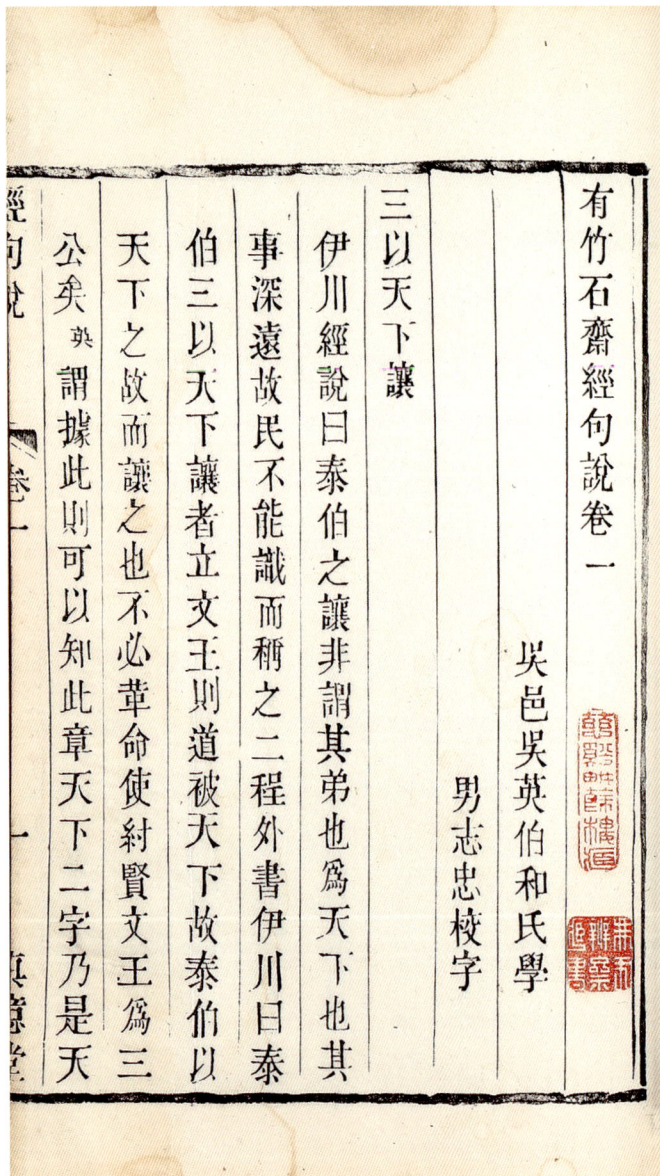

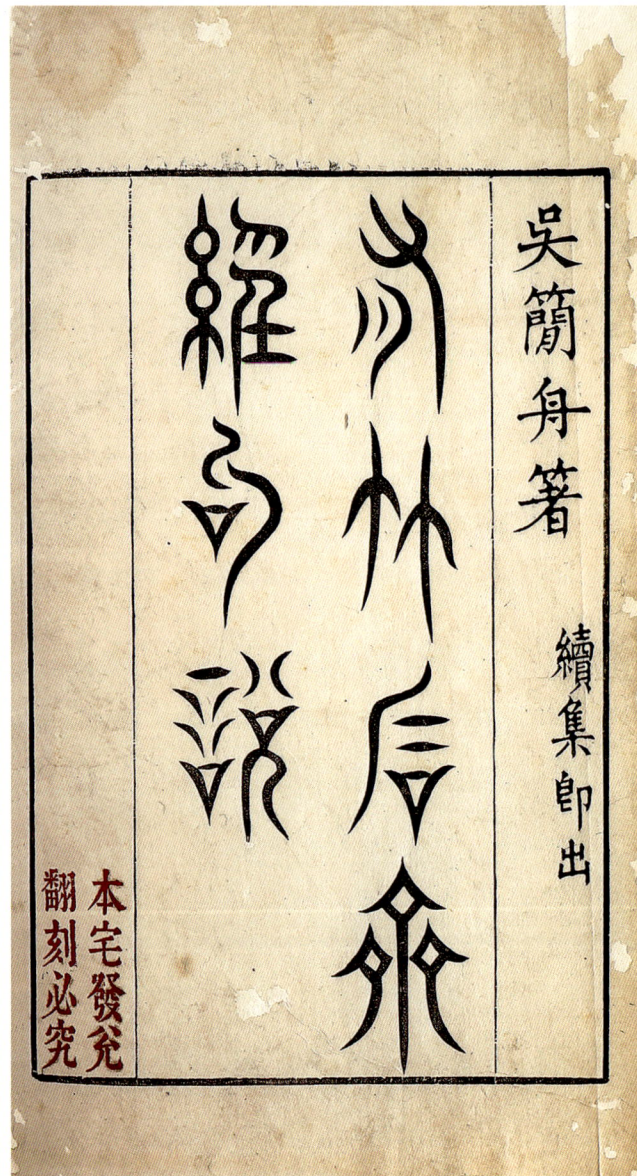

4844
馮祖憲舊藏《有竹石齋經句說四卷》
（清）吳英撰
清嘉慶十五年（1810）吳邑吳氏活字本
5冊　紙本
鑒藏印：慈谿畊餘樓藏（朱）馮氏辨齋藏書（白）解谷（朱）
提要：是書有別于說文解字，則列經句，對古典文字進行剖析釋文，加以己見。反映了當時一類經
　　　學研究者的主要思想。是冊馮祖憲舊藏，扉頁鈐"本宅發兌，翻刻必究"紅戳，書口下鐫"真
　　　意堂"字樣，活字雕版，刷印精良。
　　　馮祖憲（清），又名馮澤夫，室名辨齋，浙江慈溪人。清末上海金融家，藏書家。

[FENG ZUXIAN] YOU ZHU SHI ZHAI JING JU SHUO (4 vols)
Printed with movable wooden type in 1810
5 volumes
半框：20×14cm　開本：26×16.7cm
RMB: 20,000－30,000

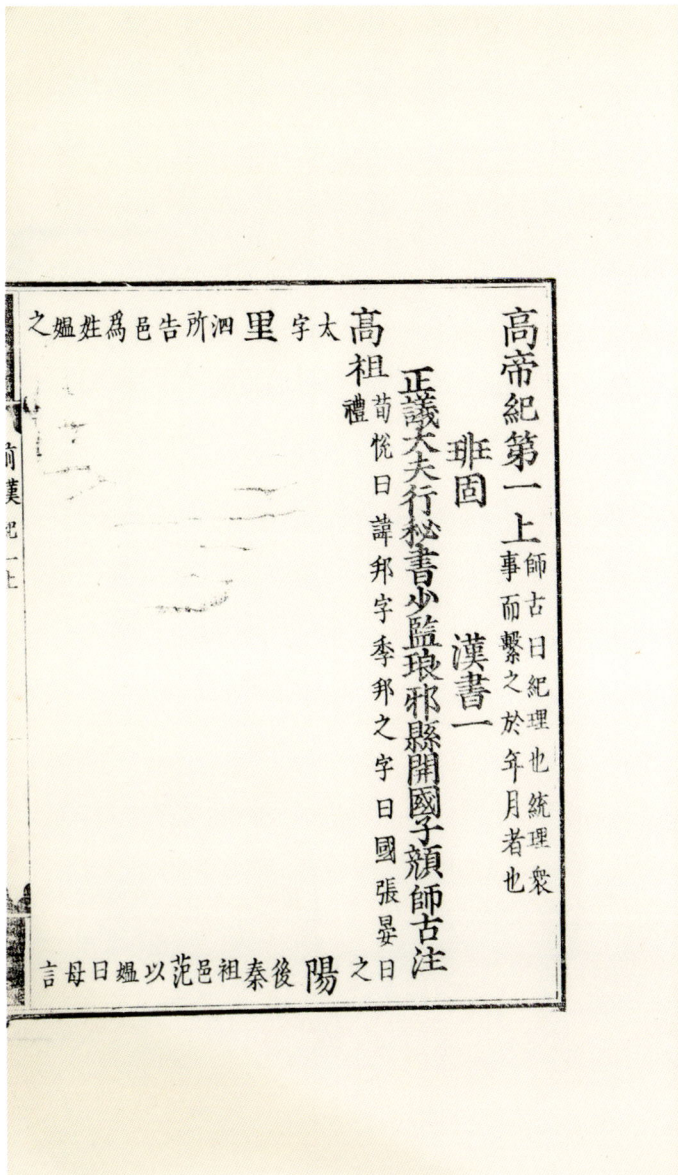

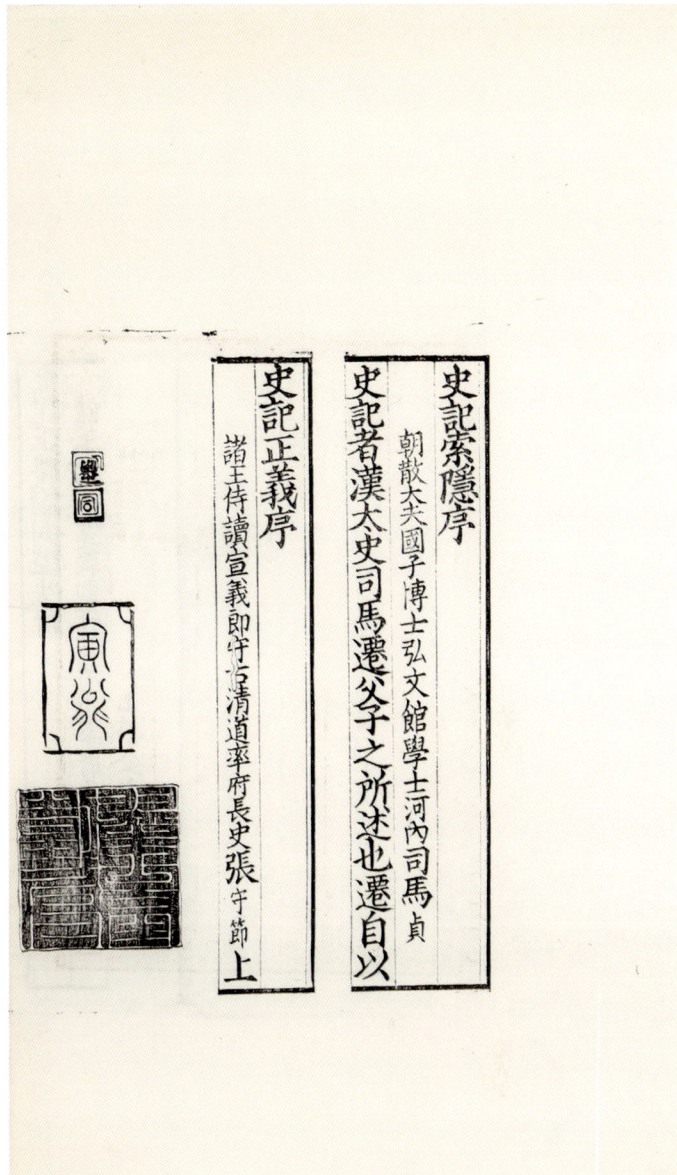

4845

留真譜（存六卷）

（清）楊守敬編

清光緒間宜都楊氏刻本

6冊　白紙

提要：是書為我國第一部古籍善本書影圖譜，楊守敬作為隨員出使日本期間，曾大力搜集唐宋以來寫槧古籍，依原書格式影刻首葉，有序跋藏記者并影之。拍品存經部一冊、小學一冊、子部二冊、醫部一冊、集部一冊。舊裝，保存完好。

楊守敬（1839～1915），字惺吾，號蘇鄰，藏書樓名"觀海堂"，湖北宜都人。同治元年（1862）舉人。精於目錄、金石之學，嗜古成癖，書籍碑版錢印磚瓦之屬，莫不多方搜求。光緒六年（1880）隨使日本，搜羅放佚，助黎庶昌刻《古逸叢書》。為西泠印社早期贊助社員。

LIU ZHEN PU (6 vols)

Block-printed in Guangxu period of Qing Dynasty

6 volumes

開本：37×24.2cm

RMB: 20,000－30,000

4846

李明仲營造法式三十四卷

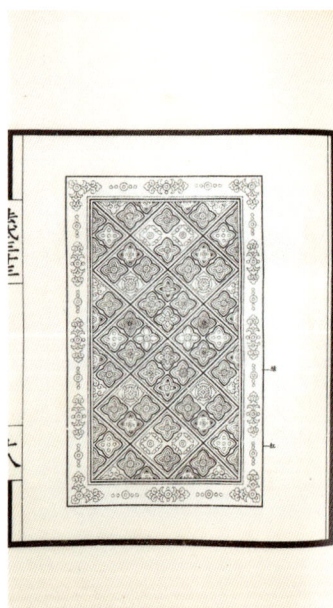

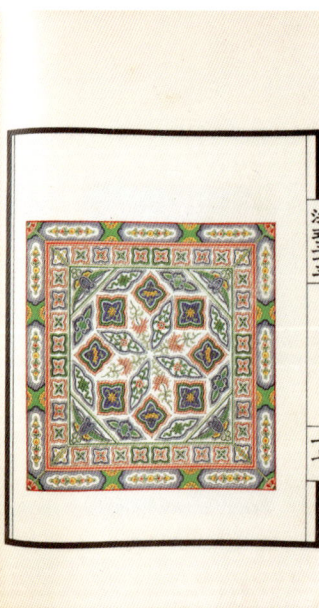

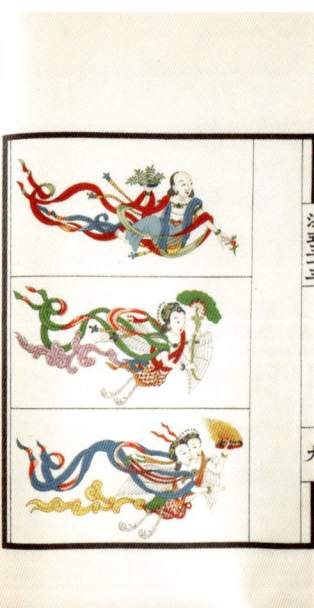

（宋）李誡撰

民國十四年（1925）武進陶湘仿宋精刻彩印本

1函8冊　皮紙

提要：《營造法式》為我國古代最完整的建築技術專著，北宋紹聖四年（1097）由李誡奉敕編撰，列舉了包括石刻、木刻、彩畫等十三種工程的尺寸標準以及操作要領，紋飾、圖案、刻花等亦為後世所舉准。此書宋本久佚，1925年陶湘以朱啟鈐所獲"丁丙八千卷樓鈔本"，考《四庫全書》文淵、文溯、文津諸本校勘，依宋本行字，輔以五色石印，一藝一術，皆備圖案，歷時數年方終成刊。末附傳經書社版權頁，發行價銀六十五圓，在當時可謂價昂。原裝原包角，開本闊大，觸手如新，是為民國仿宋刊槧之白眉。

[LI MINGZHONG]　YING ZAO FA SHI (34 vols)

Color-printed by Tao Xiang in 1925

1 case of 8 volumes

半框：22×18cm　開本：33×23cm

RMB: 100,000－150,000

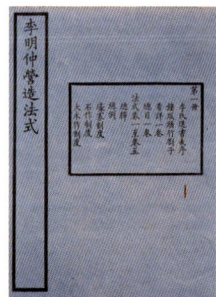

4847

清乾隆間原刻本《板橋集》

（清）興化鄭燮著

清乾隆間司徒文膏精寫刻本

1函4冊　竹紙

鑑藏印：華氏家藏（朱）　津門王鳳岡風篁館收藏印（朱）

提要：是書據鄭板橋手書上版，由司徒文膏精鐫，允稱清刻名品，後世翻刻甚多，此為原刻本。《板橋集》為合刻本，內收板橋詩鈔、詞鈔、小唱（道情）、家書、題畫，各部分都曾單獨刊行。拍品前刊《前刻詩序》、《後刻詩序》（無"板橋詩刻止於此矣……吾必為厲鬼以擊其腦"38字）、紫瓊崖道人慎郡王題詞，其中《七歌》第七首自注"王國棟"三字末鐫，《斷句》小序"白駒場顏秋水前輩詩云"之後十四字末鐫，《題屈翁山詩札石濤石溪八大山人山水小幅并白丁墨蘭》中"屈翁山"三字末鐫。

此外，《紹興》之後，《宿光明殿贈婁真人》之前，剷去15題19首詩，版心補刻頁碼；《絕句二十三首》存詩21首，應是鄭板橋"更定前稿"時所鐫，並非因為文字獄。

是冊金鑲玉裝，內附前人朱墨圈點，墨色烏亮，鐫刻精良，尤為可寶。

參閱：《販書偶記》p394，孫殿起錄，上海古籍出版社，1982。

BAN QIAO JI

Block-printed by Situ Wengao in Qianlong Period, Qing Dynasty

1 case of 4 volumes

半框：16.5×13.5cm　開本：27.5×17.5cm

RMB: 200,000－300,000

金剛般若波羅蜜經

古杭王褆敬篆

金剛經序

宋太宗皇帝御製序曰。朕聞如來演教浩渺無
邊廣開法要之門。是立真宗之理窮究者徒經
劫數解悟者不可盡量斷慮絕思離諸煩惱者。
皆由心也。隨其本性所見不同。善惡求緣豈能
差別宿有自然之見者一聞而便了其心。諸佛
菩提言之盡也且夫世人身外覓佛向外求經
不自循於己身不能洞曉於內教經文相契福
業分明觀夫積水之冰見和風而自解變凡愚
而真性自顯達宗旨而善惡宜然佛言者四智

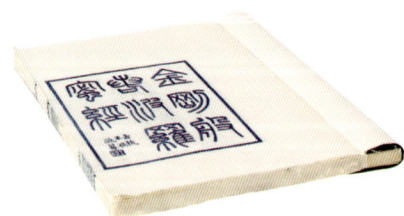

4848

金剛般若波羅蜜經

民國十九年（1930）郭氏雙百鹿齋精寫刻藍印本

1 厚冊　白紙

提要：是書據敦煌石室所藏唐柳公權手書上版之墨拓本翻刻，前有宋太宗禦制金剛經序，為通行本所不載。
　　　是書扉頁刊牌記“庚午仲冬潮陽郭氏仿敦煌石室唐柳誠縣本”，鐫釋迦牟尼佛坐像，書口下刻“雙百鹿齋”，
　　　末刻郭泰棣跋。開本闊大，歐體字刊刻精美，紙質棉柔，品相尚佳。

THE DIAMOND PERFECTION OF WISDOM SUTRA

Printed by Shuangbailuzhai Studio in 1930

1 volume

半框：18.5×13cm　開本：32.5×22cm

RMB: 10,000－20,000

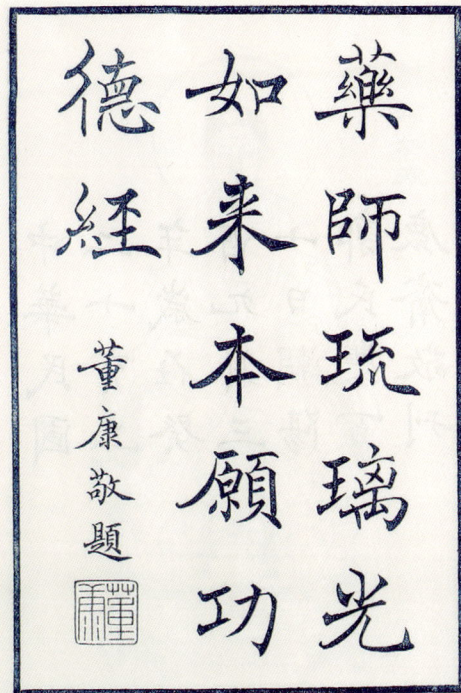

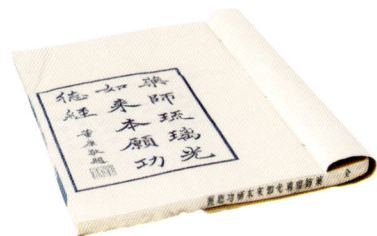

4849

藥師琉璃光如來本願功德經

（唐）三藏法師玄奘譯

民國二十二年（1933）潮陽郭氏雙百鹿齋精寫刻藍印本

1 厚冊　白紙

提要：藥師經藏本有三釋：一為隋達摩笈多譯，名曰佛說藥師如來本願經；
　　　二為唐玄奘譯，名曰藥師琉璃光如來本願功德經；三為唐義淨譯，
　　　名曰藥師琉璃光七佛本願功德經；惟玄奘本廣略得中。
　　　是書扉頁董康題名，前刊藥師如來坐像，內收藥師如來本願經及郭
　　　子彬先生傳贊，開本敞闊，紙質棉柔，字大如錢，藍印精湛，是為

民國精寫刻之典範。

SUTRA OF THE MERIT AND VIRTUE OF THE PAST VOWS
OF MEDICINE GURU LAPIS LIGHT TATHAGATA

Printed by Shuangbailuzhai Studio in 1933

1 volume

半框：18×13cm　開本：32×21.5cm

RMB: 8,000－12,000

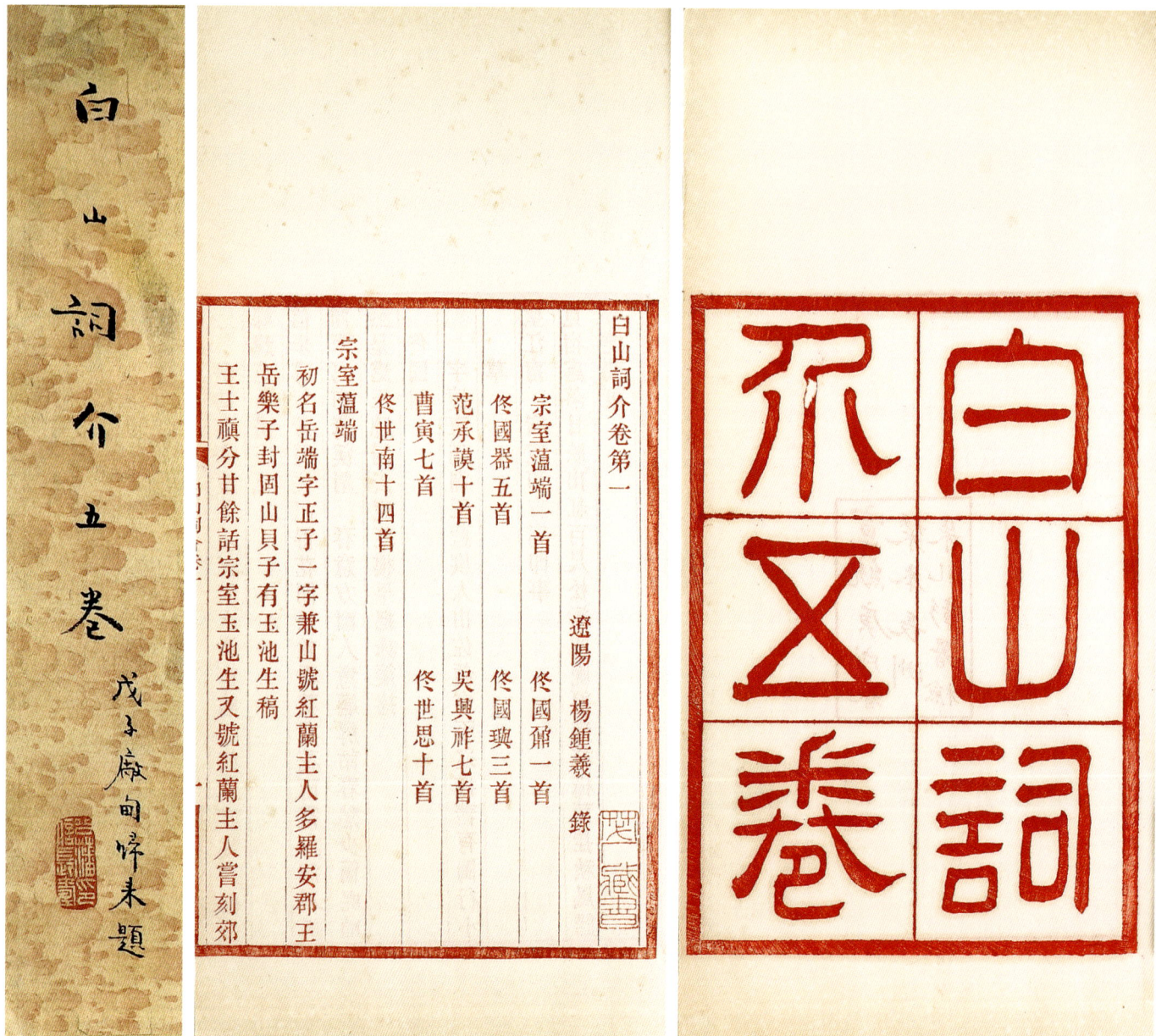

白山詞介卷第一

遼陽 楊鍾羲 錄

宗室蘊端一首

佟國鼐一首

佟國璵三首

吳興祚七首

佟世思十首

宗室蘊端一首

佟國器五首

范承謨十首

曹寅七首

佟世南十四首

宗室蘊端

初名岳端字正子一字兼山號紅蘭主人多羅安郡王

岳樂子封固山貝子有玉池生稿

王士禛分甘餘話宗室玉池生又號紅蘭主人嘗刻郊

白山詞介五卷

戊子廠甸歸來題

白山詞介五卷

4850

白山詞介五卷

（清）楊鍾羲輯

清宣統二年（1910）刻紅印本

1 函 1 冊　白紙

鑒藏印：宓厂藏書（朱）　公藩印信長壽（白）

提要：是書為清代滿族詞選集，白山即長白山，為滿族發祥地，故以之名集。全書共五卷，選錄清順治至光緒末年近
　　　三百年間 55 位旗人的優秀詞作 336 首，可見清代滿族詞發展演變的歷史。其中卷二以整卷篇幅選錄著名詞人納蘭
　　　性德的作品 87 首，可見楊氏對其之推重。此本為白紙紅印，封面有墨筆題簽："白山詞介五卷，戊子廠甸歸來題。"
　　　扉頁刊牌記："宣統庚戌春槧本，長洲朱孔彰署檢。"舊裝，品相佳。

BAI SHAN CI JIE (5 vols)

Printed in 1910

1 case of 1 volume

半框：18×13cm　　開本：29.2×17.3cm

RMB: 8,000－15,000

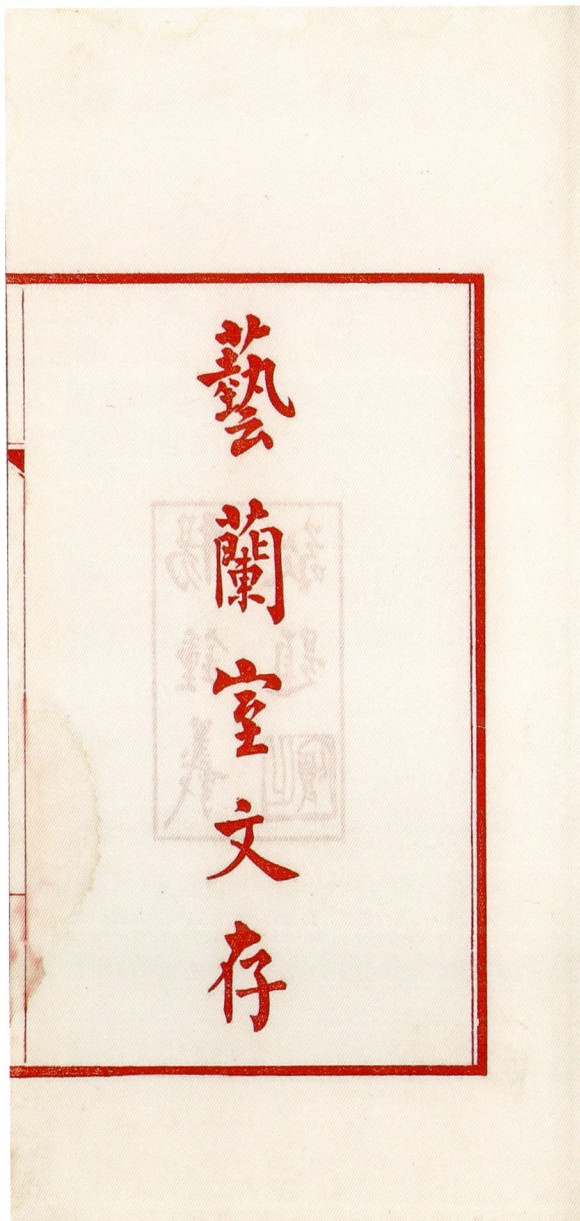

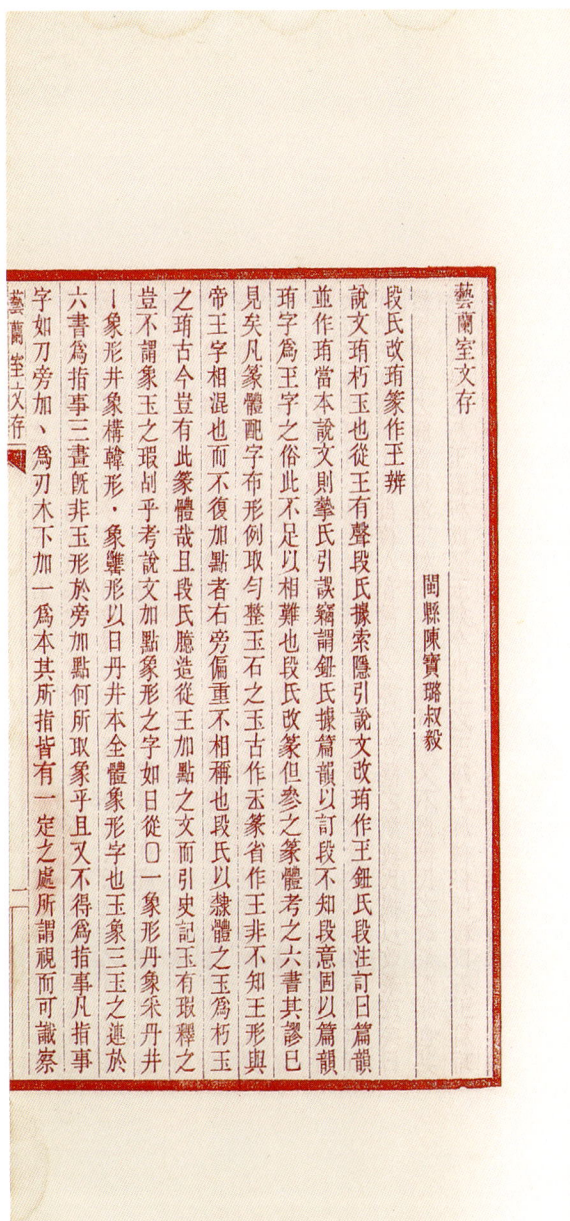

藝蘭室文存

段氏改珂篆作玉辨

閩縣陳寶璐叔毅

說文珂朽玉也從玉有聲段氏據索隱引說文改珂作王鈕氏段注訂曰篇韻
並作珂當本說文則掔氏引誤竊謂鈕氏據篇韻以訂段不知段意固以篇韻
珂字爲王字之俗此不足以相難也段氏改篆但參之篆體考之六書其謬已
見矣凡篆體配字布形例取勻整玉石之玉古作丟篆省作王非不知王形與
帝王字相混也而不復加點者右旁偏重不相稱也段氏以隸體之玉爲朽玉
之珂古今豈有此篆體哉且段氏臆造從王加點之文而引史記玉有瑕玼之
豈不謂象玉之瑕玼乎考說文加點象形之字如日從口一象形丹象采丹井
一象形井象構韓形．象雝形以日丹井本全體象形字也玉象三玉之連於
字如刀旁加、爲刃木下加一爲本共所指皆有一定之處所謂視而可識察
六書爲指事三畫既非玉形於旁加點何所取象乎且又不得爲指事凡指事

藝蘭室文存

4851

藝蘭室文存一卷（韠齋紙印本）

（清）陳寶璐撰

民國二十九年（1940）北京閩縣螺江陳氏刊紅印本

1冊　"韠齋"水印暗紋紙

提要：是冊扉頁楊鐘義題簽，前影陳寶璐先生小像，內收用田賦解、沈母章太宜人壽序、武夷九曲賦
　　　等陳氏遺稿，"韠齋"水印暗紋紙精印，朱墨璀璨，行格清秀。
　　　陳寶璐（1858～1913），字敬果，號鐵珊，又號韌庵，福建閩縣（今福州市）人。清末學者、畫家。
　　　著有《陳刑部雜文》《藝蘭室文存》。

YI LAN SHI WEN CUN (1 vol)

Printed in Beiping in 1940

1 volume

半框：17.5×12.5cm　開本：28×17.5cm

RMB: 10,000—20,000

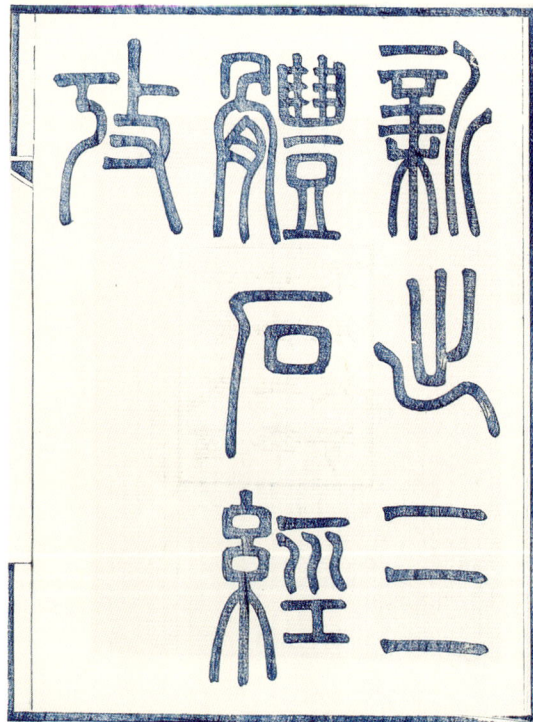

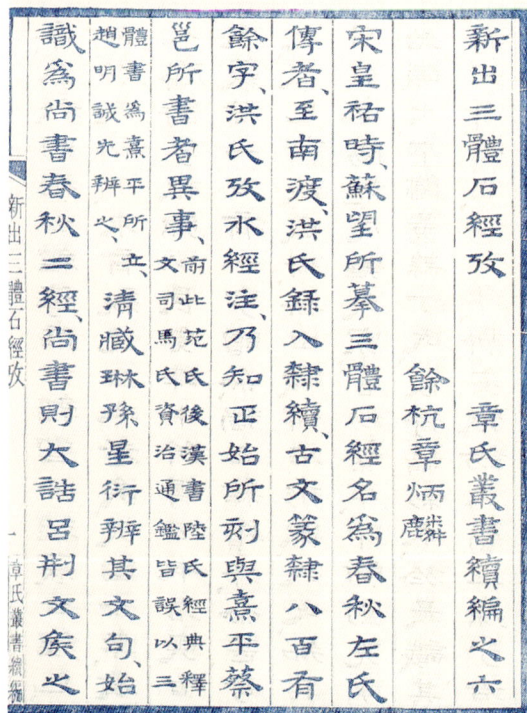

新出三體石經攷

章氏叢書續編之六　　　餘杭章炳麟

4852

新出三體石經考

（清）章太炎撰

民國廿二年（1933）北平藍印精寫刻本

1 冊　羅紋紙

提要：是書為章氏叢書續編之六，考據於洛陽龍虎灘、洛陽東南碑樓莊朱圪塔新出三體石經之年月、書風、文字，并記述所得拓本之由來。由錢玄同手書上版，馬裕藻、朱希祖、周作人、許壽裳、沈兼士、劉文典、吳承仕校勘。是冊前影後學劉復攝章太炎先生六十五歲小像，開本闊大，羅紋紙精刷，是為民國精寫刻之典章。

XIN CHU SAN TI SHI JING KAO

Block-printed in Beiping in 1933

1 volume

半框：18×13.5cm　開本：32×20.5cm

RMB: 8,000－15,000

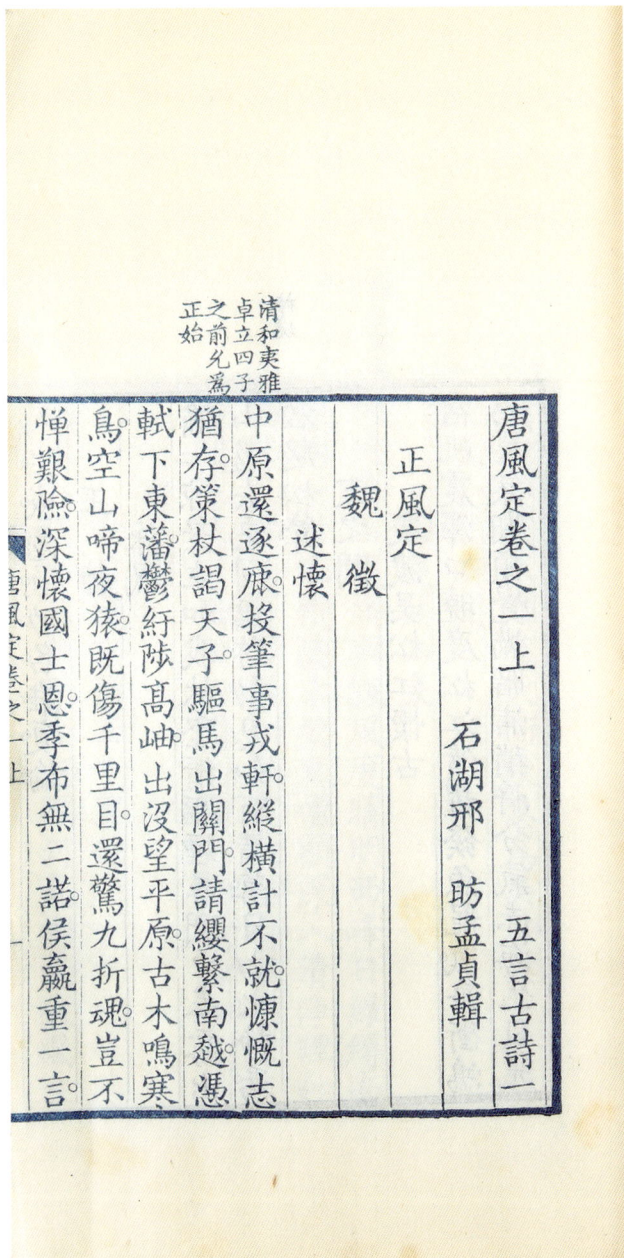

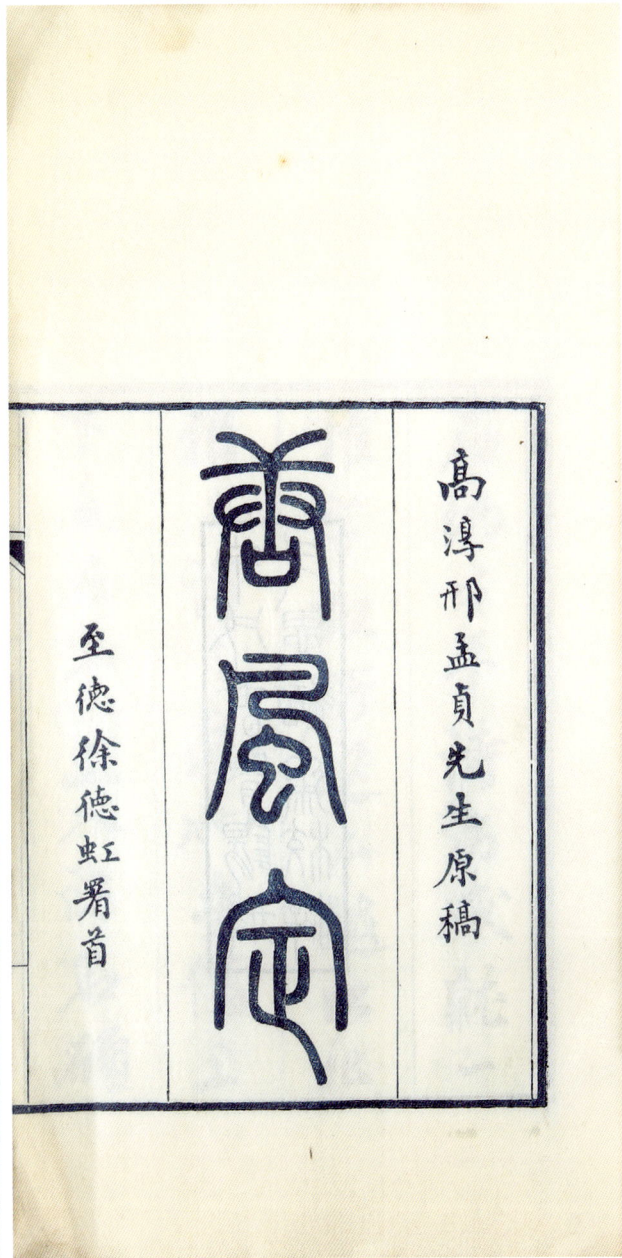

高淳邢孟貞先生原稿

至德徐德虹署首

唐風定

唐風定卷之一上　　五言古詩一

正風定

石湖邢　昉孟貞輯

魏徵

述懷

中原還逐鹿投筆事戎軒縱橫計不就慷慨志
猶存策杖謁天子驅馬出關門請纓繫南越憑
軾下東藩鬱紆陟高岫出沒望平原古木鳴寒
鳥空山啼夜猿既傷千里目還驚九折魂豈不
憚艱險深懷國士恩季布無二諾侯嬴重一言

清和夷雅
卓立四子
之前兄爲
正始

4853

唐風定二十二卷

（清）邢昉輯

民國二十三年（1934）貴陽邢氏思適齋精寫刻藍印本

4冊　白紙

提要：是書為邢端依吳門所得邢孟貞之撰稿本刊刻，內輯詩作二十二卷，詩文清醇古淡，纖麗良足。
　　　是冊邢端撰序，前刊高淳邢孟貞先生像，內收五言古詩六卷、七言古詩五卷、五言律詩四卷、七言律詩二卷、五
　　　言絕句三卷、七言絕句二卷，計二十二卷，上鐫眉評。寫刻精美，藍印璀璨，版式舒朗悅目。

TANG FENG DING (22 vols)

Block-printed by Sishizhai Studio in 1934

4 volumes

半框：16.5×12.5cm　開本：29×17cm

RMB: 50,000－60,000

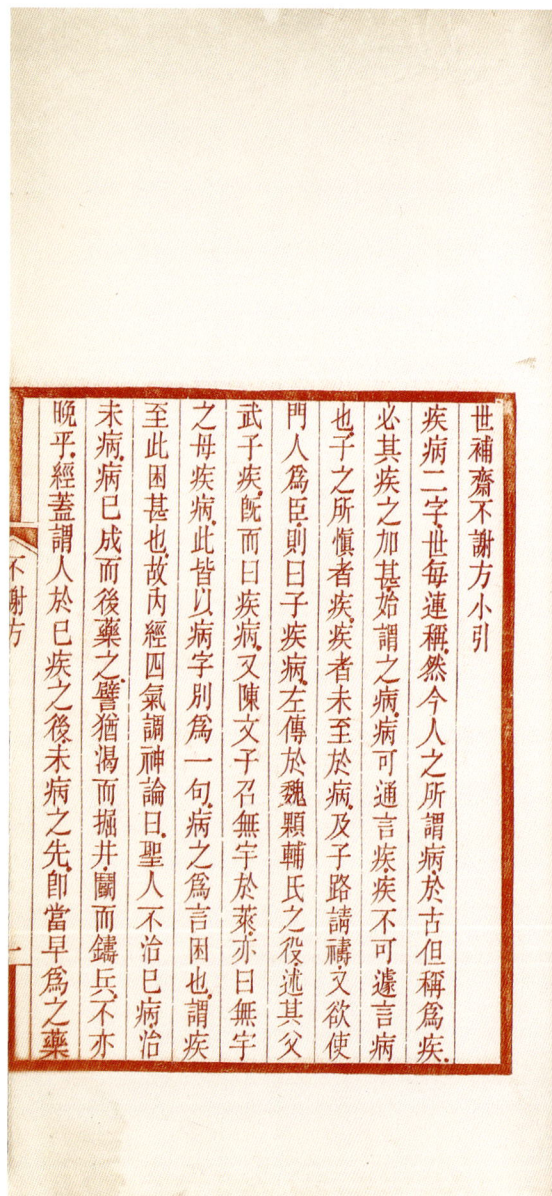

世補齋不謝方小引

疾病二字世每連稱然今人之所謂病於古但稱為疾疾病之加甚始謂之病病可通言疾疾疾不可遽言病也子之所愼者疾疾者疾未至於病及子路請禱文欲使門人爲臣則日子疾病左傳於魏顆輔氏之役述其父武子疾旣而日疾病又陳文子召無宇於萊亦曰無宇之母疾病此皆以病字別爲一句病之爲言困也謂疾至此困甚也故內經四氣調神論曰聖人不治已病治未病病已成而後藥之譬猶渴而掘井鬪而鑄兵不亦晚乎經蓋謂人於已疾之後未病之先卽當早爲之藥

不謝方

4854

世補齋不謝方一卷

（清）陸懋修撰

民國十一年（1922）香光莊嚴室刻紅印本

1函1冊 白紙

提要：此書為清代著名醫學家、陸潤庠之父陸懋修所撰，內收錄治療風寒、風熱、秋燥、痧疹、失血、耳聾、腰痛等疾病諸藥方。由茗溪吳永書耑,前刊陸懋修（號江左下工）序。牌記刊："壬戌夏香光莊嚴室校刊"。朱墨刷印。
陸懋修 (1815～1886)，字九芝，號江左下工，江蘇元和（今蘇州）人。陸潤庠之父。清代醫學家。精研《素問》，尤重《傷寒論》研究，推崇張仲景之學。著有《不謝方》、《傷寒論陽明病釋》等。

SHI BU ZHAI BU XIE FANG (1 vol)
Printed by Zhuangyanshi Studio in 1922
1 case of 1 volume
半框：14.1×10.7cm 開本：25.2×14.5cm
RMB: 8,000－15,000

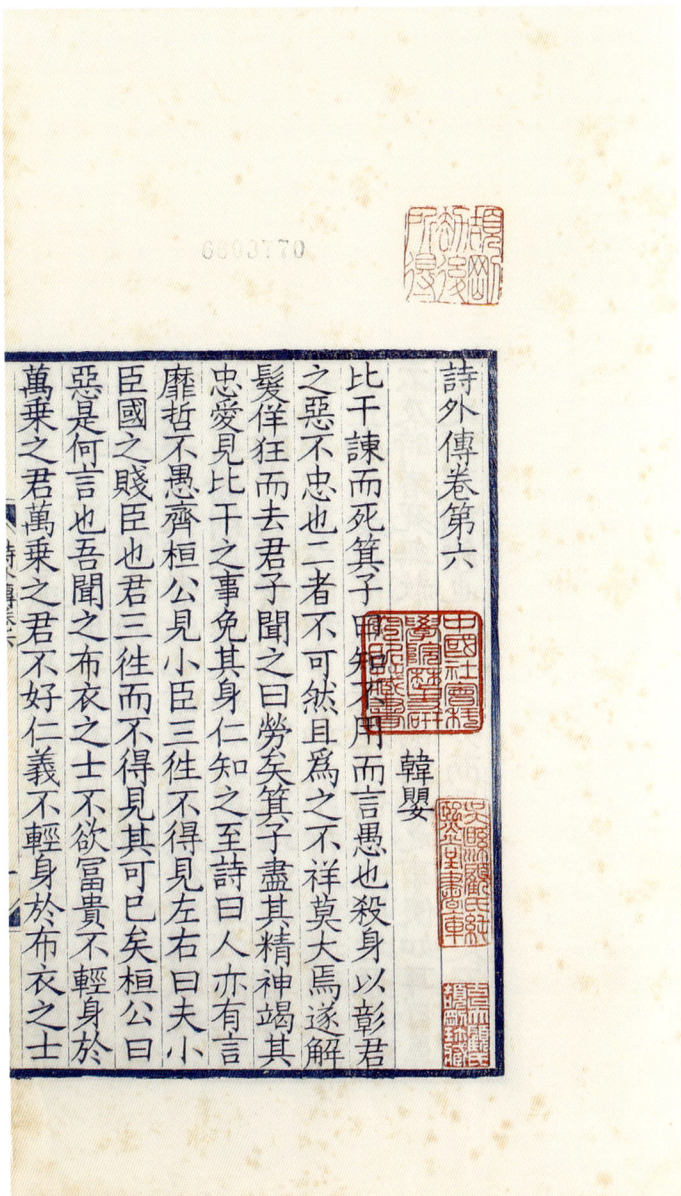

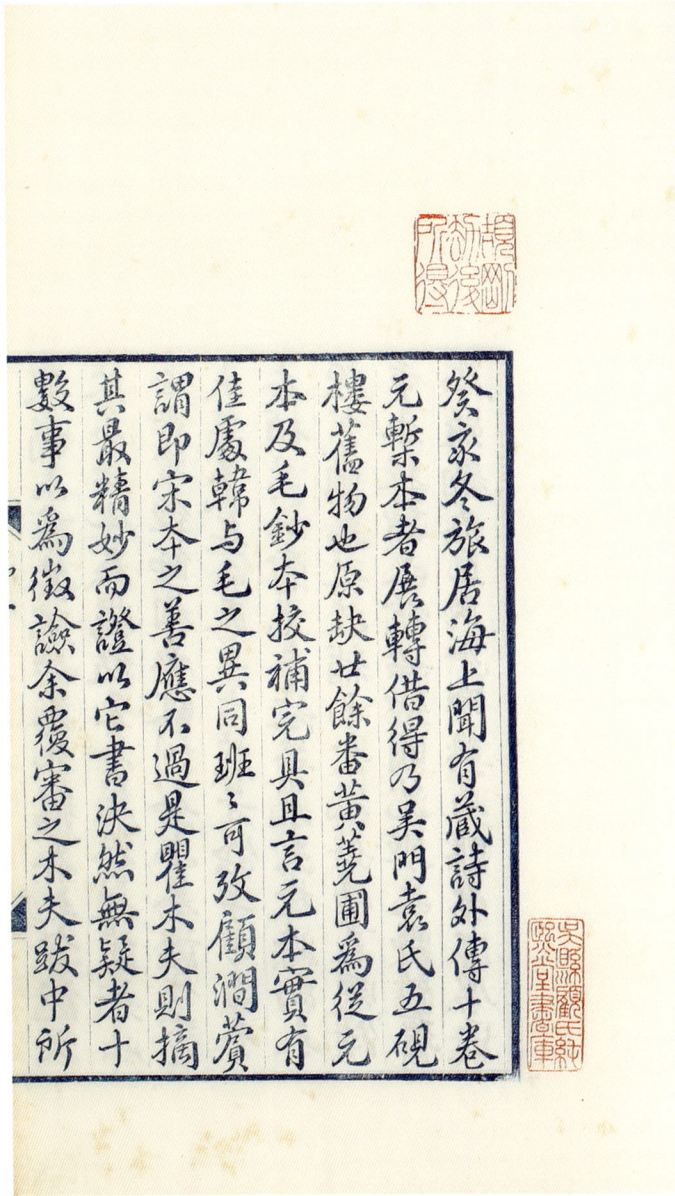

4855

顧頡剛舊藏秦更年影刻藍印本《校元刊本韓詩外傳十卷》

（漢）韓嬰撰

民國二十年（1931）江都秦氏影刻本

1 函 2 冊　綿連紙

鑒藏印：古吳顧氏頡剛珍藏（白）　吳興顧氏純熙堂書庫（朱）　頡剛劫後所得（朱）

提要：此書底本原為吳門袁廷檮五硯樓舊藏元刻本，黃丕烈為從元本及毛鈔本校補，又經顧廣圻、瞿中溶校勘，韓詩與毛詩之異同，班班可考。秦更年與吳眉孫合力付梓，公諸海內，由蘇州鏞潤齋刊刻。此本前刊秦更年敘，末刊黃丕烈、顧廣圻、瞿中溶跋。原裝原簽，開本敞闊，紙墨俱佳。書品尚佳。

顧頡剛（1893～1980），原名誦坤，字誠吾，號銘堅，室名晚成堂、純熙堂等，江蘇吳縣人。著名歷史學家，古史辨學派創始人。1920 年畢業於北京大學。曾任北京大學、中山大學等大學教授。編著有《古史辨》《漢代學術史略》等。

JIAO YUAN KAN BEN HAN SHI WAI ZHUAN (10 vols)

Block-printed in 1931

1 case of 2 volumes

半框：19×13.5cm　開本：32.9×22cm

RMB: 20,000－30,000

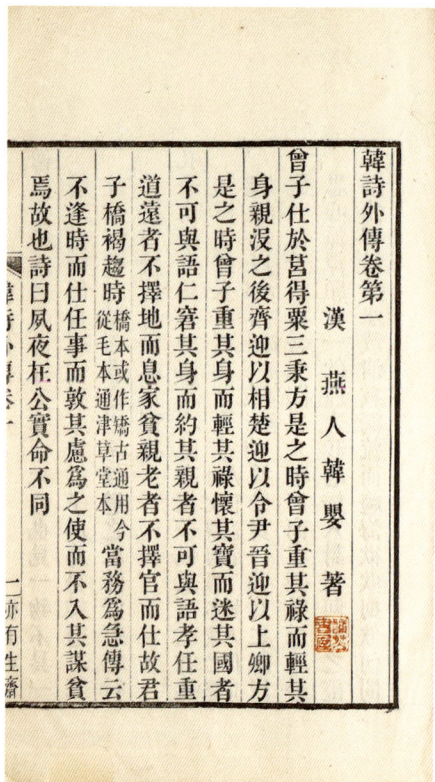

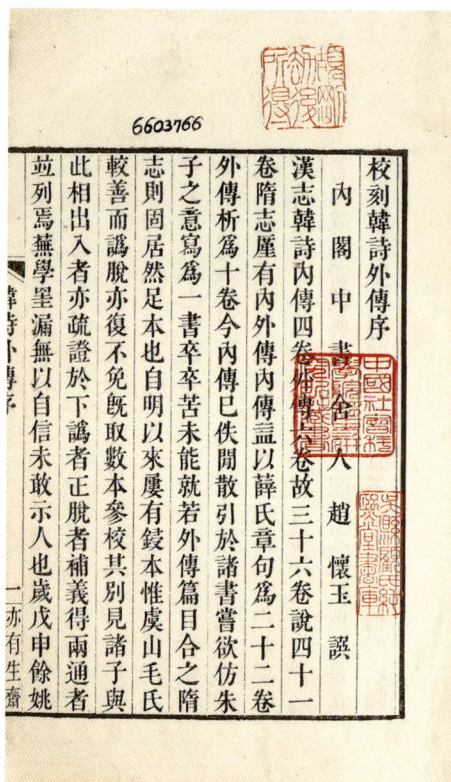

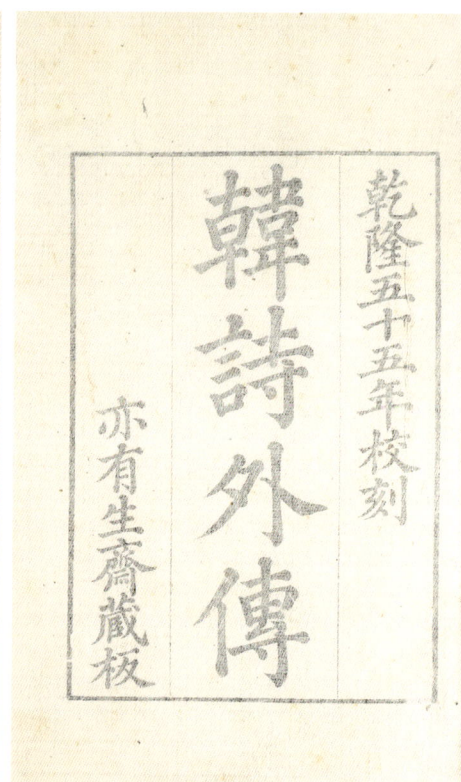

韓詩外傳卷第一

漢 燕人 韓嬰 著

曾子仕於莒得粟三秉方是之時曾子重其祿而輕其
身親沒之後齊迎以相楚迎以令尹晉迎以上卿方
是之時曾子重其身而輕其祿懷其寶而迷其國者
不可與語仁窘其身而約其親者不可與語孝任重
道遠者不擇地而息家貧親老者不擇官而仕故君
子橋褐趨時從毛本或作橋古通用今當務爲急傳云
不逢時而仕任事而敦其慮爲之使而不入其謀貪
焉故也詩曰凤夜枉公實命不同

一亦有生齋

校刻韓詩外傳序

內閣中書舍人趙懷玉譔

漢志韓詩內傳四卷外傳六卷故三十六卷說四十一
卷隋志韓詩內傳並以薛氏章句爲二十二卷
外傳析爲十卷今內傳已佚開散引於諸書嘗欲仿朱
子之意寫爲一書卒卒苦未能就若外傳篇目合之隋
志則固居然足本也自明以來屢有鋟本惟虞山毛氏
較善而譌脫亦復不免既取數本參校其別見諸子與
此相出入者亦疏證於下譌者正脫者補義得兩通者
並列爲蕪學呈漏無以自信未敢示人也歲戊申餘姚

一亦有生齋

乾隆五十五年校刻
韓詩外傳
亦有生齋藏板

4856
顧頡剛舊藏亦有生齋刻《韓詩外傳十卷 補逸一卷》
（漢）韓嬰撰
清乾隆五十五年（1790）亦有生齋家刻本
1函1冊 紙本
鑒藏印：吳興顧氏純熙堂書庫（朱） 頡剛劫後所得（朱） 誦芬書屋（朱）
提要：此書為清代詩人、藏書家趙懷玉校刻，首刊牌記："乾隆五十五年校刻，韓詩外傳，亦有生齋藏板"，書口下鐫："亦
有生齋校正本"。前刊乾隆五十五年趙懷玉序、盧文弨序。舊裝品相精好。顧頡剛舊藏。
　　顧頡剛（1893～1980），原名誦坤，字誠吾，號銘堅，室名晚成堂、純熙堂等，江蘇吳縣人。著名歷史學家，古
史辨學派創始人。1920年畢業於北京大學。曾任北京大學、中山大學等大學教授。編著有《古史辨》、《漢代學術
史略》等。

[GU JIEGANG] HAN SHI WAI ZHUAN (10 vols) AND SUPPLEMENT (1 vol)
Block-printed by Yiyoushengzhai Studio in 1790
1 case of 1 volume
半框：18.2×13.3cm　開本：25.5×16.7cm
RMB: 10,000－20,000

4857

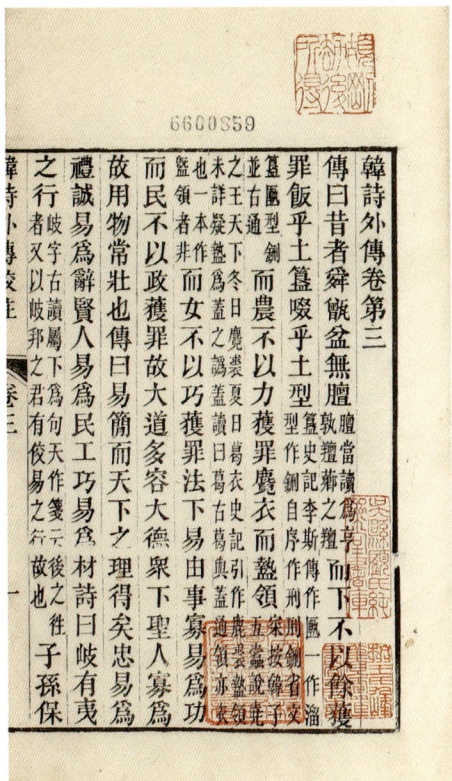

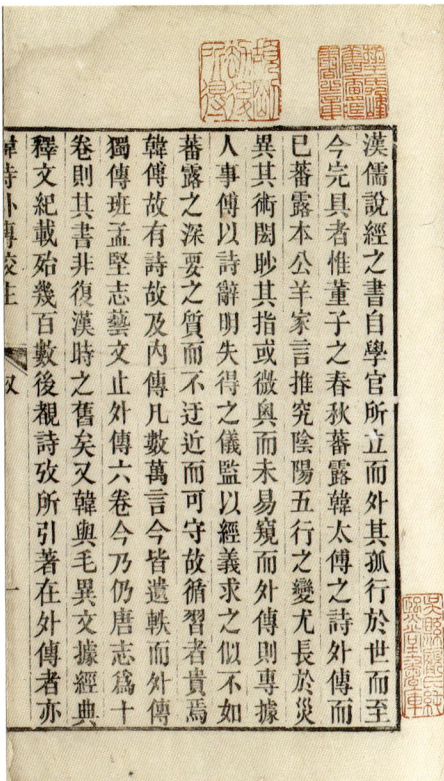

顧頡剛舊藏《韓詩外傳校注十卷 拾遺一卷》

（漢）韓嬰撰 （清）周廷寀校注

清乾隆五十六年（1791）績溪周氏營道堂刻本

1函6冊 紙本

鑒藏印：吳興顧氏純熙堂書庫（朱） 頡剛劫後所得（朱） 杭州王氏九峰舊廬藏書之章（朱）

提要：韓嬰說《詩》為西漢今文三家詩之一，其《詩內傳》、《詩故》、《詩說》久亡，存者惟《外傳》。此本為周廷寀校注，素為藝林所稱，前刊胡庚善序、周廷寀識語，末附周宗杭拾遺一卷。封面刊牌記："乾隆辛巳開雕，韓詩外傳校注，營道堂藏板"，鈐"營道堂印"朱文印。歙西張秀芳刻字。王綬珊、顧頡剛遞藏。舊金鑲玉裝，品相佳。封面有顧頡剛題書名。

王綬珊（1873～1938），名體仁，字綬珊，室名九峰舊廬，浙江紹興人。以經營鹽業起家，嗜典籍，以巨資收得瞿氏鐵琴銅劍樓、鄧氏群碧樓等藏宋元善籍百餘種，及各省府、縣誌兩千餘種，不乏海內孤本。又《九峰舊廬藏書目錄》、《九峰舊廬方志目錄》。

顧頡剛（1893～1980），原名誦坤，字誠吾，號銘堅，室名晚成堂、純熙堂等，江蘇吳縣人。著名歷史學家，古史辨學派創始人。1920年畢業於北京大學。曾任北京大學、中山大學等大學教授。編著有《古史辨》、《漢代學術史略》等。

[GU JIEGANG] HAN SHI WAI ZHUAN JIAO ZHU (10 vols) AND SUPPLEMENT (1 vol)

Block-printed by Yingdaotang Studio in 1791

1 case of 6 volumes

半框：18.9×13cm 開本：25.7×18cm

RMB: 15,000－25,000

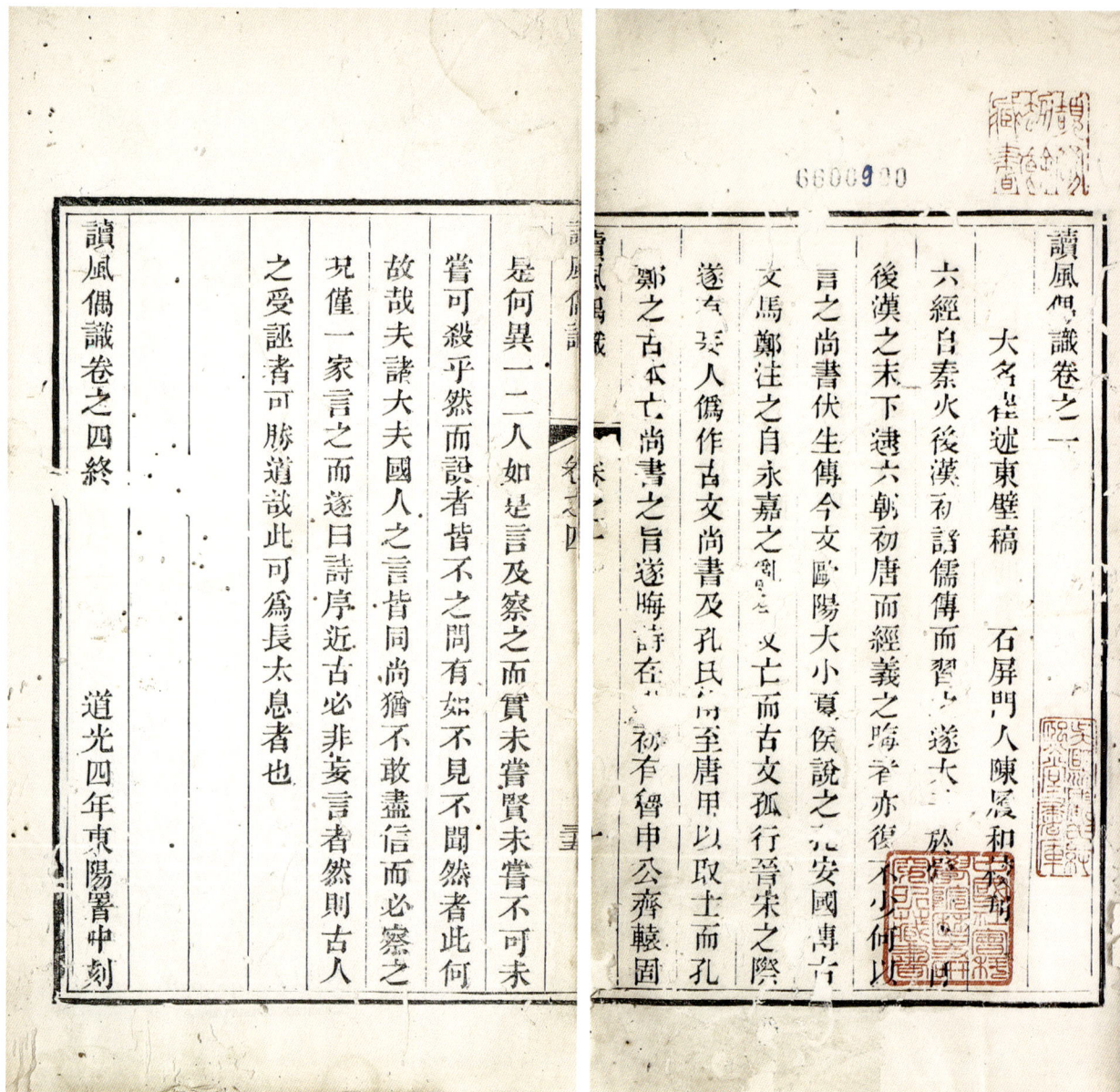

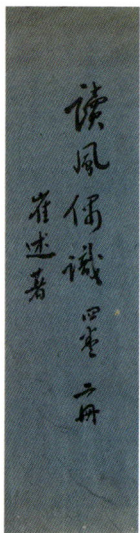

讀風偶識卷之四終

道光四年東陽署中刻

之受誣者可勝道哉此可為長太息者也

现僅一家言之而遂曰詩序近古必非妄言者然則古人

故哉夫諸大夫國人之言皆同尚猶不敢盡信而必察之

嘗可殺乎然而說者皆不之問有如不見不聞然者此何

是何異乎一二人如是言及察之而實未嘗賢未嘗不可

讀風偶識卷之一

大名崔述東壁稿

石屏門人陳履和校

六經自秦火後漢初許儒傳而習之遂大

後漢之末逮六朝初唐而經義之晦者亦復不少何以

言之尚書伏生傳今文歐陽大小夏侯說之元安國專古

文馬鄭注之自永嘉之亂亡而古文孤行晉宋之際

遂有僞人偽作古文尚書及孔氏傳至唐用以取士而孔

鄭之古本尚書之旨遂晦詩在初有毛申公齊

6600900

4858

顧頡剛舊藏《讀風偶識四卷》

（清）崔述撰

清道光四年（1824）東陽署中刻本

1 函 2 冊　白紙

鑒藏印：頡剛劫餘藏書（朱）　吳縣顧氏純熙堂書庫（朱）

提要：是書由崔述所撰，經其門人陳履和校訂，宣導大膽質疑、大膽創新的學術精神以及關於《詩經》的學術見解，對其後的整個學術界都有指導意義。後顧頡剛曾歷經數年整理點校《崔東壁遺書》。是冊封面有顧頡剛墨筆題簽："讀風偶識，四卷，二冊，崔述著。"白紙刷印，卷帙齊整，名家舊藏。

　　顧頡剛（1893～1980），原名誦坤，字誠吾，號銘堅，室名晚成堂、純熙堂等，江蘇吳縣人。著名歷史學家，古史辨學派創始人。1920 年畢業於北京大學。曾任北京大學、中山大學等大學教授。編著有《古史辨》、《漢代學術史略》等。

[GU JIEGANG] DU FENG OU SHI (4 vols)

Block-printed by Dongyang District Office in 1824

1 case of 2 volumes

半框：20×13cm　開本：27×16cm

RMB: 1,000—3,000

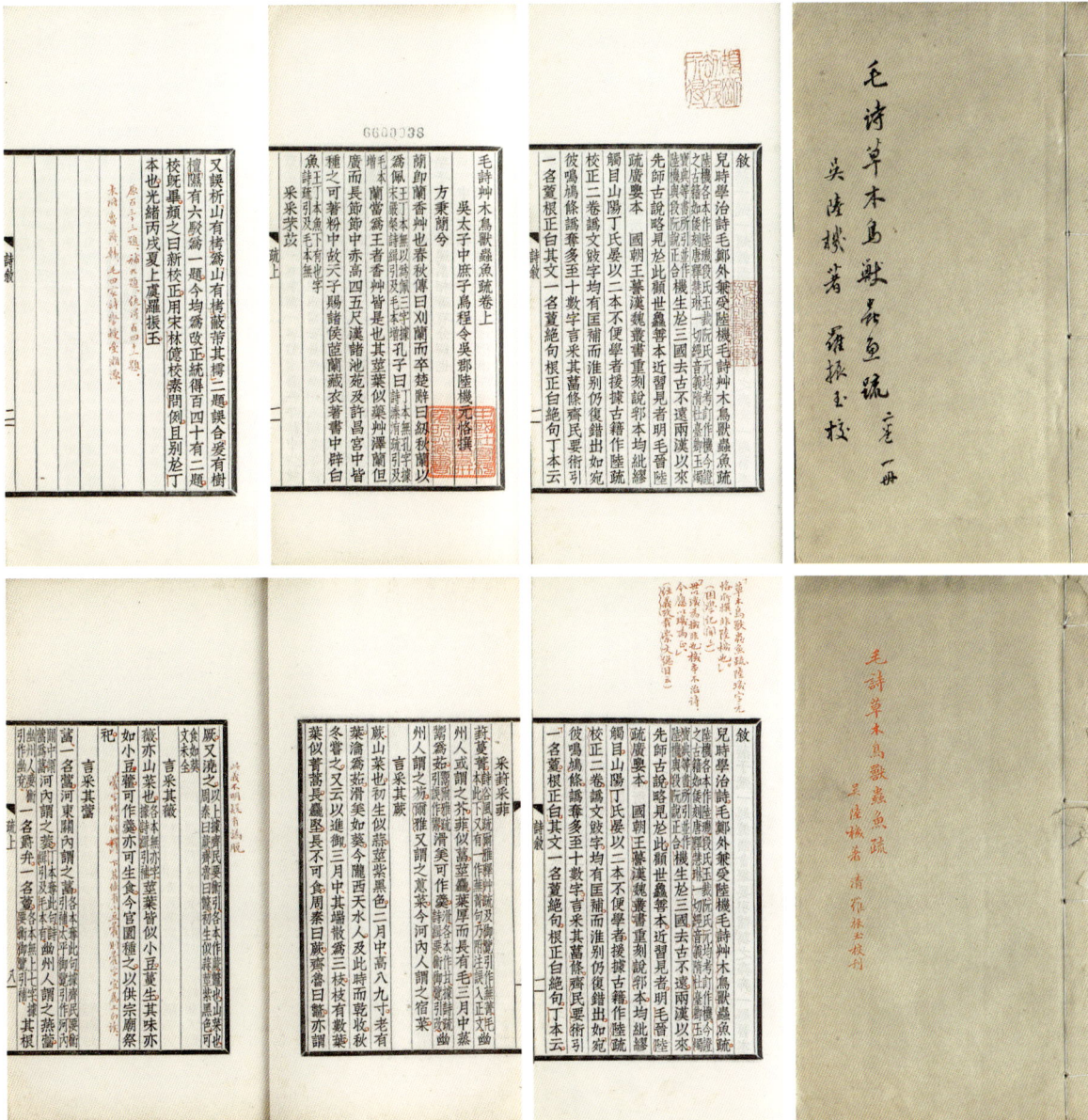

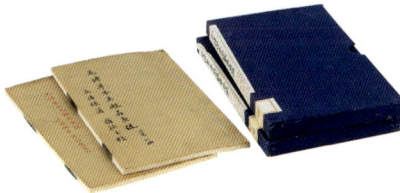

4859

顧頡剛舊藏《毛詩草木鳥獸蟲魚疏二卷》附一種

（三國　吳）陸機撰

上海聚珍倣宋印書局活字本

2函2冊　白紙

鑒藏印：吳興顧氏純熙堂書庫（朱）　頡剛劫後所得（朱）

提要：是書專釋《詩經》中動、植物之名，上卷收草本植物80種、木本
　　　植物34種，下卷收鳥類23種、獸類9種、魚類10種、蟲類18種，
　　　卷末附論四家詩源流。原本久佚，此本為羅振玉校刊，首刊光緒
　　　十二年（1886）羅振玉序。

　　　拍品含二種，一冊為顧頡剛舊藏，一冊內有朱筆批註。

　　　顧頡剛（1893～1980），原名誦坤，字誠吾，號銘堅，室名晚成

堂、純熙堂等，江蘇吳縣人。著名歷史學家，古史辨學派創始人。
1920年畢業於北京大學。曾任北京大學、中山大學等大學教授。
編著有《古史辨》《漢代學術史略》等。

**[GU JIEGANG] MAO SHI CAO MU NIAO SHOU CHONG
YU SHU (2 vols)**

Printed with movable wooden type in Shanghai

2 cases of 2 volumes

半框：16.2×11.3cm　開本：26.7×15cm

RMB: 1,000－3,000

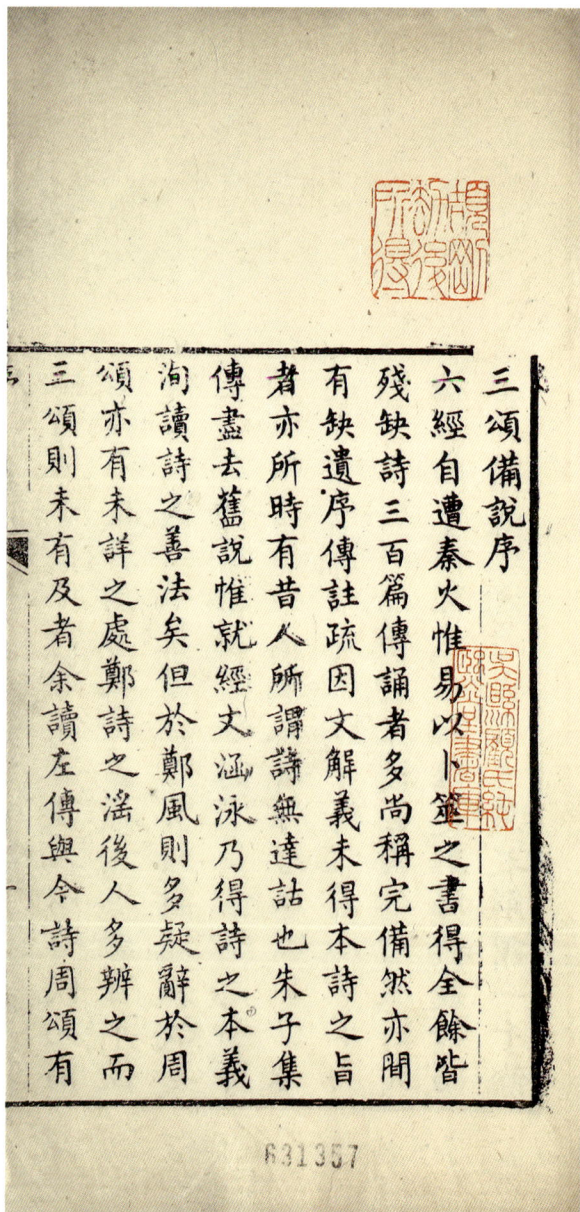

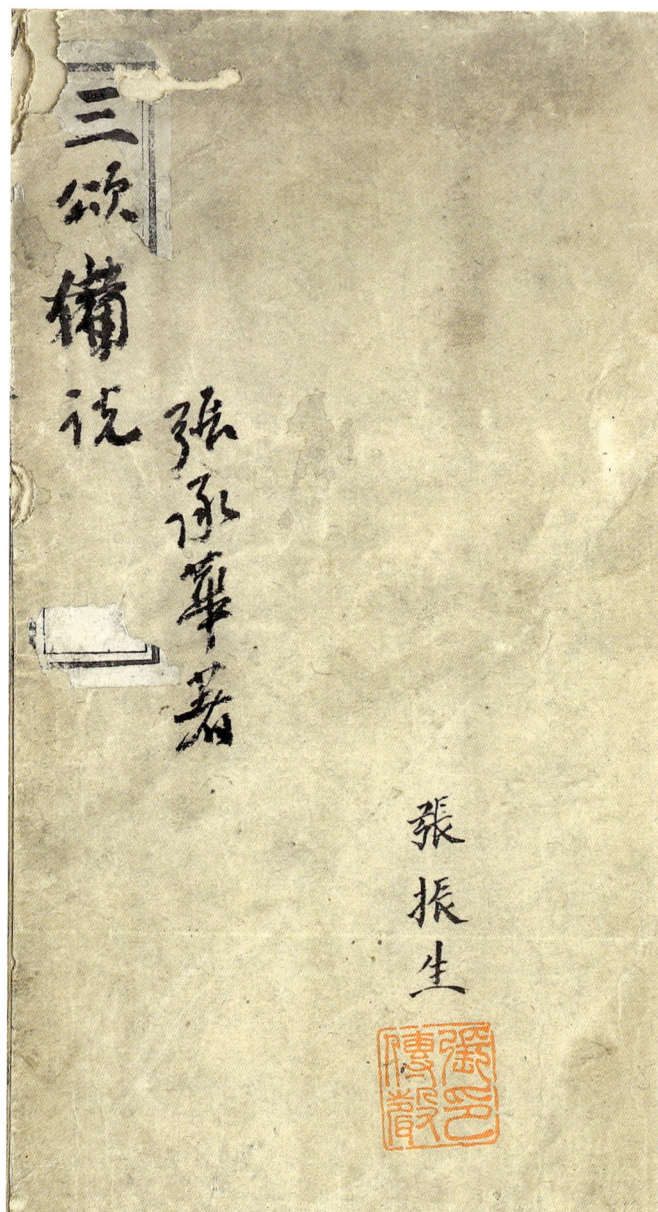

三頌備說

張承華著

張振生

三頌備說序

六經自遭秦火惟易以卜筮之書得全餘皆
殘缺詩三百篇傳誦者多尚稱完備然亦間
有缺遺序傳註疏因文解義未得本詩之旨
者亦所時有昔人所謂詩無達詁也朱子集
傳盡去舊說惟就經文涵泳乃得詩之本義
淘讀詩之善法矣但於鄭風則多疑辭於周
頌亦有未詳之處鄭詩之滛後人多辨之而
三頌則未有及者余讀左傳與今詩周頌有

4860

顧頡剛舊藏《三頌備說一卷》

（清）桐城張承華撰

清同治六年（1867）寫刻本

1冊　紙本

鑒藏印：吳興顧氏純熙堂書庫（朱）　頡剛劫後所得（朱）

提要：是書為清代學者張承華關於《詩經》的研究著述，內含《周頌備說》
附閻承觀跋，《魯頌考定》附張承華、劉定敷跋，《商頌考》。前刊清同
治六年（1867）張承華撰《三頌備說序》。許州門人孫金銘校刊。此本
為顧頡剛舊藏，內有朱筆圈點。

張承華（1809～1886），字舜卿，號蓉溪，安徽桐城人。諸生。主講
河南許州聚星書院三十年，以老辭歸。光緒元年（1875）被舉薦為孝廉

方正。著有《大學考辨》《中庸補釋》等。

顧頡剛（1893～1980），原名誦坤，字誠吾，號銘堅，室名晚成堂、
純熙堂等，江蘇吳縣人。著名歷史學家，古史辨學派創始人。1920年
畢業於北京大學。曾任北京大學、中山大學等大學教授。編著有《古
史辨》《漢代學術史略》等。

[GU JIEGANG] SAN SONG BEI SHUO (1 vol)

Block-printed in 1867

1 volume

半框：16×12.2cm　開本：26.5×15cm

RMB: 1,000－3,000

G600285

詩譜補亡後訂

序

詩之興也諒不於上皇之世大庭軒轅逮於高辛其時有
亡載籍亦蔑云爲虞書曰詩言志歌永言聲依永律和聲
然則詩之道放於此乎有夏承之篇章泯棄靡有子遺遁
及商王不風不雅何者論功頌德所以將順其美刺過譏
失所以匡救其惡各於其黨則爲法者彰顯爲戒者著明
周自后稷播種百穀黎民阻飢兹時乃粒自傳於此名也
陶唐之末中葉云夏之始衰公劉見追逐遷於豳蓋太康

〖詩譜補亡後訂〗按陶唐之末中葉公劉序

拜經樓定本

乾隆乙巳新鐫

詩譜補亡後訂

拜經樓藏板

詩譜補亡後訂一卷 吳騫書

4861

顧頡剛舊藏《詩譜補亡後訂一卷 拾遺一卷》

（清）吳騫撰

清乾隆五十年（1785）海寧吳氏拜經樓刻本

1函1冊 紙本

鑒藏印：吳興顧氏純熙堂書庫（朱） 頡剛劫後所得（朱）

提要：《鄭氏詩譜》為鄭玄所作，原為三卷單行本，宋代已佚，歐陽修得殘本補正，後復訛闕。此本為吳騫在戴震考證的基礎上，又從各本重加校定而成。首刊牌記：“乾隆乙巳新鐫，詩譜補亡後訂，拜經樓藏板”。前刊吳騫識語，末刊後序、詩圖總序，附拾遺一卷。毛裝一冊，封面有顧頡剛題書名。顧頡剛舊藏。

顧頡剛（1893～1980），原名誦坤，字誠吾，號銘堅，室名晚成堂、純熙堂等，江蘇吳縣人。著名歷史學家，古史辨學派創始人。1920年畢業於北京大學。曾任北京大學、中山大學等大學教授。編著有《古史辨》、《漢代學術史略》等。

[GU JIEGANG] SHI PU BU WANG HOU DING (1 vol) AND SUPPLEMENT (1 vol)

Block-printed by Baijinglou Studio in Haining in 1785

1 case of 1 volume

半框：20.2×15.2cm 開本：31×18.7cm

RMB: 5,000－8,000

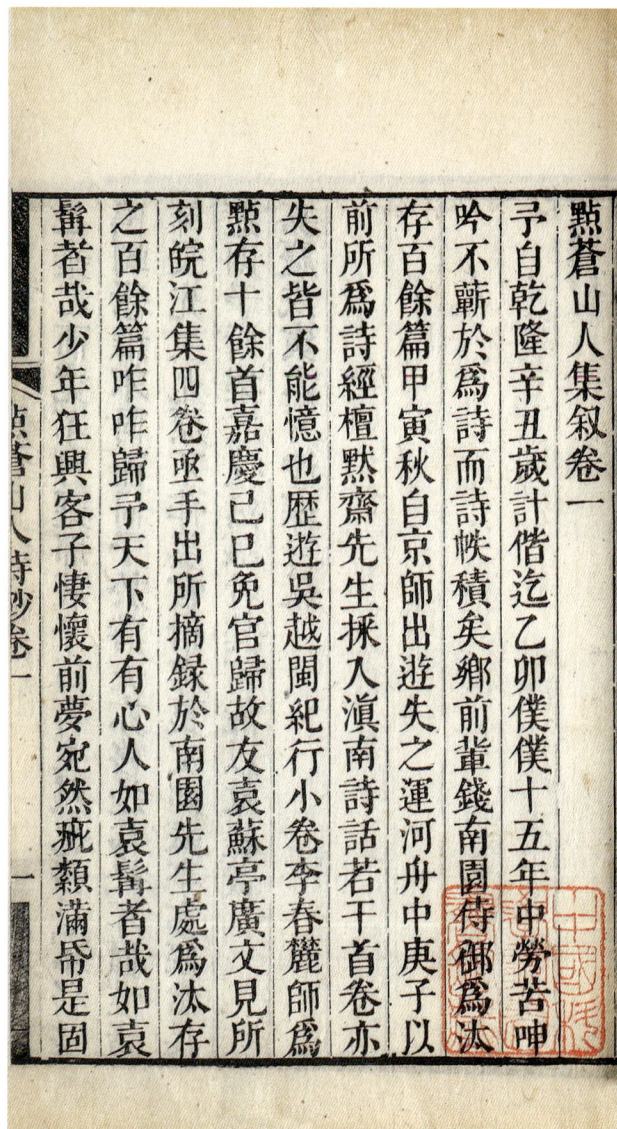

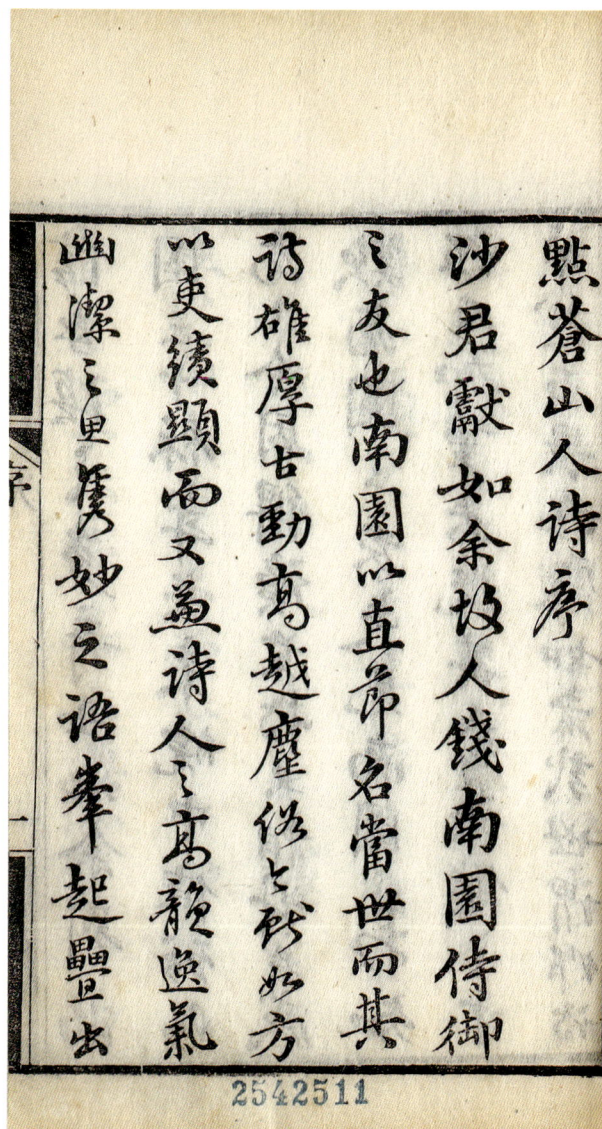

2542511

4862

點蒼山人詩鈔八卷

（清）太和沙琛著

清嘉慶二十三年（1818）太和沙氏刻本

1 函 4 冊　紙本

鑒藏印：龔維疆印（白）

提要：是書為清代回族詩人沙琛詩集。沙琛（1759～1821），字獻如，號雪湖、點蒼山人，雲南太和（今大理）人。乾隆四十五年（1780）舉人，歷任建德、太和、懷遠等地知州。此集收錄之詩多為仿古紀游之作，其中描繪南方少數民族風情和邊疆地理景觀的作品佔有突出地位。此本前刊嘉慶九年（1804）姚鼐序，嘉慶二十三年（1818）沙琛自序、仲

振履序。此版本拍場少見。龔維疆舊藏。

龔維疆（？～1928 在世），字治初，安徽合肥人。1919 年任北京陸軍部參事。1927 年任軍事部陸軍署軍學司長。1928 年改為軍事部軍政署軍學司長。

DIAN CANG SHAN REN SHI CHAO (8 vols)

Block-printed in 1818

1 case of 4 volumes

半框：17.7×12.7cm　開本：22.7×14.7cm

RMB: 8,000－15,000

右：

畜德錄序

易大畜象曰君子多識前言往
行以畜其德夫德體玄默清虛
猶天也艮山磅礴蔽虧若將蘊
天其中而有之者故有畜德象

左：

畜德錄卷一

震澤席啟圖文興甫纂輯

立志

晉虞溥爲鄱陽內史大修庠序廣招學徒獎諭
之曰文學諸生皆冠帶之流年盛志美始涉
學庭講修典訓此大成之業立德之基也夫
聖人之道淡而寡味始學者不好也及至期
月所觀彌博所習彌多然後心開意朗敬業

4863

畜德錄二十卷

（清）席啟圖輯

清康熙二十五年（1686）嚴氏繩武堂刻本

1 函 10 冊　紙本

提要：是書匯輯周秦以迄元明間嘉言善行，分為立志、為學、讀書、省克、
　　　家制等二十一類，間附批評。此為原刻本，扉頁刊牌記："席嶰濱先生
　　　輯，畜德錄，繩武堂藏板"，前刊汪琬、繆彤、陸龍其、朱用純序，末
　　　刊陸燕哲後序。舊裝品佳。
　　　席啟圖（1638～1680），字文與，號嶰濱，洞庭東山人。席啟寓之兄。

歲貢生，候補內閣中書舍人。汪琬為其撰墓誌。著有《畜德錄》《擊
壤草堂詩稿》等。

CHU DE LU (20 vols)

Block-printed by Shengwutang in 1686

1 case of 10 volumes

半框：21.2×14.7cm　開本：26.8×17.6cm

RMB: 10,000—20,000

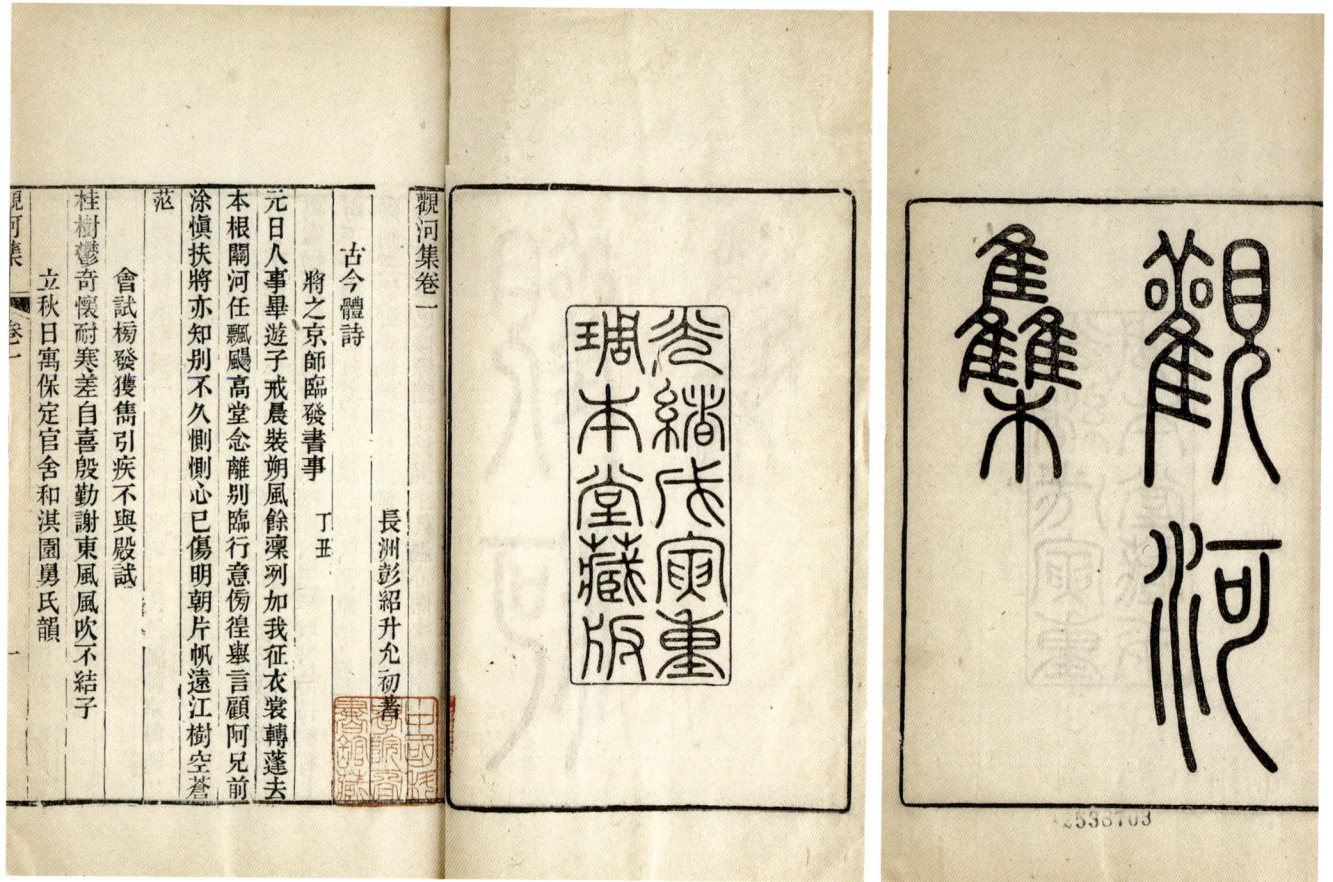

觀河集卷一

古今體詩

長洲彭紹升允初著

將之京師臨發書事　丁丑

元日人事畢遊子戒晨裝朔風餘凓冽加我征衣裳轉蓬去本根關河任飄颺高堂念離別臨行意傷徨悽言顧阿兄前涂慎扶將亦知別不久惻惻心已傷明朝片帆遠江樹空蒼茫

會試楊發獲雋引疾不與殿試

桂樹鬱奇懷耐寒差自喜殷勤謝東風風吹不結子

立秋日寓保定官舍和淇園舅氏韻

4864

觀河集四卷

（清）長洲彭紹升撰

清光緒四年（1878）刻本

1 函 1 冊　紙本

提要：是書為清乾隆年間蘇州居士彭紹升詩集。彭紹升 (1740 ～ 1796)，字尺木，又字允初，法名際清，號知歸子，江蘇長洲 (今蘇州) 人。乾隆二十二年 (1757) 進士，工古文，治陸、王之學，既而專心淨土，創社念佛，晚歲居僧舍十數載。著有《一乘決疑論》《華嚴念佛三昧論》《觀河集》等。扉頁刊牌記："光緒戊寅重雕本堂藏版。"舊裝。

GUAN HE JI (4 vols)

Block-printed in 1878

1 case of 1 volume

半框：18.8 × 14cm　開本：27 × 15.5cm

RMB: 5,000－8,000

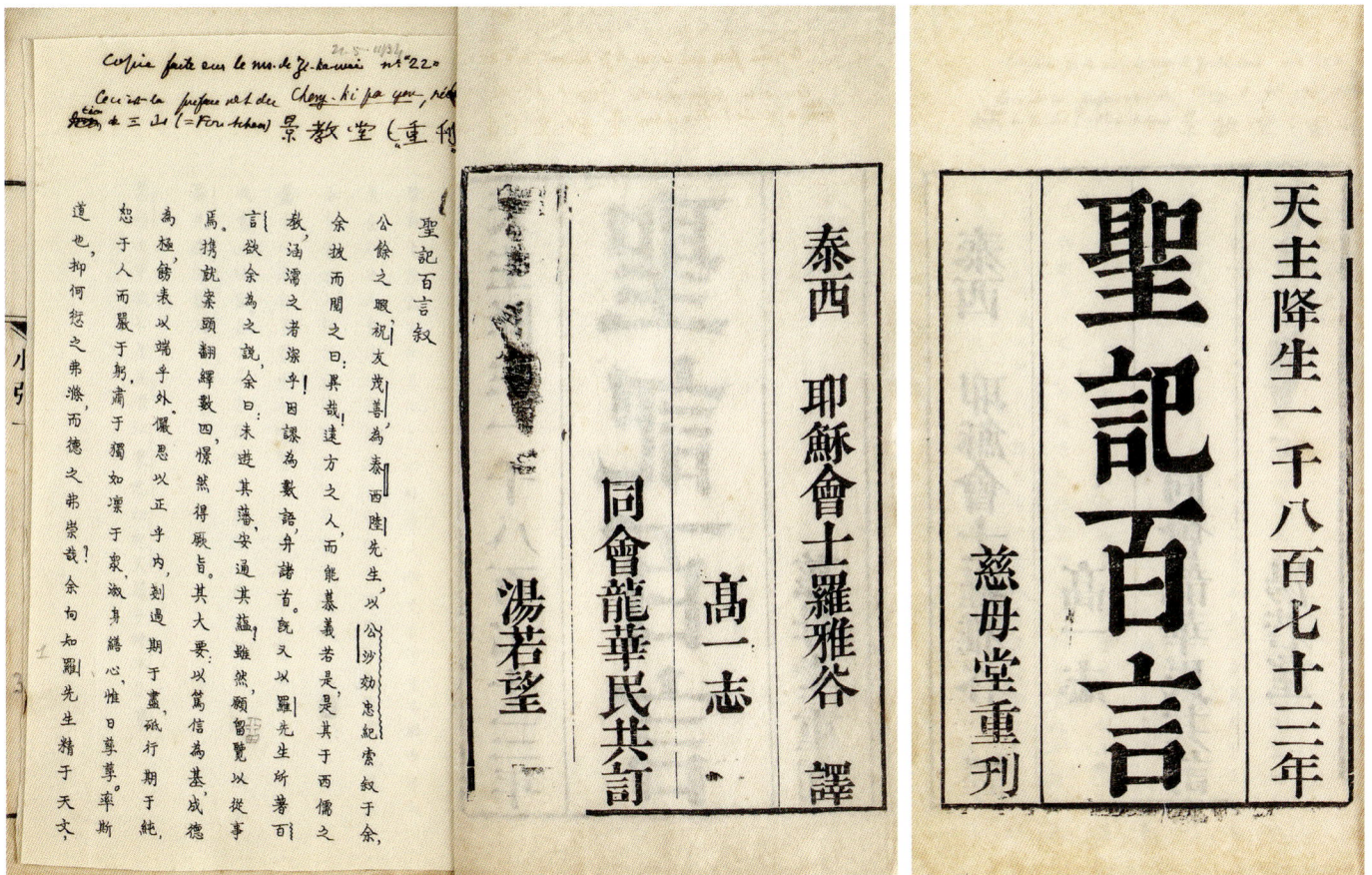

天主降生一千八百七十三年

聖記百言

慈母堂重刊

泰西　耶穌會士羅雅谷　譯

高一志

同會龍華民共訂

湯若望

聖記百言叙

4865

聖記百言

（意大利）羅雅谷譯

清同治十二年（1873）上海慈母堂刻本

1夾1冊　紙本

提要：是書為明末意大利傳教士羅雅谷（Giacomo Rho,1593～1638）譯，同會高一志、龍華民、湯若望共訂。聖記百言，即聖女德勒撒取古聖賢之格言，摘錄百條，為修德成聖之規則。此本牌記刊："天主降生一千八百七十三年，聖記百言，慈母堂重刊"，前刊路嘉序、崇禎五年（1632）羅雅谷自序，前人手錄汪秉元序。舊裝。

羅雅谷（1593～1638），號味韶，意大利米蘭人。1616年入耶穌會，1618年與金尼閣一道來華傳教，與湯若望等修訂《崇禎曆書》。著譯有《哀矜行詮》《測量全義》等。

SHENG JI BAI YAN

Block-printed in 1873

1 case of 1 volume

半框：19.3×13.5cm　開本：26.4×15.2cm

RMB: 5,000－8,000

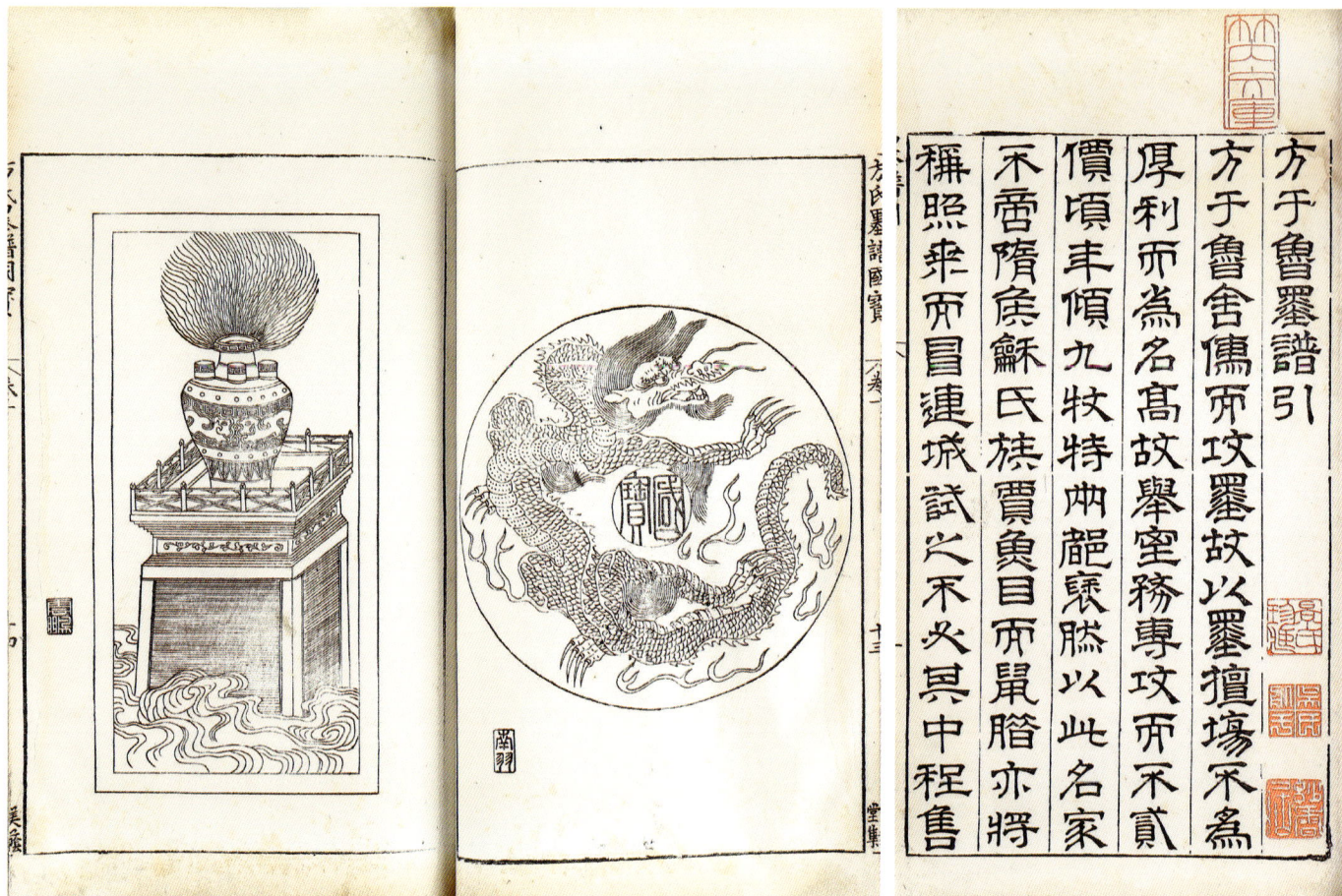

方于魯墨譜引

方于魯舍儒而攻墨故以墨擅塲不為
厚利而為名高故學室務專攻而不貳
價顧丰傾九牧特典麗隶膮以此名家
不啻隋焉蘇氏族賈臭目而鼠臘亦將
稱照來而昌連城試之不必其中程魯

4866

方氏墨譜六卷（存五卷）

（明）方于魯輯

明萬曆間方氏美蔭堂刻本

1函6厚冊　白棉紙

鑒藏印：景氏珍藏（朱）　黔南景氏珍藏（白）　竹內文庫（朱）

提要：美蔭堂刊《方氏墨譜》收錄名萬曆間徽州制墨名家方于魯所製名墨造型圖案三百八十五式，分為國寶、國華、博古、博物、法寶、鴻寶六卷，形文畢陳，圖詠並載，由丁雲鵬及其弟子吳廷羽等繪圖，徽派名工黃德時、黃守言等鐫刻，線條細入毫髮，纖麗逼真，沈德符《萬曆野獲篇》贊曰"所刻墨譜，窮工極巧"，堪稱徽派墨譜版畫的登峰之作。

此拍品存卷一至五，白棉紙精印，開本宏闊，舊裝精整。版心下鐫："美蔭堂集"，卷一目錄後鐫"守言刻"，卷二目錄後鐫"黃德時刻"。卷首依次刊萬曆十一年（1583）汪道昆《墨譜引》、吳萬化識語；王世貞序；汪道昆識語；徐桂《方生行贈建元》；徐㷊吳《墨評》；萬曆十六年（1588）潘之恒《水母泉記》；俞榮具《于魯墨歌》；萬曆十二年（1584）朱多炡《方林宗謝少廉吳康虞汪仲淹寄方建元墨賦此為謝》；王世貞《墨贊》；

王敬美、汪伯玉《墨評》；莫雲卿《題方氏墨雜言八則》；來相如《離合作于魯墨詩》；朱多炡題記；袁福貞《墨按十則》；錢允治《與汪仲淹索墨譜歌》及信札。

每卷末尾皆有清順治三年（1646）高坐道人吳天益墨筆題記。景其濬舊藏。

COLLECTION OF INKSTICKS FROM FANG YULU (6 vols)

Block-printed by Meiyintang in Wanli period, Ming Dynasty

1 case of 6 volumes

半框：24.3×14.7cm　開本：30.5×18.2cm

RMB: 100,000－150,000

藏家簡介：景其濬（清），字劍泉，貴州興義人。清咸豐二年(1852)壬子恩科進士。咸豐八年起歷任陝甘、河南、安徽等省學政，光緒二年罷官。輯有《四家賦鈔》、《吳顧賦鈔》等。

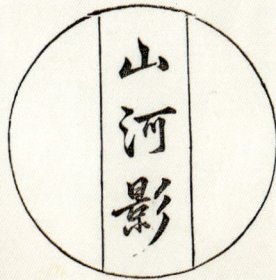

山河影

允治再頓首

順治丙戌秋七月高堂道人吳先益記

崑岑玄木

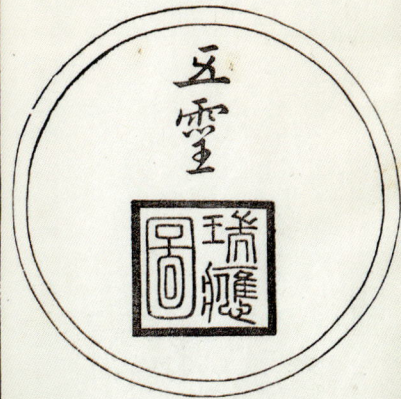

五雲

云惠帝城雙鳳闕

草蒙沼方于帝製

順治丙戌秋七月高堂道人再先益記

4867

山海經十八卷（附明代版畫七十四幅）

（晉）郭璞傳

明刻本

1函6冊　紙本

提要：是書為現存最早的《山海經》古版畫之一，由明萬曆間蔣應鎬繪圖，李文孝鐫刻。全書半葉九行，行二十字，
　　　按十八卷經文依次插圖，共計聯葉式版畫七十四幅，包含各類神獸三百四十八例，在畫像造型、線條運用方
　　　面保持了原始古樸的風格，體現了《山海經》據圖為文、以圖立說的鮮明敘事風格。此本前刊楊慎《山海經
　　　圖序》、郭璞《山海經序》，內有少量補鈔。舊金鑲玉裝，品相佳。

SHAN HAI JING (18 vols) (ACCOMPANIED BY PRINTS FROM MING DYNASTY)

Block-printed in Ming Dynasty

1 case of 6 volumes

半框：23.7×14.3cm　開本：23.8×17.2cm

RMB: 60,000－80,000

序

讀黃合志者吾友歙縣許子玉載同吳子來儒寧
國方子武工其遊黃山之所著也遊黃山耳曰讀
何本元人看山如讀畫之句而三君子又精而言
之以其所以讀書之道而用之遊山故直曰讀黃
意至深矣為序一為記七為圖贊三為詩與聯句
凡三十皆鎔鑄古人各出精意極文章之勝蓋黃
山天下奇絕處古今之紀遊無不勝舉
至三君子乃盡得乎茲山之勝而用意之奇凡紀

4868

程質清舊藏《讀黃合志一卷》

（清）許起昆等撰

清雍正間精寫刻本

2冊 竹紙

鑒藏印：常熟翁同龢藏本（朱） 程質清印（白） 怡齋甲子后重讀（朱） 程（朱） 程（白） 怡齋（朱） 青果簃（朱）

提要：是書以讀書之道，用之以游山。以記游、圖贊、詩、聯句的形式勝蓋黃山奇絕之處。內收狎浪聯吟、丹臺煮茗、
師林醉月圖贊版畫三幅，刀法挺進，線條俊美。
是冊金鑲玉裝，寫刻娟秀，刊印精良，拍場及公藏罕現。
程質清（1917～2000），號怡齋，江西婺源人，居蘇州。工書法，富收藏。蘇州博物館藏多種善本古籍有其題跋。

參閱：《中國古籍善本總目》史部·地理P519，線裝書局，2005。

[CHENG ZHIQING] DU HUANG HE ZHI (1 vol)

Block-printed in Yongzheng period of Qing Dynasty

2 volumes

半框：18×12.5cm 開本：27×18cm

RMB: 50,000—60,000

日本

大琉球

小琉球

朝鮮

成都府 東平 朝鮮 唐城 求東京

撫遠 定遠 愛安

黑龍江

鴨綠

遼東

開元

義州 平 海關 錦 廣寧

順天 京師 保定 河間 天津

大同 宣府 居庸關 順德 廣平 大名

山西 五台 北真定 恩 廣平 東昌 兗州

延安 平陽 澤潞 汾 懷慶 河南 歸德 淮安

慶陽 平涼 咸陽 西安 鳳翔 洛南 南陽 汝寧 潁 鳳陽 楊州 鎮江 常州 蘇州 松江

蘭 渭 岷州府 漢中 漢 襄陽 德安 安慶 太平 寧國 湖州 嘉興 浙江

漢江 保寧 荊州 黃州 武昌 九江 南康 徽州 嚴州 金華 紹興 寧波 台州

順慶 夔州 辰州 常德 岳州 長沙 瑞州 南昌 衢州 溫州

重慶 思南 銅仁 寶慶 衡州 吉安 建昌 建寧 延平 福州

敘州 永寧 鎮遠 靖 永州 贛州 汀州 興化 泉州

四川 東川 貴州 柳州 梧州 南雄 韶州 潮州 漳州 惠州

雲南 廣西 南寧 高州 廉州 雷州 廣州

交趾 真臘

大磧 野馬川 大積 安蓋 賀蘭山 寧夏 靈 甘 朔方 鎮原 固原 會原 定西 臨洮 鳥渭 天水 鞏昌

赤脚河 東受降城 中受降城 西受降城 襄陽 偏頭 榆林 安塞

松 高 大寧 六宰 狼 開平 開平 昌濟

亞 醫 山間 瑞 錦 山海關 登州 成山 萊州 東海 沂山 青州 羽山 東濟寧

日本

毛人 長人 小人

真化

4869

明刻整幅本中國地圖《皇明輿地之圖》

明崇禎四年（1631）孫起樞刻本

1 軸　紙本

提要：現存最早刊刻的整幅中國地圖是明嘉靖十五年
（1534）金谿吳悌校刊的《皇明輿地之圖》以及
嘉靖三十四年（1555）喻時重刻的《古今形勝之
圖》，可惜前者的嘉靖刻本已失傳，現僅存崇禎四
年（1631）孫起樞重刻本。而喻時重刻的《古今
形勝之圖》在明末清初尚見流傳，乾隆以後不見
著錄（可能由於大幅地圖不便保存，傳統收藏家
只重書籍不重地圖），當代學者王庸的《中國地理
圖籍叢考》和《中國地圖史綱》等有關地圖學史
的專著中亦未提及，現僅知一件存於西班牙。
拍品為崇禎四年（1631）孫起樞重刻本《皇明輿
地之圖》，為目前國內現存最早的木板刷印整幅中
國地圖。此圖國內公藏無存，僅知日本東北大學
的狩獵文庫和神宮廳的神宮文庫各藏一件。是幅
地圖上段為中國全圖，下段為文字圖表，注寫兩
京、十三省名稱及建制數量，左下鐫"嘉靖丙申
金谿吳悌校梓，崇禎辛未孫起樞重刊"刊記，山川、
河流、長城皆刻繪詳盡，舊裝一軸，是為研究明
代地域、州府、邊防之重要參考。

CHINA'S MAP OF MING DYNASTY

Block-printed in Ming Dynasty

1 scroll

122×56.5cm

RMB: 180,000－280,000

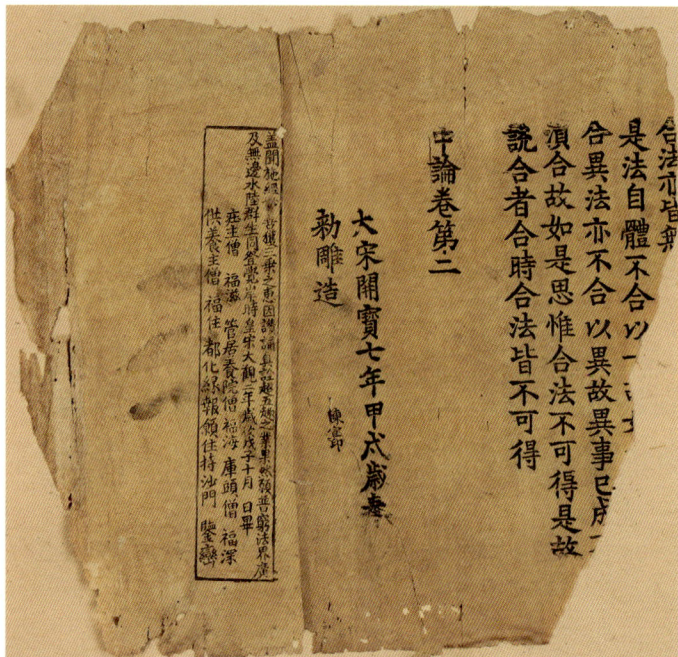

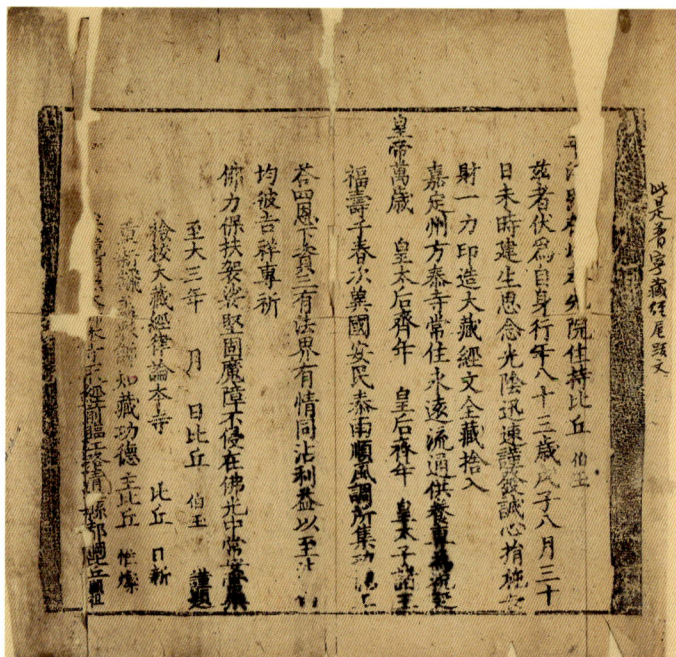

4870

葉恭綽《歷代藏經考略》出版的北宋《開寶藏》附元代《普寧藏刊記》殘葉

北宋開寶七年（974）刻本、元至大三年（1310）刻本

2 幀 黃麻紙

提要：1.《開寶藏》是我國第一部雕版佛教大藏經，北宋開寶四年（971）開雕於益州（今四川成都），屬北宋官版大藏經，又稱"蜀版大藏經"，在版刻史上具有里程碑意義。《開寶藏》存世極稀，據方廣錩、李際寧編《開寶遺珍》著錄，海內外目前僅山西省博物館、中國國家圖書館、上海圖書館、中國佛教協會圖文館、高平縣文博館、日本京都南禪寺、日本書道博物館、美國哈佛大學賽克勒博物館等八家公藏機構保存十二卷，另有部分殘片，吉光片羽，彌足珍貴。

西泠春拍中此件《開寶藏》為拍場首現，存《中論》卷第二末兩紙（有刊記），民國年間曾出版於葉恭綽《歷代藏經考略》。第一紙存經文五行，行十四字，無界欄，字體端麗嚴謹，雕刻精良。黃麻紙簾紋不明顯。末刊牌記："大宋開寶七年甲戌歲奉敕雕造"，下刊工姓名："陳宣印"，尺寸：32.5×20.3cm。第二紙刊經題記四行："蓋聞施經妙善，獲三乘之惠因；讚誦真詮，超五趣之業果。然願普窮法界，廣及無邊，水陸群生，同登覺岸。時皇宋大觀二年歲次戊子十月 日畢。莊主僧福滋，管居養院僧福海，庫頭僧福深，供養主僧福生，都化緣報願住持沙門鑒巒"，尺寸：32.5×14.3cm。

此件中的北宋大觀二年（1108）"都化緣報願住持僧鑒巒"的施經供養題記，與中國國家圖書館藏《阿惟越致經》卷上等六件相同。鑒巒禪師，僧史傳無載。李際寧先生考證，據《山右石刻叢編》卷二十載，金大定四年立石《福巖院重修佛殿記》云："硤石道場，其來尚矣……宋崇寧間（1102~1106）得大師鑒巒修新易漏，方見完備"。卷二十三《大金澤州硤石山福巖禪院記》載："古青蓮寺寺額，咸通八年（867）所賜也。……崇寧間，鑒巒禪師繕主其教，以其寺基久遠，歲壞月隳，雖補繕葺漏，不勝其弊。乃刻意規畫，度越前輩，鑿東崖，陡西澗，培薄增卑，以廣寺址。由是供佛有殿，講法有堂，搆寶藏以貯聖經，敞云房以棲法侶。"有關石碑，至今仍矗立於青蓮寺內。今日存於《開寶藏》中的施經觀記，正是當年鑒巒禪師"搆寶藏以貯聖經"的重要證據。

2.《普寧藏》殘葉，存經尾跋文一紙，未見記載。邊欄尺寸：

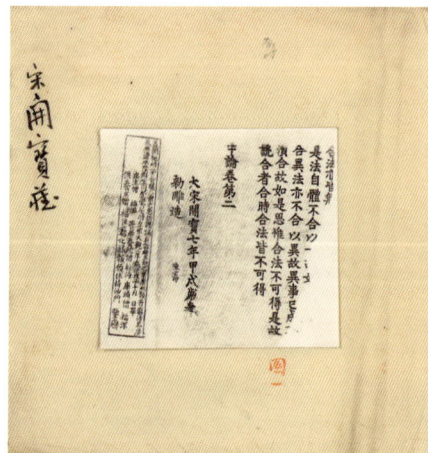

參閱；《歷代藏經考略》出版底稿所附出版用照片

22.2×26.5cm，開本：29.1×29.7cm。上刊元至大三年（1310）比丘伯玉題記："平江路在城奉先院住持比丘伯玉。茲者伏為自身行年八十三歲，戊子八月三十日未時建生，思念光陰迅速，謹發誠心捐施口財一力印造大藏經文。全藏捨入嘉定州方泰寺，常住永遠，流通供養，專為祝延皇帝萬歲，皇太后齊年，皇后齊年，皇太子諸王福壽。于春次冀國安民泰，雨順風調，所集功德上答四恩，下資三有，法界有情，同沾利益。以至法口均被，吉祥專祈。佛力保扶，袈裟堅固，魔障不侵，在佛光中常安常樂。至大三年 月 日，比丘伯玉謹題。檢校大藏經律論，本寺比丘日新。重新翻雕口飾知藏功德主，比丘惟燦。口口口口口寺口經前臨江路清江縣都網比丘顯祖。"左側邊欄一條已斷開。此葉右端有前人墨筆題記："此是普寧經尾跋文。"

出版：《歷代藏經考略》，附圖一宋開寶藏，葉恭綽著，民國間印本。

參閱：方廣錩、李際寧編《開寶遺珍》，文物出版社，2010年。

KAI BAO CANG OF NORTHERN SONG DYNASTY, PU NING CANG KAN JI OF YUAN DYNASTY

Block-printed in 974 and 1310

2 pages

Illustrated: *Research on Previous Tibetan Sutras*, pl. 1 (Kai Bao Cang from Northern Song Dynasty), Republic of China

尺寸不一

RMB: 60,000－100,000

說合者合時合法皆不可得

論卷第二

勅雕造　陳寧印

大宋開寶七年甲戌歲壹

蓋聞施經心菩攝三乘之惠因讚誦真詮超五趣之業果然願普窮法界廣
及無邊水陸群生同登覺岸時皇宋大觀二年歲次戊子十月　日甲
莊主僧　福滋　管居養院僧福海　庫頭、僧　福深
供養食主僧　福住　都化緣報願住持沙門　鑒巒

佛說一切如來金剛壽命陀羅尼

經如是我聞一時佛住殑伽河側與
諸比丘及大菩薩無量天人大眾
俱爾時世尊告毘沙門等四天王
言有四種法甚可怖畏若男若女
童男童女一切有情無能免者所
謂生老病死於中一法最為逼惱
我於今日為護大利惟願世尊為
眾生故宣說是法爾時世尊面句

東方彈指名集一切如來作是菩
言兩有十方一切如來威正等覺
為眾生故證我皆助我令
我以一切如來威神力故悲令如
是一切眾生轉非命業使增壽命
我昔未為眾生轉此法輪於今方
轉能令眾生壽命色皆得成就
無天死怖如是南西北方四維上
下名集警告亦復如是爾時十方
皆佛眼所到若干世界一切如來
皆悉赴集偏滿虛空數如微塵爾
時一切諸佛為加持故異口同音

即說一切如來金剛壽命陀羅尼
曰唵嚩囉嚩囉嚩囉畢勒畍安
曩哥嚩嚩哩嚩提橫攞沙曼闍薩羣
囉鶯阿納遮沽納遮麻鶯沽納遮
嚩呼嚩呼嚩呼呵嘛橫哩呵嘛鶯呼
呵嘛尼瀰得阿嘛西西邊呵伯尋
喇拔伯呵沽喇呼沽喇嘛畍
畢卡薩嘛呐施窟必嚩勒嚩勒畢
囉勒嚩畢拉嘛拔乎穆乎穆娑訶
爾時十方佛兩一切執金剛菩薩
異口同音亦說延命陀羅尼

生轉誦此經終無天死短命之怖
亦無惡夢魔魅呪詛惡形羅剎鬼
神之怖亦不為水火兵毒之所傷
害一切諸佛菩薩攝受護念共處
亦為佛兩護持爾時世尊說是經
已毘沙門天王等一切大眾皆大
歡喜信受奉行

佛說一切如來金剛壽命陀羅尼
經

4871

泥金寫本《佛說一切如來金剛壽命陀羅尼經》

清泥金寫本

1冊8開　瓷青紙

提要：是陀羅尼經唐不空譯，爲密教經典，一卷。略稱《金剛壽命陀羅尼經》、《金剛壽命經》、
《壽命經》。敘述佛與諸比丘眾在恒河岸時，四天王以一切眾生有夭死、非命、疾病等災厄，
故請世尊宣說對治之法。
　　是冊首繪禮佛圖，錄《金剛壽命陀羅尼經》全文於花卉紋邊欄內，半葉六行，行十三字，
有邊欄，末附韋馱像，通篇泥金書繪於瓷青紙上，人物神態逼肖，線條流暢，字體工整端莊，
錦面潢裝成冊，小巧雅緻。

JIN GANG SHOU MING TUO LUO NI JING

Manuscript on golden-painted paper in Qing Dynasty

1 volume of 8 pages

開本：19×10.5cm

RMB: 30,000－40,000

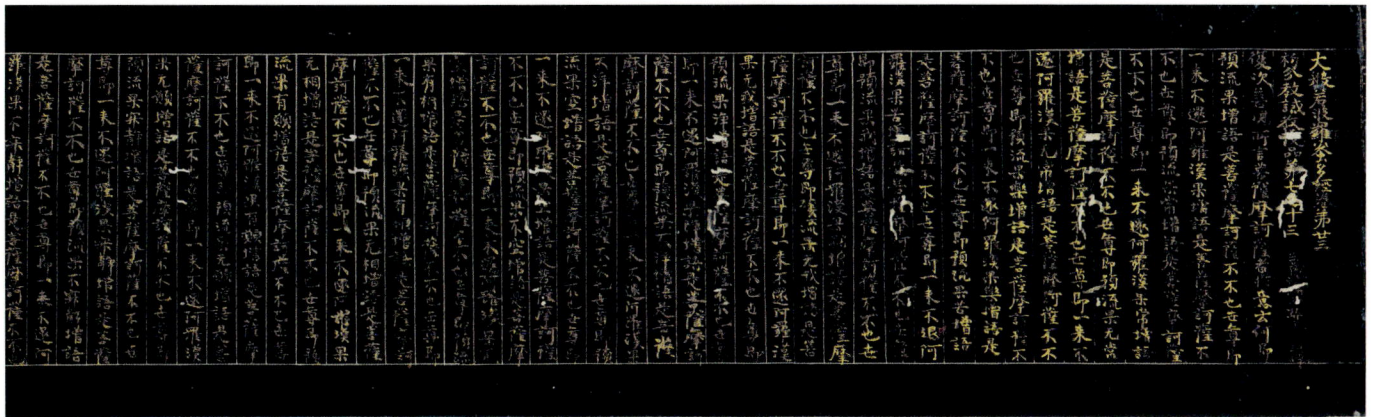

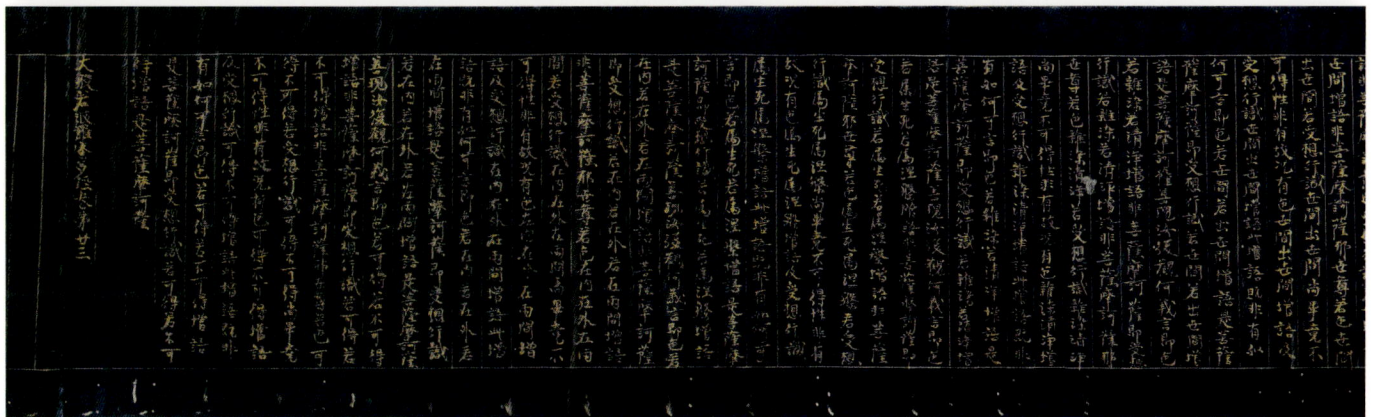

4872

泥金寫本《大般若波羅密多經卷第廿三》

（唐）三藏法師玄奘譯

日本古泥金寫本

1 卷　瓷青紙

提要：拍品存卷第廿三，初分教誡教授品第七之十三，以金泥書寫於瓷青紙，銀絲欄界，熠熠生輝，書風古茂。存十三紙。背部無托襯。首尾略有蟲蛀，中部品相完好。

MAHAPRAJAPARAMITA SUTRA (Vol. 23)

Manuscript on golden-painted paper from Japan

1 volume

25 × 811cm

RMB: 80,000－120,000

謂不見誰施亦誰受所施何物於何處由何
為何去何行施以復不見能迴向於何所迴
向於何迴向由何為何迴向於如是諸法无
一切事物志皆不見所以者何如空故空是无
不皆由內空故空乃至相空故空是諸法无
能迴向何所迴向於何迴向由何為迴向由此
薩摩訶薩觀一切法皆无所起迴向是菩薩摩訶
如是觀及如是念所起迴向其法性不可得迴向
復能成熟有情嚴淨佛土眾能圓滿爾所行布
施乃至般若波羅蜜多廣說乃至不能圓滿
八十隨好是菩薩摩訶薩雖能如是圓滿布
施乃波羅蜜多而由不能受諸果報果難不墮
施與諸果而由布施波羅蜜多眾不能圓滿故
急能難一切資具猶如他化自在諸天一切
所須隨心皆現此菩薩摩訶薩復如是諸
行所須隨意念現此善能意樂圓滿如是諸
足天人等眾是菩薩摩訶薩由此布施波羅
之令隨所宜各得饒益如是善現諸善薩摩
訶薩行深般若波羅蜜多由能諸善薩摩訶
種種上妙樂具恭敬供養諸佛世尊及能充
力能於一切時无相已得无作佛土圓滿布施
波羅蜜多亦能圓滿諸餘善法
復次善現諸善薩摩訶薩行深般若波羅蜜
多時能以離相无漏之心而修淨戒所波羅蜜
多諸聖无漏道支所攝去令所得善薩淨戒
如是淨戒无漏無織已所限普應
受持淨智者所讚由此淨戒於一切法都无
所取諸不取无所受想行識

大般若波羅蜜多經卷第五百二十九

4873

泥金寫本《大般若波羅密多經卷第五百二十九》

（唐）三藏法師玄奘譯

日本古泥金寫本

1 卷　瓷青紙

提要：拍品存卷第五百二十九，第三分妙相品第二十八之二。卷首存扉畫殘片，以泥金書於瓷青紙，金絲欄界，書法精整有度。存十三紙。背部無托襯。內有少量朱筆校字。

MAHAPRAJAPARAMITA SUTRA (Vol. 529)

Manuscript on golden-painted paper from Japan

1 volume

25×795cm

RMB: 80,000－120,000

四分律卷第三十八

四分律藏初分卷第卅八

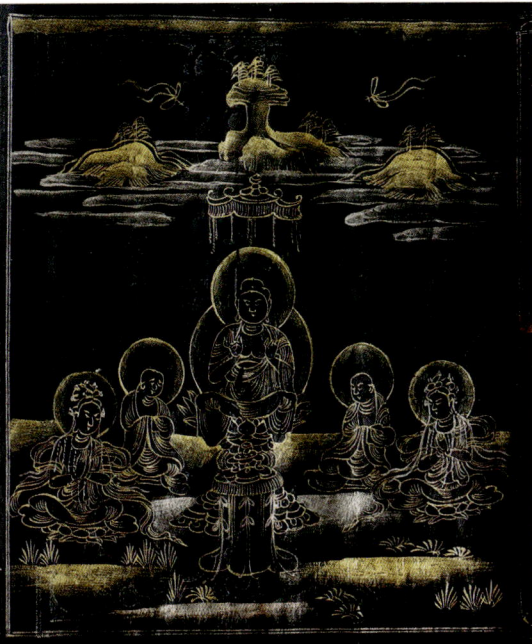

局部圖

4874

平安時期神護寺經《四分律卷第三十八》

日本平安時期泥金寫本

1 卷　鉗紙

鑒藏印：神護寺（朱）

提要：拍品為日本平安後期（12世紀中葉）鳥羽院發願抄寫的一切經，亦稱神護寺敕願一切經。據田中塊堂《古寫經綜鑒》載，神護寺經為鳥羽法皇敕願後白河法皇父君遺志品，為神護寺現在遺存品中的極其貴重品，被文部省認定為重要美術品。

此拍品繪扉完整、經文料紙完整，為神護寺經中逸品。卷端題“四分律藏第三分之二 卷卅八”，下鈐“神護寺”朱文長方印。楷體舒展流美，結字謹嚴，全卷文字係一位寫經生所抄。鋒芒顯露，唐楷之味十足。以泥金寫於瓷青紙，界格用銀粉劃分，金光輝輝，紙色沉靜，更

顯莊嚴肅穆。銅頭木質獨根，上雕刻細緻花紋，原裝原裱，保存完好。木盒蓋內有墨筆書：“田山方尚謹題”六字。

泥金古寫本俗稱金銀書古寫經。瓷青紙泥金寫本，因造價高昂，多為皇室貴族發願所寫，存世稀少。

DHARMAGUPTA-VINAYA SUTRA FROM JINGOJI TEMPLE (Vol. 38)

Manuscript in Heian period of Japan

1 scroll

26 × 1090cm

RMB: 300,000－400,000

4875

平安中後期寫經《妙法蓮華經八卷》全帙

日本平安中後期（901~1185）金絲欄寫經

1 盒 8 卷 皮紙

提要：拍品為日本平安中後期精寫本《妙法蓮華經八卷》。全卷以小楷工書，典麗妍美，氣息娟秀，係典型的平安時期書風，頗有唐人風味。全卷以金絲為欄，紙張纖維勻細，猶如蠶繭，品相極佳，展卷即令人心神靜朗。此經卷與京都真正極樂寺所藏蓮慶願經（壽永二年，1183 年）所用金絲欄紙張一致（京都國立博古館《古寫經》112、113 號，205—207 頁），當為同一時代所書。經句間有朱筆圈點，經日語學者辨認，其語法為平安時期使用，與後世用語不類。軸頭鑲嵌螺鈿，配黑色漆盒，內外兩重箱，裝幀考究，木盒蓋內有寬永十九年（1642）壬午墨筆題記。平安時期盛行佛經供養，此經書法雋美，用紙講究，當出自平安貴族舊藏。歷經八百餘年，仍完整無缺，觸手如新，實為不可多得之古寫經珍品。縱觀國內所藏，如此 12 世紀的精美寫經已不多見，況且為全帙者，更是鳳毛麟角，藏家寶之。

SADDHARMAPUNDARIKA SUTRA

Manuscript in Heian period of Japan

1 case of 8 scrolls

約 22 × 979cm × 8

RMB: 400,000－600,000

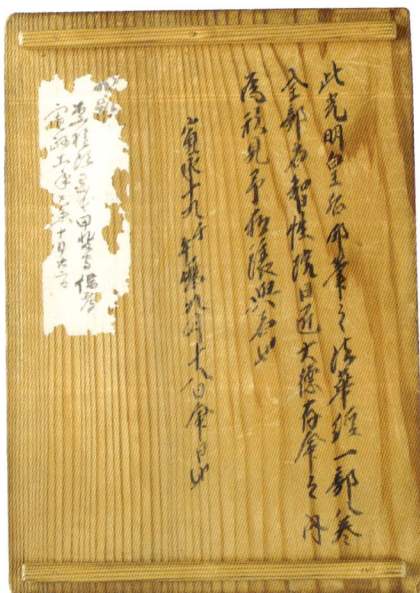

妙法蓮華經序品第一

如是我聞一時佛住王舍城耆闍崛山中與
大比丘眾萬二千人俱皆是阿羅漢諸漏已
盡無復煩惱逮得己利盡諸有結心得自在
其名曰阿若憍陳如摩訶迦葉優樓頻螺迦
葉伽耶迦葉那提迦葉舍利弗大目揵連摩
訶迦旃延阿㝹樓馱劫賓那憍梵波提離婆
多畢陵伽婆蹉薄拘羅摩訶拘絺羅難陀孫
陀羅難陀富樓那彌多羅尼子須菩提阿難
羅睺羅如是眾所知識大阿羅漢等復有學
無學二千人摩訶波闍波提比丘尼與眷屬
六千人俱羅睺羅母耶輸陀羅比丘尼亦與眷屬
菩薩摩訶薩八萬人俱於阿耨多羅
三藐三菩提不退轉皆得陀羅尼樂說辯才
轉不退轉法輪供養無量百千諸佛於諸佛
所殖眾德本常為諸佛之所稱歎以慈修身
善入佛慧通達大智到於彼岸名稱普聞無
量世界能度無數百千眾生其名曰文殊師
利菩薩觀世音菩薩得大勢菩薩常精進菩

妙法蓮華經觀世音菩薩普門品第二十五

爾時無盡意菩薩即從座起偏袒右肩合掌
向佛而作是言世尊觀世音菩薩以何因緣
名觀世音佛告無盡意菩薩善男子若有無
量百千萬億眾生受諸苦惱聞是觀世音菩
薩一心稱名觀世音菩薩即時觀其音聲皆
得解脫
若有持是觀世音菩薩名者設入大火火不
能燒由是菩薩威神力故若為大水所漂稱
其名號即得淺處若有百千萬億眾生為求
金銀琉璃車𤦲馬瑙珊瑚琥珀真珠等寶入
於大海假使黑風吹其船舫飄墮羅剎鬼國
其中若有乃至一人稱觀世音菩薩名者是
諸人等皆得解脫羅剎之難以是因緣名觀
世音

當知是人則見釋迦牟尼佛如從佛口聞此經
典當知是人供養釋迦牟尼佛當知是人佛讚
善哉當知是人爲釋迦牟尼佛手摩其頭當知
是人爲釋迦牟尼佛衣之所覆如是之人不復
貪著世樂不好外道經書手筆亦復不喜親近
其人及諸惡者若屠兒若畜猪羊雞狗若獵師
若衒賣女色是人心意質直有正憶念有福德
力是人不爲三毒所惱亦不爲嫉妒我慢邪慢
增上慢所惱是人少欲知足能修普賢之行普
賢若如來滅後後五百歲若有人見受持讀誦
法華經者應作是念此人不久當詣道場破諸
魔衆得阿耨多羅三藐三菩提轉法輪擊法鼓
吹法螺雨法雨當坐天人大衆中師子法座上
普賢若於後世受持讀誦是經典者是人不復
貪著衣服臥具飲食資生之物所願不虛亦於
現世得其福報若有人輕毀之言汝狂人耳空
作是行終無所獲如是罪報當世世無眼若有
供養讚歎之者當於今世得現果報若復見受
持是經者出其過惡若實若不實此人現世得
白癩病若有輕笑之者當世世牙齒疏缺醜唇
平鼻手腳繚戾眼目角睞身體臭穢惡瘡膿血
水腹短氣諸惡重病是故普賢若見受持是經
典者當起遠迎當如敬佛說是普賢勸發品時
恆河沙等無量無邊菩薩得百千萬億旋陀羅
尼三千大千世界微塵等諸菩薩具普賢道佛
說是經時普賢等諸菩薩舍利弗等諸聲聞及
諸天龍人非人等一切大會皆大歡喜受持佛
語作禮而去

妙法蓮華經卷第八

局部圖

局部圖

4876

大般若波羅密多經卷第五百三十七

（唐）三藏法師玄奘譯

日本久安四年（南宋紹興十八年，1148）寫本

1 卷　染黃皮紙

提要：拍品存卷第五百三十七，行十七字，烏絲欄界。書法古茂剛健。卷尾有日本久安四
　　　年（1148）墨筆題記："一校了。久安四年戊辰三月十五日戊刀始之，同五年己巳
　　　二月廿九日壬午供養，願主散位津守清無結女大江氏。"舊裱，品相佳。

MAHAPRAJAPARAMITA SUTRA (Vol. 537)

Manuscript in 1148

1 scroll

24.2 × 797cm

RMB: 40,000—50,000

局部圖

4877

大般若波羅密多經卷第四百一十三

（唐）三藏法師玄奘譯

日本久安四年（南宋紹興十八年，1148）寫本

1 卷　染黃皮紙

提要：拍品存卷第四百一十三，行十七字，烏絲欄界。書風灑落勁健。卷尾有日本久安四年（1148）墨
　　　筆題記："久安四年戊辰三月十五日戊刀始之，同五年己巳二月廿九日壬午供養，願主散位津守
　　　清無結女大江氏。"舊裱，品相佳。

MAHAPRAJAPARAMITA SUTRA (Vol. 413)

Manuscript in 1148

1 scroll

23.9 × 898cm

RMB: 40,000－50,000

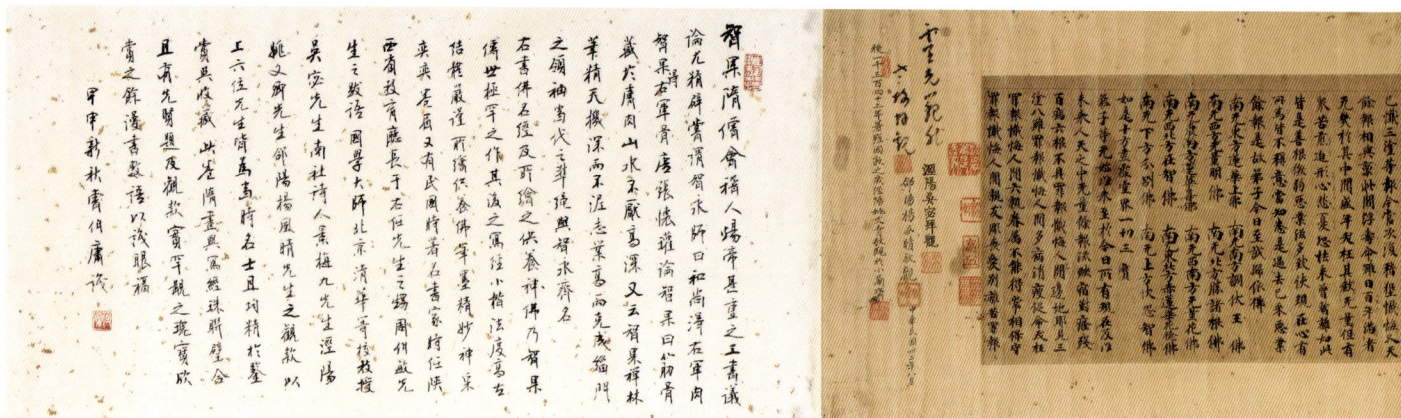

4878

高又明舊藏、周伯敏等諸家題跋《智果繪供養神佛像及寫經》

古繪本、寫本

1盒1卷　麻紙

鑒藏印：高押（朱）　師佛軒（朱）　白公渠首是吾家（白）　又明收藏金石書畫（白）　周伯敏印（白）　梅九（白）　吳宓（朱）　風晴（朱）　姚文青（白）　伯庸（白）　雕藝小技（白）

提要：拍品卷首為智果彩繪供養神佛像，款署："大業三年四月，大压嚴寺沙門智果敬為敦煌守禦南無師子意佛令狐押衙敬畫貳佰佛，普勸眾生供養受持。"

　　　智果，會稽（今浙江紹興）人。出家為僧，居永興寺，師事智永。常誦《法華經》。愛好文學，擅長書法，隸、行、草皆工，寫銘石尤為瘦健。其隸、行、草書被唐代張懷《書斷》列入能品。隋煬帝楊廣早年以晉王為揚州總管，愛其書法，召令寫書。智果以為既已出家，不能再為世俗服役，拒不從命。楊廣大怒，將其囚禁於江都，今守寶臺經藏。後楊廣入朝為太子，出巡揚越，智果上《太子東巡頌》，始得寬宥，賜錢一萬、金鐘兩枚，召入東都慧日道場。後終於東都。其書法近似王右軍，隋煬帝曾謂其得右軍骨。

　　　佛像後有古寫本《佛說佛名經》三紙，近代名家周伯敏、吳宓、景梅九、楊風晴、姚文青、曹伯庸等題跋，高又明舊藏。

[GAO YOUMING, ZHOU BIMIN, ETC.] PORTRAIT OF BUDDHA PAINTED BY MONK ZHIGUO AND SUTRAS

Old manuscript

1 case of 1 scroll

畫：32×31cm　書法：22×111.5cm　題跋：25×64.5cm

RMB: 300,000－400,000

藏家簡介：高又明（1886～1951），名明德，字又明。近現代名人，辛亥革命先驅，陝西早期同盟會核心人物，實業家。學識淵博，精於鑒賞，與陝西著名收藏家、鑒賞家閻甘園齊名。

跋者簡介：1. 周伯敏（1893～1965），陝西涇陽人。于右任外甥。畢業於復旦大學，曾任于右任秘書，後任陝西省教育廳廳長。解放後被選為上海市政協委員。

　　　　　2. 吳宓（1894～1978），字雨僧、玉衡，筆名餘生，陝西涇陽人。1941年當選教育部部聘教授。清華大學國學院創辦人之一，學貫中西，被稱為中國比較文學之父。與陳寅恪、湯用彤並稱"哈佛三傑"。著有《吳宓詩集》《文學與人生》《吳宓日記》等。

　　　　　3. 景梅九（1882～1961），名定成，字梅九，晚號無礙居士，安邑（今山西運城）人。在日本加入中國同盟會並擔任山西分會評議部部長。曾任山西軍政府政事部部長。

　　　　　4. 姚文青（民國），陝西涇陽人。實業家。喜收藏，精鑒賞。對佛教頗有研究。

　　　　　5. 楊鳳晴，陝西合陽人。西北著名學者，精鑒賞。

　　　　　6. 曹伯庸（1930～2011），陝西禮泉人。陝西師大中文系教授、省文史館館員、中國書協會員、陝西省書協常務理事、西安市書協顧問、名譽主席、終南印社藝術顧問、驪山印社藝術顧問。

逢八難罪報懺悔人間多病瘦返命夭枉

罪報懺悔人間六親眷屬不能得常相保守

罪報懺悔人間親友彫喪愛別離苦罪報

涇陽吳宓拜觀

邠陽楊鳳晴敬觀

中華民國卅二年八月

後一千三百四十二年晉雍困敦之歲涇陽姚文青敬題於小蘭谿

局部圖

4879

大般若波羅蜜多經卷第三百卅六

日本古寫本

1卷　麻紙

提要：此卷首尾完整，卷末有日本天安元年（857）硃砂題記："天安元年六月二日淺間寺住貞源所持。"木軸上有墨筆題："享保三年表具屋德十郎"字樣。經文行十七字，烏絲欄界，楷法勁健，張弛有度。共計16紙，其中最長為54cm，最短為20.5cm。背面部分經托襯，有蟲蛀。

MAHAPRAJAPARAMITA SUTRA (Vol. 336)

Manuscript in Tang Dynasty

1 scroll

23.8 × 826cm

RMB: 40,000－50,000

4880

何氏詩鈔稿本

清同治間稿本

散葉 27 張　紙本

提要：此稿首葉有前人墨筆題"何口口詩鈔稿本，中有'稚子愛能文'句內註：岳齡學林皆
　　　習舉業。岳齡者，即時人何衡孫之祖，亦有詩集行世。"作者不詳。行間及頁眉皆有
　　　朱墨筆評點。所收詩有詠物者如眼鏡、書箱、水煙壺等，殊不多見，有懷人者如汪沅、
　　　楊文樸、金恬齋等多與秀水（今浙江嘉興）有關。另有紀游、訪碑等懷古之作。

HE SHI SHI CHAO

Manuscript in Tongzhi period of Qin Dynasty

27 pages

開本：26×16.5cm

RMB: 8,000－12,000

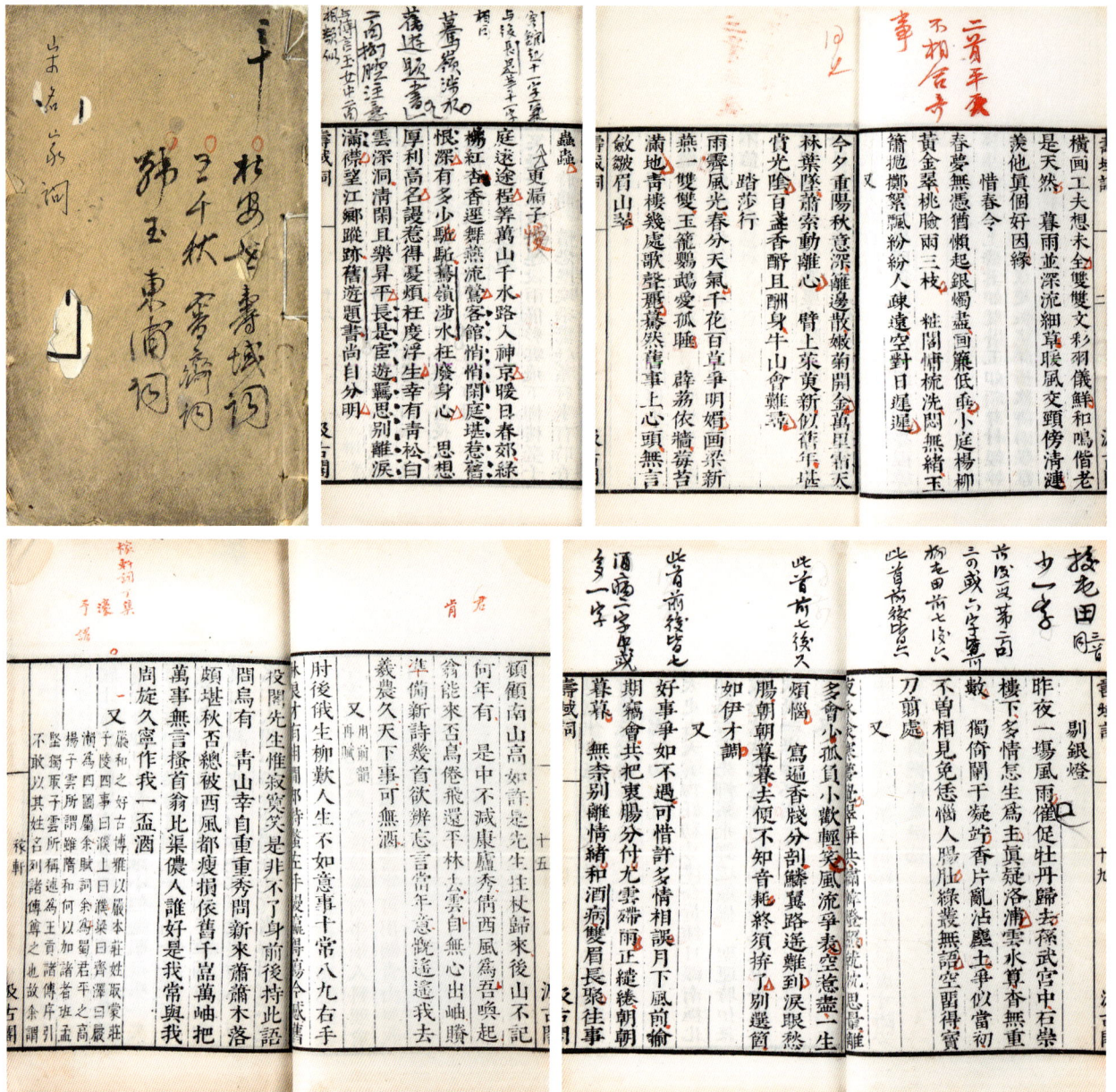

4881

吳湖帆批校《宋名家詞》

（明）毛晉輯

民國間影印巾箱本

2 冊　白紙

鑒藏印：吳倩湖颿（白）

提要：是書為民國間依明毛晉所輯《宋六十名家詞》影印，內收《珠玉詞》、《六一詞》、《東坡詞》等宋名家詞作。

　　是冊內收杜安世《壽域詞一卷》、王千秋《審齋詞一卷》、韓玉《東浦詞一卷》、辛棄疾《稼軒詞四卷》（存二卷），封面吳湖帆墨筆題名，并於《壽域詞一卷》書眉處品評甚豐，考釋音韻，推敲文字。巾箱二冊，名家舊藏。

[WU HUFAN] SONG MING JIA CI

Photocopied in Republic of China

2 volumes

開本：17×10cm

RMB: 5,000－8,000

批校者簡介：吳湖帆（1894～1968），初名翼燕，後更名萬，又名倩，字東莊，號倩庵、醜簃，齋名梅景書屋，江蘇蘇州人。收藏甚豐，精鑒別、填詞。山水宗"四王"、董其昌，上溯宋元各家，以雅腴靈秀享譽畫壇，為海上重要名家。為海上"三吳一馮"之一。

4882

朱輝《巧工圖》原稿及相關文獻

（清）朱輝撰

晚清手稿本

一批　紙本

鈐印：朱輝（白）月樵（朱）朱輝字月樵（白）

提要：拍品內收朱輝原稿《七巧會真圖》、《巧字類集》、《九字聯合保命經》、《巧工圖聯額集》、《巧工圖唐詩集》、《巧工圖應物集》、《巧工圖參元集》、《巧工山人圖書集七卷》、《若拙齋圖圖集七卷》、巧工圖書法韻編總目、巧工山人巧工圖七卷總目，《七巧全圖》底本及刻本。秋崖老人單陳煜、石和鈞、許穎長、王培芳、龍口占等人為《巧工圖》題

跋的原稿。另附朱輝與友人贈答信札、對聯、雜稿，巧工山人略歷，朱輝像片，巧工山人樂志詩拓本，《畫龍淺說》謄清稿及印本等文獻資料一批。

朱輝（1846～1935），字月樵，號渾俗道人，江蘇泰縣人。工繪事，尤善畫龍。著有《畫龍淺說》、《巧工圖集》等。

[ZHU HUI] MANUSCRIPT OF QIAO GONG TU

Manuscript in late Qing Dynasty

尺寸不一

RMB: 20,000－40,000

4883

秦彥釗舊藏《吳中舊事一卷》

（元）陸友仁著

舊鈔本

1冊　紙本

鑒藏印：秦彥釗印（白）

提要：是冊為吳中飛鴻館主人丁志偉影鈔過雲樓藏明居節寫本《吳中舊事一卷》。文章所述其鄉軼聞舊跡，如高彪碑、陸贄墓、和令坊之類，皆足以資考證，以補地志之闕。卷尾秦彥釗於民國卅四年（1945）墨筆題記乙酉（1945）仲春既望於大興路書肆得藏始末。小楷恭錄，紙白墨精，是為鄉邦文獻之重要參考。

[QIN YANZHAO] WU ZHONG JIU SHI (1 vol)

Old manuscript

1 volume

開本：29.5×18cm

RMB: 5,000－8,000

4884

洪子彬批校《后山詩注十二卷》

（宋）陳師道撰　任淵注

清同治九年（1870）鈔本

4冊　紙本

鑒藏印：洪氏伯子手校（朱）魯軒（白）安吳洪氏魯軒家藏（白）洪子彬讀（白）唐子白珍藏記（白）

提要：陳師道《后山集》北宋政和五年由門人魏衍編訂，南宋紹興間任淵為之作注，與《山谷詩內集》並稱精密，然傳本罕見。此本為洪子彬借張裕釗藏鈔覓人抄錄，半葉七行，行十六字，前錄魏衍撰《彭城陳先生集記》，《后山詩注目錄 年譜附》。洪氏又以翁方綱評點元鈔本、清雍正雲間趙氏刻本、嘉善陳氏刻本校勘一過，以朱筆書校記於天頭。卷末有同治九年（1870）洪子彬長跋兩則。舊裝四厚冊，品相佳。

[HONG ZIBIN]　HOU SHAN SHI ZHU (12 vols)

Manuscript in 1870

4 volumes

開本：27.5×15.5cm

RMB：30,000－40,000

批校者簡介：洪子彬（清），字魯軒，湖北浠縣人。附貢，候選道。著有《魯軒詩稿》。

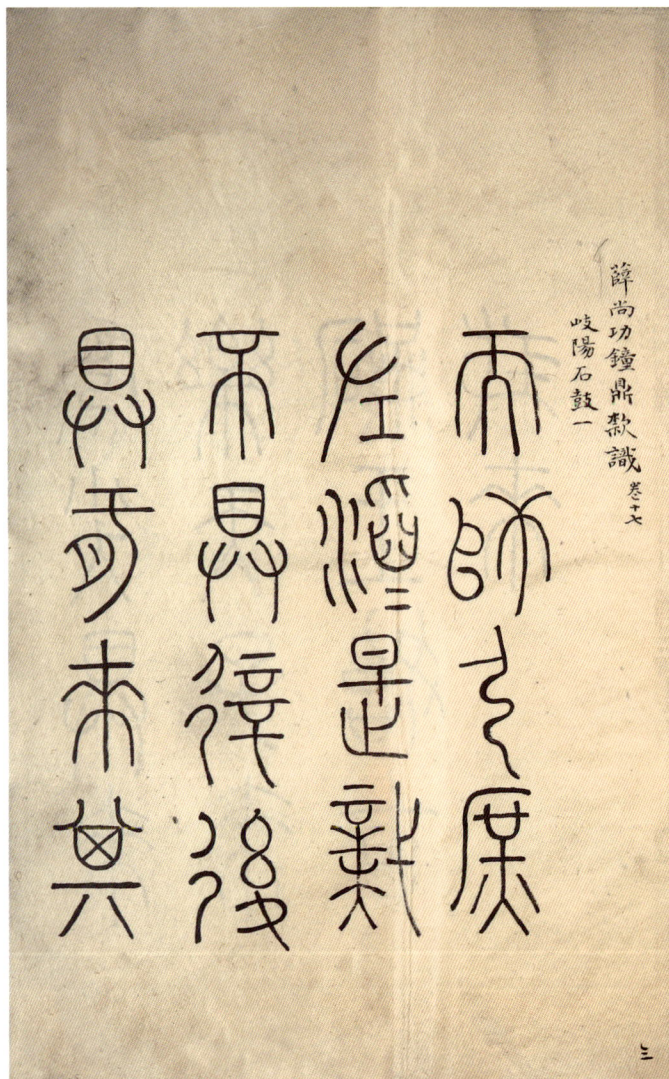

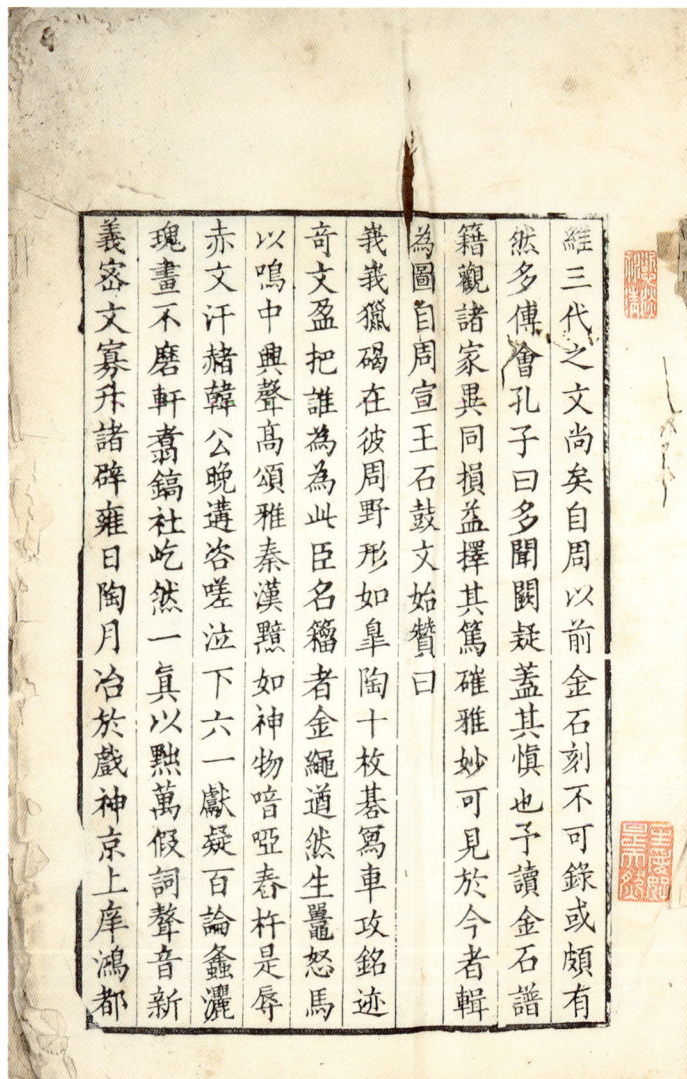

薛尚功鐘鼎款識 卷十七
岐陽石鼓一

維三代之文尚矣自周以前金石刻不可錄或頗有
然多傳會孔子曰多聞闕疑蓋其慎也予讀金石譜
籍觀諸家異同損益擇其篤確雅妙可見於今者輯
為圖自周宣王石鼓文始贊曰
羲羲獵碣在彼周野形如皋陶十枚基寫車攻銘迹
奇文盈把誰為為此臣名籀者金繩道然生噩怒馬
以鳴中興聲高頌雅秦漢顯如神物喑啞春杵是辱
赤文汗赭韓公晚遘峇屹然一真以黝萬假詞聲音新
瑰畫不磨軒蕭鎬社屹然一真以黝萬假詞聲音新
義密文寡幷諸辟雍日陶月冶於戲神京上庠鴻都

4885

石鼓文文獻

清刻本、舊鈔本

1冊 紙本

鑑藏印：子尹（朱） 鄭珍私印（白） 一生愛好是天然（白） 腳踏實地（白）

提要：拍品為石鼓文相關文獻，內收：清刻本《石鼓文》圖說、手鈔本《廣川書跋》之石鼓文、《薛尚功鐘鼎款識》卷十七之岐陽石鼓、都穆《金薤琳瑯》之周石鼓文。內有朱墨筆批校。紙拓裝，封面及冊尾數葉左下角有殘。

LITERATURES ON STONE DRUM INSCRIPTIONS

Block-printed and manuscript in Qing Dynasty

1 volume

開本：31.2×22.5cm

RMB: 5,000－8,000

4886

葉昌熾手鈔《知止堂詩錄四卷》

（清）元和朱綬撰

晚清民國間葉昌熾手鈔本

1厚冊　紙本

提要：此為葉昌熾親筆抄錄鄉賢朱綬詩集，封面有前人墨筆題記："朱仲潔先生詩錄，葉鞠常先生手抄本"，正文錄於"松竹齋"紅格稿紙。
前由清道光二十年（1840）顧承序、潘曾沂序，朱綬墓志銘。卷尾有後人朱筆補錄《楊龍友畫薛素素小影》《白石道人小像》，
并跋曰："葉菊裳先生鈔書甚夥，暮年衰景猶濡筆不輟，曾自述云，每日吮毫寫數十字，今日第四卷畢，此強弩之末也。得吾書
者其知之。此冊為先生親筆鈔卿先賢詩集，似未竟。爰補兩首以示敬意。"舊裝，品相佳。
葉昌熾（1847～1917），字菊裳，又字鞠裳，號頌魯，晚號緣督盧主人，自署歇後翁，室名緣督盧、八百經幢室等，祖籍浙江紹興，
入籍江蘇長洲。馮桂芬高足。光緒十五年（1889）進士。精於金石碑帖、版本目錄及校勘之學。並以藏書為事，多有明清文集
及宋元佳本。

[YE CHANGCHI] COLLECTION OF POEMS FROM ZHIZHITANG

Manuscript between the late Qing Dynasty and Republic of China

1 volume

開本：25×15.8cm

RMB: 40,000—50,000

4887

詩史十二卷

（清）葛震撰

清鈔本

1函4冊　紙本

提要：是書又名《四言史征》，為葛震仿明代顧正誼《詩史》以韻語作史述，取《二十一史》之人之事，熔鑄而為四字詩，
　　　又博采群書，詳加注釋。清康熙四十二年（1703）由鐘國璽刊行於世。此本前錄康熙二十七年（1688）陳
　　　廷敬序、康熙四十二年（1703）張希良、張鴻烈、鐘國璽序。全書抄錄精整，"弘"、"曆"字均避諱。內
　　　有少量墨筆批註，朱筆圈點。
　　　葛震（1636～1692），字甫之，號星巖，江蘇句容人。著有《詩史》《種松堂文集》等。

HISTORY OF POETRY (12 vols)

Manuscript in Qing Dynasty

1 case of 4 volumes

開本：22.2×12.7cm

RMB: 25,000—35,000

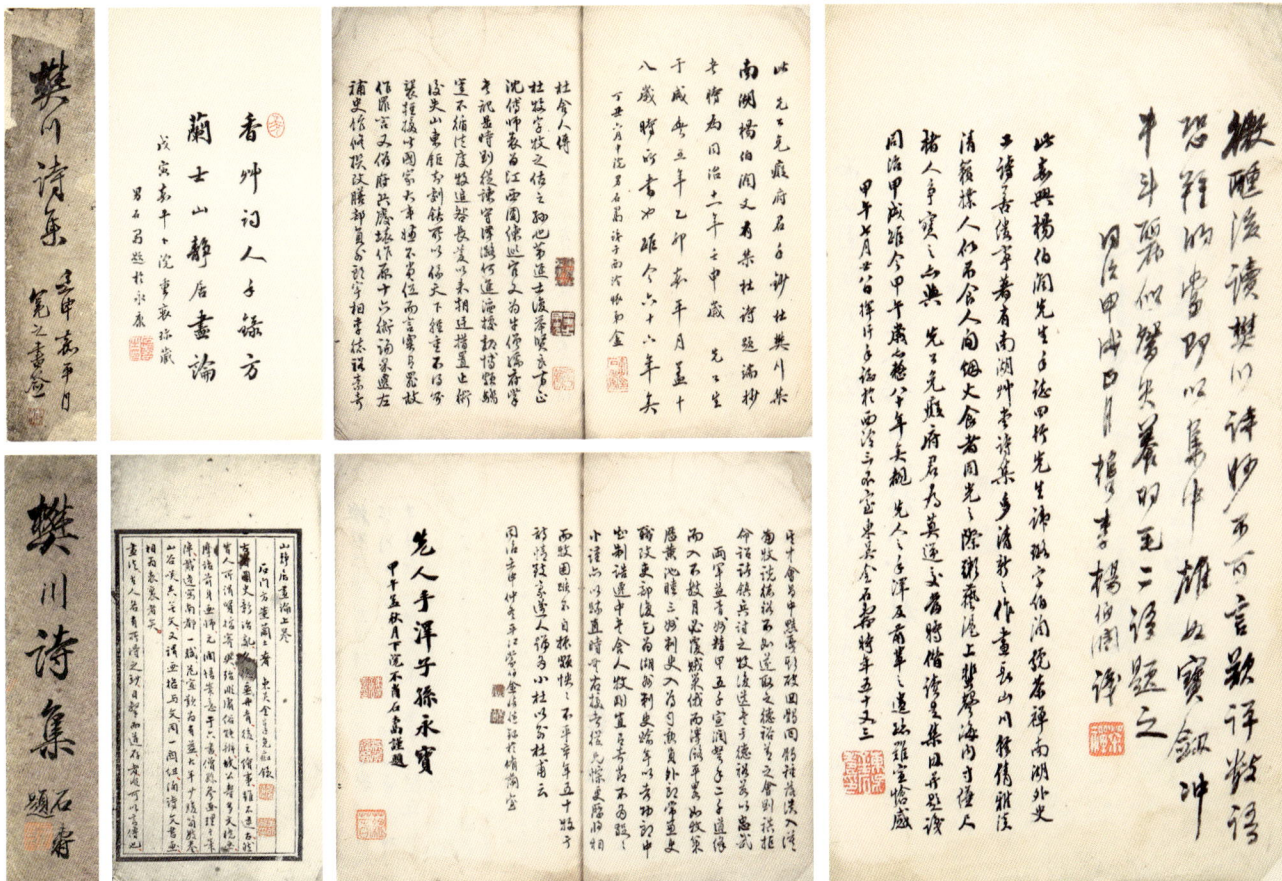

4888

楊伯潤、金石壽題跋《杜樊川詩集》、《山靜居畫論》

晚清金慎繼手鈔本

2 冊　紙本

鈐印：冕之（朱）　蒙伯（白）　金卯和印（白）　金蒙伯（朱白）

鑒藏印：金勉之藏書印（白）　石壽（白）　石壽之印（朱白）　金石壽印
（朱）　東吳金石壽印（白）　茶禪（白）　抱月樓（白）

提要：拍品為金石壽之父金慎繼手錄詩文集二種：
1.《杜樊川詩集》，清同治十一年（1872）金慎繼手鈔本，1 冊，開本：
24.5×15.8cm。金慎繼自題簽條并題記，前有清同治十三年（1874）
楊伯潤題跋。金石壽題簽、題跋，內有其補鈔并朱筆批校。
2.《山靜居畫論》（存上卷），（清）方薰撰，金慎繼手鈔本，1 冊，開本：
22.4×13.1cm。卷前有金慎繼題記一則，內有金石壽校記并題跋。
金慎繼（清），字勉之，號勉癡，江蘇吳縣（今蘇州）人，後寓滬。金
石壽父。工書法，善寫蘭。曾以書畫售資助賑，滬上有書畫助賑，自此始。

[YANG BORUN AND JIN SHISHOU]　DU FAN CHUAN SHI JI
AND SHAN JING JU HUA LUN

Manuscript by Jin Shenji in late Qing Dynasty

2 volumes

尺寸不一

RMB: 30,000－40,000

跋者簡介：1. 楊伯潤（1837～1911），字佩夫、佩甫，號茶禪居士、南湖外史，
浙江嘉興人。曾任豫園書畫善會會長。工詩，善書畫。著有《南
湖草堂集》等。
2. 金石壽，原名式冑，字石壽，後以字行，齋名三不室、懷弟盦，
江蘇吳縣人，久客杭州。供職於鹽務局。工篆刻，宗鄧散木，
籌組"龍淵印社"。擅八法，得力晉唐。

4889

張宋頎校改《鮑以文先生年譜》

（民國）黟縣王立中著

舊鈔本

1冊　竹紙

提要：鮑氏家世經商，不惜巨金求購宋元書籍，其室為"知不足齋"。與江浙一帶著名藏書家頻繁交往，往來于杭、湖、嘉、蘇數郡之間。是譜自清雍正六年（1728），迄嘉慶十二年（1807），按年分纂錄其四庫進呈、校改刊刻、題跋等諸事，及與黃丕烈、顧千里等師友交往。

是冊全篇小楷恭錄，小字雙行，封面瑞安張宋頎朱筆題名："鮑以文先生年譜，黟縣王某著，張宋頎署。"內有其癸卯（1963）夏六月圈點校改。是為研究鮑氏生平及其交往之重要史料。

[ZHANG SONGQING] CHRONICLE OF BAO YIWEN

Old manuscript

1 volume

開本：30×16.5cm

RMB: 5,000－8,000

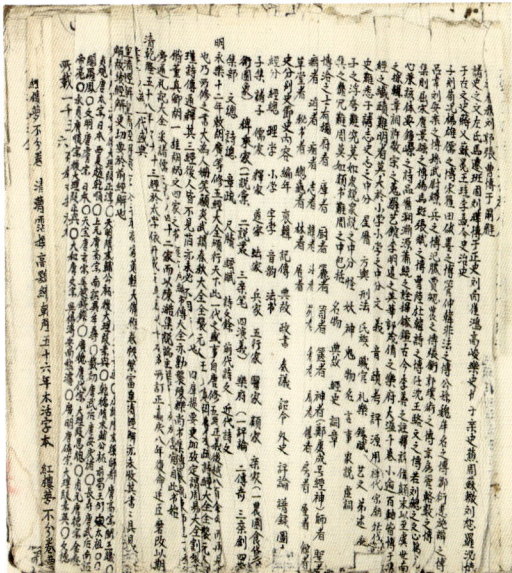

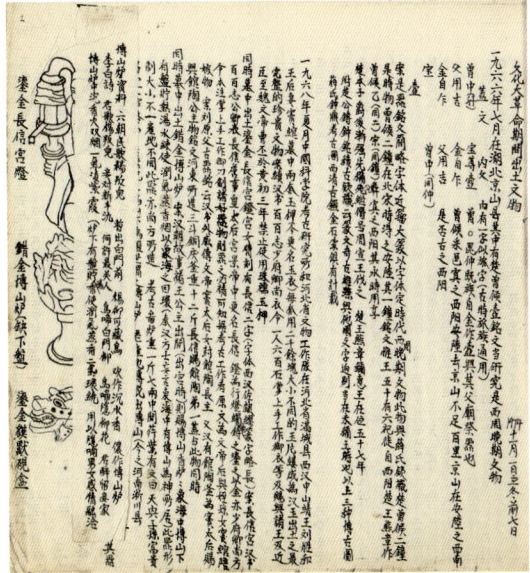

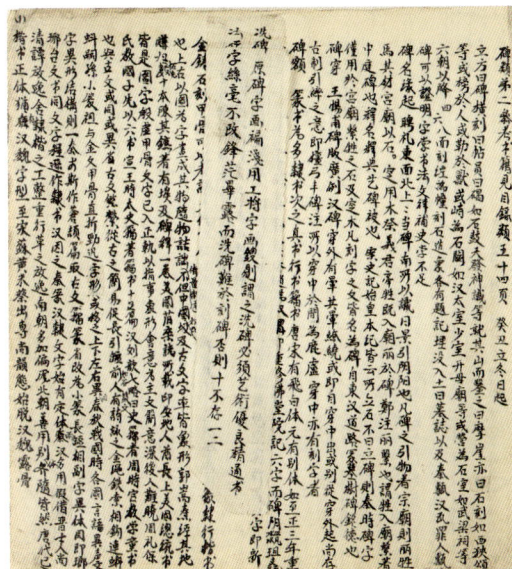

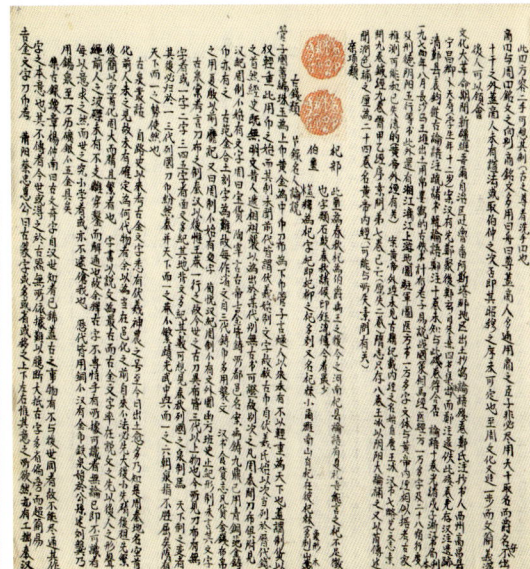

4890

文物雜錄手稿

（現代）張振鐸輯鈔

20 世紀 70–80 年代抄本

1 函 4 冊附 1 幅　紙本

提要：《文物雜錄》4 冊，1973 年 9 月天津魏子循輯，分書目、碑帖、雜項、
釋藏道藏諸類，內抄錄敦煌出土寫經、文化大革命期間出土文物、歷
代碑帖簡介及鑒定資料，內容極為豐富。舊訂四冊，牛皮紙封面上書
有每冊題名及"張振鐸"字樣。

另附 1985 年輯書畫雜項鑒定資料 1 幅，分碑帖、畫冊、陶瓷等類。

MANUSCRIPT OF RECORDS ABOUT ANTIQUES

Manuscript between the 1970s and 1980s

1 case of 4 volumes

27 × 27cm × 4　27 × 220cm

RMB: 20,000－30,000

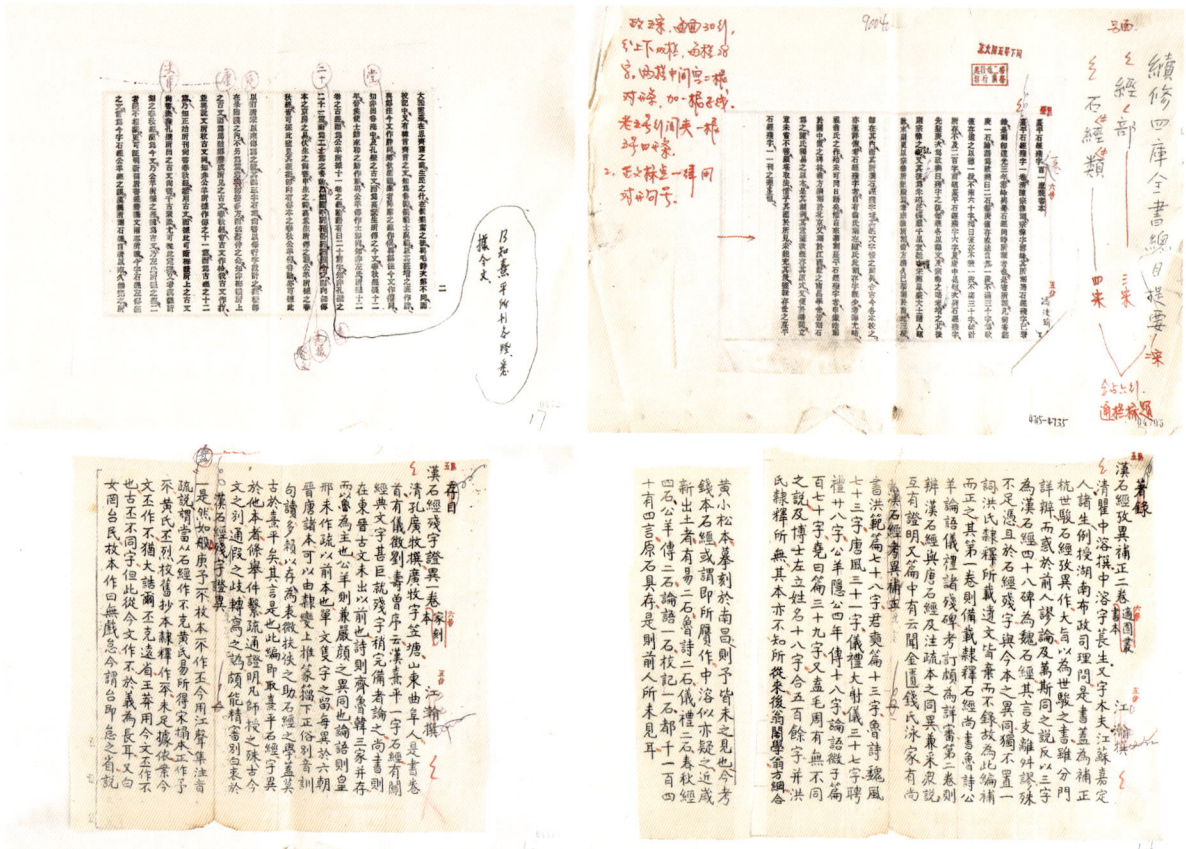

4891

《續修四庫全書總目提要》部分出版底稿

1993 年中華書局出版底稿

散葉 92 頁　紙本

提要：《續修四庫全書總目提要》為 1931 ～ 1945 年間由 "東方文化事業委員會" 組織中國學者編撰的一部大型古籍提要目錄，著錄《四庫全書總目》未收及《四庫全書》成書後問世的書籍逾 3.4 萬種，為現存規模最大的古代文獻解題目錄。《續修提要》經初步整理的油印稿主要分藏中日數家研究機構。1972 年台灣商務印書館據日本京都大學人文科學研究所藏《續修提要》油印稿出版。1993 年、1994 年中國科學院圖書館以該館藏稿為底本由中華書局、齊魯書社整理出版。

拍品為 1993 年中華書局出版底稿，散葉裝，內收馮汝玠、劉節、江瀚、孫海波等人撰《熹平石經殘字》《石經尚書》等石經類提要八十餘篇，每頁右下角有鉛筆標序號。首頁卷端有黑色圓珠筆寫 "續修四庫全書總目提要 / 經部 / 石經類"，紅色水筆標註排版樣式。每篇標題下方手寫撰者姓名，內有藍色圓珠筆、藍色鋼筆、紅色圓珠筆、鉛筆校改，稿紙背部黏貼便條，有 "缺字號" "先空" 等字樣。此稿共三種式樣，其一為油印稿，灰色邊框，版心中鎸 "續修四庫全書總目"，部分板框右下角油印 "田中拾貳"、"田中拾叁" 等字樣；其二為石印本，無邊欄，卷端題 "存目" 或 "著錄" 字樣；其三為複印本，版心鎸有 "續修四庫全書總目" 字樣。

MANUSCRIPTS OF XU XIU SI KU QUAN SHU ZONG MU TI YAO

Manuscript by Zhonghua Book Company in 1993

92 pages

開本：27.1×38cm

RMB: 5,000－8,000

4892

再續行水金鑒·永定河編

民國間編輯稿本

1 厚冊　紙本

鑒藏印：吳釗（朱）

提要：《行水金鑒》為中國古代水利文獻彙編，初編一百七十五卷，書成于雍正三年（1725），道光十二年（1832）又成續編一百五十六卷。1936 年，國民黨政府全國經濟委員會水利處處長鄭肇經動議繼編《再續行水金鑒》，記嘉慶二十六年(1821) 至清末 (1911) 九十一年事，於 1937 年 10 月成初稿。值抗日戰爭爆發，稿藏武同舉處，汪偽政權抽印江、淮、河水 3 篇 500 部，流傳不廣。1945 年日寇投降後，由國民黨中央水利實驗處收購全稿，次年由趙世暹主持整理修改，吳釗、朱更翔參其事。1953 年改稿完成，存於水利水電科學研究院水利史研究室。

拍品為《再續行水金鑒》之《永定河編》謄清稿，共約三十六萬字，前錄中華民國三十四年（1945）弁言，卷首下鈐"吳釗"朱文方印，錄於"全國經濟委員會水利處"藍格稿紙。內有大量墨筆批校。毛訂一厚冊，品相佳。

XING SHUI JIN JIAN: YONG DING HE BIAN

Manuscript in Republic of China

1 volume

開本：28.8×21cm

RMB: 30,000－40,000

軍機大臣字寄欽差兵部侍郎那署河東河道總督嵇承志河南巡
撫馬慧裕嘉慶八年十一月三十日奉上諭那等奏工段情形一摺
壞稱該處東壩此次僅止進占三丈因溜勢過急未便再行試
進現已盤護裹頭由西壩進占旬日做工四十餘丈擦日以計
至來年二月內可以完竣等語但思西壩再進占至中泓大溜
施工非易彼時搶句核計諒不能及四十丈之數斷不遲至二
月秋三月初方能蕆事那現在施工尚係淺水處所甚覺越此
天氣晴和上緊辦理於旬內多雁若于又廢可藏長補短依浪
敞工且東壩現未做工所築人夫俱可全赴西壩進力趕做自
更易於集事那等惟當於持重之中勉加迅速方為不

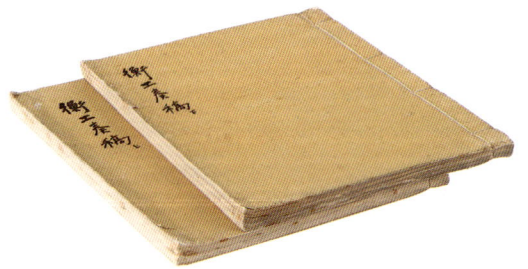

衡工奏稿

嘉慶八年十一月初二日
那彥寶承志江馬慧裕跪奏為聞事竊臣等于十
月二十二日敬將工次辦理情形陳奏聖鑒嗣奉上次硃批並
疊奉廷寄諭旨指示詳明薫屬以工代賑之法務於迅速之中計
及籌全區蟻等跪誦言同深感暢正在繕摺恭此奏聞十四月二十
九槎奉廷寄上諭那彥寶等奏辦理各工情形摺內擴稱奏家
厰挑水壩越埽均已築成數十丈惟原定壩基與現在形勢
稍異今逼南既已露灘適當溜勢未分之處擬展往逼南作
為頭壩且將引河頭往南挪正可趁溜勢未經坐灣將向北
趙之虞迎溜赴壩貝原定東西壩基即作為二壩俾重門

4893
衡工奏稿（黃河封堤史料文獻）
舊鈔本

2冊 白紙

提要：自清嘉慶年間黃河日淤，年年決口，對兩岸居民生活及運河航運造成極大影響。拍品為嘉慶八年至九年（1803～1804）期間河南封丘衡家樓河工相關奏稿七十餘篇，內錄軍機大臣寄河東河道總督嵇承志、江蘇巡撫汪志伊、欽差尚書劉權等人奏稿及嘉慶皇帝硃批，涉及防河大堤的重建、動用監銀、籌辦災區工需物料等各方詳細事宜，具有較高史料價值。內有墨筆校改，舊裝兩冊，品相佳。

HENG GONG ZOU GAO

Old manuscript

2 volumes

開本：26.6×18.4cm

RMB: 30,000－40,000

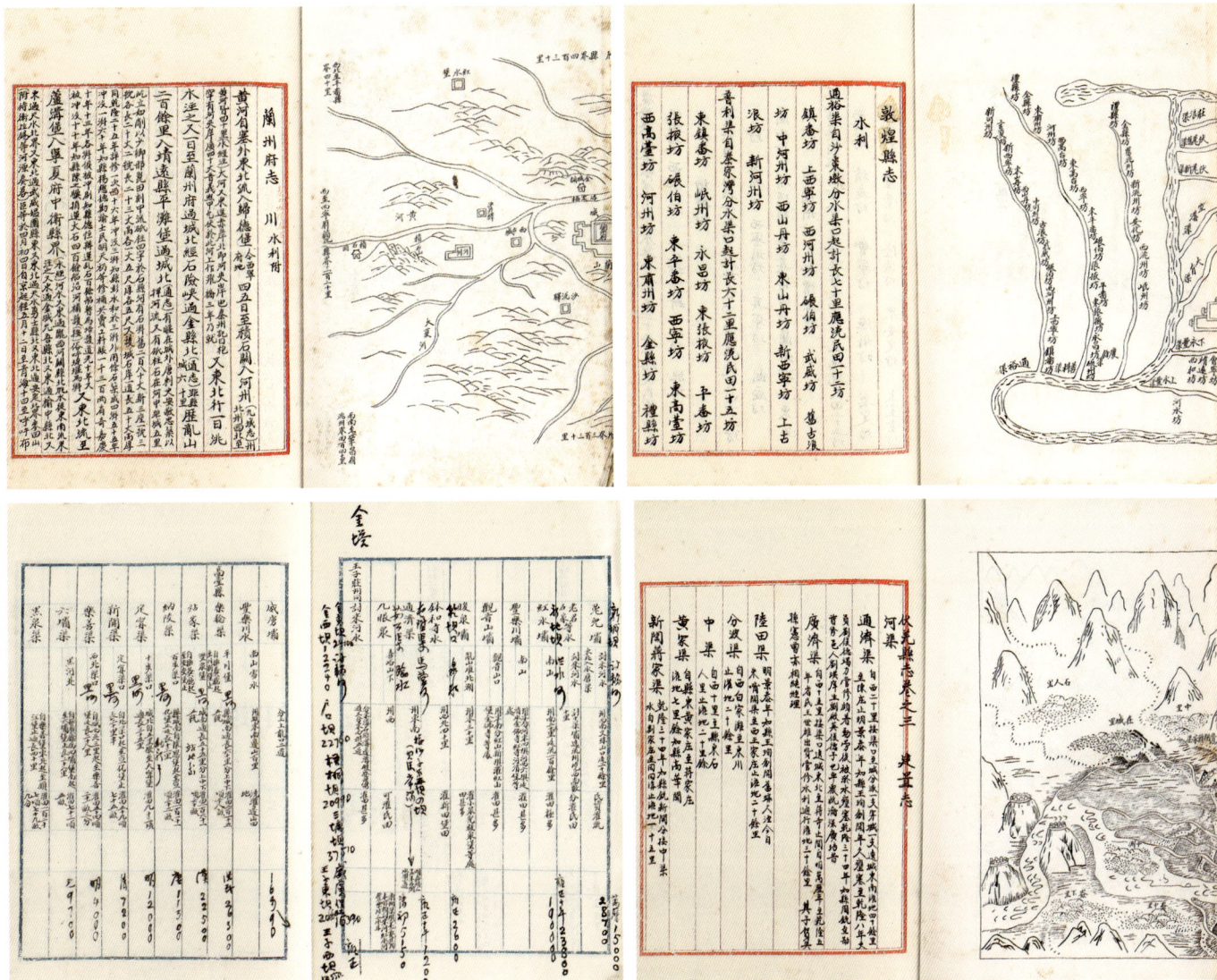

4894

西北地區水利方志

舊鈔本

15 冊　紙本

提要：拍品摘錄清乾隆至民國年間甘肅、青海等地方志中的水利部分，共計十五種：蘭州府志、敦煌縣志、甘肅各屬水利表、皋蘭縣志、重修高蘭縣志、西寧府志、西寧府續志、甘州府志、貴德縣志、重修鎮原縣志、伏羌縣志、中衛縣志、東樂志、山丹縣志、打拉池縣丞志。每種前題有按語，內繪圖表多種，有墨筆批校，對西北地區水利研究具有參考價值。舊裝，保存完好。

RECORDS OF WATER CONSERVANCY IN NORTHWESTERN CHINA

Old manuscript

15 volumes

開本：26.6×19cm

RMB: 40,000－50,000

4895

山東道監察御史吳臺壽為勝保事奏摺底稿

清寫本

1 幅 紙本

提要：是幅為清同治間山東道監察禦史吳臺壽為原兵部侍郎勝保革職查辦之事求情之奏摺底稿。勝保因陝西事件，被押解回京。同治二年由奕訢會同刑部親審。吳臺壽在奏摺稿中認為勝保雖有罪，但罪不至死。並引辛酉政變端華、肅順之舊事，力勸皇太后、皇上勿因黨朋之爭，誤傷忠臣。此事亦被輯録於《勝保傳》，頗具史料價值，誠可考之。

DRAFT OF MEMORIAL TO THE THRONE ON SHENGBAO'S TRIAL BY WU TAISHOU

Manuscript in Qing Dynasty

1 piece

107 × 29cm

RMB: 6,000－10,000

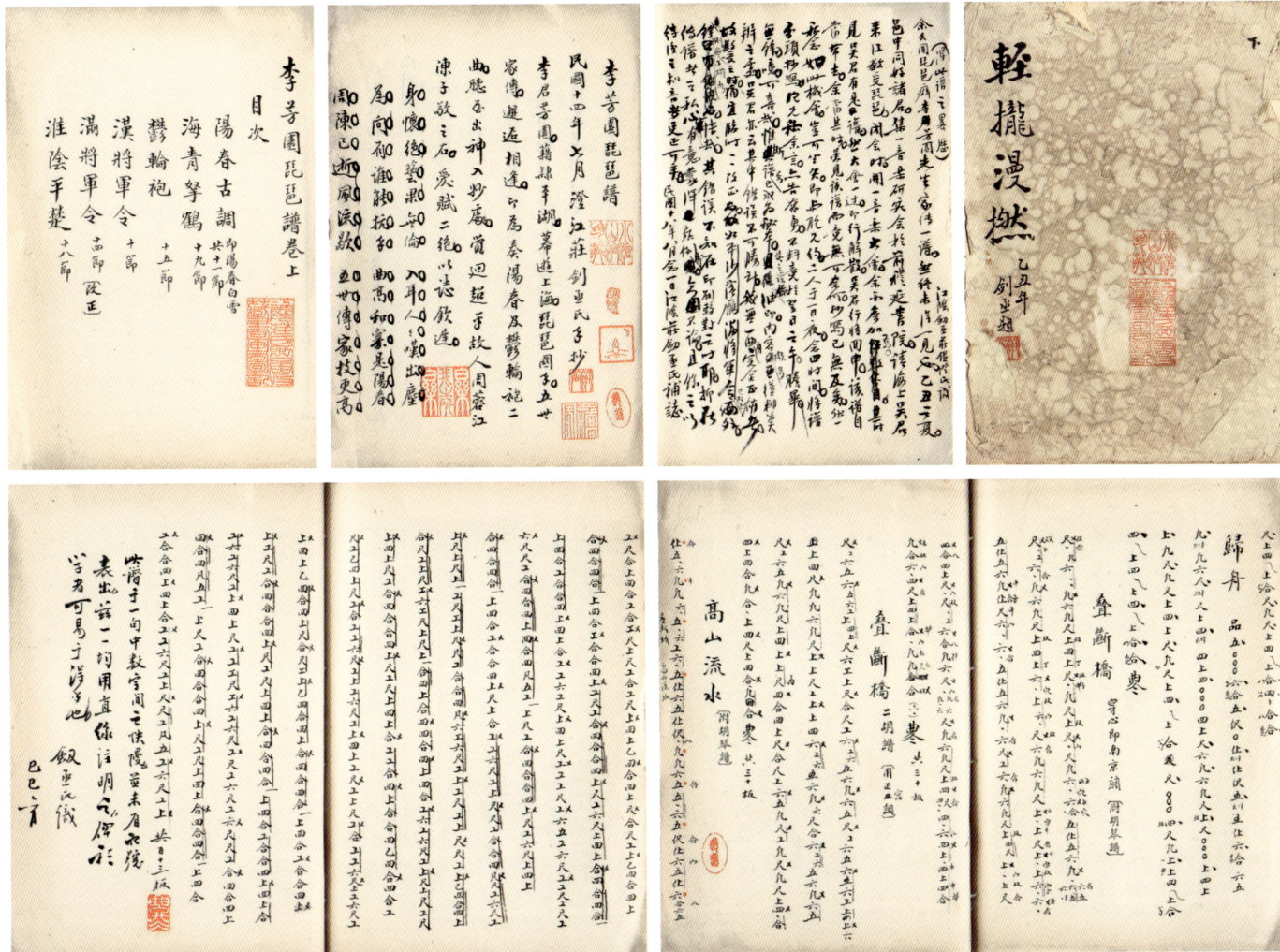

4896

莊劍丞鈔校《李芳園琵琶譜二卷》

民國十四年（1925）莊劍丞鈔本

2冊　紙本

鑒藏印：劍丞（朱）　江陰莊氏劍丞收藏書畫圖記（朱）　小滄山館珍藏（朱）

提要：拍品為莊劍丞鈔校《李芳園琵琶譜二卷》，封面有莊氏墨筆題簽："輕攏漫撚，乙丑年劍丞題"，首題"民國十四年七月澄江莊劍丞氏手鈔"字樣，前有民國十八年（1929）莊劍丞長跋，記述得此譜之異歷。民國二十一年至二十二年間，復經其手校。

莊劍丞（1905-1953），名鑒澄，字劍丞，號栩齋，江蘇江陰人。出身儒宦家庭。近代古琴名家，民國"今虞琴社"創始人之一。著有《栩齋琴譜》。

[ZHUANG JIANCHENG]　LI FANG YUAN PI PA PU (2 vols)

Manuscript by Zhuang Jiancheng in 1925

2 volumes

開本：29×21.2cm

RMB: 28,000－35,000

虎

能為百獸長自可作山君

藏隆曰雲威行首大凱

騶虞

麟仁矣而騶虞又以仁稱也王者之世仁人不□則仁獸亦□
獸騶虞蓋以虎之質而能之麟之德以為德者然麟未聞其教
虎豹騶虞傳言其殺虎豹則麟以文見其仁騶虞以武見
其仁故古人又以義稱騶虞也召南騶虞之篇于嗟乎騶
虞朱傳騶虞獸名白虎黑文不食生物者也毛氏萇曰騶
虞義獸也有至信之德則應之陸氏璣曰騶虞尾長於軀
爾雅墨曰山海經言騶虞五色一畢貝東之日行千里又淮南子
言紂拘文王於羑里散宜生乃以千金求天下之珍怪得騶
虞鵁鶒斷之東以獻紂可見騶虞是馬也□殺虎豹□見

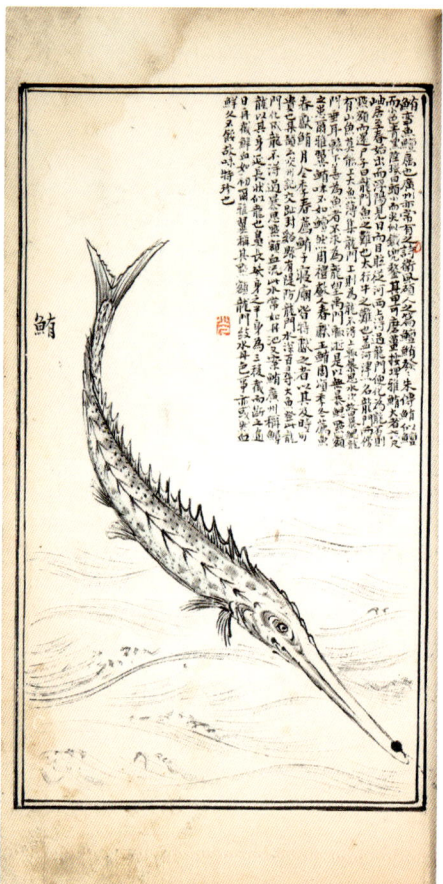

鮪

4897
乾隆間彩繪本《毛詩鳥獸草木魚蟲圖》
（清）尹光五書，高子善繪
清乾隆間繪本
1夾6冊　紙本
鈐印：尹光武印（白）　謙中（朱）
提要：拍品為尹光五將《詩經》三百篇中所詠鳥獸、草木、魚蟲手自摹寫，并於各圖上加題詠，以為考古之一助。又請友人高子（陶齋）據其摹稿更定，復賴相資以見聞，共得彩繪圖像二百餘幅。此本前有清乾隆四十六年（1781）、乾隆四十二年（1777）尹光五手書序言二則。舊裝，保存完好。

PAINTINGS AND INSCRIPTIONS ON ANIMALS, PLANTS, ETC.

Painted in Qianlong period of Qing Dynasty
1 case of 6 volumes
開本：23×13.7cm
RMB: 50,000－80,000

作者簡介：尹光五（清），字謙中，番禺（今廣東廣州）人。廩生。少孤，力學。著有《四書解》、《多識圖》、《詩講義》、《粵東土物聞見》等。

夫理必寄乎物~所以載乎理識
是理多由識是物不識是物難言
遂盡是理也故詩人多因物以發
意即物以寫情不識雞之為雞
讀雞既鳴矣茫然也不識狗之

復賴相資以見聞積數年來得
鳥獸蟲魚草木其二百餘幅珍喜而
竊存之姑以所見問漫誌之興之所
至又為詩歌以咏之時或為子相過
則出展視而互訂之意以期有厚

之益也其敢玩物喪志耶
乾隆四十有六年歲辛丑正月二十四日
藤山尹光五序 九月朔日書

余讀書數十年於正心誠意齊備平治
之道講之日久矣實而驗之乃於日用飲
食之近且毫無所得見讀書之得難言
也古人十年而治一經今人一年而治
數經卒以終身不治隻字人多如此余
更甚焉六經之中詩之於人切矣孔子屢
教人學之但雅樂淪亡古音已杳即其意
義傳之者曰離其真詩序而言朱子疑

為考古之一助其合於今者曰詳校之未合於
今者曰泰故而旁求之夫理形而上者也物形而
下者也不明乎下則上未可驟期也通乎物者
庶能進而通乎理通乎理者尤藉通乎物
而理斯化也余不曉繪事余友陶齊高子善
繪事且好博涉名物每為余所見多不誌
姑圖之為侯考之隔或竟置為末敢圖之幅
日為余圖稿一幅或二幅或更易其舊幅或

漢三者已越二期鳴呼高子京勞矣高子蓋
謂余非玩物喪志故為余耳
乾隆四十有二年歲丁酉仲春藤山尹光五序
辛丑八月廿六日書

然而夜半有力者負之而走昧者不知也藏小
大有宜猶有所遯若夫藏天下於天下而不得
所遯是恒物之大情也特犯人之形而猶喜之
若人之形者萬化而未始有極也其為樂可勝
計邪故聖人將遊於物之所不得遯而皆存善
天善老善始善終人猶效之又況萬物之所係
而一化之所待乎夫道有情有信無為無形可
傳而不可受可得而不可見自本自根未有天
地自古以固存神鬼神帝生天生地在太極之

先而不為高在六極之下而不為深先天地生
而不為久長於上古而不為老狶韋氏得之以
挈天地伏戲得之以襲氣母維斗得之以
惢日月得之終古不息堪坏得之以襲崑崙馮
夷得之以遊大川肩吾得之以處大山黃帝得
之以登雲天顓頊得之以處玄宮禹強得之立
乎北極西王母得之坐乎少廣莫知其始莫知
其終彭祖得之上及有虞下及五伯傳說得之
以相武丁奄有天下乘東維騎箕尾而比於列

而不堅也張乎其虛而不華也邴邴乎其似喜
乎崔乎其不得已乎滀乎進我色也與乎止我
德也厲乎其似世乎謷乎其未可制也連乎其
似好閉也悗乎忘其言也以刑為體以禮為翼
以知為時以德為循以刑為體者綽乎其殺也
以禮為翼者所以行於世也以知為時者不得
已於事也以德為循者言其與有足者至於丘
也而人真以為勤行者也故其好之也一其弗
好之也一其一也一其不一也一與天為

徒其不一與人為徒天與人不相勝也是之謂
真人死生命也其有夜旦之常天也人之有所
不得與皆物之情也彼特以天為父而身猶愛
之而況其卓乎人特以有君為愈乎己而身猶
死之而況其真乎泉涸魚相與處於陸相呴以
濕相濡以沫不如相忘於江湖與其譽堯而非
桀也不如兩忘而化其道夫大塊載我以形勞
我以生佚我以老息我以死故善吾生者乃所
以善吾死也夫藏舟於壑藏山於澤謂之固矣

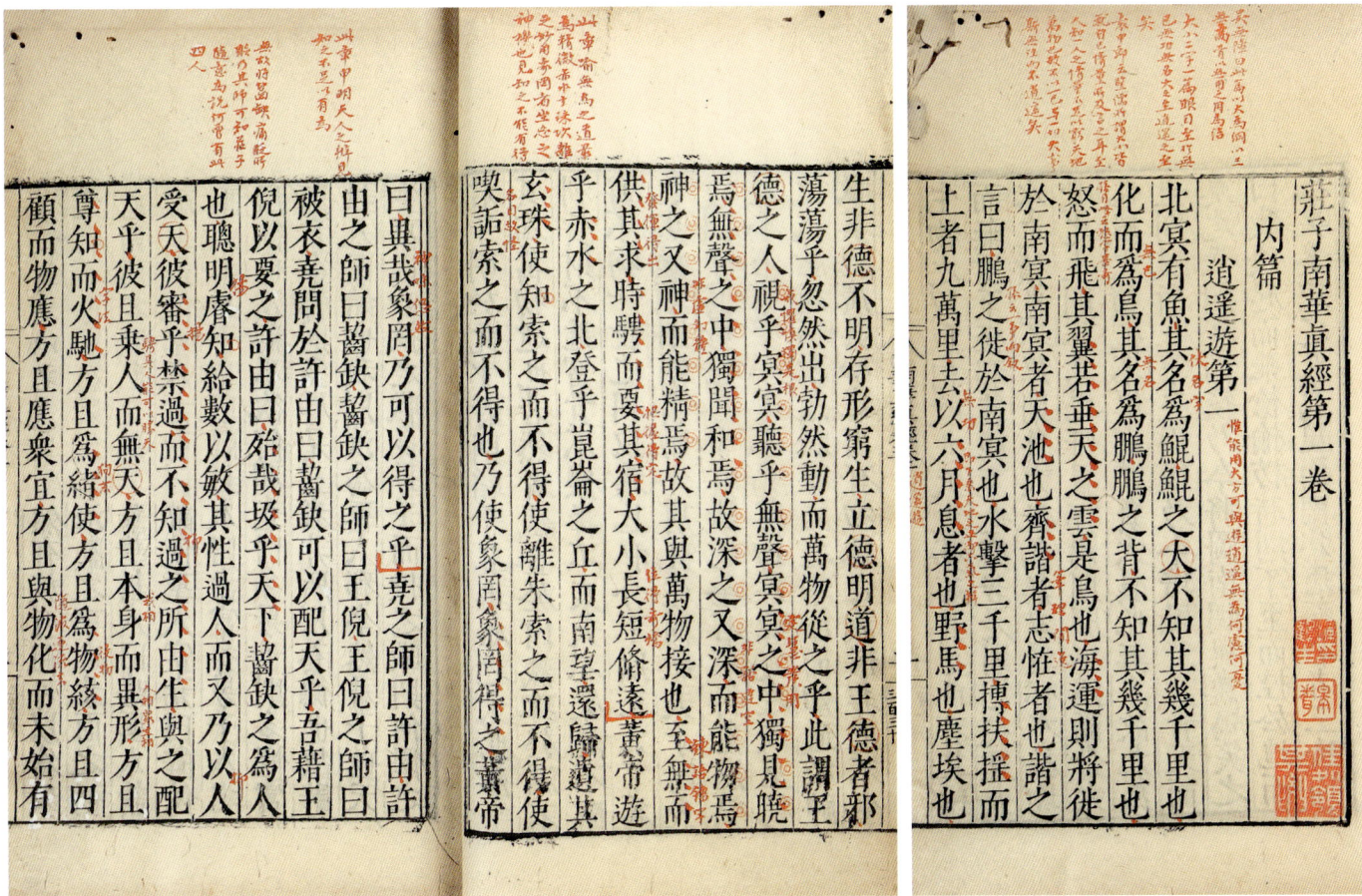

4898

惲鶴生批校《莊子南華真經十卷》

（周）莊周撰

明萬曆三十五年（1607）俞安期翏翏閣刻本

1 夾 1 厚冊　紙本

鑒藏印：鶴生（白）　益壽（白）　鶴（白）　嵩麓（朱）　誠翁（朱）　無悶居士（白）　雲皋　野鶴（白）

提要：此書半葉九行，行十八字，左右雙邊，首刊于玉立撰《合刻莊騷序》。書口下鐫 "錫山侯臣書 方仕刻" 字樣。從卷中藏印判斷，此本為惲南田的侄孫、顏李學派代表惲鶴生舊藏，內有惲鶴生通篇朱批圈點。墨色甚舊，於篇章大旨、字句辨析極詳，并大量援引文燈嚴、劉辰翁（須溪）、袁宏道（中郎）、孫鑛（月峰）、吳默（無障）、唐順之（荊川）等諸家觀點。內有補鈔數葉。

惲鶴生（1663～1741），字皋聞，晚號誠翁，江蘇常州人。清康熙四十九年（1710）舉人，金壇縣學教諭。早年拜錢陸燦為師，私淑顏元，為學主實學實用，與李恕谷交游甚密，於常州學術功績甚著。雍正十年（1732）參與纂修《江南通志》。著有《思誠堂說詩》《易學譜》《書傳禹貢》《大學正業》等。

[YUN HESHENG] ZHUANG ZI NAN HUA ZHEN JING (10 vols)

Block-printed by Liaoliaoge Studio in 1607

1 volume

半框：20.8×15cm　開本：29.3×18.5cm

RMB: 230,000－280,000

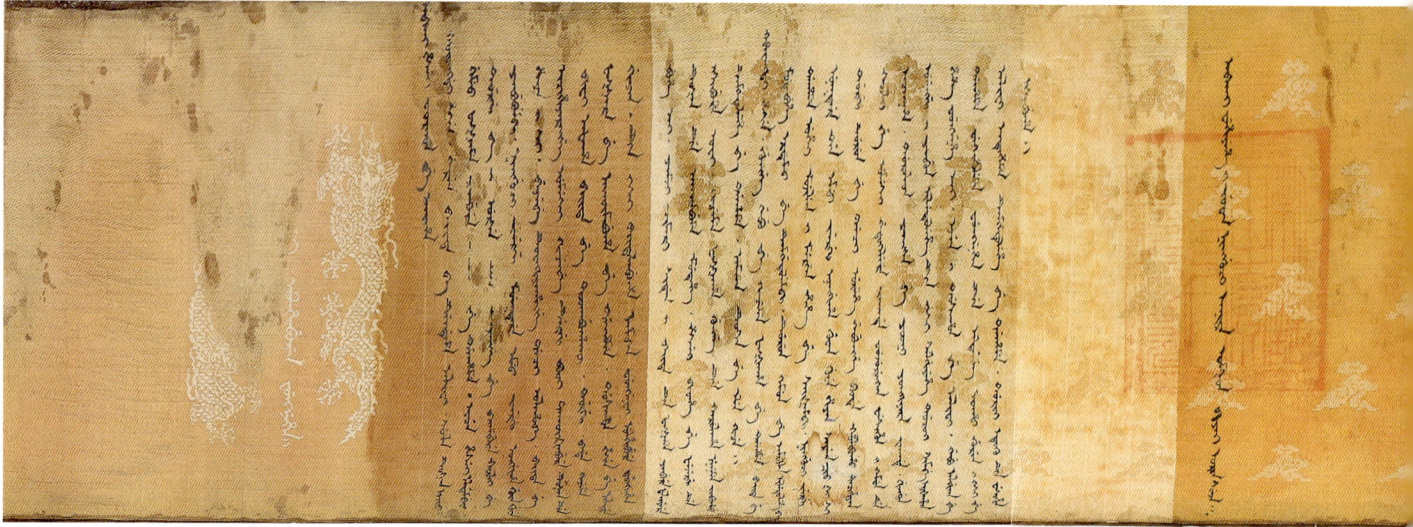

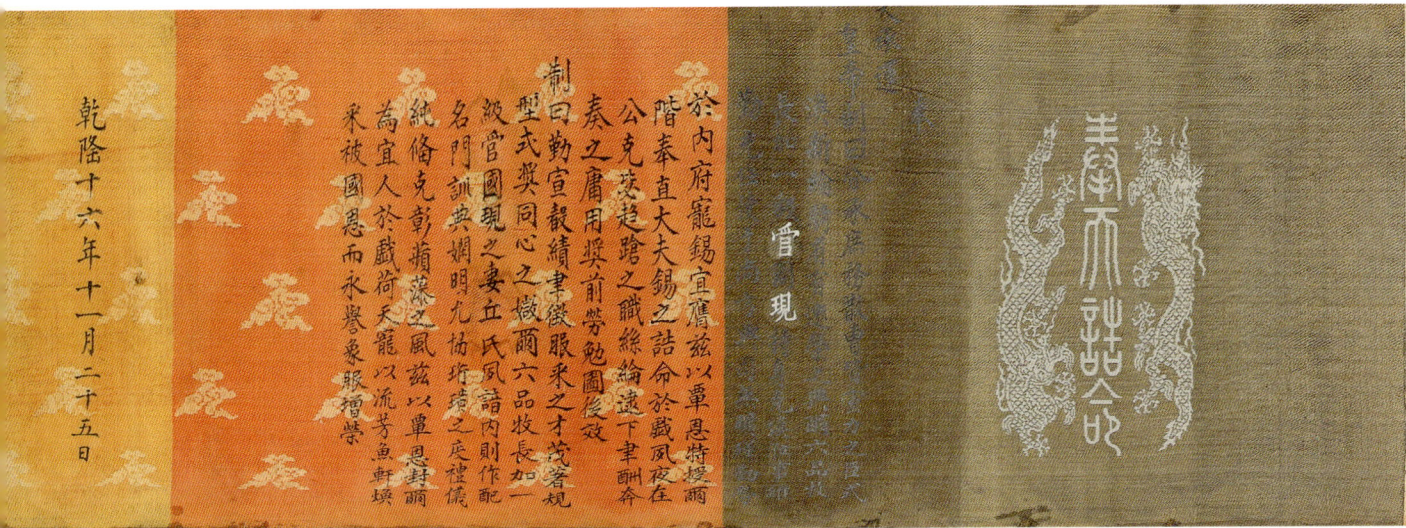

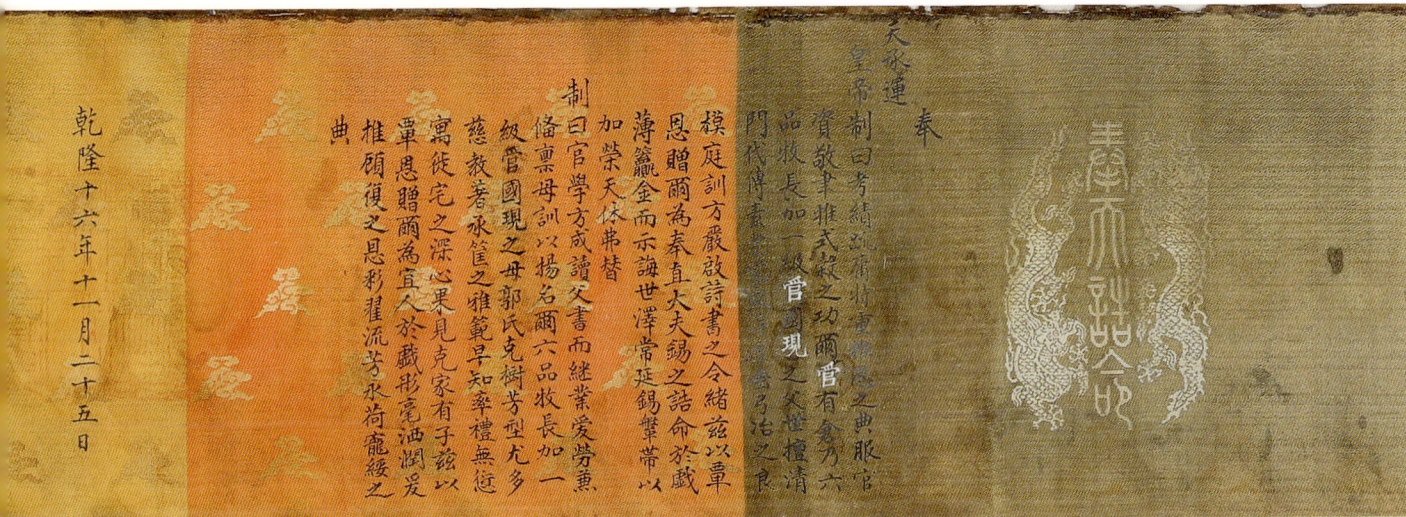

4899

乾隆十六年五彩織錦管國現夫婦及其父母誥命

清乾隆十六年（1751）寫本

2 軸　織錦

提要：誥命為明清之際，皇帝對五品以上官員功績的封贈命令。據《清會典》記載，誥命針對官員本身的叫誥授；針對曾祖父母、祖父母、父母及妻時，存者叫誥封，歿者叫誥贈。此二件五色織錦滿漢合璧誥命，為乾隆十六年（1751）十一月二十五日褒獎奉直大夫管國現，特授其為奉直大夫所頒，並封其妻丘氏為宜人，誥贈其父為奉直大夫，其母為宜人。於年款處押以鈐印，色彩絢麗，書寫工整，手卷裝池。

BROCADE OF IMPERIAL MANDATE

Dated 1751

2 scrolls

182 × 30.5cm　182.5 × 30cm

RMB: 250,000－300,000

礼经会元

4900

曹允源批校江標舊藏《宋本禮經會元》

清抄本

1冊　紙本

鑒藏印：吳郡江氏曾經審定（朱）

提要：是書爲宋葉文康公著，陸稼書先生點定。康熙間有刊本傳世。

是冊封面題名："宋本禮經會元，陳天怡藏本。"前人小楷恭錄詳細，內有朱筆圈點校改。曹允源扉頁校勘刻本，墨筆題記此版本之差別，並於內頁名錄下分注，此版較刻本多伸校節，頗有可考。

曹允源（1855～1927），字根荪，號複盦，室名響字齋，江蘇吳縣（今蘇州）人。光緒十五年進士。官至湖北襄鄖荊兵備道，授光禄大夫。民國後任江蘇省立圖書館長。有《複庵文稿》《複庵外集》等。

江標（1860～1899），字建霞，號師郘，江蘇元和（今蘇州）人。光緒進士。工詩文，好藏書，重宋元刻本、舊校舊抄，建藏書樓"靈鶼閣"、"四經四史四子四集齋"。編著有《宋元行格表》《黃蕘圃年譜》等，刊刻《靈鶼閣叢書》，世稱精本。

[CAO YUNYUAN, JIANG BIAO] SONG BEN LI JING HUI YUAN

Manuscript in Qing Dynasty

1 volume

開本：26.5×13cm

RMB: 5,000－8,000

淮南耆舊小傳乃宗文樹侯所著曾刊印流傳宗
丈逝世瞬又廿年迭經兵燹版本殆盡癸已之春
偶於滬市舊書店購得稿本乃宗文親筆所
書者為之狂喜愛題於後用誌所懷英靈
如在尚其鑒諸

蕭條叢桂故山荒白髮人素弔夕陽方北望雲煙留墨頦
教風雨失靈光年高已醉千場酒道遠難酬一瓣香
購得遺編如晤對不堪回首晚菘堂
淮南文獻伏誰收野史原同正史修此日遺書餘稿本當

年真跋委荒邱白鵝欲換黃庭香青鳥難通碧海愁
翁如有靈應鑒我此心端可證千秋
一九五三年古卅苹張孝伯敬題於春申江上之
遁天樓寓次

壽
劉平
劉州劉平字紹成別號小夢盦主人生於光緒年間
發於民國之初年甫三十餘工詩善畫花鳥破後遺
稿散佚都盡曾見其贈耿仲子一首云一渠春水碧
鱗鱗欲問交情何等截竹製成變鳳管倩君吹作
海龍吟曾鼎一竅可以知味矣
耿清
耿清字仲卖先世居和州遷吾壽三世矣姓岑峴與
世寶合博洽工詩著有意樓詩草老友薛少卿並稱

4901
張孝伯題跋張樹侯《淮南耆舊小傳初集》稿本（存下冊）
（民國）張之屏著
民國間稿本
1冊　紙本
鑒藏印：張敬華印（白）　孝伯（朱）　孝伯（白）　張之屏（白）　樹侯（朱）
提要：《淮南耆舊小傳》為壽州張樹侯先生所撰，列淮南諸家名士，分門別類繪事傳記。是冊封面張樹侯墨筆題名："淮南耆舊小傳初集下冊"，內收畫家、技藝、武術等門類，偶見刪補增改及朱筆點校。卷末張孝伯墨筆書記於滬市舊書店購得此稿本之經過，並附詩題贊，以表欽慕。
張之屏（1866～1935），字樹侯，室名晚菘堂，安徽壽縣人。清末與同里柏文蔚、孫毓筠創組強學社，倡言革命。1903年曾與同志謀劃安慶起義，事泄未果避走脫險。辛亥武昌起義，助張匯濤相應。民國後協助孫毓筠主皖。後因政局混亂返裡。著有《淮上革命史稿》。
張孝伯（1904～1983），別名敬華，晚號貞叟。室名遁天樓。安徽鳳台人。著名詩人、書畫家、古文辭專家。1931年在鳳台創辦"西銘國學研究社"，後改名"潛修學社"。曾任鳳台縣中學校長。上海兒童書局編輯。1958年被聘為上海文史館館員，擔任上海文史館文藝組組長，樂天詩社社長。中國美術家協會會員。著有《上海道契考》等。

[ZHAO XIAOBO, ZHANG SHUHOU]　HUAI NAN QI JIU XIAO ZHUAN (Vol. 2)
Manuscript in Republic of China
1 volume
開本：28.7×18cm
RMB: 5,000－8,000

淮南耆舊小傳初集
下冊

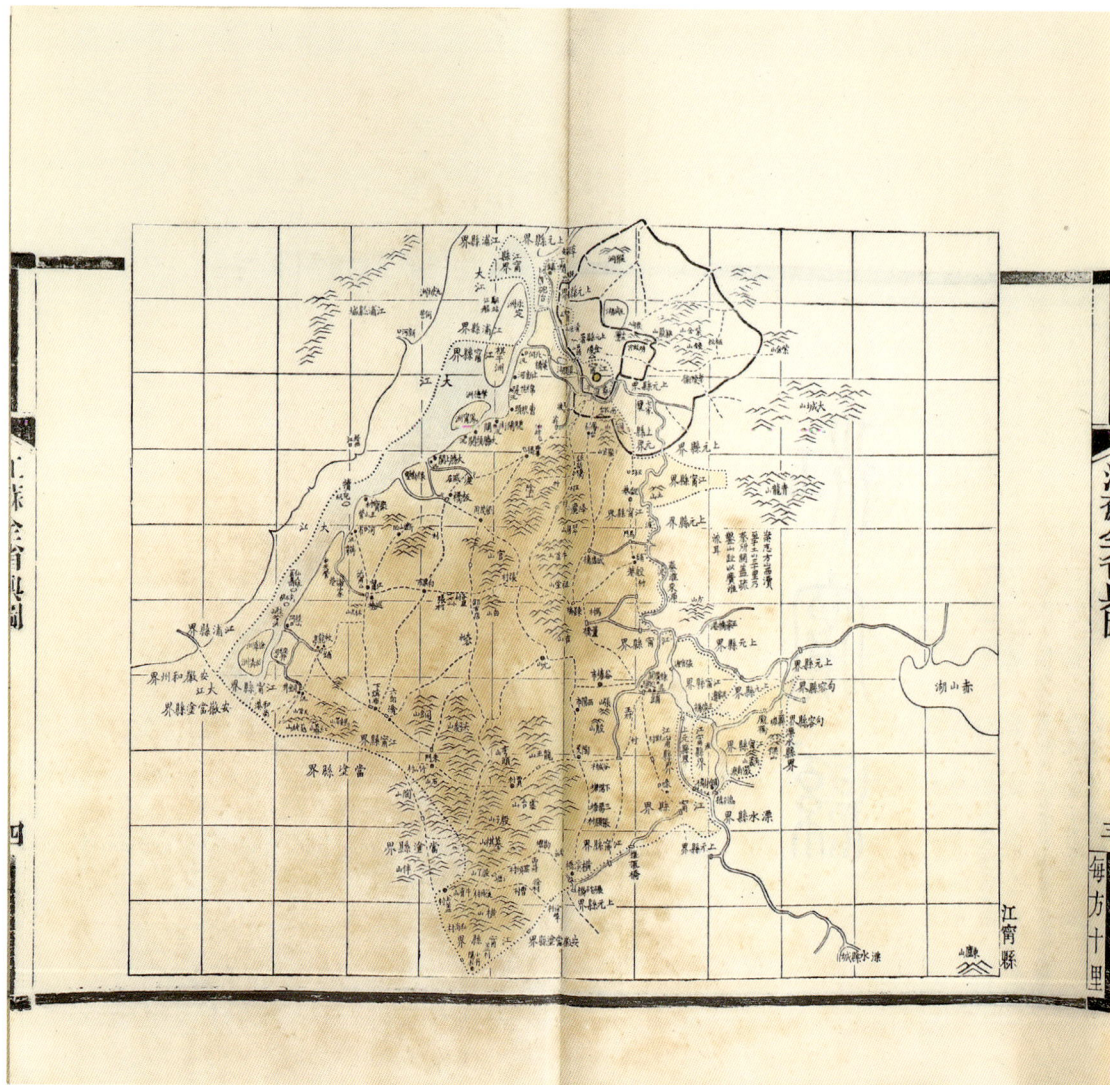

4902

江蘇全省輿圖

（清）諸可寶撰

清光緒二十一年江蘇書局刻套印本

1函3冊　紙本

提要：拍品内收《江寧布政司屬三十六廳州縣圖志》、《江蘇全省兩司八府三州一廳圖
　　　說》、《蘇州布政司屬三十三廳州縣圖志》各一冊，輯江寧府、鎮江府、揚州府、
　　　徐州府、吳縣、長州縣、元和縣等各地州廳輿圖，以山川、大地、河流等分施各色，
　　　是為江蘇史地變遷之重要史料。是冊開本敞闊，原封原簽，刊印精良。

MAP OF JIANGSU PROVINCE

Block-printed by Jiangsu Book Company in 1895

1 case of 3 volumes

半框：22×17cm　開本：32×20.5cm

RMB: 38,000－50,000

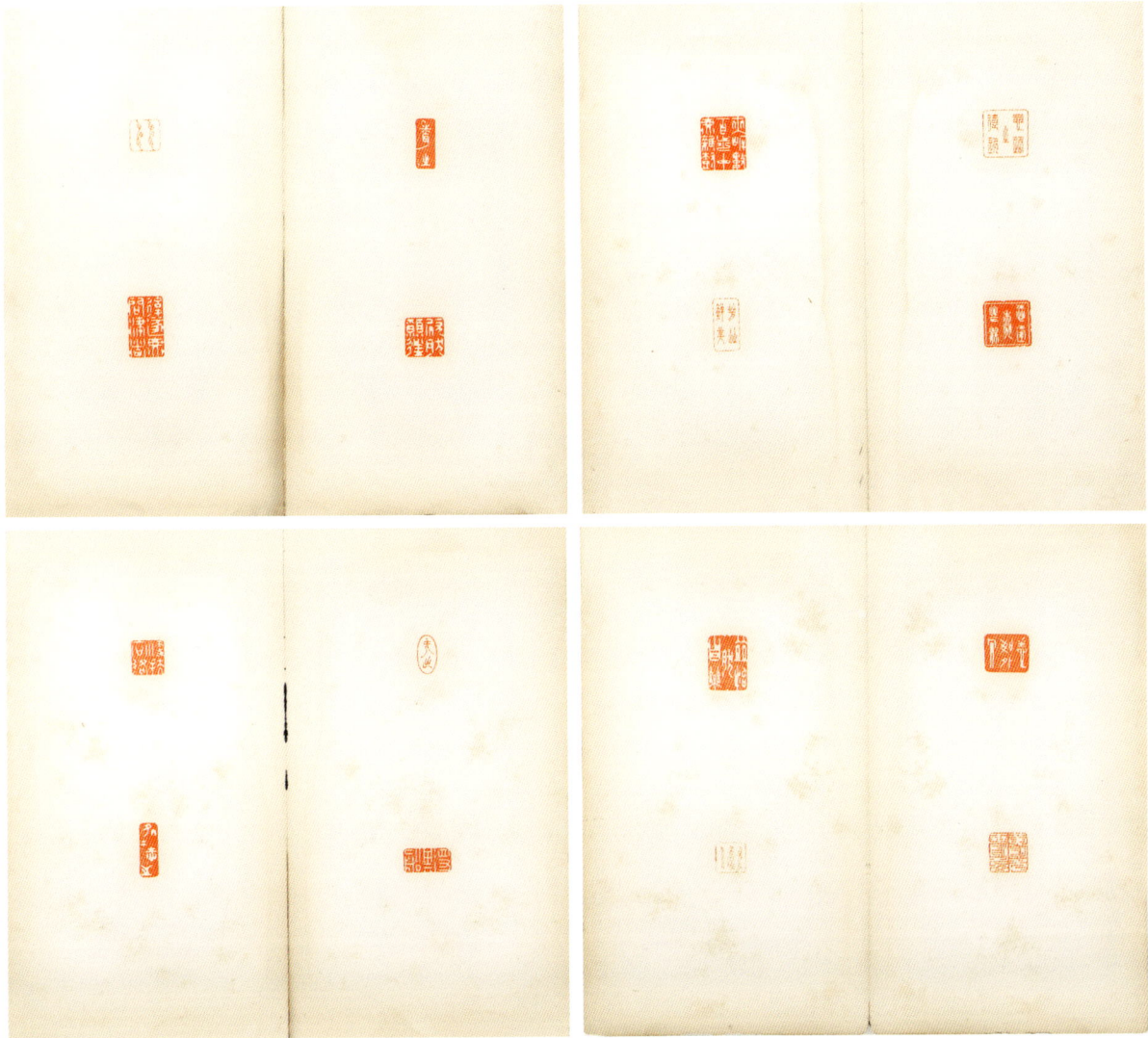

4903

桃花源記印譜

清代鈐印本

1 冊 18 開　紙本

提要：是譜封面墨筆題簽："桃花源記"，扉頁撒金紙裝，以《桃花源記》文句治印，內收 朱泥印蛻 70 餘方，無邊欄，

每頁鈐印兩枚，篆隸皆收，陰陽兼附，冊頁裝，是為文人篆刻閒情之體現。

SEAL IMPRESSIONS ON TAO HUA YUAN JI

Impressed in Qing Dynasty

1 volume of 18 pages

開本：25.8×14.5cm

RMB: 8,000－12,000

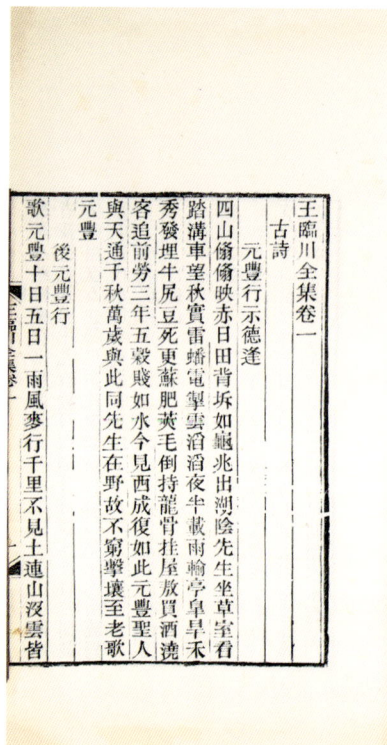

4904

王臨川全集一百卷

（宋）王安石撰

清光緒九年（1883）溧陽繆氏小峽山館刻本

16冊　白紙

提要：拍品為王安石詩文全集，扉頁刊牌記："光緒癸未孟
　　　春溧陽繆氏小峽山館刊藏"，
　　　前刊黃次山、吳澄、應雲鷟、陳九川、王宗等人序，
　　　次刊《宋史本傳》。白紙精刊，原裝原簽。

COMPLETE COLLECTION OF WANG
LINCHUAN'S POEMS (100 vols)

Block-printed by Xiaopishanguan Studio in 1883

16 volumes

半框：18.1×13.2cm　開本：29.2×17.4cm

RMB: 8,000－12,000

4905

東方兵事紀略五卷

（清）丹徒姚錫光撰

清光緒二十三年（1897）武昌刻本

1夾2冊　紙本

提要：是書為我國第一部描寫甲午戰爭的著作，姚氏彙錄釁
　　　始、援朝、奉東、金旅、遼東、山東、海軍、議款、
　　　台灣十篇計五卷，記述割地賠款巨創，以此明恥。對
　　　後世研究甲午戰爭影響深遠。
　　　是冊白紙刷印，前刊牌記，品相尚佳。

DONG FANG BIN SHI JI LUE (5 vols)

Block-printed in 1897

1 case of 2 volumes

半框：18.5×12cm　開本：24.5×14.5cm

RMB: 9,000－12,000

說文解字卷一

上平聲一

東 一德紅切

工 二古紅切

豐 三敷戎切

鳳 四方戎切

蟲 五直弓切

熊 六羽弓切

弓 七居戎切

炎 八居戎切

宮 切宮

九疾容切

龍 十力鍾切

川

獸似豕山居冬蟄从能炎省

聲凡熊之屬皆从熊
如熊黃白文从能
罷省聲彼爲切
羽弓切
古文从皮

文二 重一

以近窮遠象形古者揮作弓
周禮六弓王弓弧弓以射甲革
其質夾弓庚弓以射干矦鳥獸

全唐詩話卷之一

明海虞毛晉子晉訂

太宗

貞觀六年九月帝幸慶善宮帝生時故宅也因與
貴臣宴賦詩起居郎請平宮商被之管絃命曰功
成慶善樂使童子八佾爲九功之舞大宴會與破
陣舞偕奏於庭

帝嘗作宮體詩使虞世南賡和世南曰聖作誠工

避暑錄話卷上

宋葉少蘊著

明毛晉訂

杜子美飲中八仙歌賀知章汝陽王璡崔宗之蘇
晉李白張長史旭焦遂李適之也適之坐李林
甫譖求爲散職乃以太子少保罷政事命下與
親戚故人歡飲賦詩曰避賢初罷相樂聖且銜
杯爲問門前客今朝幾簡來可以見其超然無

4907

陸沆舊藏明汲古閣刻《全唐詩話六卷》《避暑錄話二卷》

明汲古閣刻本

1函 10冊　紙本

鑒藏印：陸沆字冰篁（白）　陸僎字樹蘭（朱）　枕湖思樹齋藏（朱）

提要：1.《全唐詩話六卷》，（宋）尤袤撰（明）毛晉訂，6冊，末刊毛晉識語。內收唐代詩人五百餘位，
　　　　載其生平，錄其釋文并加以評論，爲研究唐代詩人提供了豐富史料。
　　　2.《避暑錄話二卷》，（宋）葉夢得撰（明）毛晉訂，4冊，末刊毛晉識語。是書爲葉夢得史料筆記，
　　　　記敘評論上百位前代及宋名人的遺聞軼事、官制典章、世系等，可補史傳之缺。
　　　陸沆、陸僎舊藏。
　　　陸沆（清），字冰篁，貢生。侯選訓導。力學好古。著有《月滿樓詩文集》《金石考異》等。
　　　陸僎（清），字樹蘭，吳門（今江蘇蘇州）人。藏書家，詩人。

[LU HANG] QUAN TANG SHI HUA (6 vols), BI SHU LU HUA (2 vols)

Block-printed by Jiguge Studio in Ming Dynasty

1 case of 10 volumes

半框：18.8×13.5cm　開本：25×17cm

RMB: 18,000－25,000

大方廣佛華嚴經卷第九
于闐國三藏沙門實叉難陀譯
華藏世界品第五之二
爾時普賢菩薩復告大眾言。諸佛子。此
無邊妙華光香水海東。次有香水海名

離垢燄藏出大蓮華名一切香摩尼王
妙莊嚴有世界種而住其上。名徧照剎
旋。以菩薩行吼音為體。此中最下方有
世界名宮殿莊嚴幢其形四方。依一切
寶莊嚴海佳蓮華光網雲彌覆其上佛

大方廣佛華嚴經卷第三十一
于闐國三藏沙門實叉難陀譯
十迴向品第二十五之九
佛子。云何為菩薩摩訶薩無著無縛解
脫迴向佛子。是菩薩摩訶薩於一切善

華嚴經卷三十一
一

4908

明永樂蘇州寫刻經《大方廣佛華嚴經存十九卷》

（唐）于闐國三藏沙門實叉難陀譯

明永樂十七年（1419）福賢刻本

19冊 白棉紙

提要：此為明永樂十七年（1419）蘇州僧人福賢刻經，卷第三十四末刊施金
條記："永樂十七年十二月十三日奉佛弟子福賢發心書寫鋟梓謹施"。
據《中國古籍版刻辭典》"福賢"條："明永樂間蘇州僧。永樂十七年
（1419）手寫刻印過唐釋實叉難陀譯《大方廣佛華嚴經》80卷，由當
時閶門內中街路口陳奉泉、北寺東首吳敬山、北寺南首張近山等經坊
印行（每開5行，行15字）。"與此拍品特徵吻合。
此經每半葉五行，行十五字，上下雙邊，無千字文號。版心中鐫"華
嚴經卷某"，下鐫版片號，每折五個半葉。卷末附音釋。卷五十五末刊

"五十五卷 二十號"。卷九、卷十一、卷三十一書口下端刊有"郭妙慶"、
"張妙賢"、"定玉"、"定貴"、"園廣"、"園祥"等十六位施金者姓名。
拍品存十九卷：卷第四、九、十一、三十一、三十三、三十四、
三十八、四十一、四十三、四十四、四十六、四十九、五十一、
五十五、五十六、五十九、六十、六十八、六十九。
藍絹封皮，原裝原簽。內有補鈔三葉。

BUDDHAVATAMSAKA MAHAVAIPULYA SUTRA

Block-printed in Suzhou in 1419
19 volumes
半框：26.6×12cm 開本：33.5×12cm
RMB: 60,000－80,000

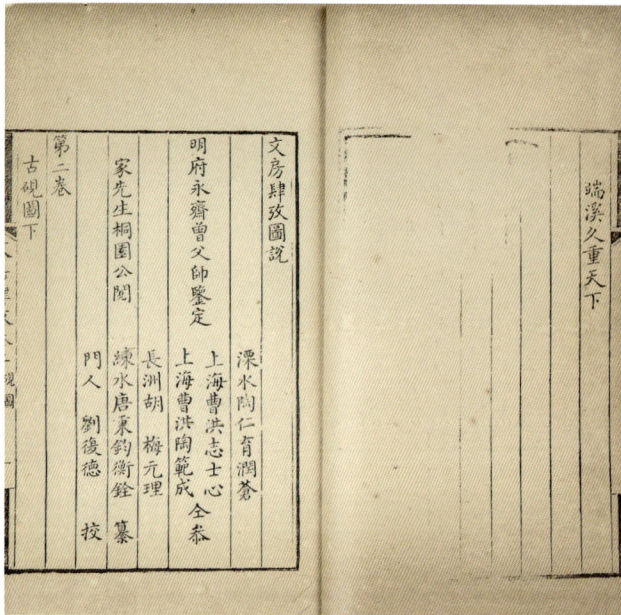

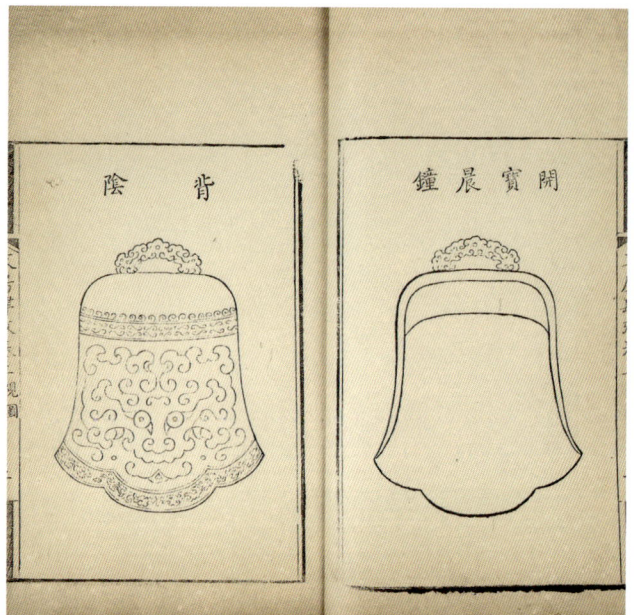

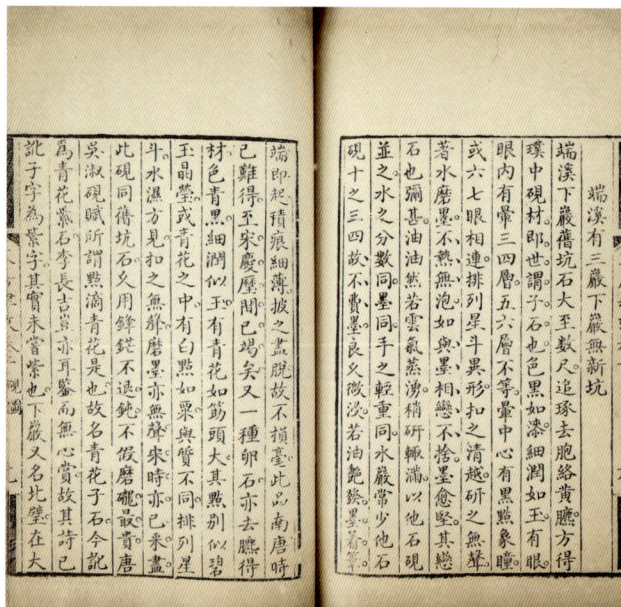

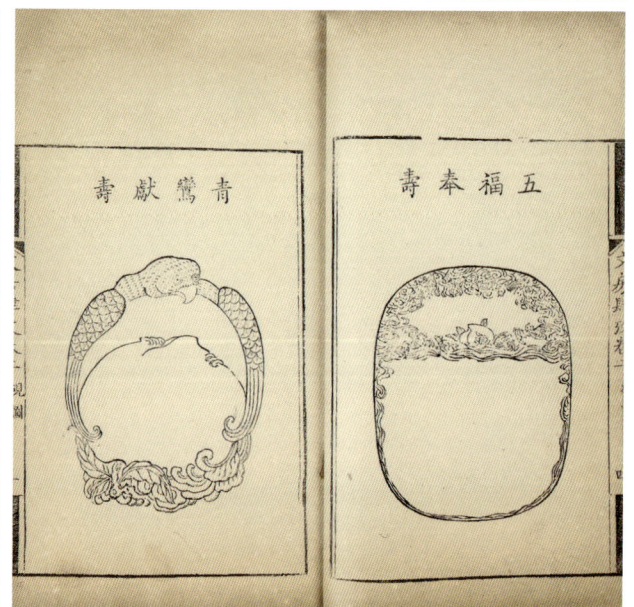

4909

文房肆考圖說八卷

（清）唐秉鈞纂

清乾隆間精寫刻本

1夾 12冊　竹紙

提要：是書唐秉鈞從平日讀書或與父兄師長談說中，所錄涉及文房博雅之資料掌故，分類編述成，涉及文房四寶、青銅器、瓷器、古琴、文章、書畫等多項內容。

是冊卷一為衡銓小像、衡銓汲古圖、古今名硯圖；卷二為古今名硯圖下、古硯考上；卷三為古硯考下、紙墨筆考、古窯器考；卷四為古銅器考、古玉器考、古今琴考；卷之五文字考、書法考、畫學考；卷六為文章考；卷七為人參考、竹莊文獻考上；卷八竹莊文獻考下、雜考。名硯圖鎪刻逼肖，寫刻精美，極具史料價值。

WEN FANG SI KAO TU SHUO (8 vols)

Block-printed in Qianlong period of Qing Dynasty

1 case of 12 volumes

半框：18×12.5cm　開本：25×16cm

RMB: 20,000－30,000

邰鐘

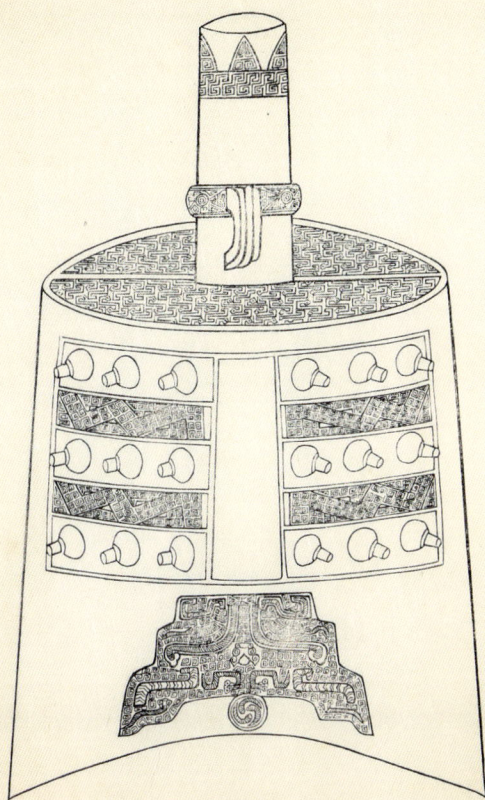

余弱冠喜習繪事不能工洎官翰林好古吉金文字有所見輒手摹之或圖其形存于篋積久得百數十器遂付剞劂氏擬分二集以所見所藏標其目暑仿長安獲古編例而不為一家言其不注其氏器者皆潘伯寅師所藏此同治壬申癸酉開所刻也十餘年來風塵鞅掌此事遂癈時有所獲不復能圖欲效而釋之亦不果福山王廉生編修懿榮屢索姑編次之以貼成書久無以應版存于家慮為蟲蠹姑編次之以貽同好光緒十一年乙酉冬十月吳縣吳大澂識

4910

恒軒所見所藏吉金錄一卷（日本皮紙本）

（清）吳大澂撰

清光緒十一年（1885）吳縣吳氏刻本

1函2厚冊　日本皮紙

鑒藏印：許霖厚印（白）

提要：是書以吳大澂家藏以及潘祖蔭所藏青銅器為主，一為所藏吉金錄，一為所見吉金錄。共著錄三代銅器一百餘件，摹錄文字，繪製圖形。

是書刊刻俱佳，字口銳利，墨色濃郁，厚冊藍錦裝幀，紙質細膩。是為早期青銅器著錄之重要史料。

IMPORTANT BRONZES COLLECTED BY HENG XUAN (1 vol)

Block-printed in 1885

1 case of 2 volumes

半框：23.5×15cm　開本：27.5×17.5cm

RMB: 45,000－60,000

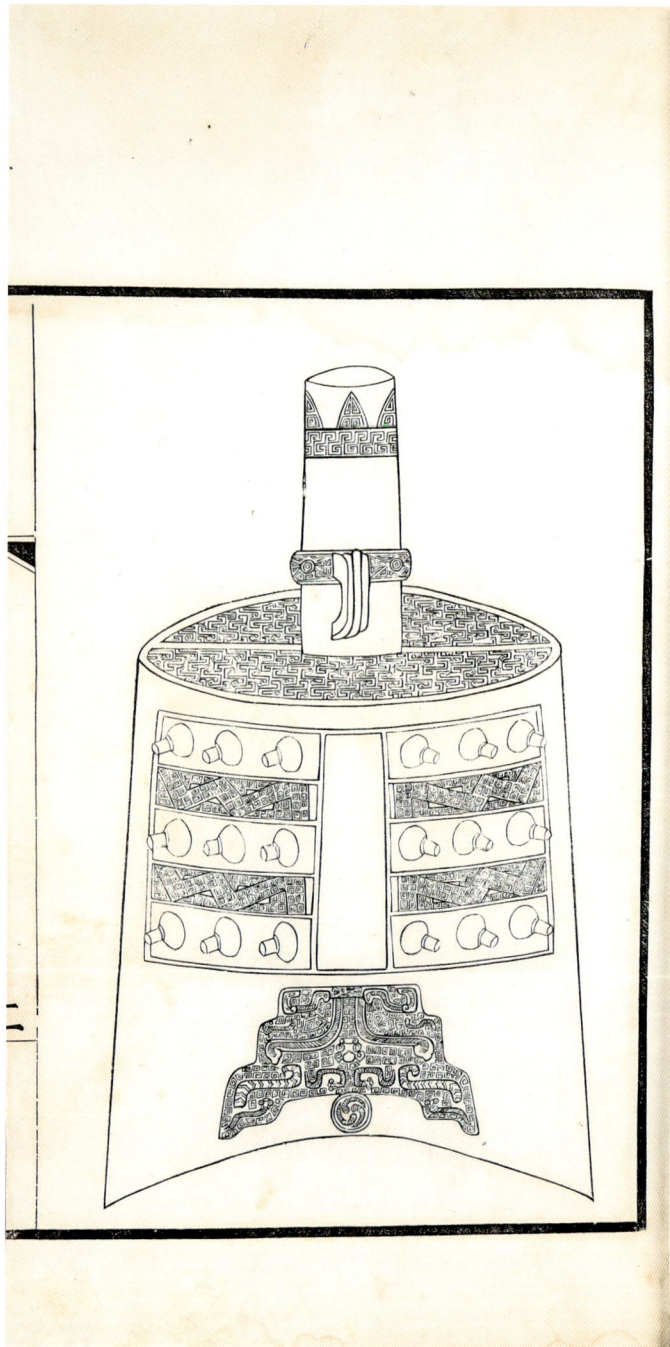

鐘鼎彝器之學萌芽於漢昌於宋極盛於
國朝乾隆中
命廷臣編西清古鑑諮曰邃古滋物歷世恒遠穆乎可見三代
以上規模氣象我朝家法不尚玩好而內府儲藏未嘗不富以
游藝之餘功寄鑒古之遠思四庫提要謂鐘鼎款識義通乎六
書制隸乎三禮阮文達則云國邑大夫之名可補經傳偏旁象
籀之字可補說文其說益尊而上之觀一時
聖主賢臣之風尚言論百餘年來魁儒雅材大率津津於是其
旨可知敷為此學者不得以玩物喪志論顧古器自周秦至今
凡有之厄章懷後漢書注引史記曰始皇鑄天下兵器為十二

4911

攀古樓彝器款識二卷

（清）潘祖蔭輯

清同治十一年（1872）京師滂喜齋刻本

1函2冊　白紙

提要：是書收錄清末金石收藏大家潘祖蔭所藏青銅器47件，慎擇詳審，摹繪極精，每圖皆附銘文及潘氏
　　　所撰考證札記，其門生吳大澂、王懿榮協助編寫。手書上板，開本闊大，是為清末私家刻書之翹楚。
　　　是冊藍錦面裝幀，墨筆題簽，卷帙完整，刊印精良。

BRONZE VESSEL COLLECTION OF PAN GU LOU (2 vols)

Block-printed by Pangxizhai in 1872

1 case of 2 volumes

半框：20×14cm　開本：29×17cm

RMB: 25,000－35,000

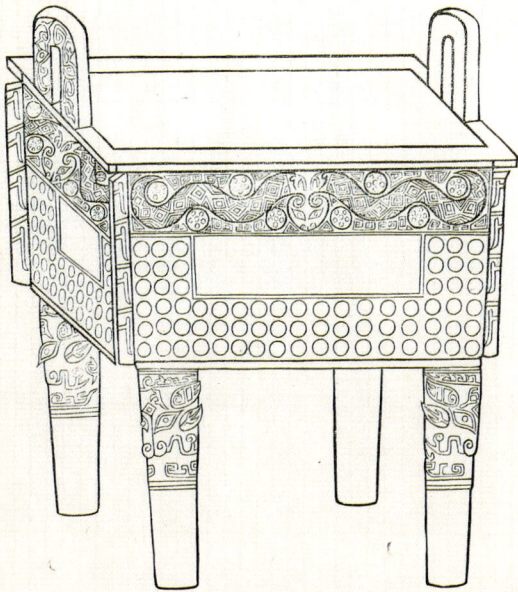

乙亥鼎

余弱冠喜習繪事不能工洎官翰林好古吉金文字
有所見輒手摹之或圖其形存于篋積久得百數十
器遂付剞劂氏擬分二集以所見所藏標其目署仿
長安獲古編例而不為一家言其不注其氏器者皆
潘伯寅師所藏此同治王申癸酉閒所刻也十餘年
來風塵鞅掌此事遂癈時有所獲不復能圖欲攷而
釋之亦不果福山王廉生編修懿榮屢索印本因末
成書久無以應版存于家慮為蟲蝕姑編次之以貽
同好光緒十一年乙酉冬十月吳縣吳大澂識

四

盍千所藏吉金錄

4912

恒軒所見所藏吉金錄一卷（羅紋紙印本）

（清）吳大澂撰

清光緒十一年（1885）吳縣吳大澂刻本

1函2冊　羅紋紙

提要：吳大澂好古，吉金文字每有所見輒手摹其形。是書內收其自藏及所見潘祖蔭等諸友所藏器，邵鐘、盂鼎、史頌敦等重器皆錄詳細，前附全形，後錄金文。是冊綾邊包角，羅紋紙刷印，器型紋飾鎸刻繁複，是為早期青銅器著錄之重要史料。

IMPORTANT BRONZES COLLECTED BY HENG XUAN (1 vol)

Block-printed by Wu Dacheng in 1885

1 case of 2 volumes

半框：24×14.5cm　開本：29.5×17cm

RMB: 48,000－60,000

金石圖說目錄

甲之上

周金一

焦山無專鼎

宣王石鼓

秦石一

泰山刻石　李斯篆書
　　二世元年

漢石四十一

滋陽牛運震階平集說

邰陽褚峻千峰橅圖

貴池劉世珩墼頎編補

聚學軒劉氏藏本

4913

金石圖說四卷

（清）牛運震輯，褚峻摹圖，劉世珩編補

清光緒二十二年（1896）貴池劉氏聚學軒刻本

4冊　白紙

提要：是原書為清乾隆時期牛運震所輯周、秦、漢魏、隋、唐等朝金石碑文，焦山無專鼎、泰山刻石、九成宮醴泉
　　　銘、中興頌等名品廣征博引，體現原碑神韻。圭躍花紋摹刻極細，考據尤精，可謂"縮豐碑巨制於尺天寸地
　　　中"。此本前刊清光緒二十年（1894）劉世珩序文，乃依原本覆雕，並詳加考訂。書口下刻"聚學軒劉氏藏本"，
　　　圖文並茂，開本閣大，紙白如玉。
　　　劉世珩（1874～1926），字蔥石，號聚卿，室名玉海堂、聚學軒等，安徽貴池人。光緒甲午（1894）舉人。富收藏，
　　　所刊之書，均經詳勘。

JIN SHI TU SHUO (4 vols)

Block-printed by Juxuexuan Studio in 1896

4 volumes

半框：24.5×18.5cm　開本：39×25cm

RMB: 8,000－12,000

長洲王芑孫評本

金石三例

潘蒼厓金石例　王止仲墓銘舉例

黃梨洲金石要例

文章無定例
耳若云無義
則不可也

金石三例序

文章無義例惟碑碣之製則備載姓氏爵里世系以及功
烈德望子女卒葬之類近於史家如春秋之有五十凡故
例尚爲碑碣與于漢魏迄唐末以下而例則斷自韓子元
潘蒼崖創爲金石例十卷制器之楷式爲文之椠槧靡不
畢其明初王止仲又撰墓銘舉例四卷兼韓子以下十五
家條分縷晰例之正變推而愈廣
本朝黃梨淵以潘書未著爲例之義與壞例之始作金石
要例一卷用補蒼崖之闕合三書而金石之例始賅晷病
時賢碑碣敍次失宜煩簡靡當蓋未嘗于前人體製一篇

4914

金石三例十五卷

（清）王芑孫評

清光緒四年（1878）南海馮氏讀有用書齋刻朱墨套印本

4 冊　白紙

提要：是書共三種十五卷，爲元潘昂霄《金石例十卷》、明王行《墓銘舉例四卷》、清黃宗羲《金石要例一卷》，
　　　入史部金石類，皆探討碑版文字作法及體例的著作。朱墨圈點，并於書眉、行間刊以王芑孫評校，套印工整，
　　　紙白墨精。

JIN SHI SAN LI (15 vols)

Printed by Duyouyongshuzhai Studio in 1878

4 volumes

半框：20×15.5cm　開本：31.5×18.5cm

RMB: 8,000－12,000

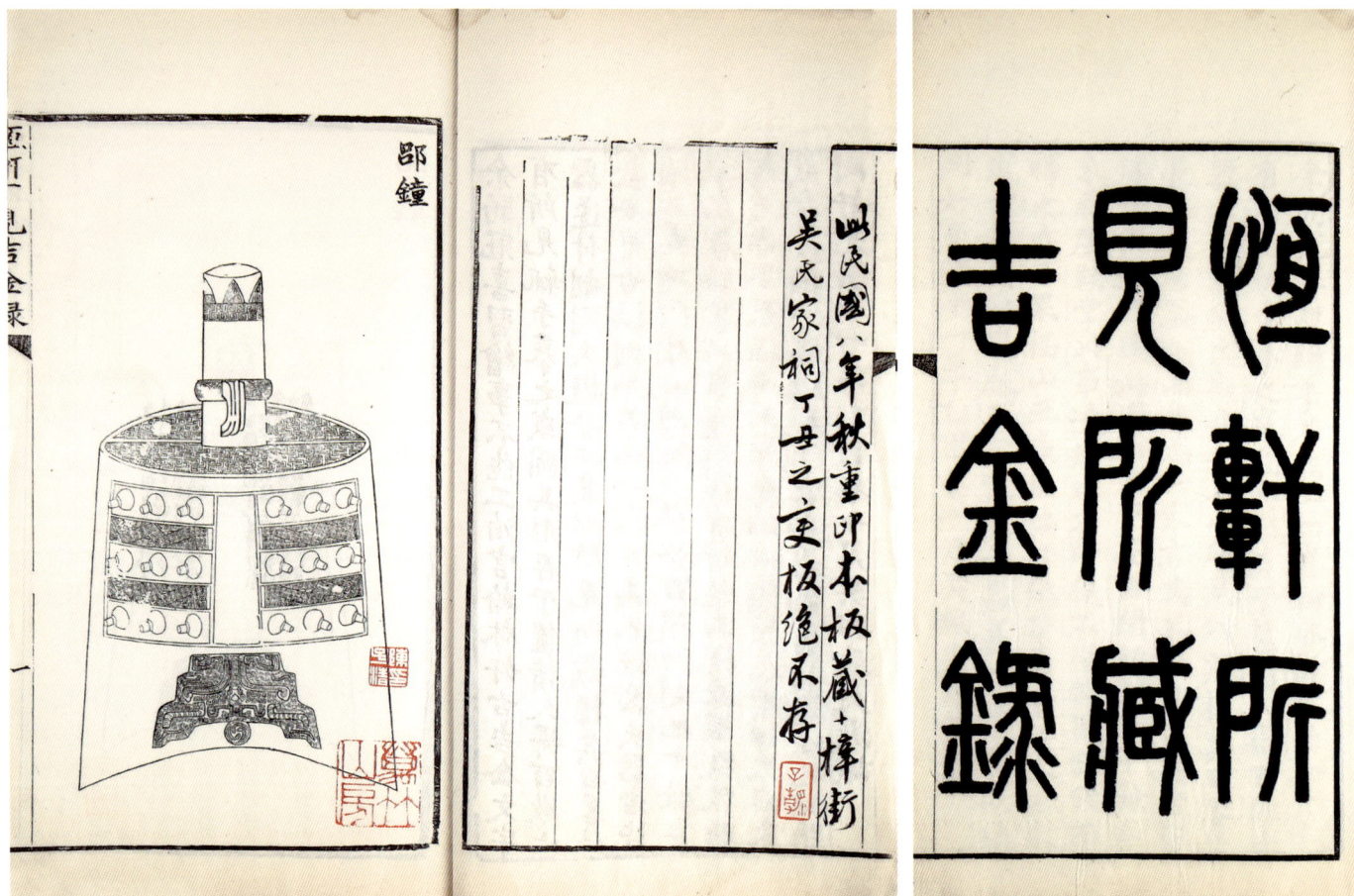

4913 號——4921 號拍品為同一藏家友情提供

邵鐘

此民國八年秋重印本板藏十梓街吳氏家祠丁丑之變板絕不存

恒軒所見所藏吉金錄

4915

陳子清題跋《恒軒所見所藏吉金錄不分卷》

（清）吳大澂撰

清光緒十一年（1885）吳縣吳氏刻本

2 冊　白紙

鑒藏印：子清（朱）陳子清（白）萬竹山房（朱）吳氏二十八將軍印齋版己末九月王金波承印（朱）

提要：是書為吳大澂考釋商周秦漢青銅器著作，據吳氏手書上版，內收吳大澂、潘祖蔭等藏商周吉金器百餘件，每器均精刻圖形並摹銘文。前刊光緒十一年吳大澂序。陳子清墨筆題記："此民國八年秋重印本，板藏十梓街吳氏家祠，丁醜之變板絕不存。"是為考證此書刊印之重要依據。名家舊藏，品相尚佳。

陳子清（1895～1946），字白齋，江蘇吳縣人。吳湖帆表兄。工山水、書法、篆刻，山水澹泊秀雅，得王石穀筆意。

[CHEN ZIQING] IMPORTANT BRONZES COLLECTED BY HENG XUAN

Block-printed in 1885

2 volumes

半框：24×14.8cm　開本：30×17.2cm

RMB: 5,000－8,000

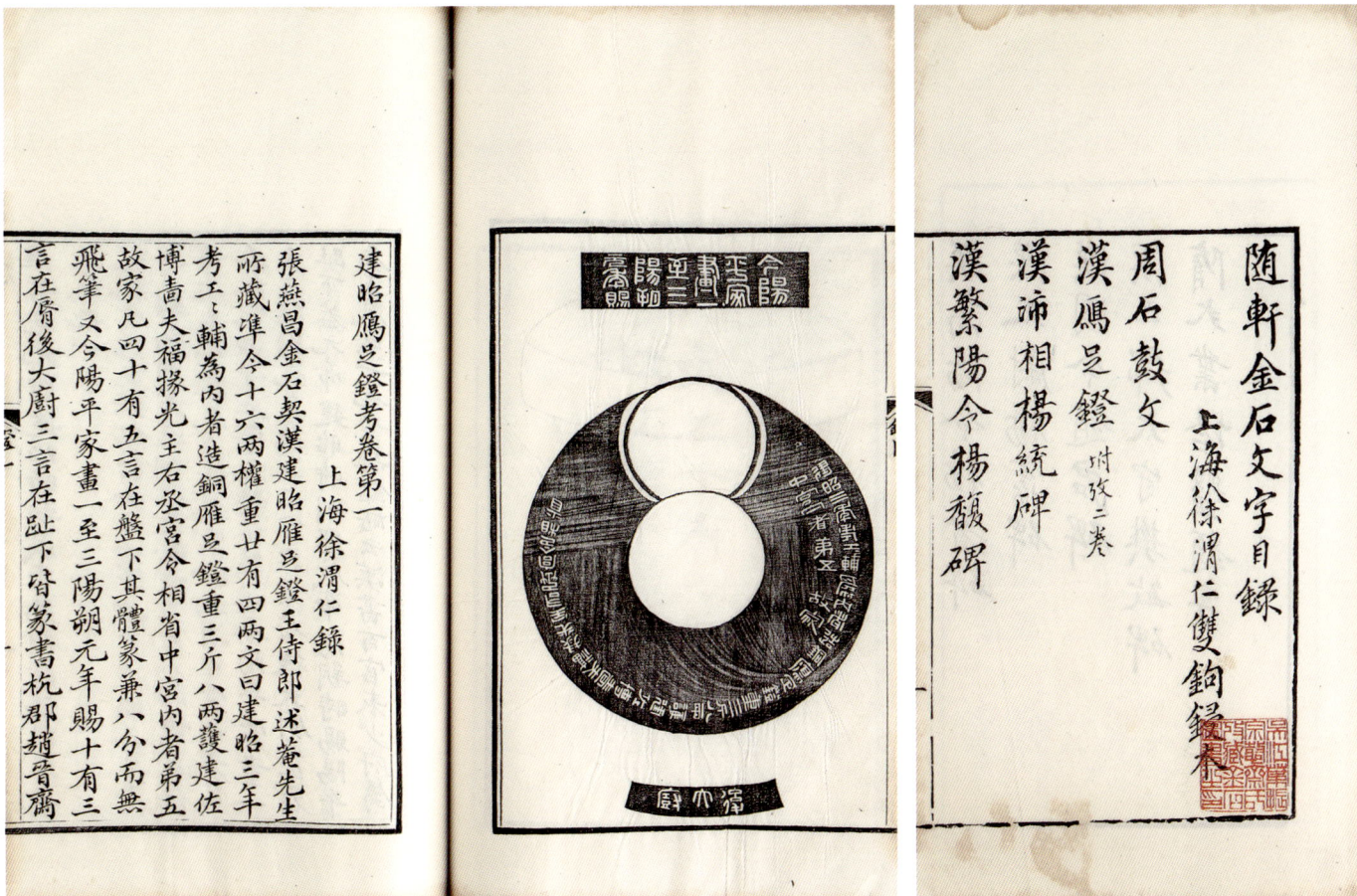

隨軒金石文字目錄

上海徐渭仁雙鉤錄本

周石鼓文

漢雁足鐙 附攷二卷

漢沛相楊統碑

漢繁陽令楊馥碑

建昭雁足鐙考卷第一

上海徐渭仁錄

張燕昌金石契漢建昭雁足鐙王侍郎述菴先生所藏準今十六兩權重廿有四兩文曰建昭三年考工輔為內者造銅雁足鐙重三斤八兩護建佐博膏夫福掾光主右丞宮令相省中宮內者弟五故家凡四十有五言在鐙下其體篆兼八分而無飛筆又令陽平家畫一至三陽朔元年賜十有三言在屑後大廚三言在趾下皆篆書杭郡趙晉齋

隨軒金石字

上海徐渭仁

雙鉤鋟本

四冊

4916

葉振宗舊藏《隨軒金石文字九種》

（清）徐允臨補刊

清同治七年（1868）刻雙鉤本

4 冊　白紙

鑒藏印：吳江葉振宗愨齋氏收藏金石圖書之印（朱）　振宗之印（白）

提要：是書內收漢陽葉東卿、嘉興張叔未兩先生篋藏周石鼓文、漢雁足鐙、漢沛相楊統碑、漢繁陽令楊馥碑、漢高陽令楊著碑、漢太尉楊震碑、漢圉令趙君碑、漢巴郡太守樊敏碑、隋大業塔盤題字計九種，雙鉤受諸梨棗，卷末附同治戊辰（1868）夏六月徐允臨補刊跋文。

是冊舊裝，內夾葉振宗愨齋藏書籤條一枚。

[YE ZHENZONG] SUI XUAN JIN SHI WEN ZI JIU ZHONG

Block-printed in 1868

4 volumes

半框：19×13cm　開本：30×17cm

RMB: 6,000－8,000

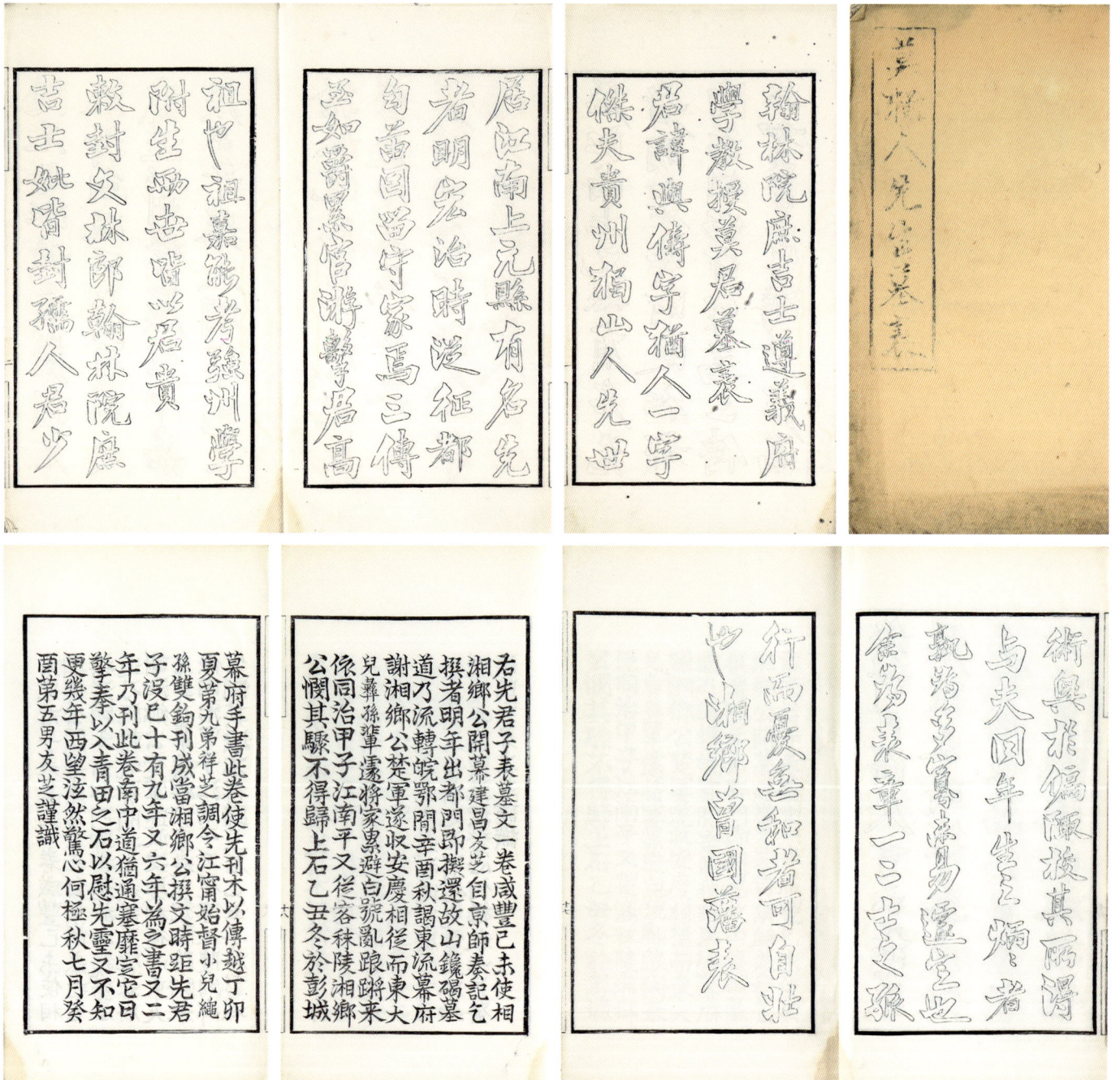

4917

莫猶人先生墓表一卷

（清）曾國藩書

清雙鉤刻本

1冊　白紙

提要：是書為曾國藩受莫友芝之請，為其父莫猶人所篆墓誌銘，經莫繩孫雙鉤刊成。

是冊白紙刷印，後刊清同治十二年（1873）莫友芝跋文，寫刻雋美，拍場未現。

莫友芝（1811～1871），字子偲，號邵亭，晚號眲叟，貴州獨山人。與儔子。道光十一年舉人，官至知縣。精於詩，工真、行、篆、隸書，精金石考據之學，與遵義鄭珍齊名。著述甚富，有《邵亭詩鈔》。

EPITAPH OF MO YOUREN (1 vol)

Block-printed in Qing Dynasty

1 volume

半框：21×12.5cm　開本：27×17cm

RMB: 3,000－5,000

4918

虛齋名畫錄十六卷

（清）龐元濟編

清宣統元年（1909）烏程龐氏刻本

1 夾 16 冊　紙本

提要：是書內收龐元濟自藏畫跡 535 件，起自唐代，止於清代，分列卷、軸、冊頁三類，以時代先後為序，每種詳記紙絹、尺寸、題跋及印章，凡題跋之高寬、鈐印之位置、文字損蝕或訛脫處，悉

照原本備載。前刊鄭孝胥序，末刊陸恢跋。舊裝品佳。

XU ZHAI MING HUA LU (16 vols)

Block-printed in 1909

1 case of 16 volumes

半框：17.7×11.6cm　開本：26×15cm

RMB: 15,000－20,000

4919

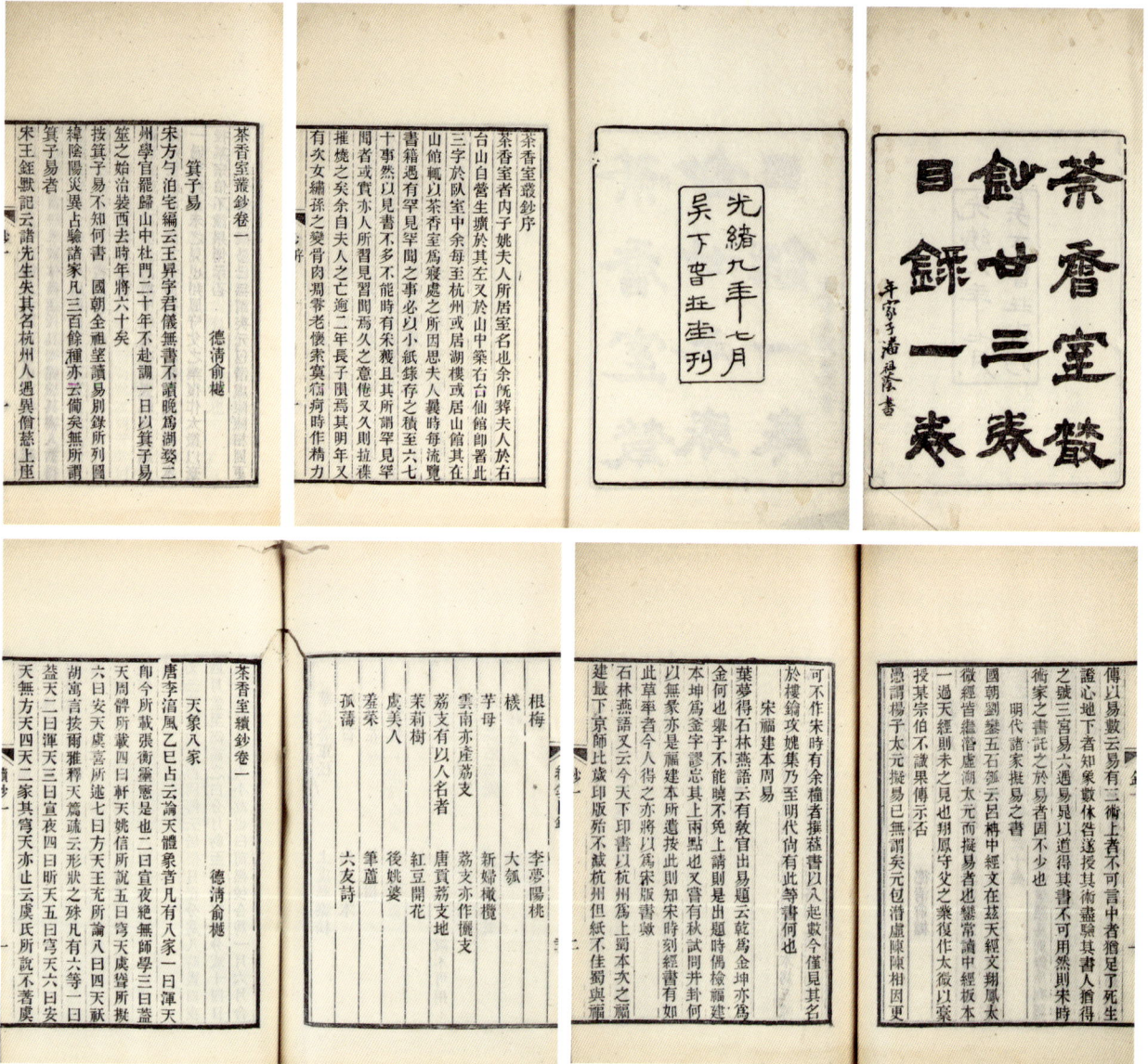

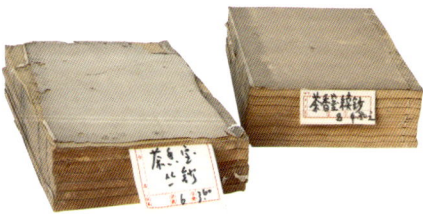

茶香室叢鈔二十三卷 續鈔二十五卷

（清）德清俞樾撰

清光緒九年（1883）德清俞氏春在堂刻本

14 冊 紙本

提要：是書為俞樾晚年撰述，為其平日流覽書籍，輯集其中罕見罕聞之事而成，凡朝章掌故、天文地理、小學考辨、文人軼事、風俗人情、搜神志怪等無不收羅。"茶香室"者，乃俞氏夫人所居室名。拍品首刊牌記："光緒九年七月吳下春在堂刊"，前刊潘祖蔭署題，光緒九年（1883）俞樾自序。舊裝，保存完好。

CHA XIANG SHI CONG CHAO (23 vols) AND SEQUEL (25 vols)

Block-printed by Chunzaitang Studio in 1883

14 volumes

半框：16.3×12cm　開本：24.2×15.2cm

RMB: 6,000－8,000

4920

邵子湘全集三十卷

（清）武進邵長蘅纂

清康熙間邵氏青門草堂刻本

12 冊　紙本

提要：此集含《青門簏稿》十六卷、《青門旅稿》六卷、《青門剩稿》八卷。《簏稿》為邵長蘅康熙戊午（1678）以前所作古近體詩四百四十餘首，序記碑傳雜文一百六十餘首，顧景星批點；《旅稿》為康熙己未（1679）迄辛未（1691）所存詩文，王士禎評；《剩稿》含井梧集詩三卷，宋犖評次，又文五卷，康熙壬申（1692）以後作，為寫刻上版。此拍品首刊牌記："青門草堂藏板／邵子湘全集／簏稿詩文十六卷 旅稿詩文六卷 剩稿詩文八卷"。舊裝，保存完好。

邵長蘅（1637～1704），字子湘，號青門山人，武進（今江蘇常州）人。性穎悟，十歲補諸生，因事除名，以布衣終。工詩文，為王士禎、汪琬所稱。晚歲入宋犖幕。著有《青門全集》。

COMPLETE WORKS OF SHAO ZIXIANG (30 vols)

Block-printed by Qingmencaotang Studio in Kangxi period of Qing Dynasty

12 volumes

半框：18.7×14.5cm　開本：27.5×15.7cm

RMB: 12,000—18,000

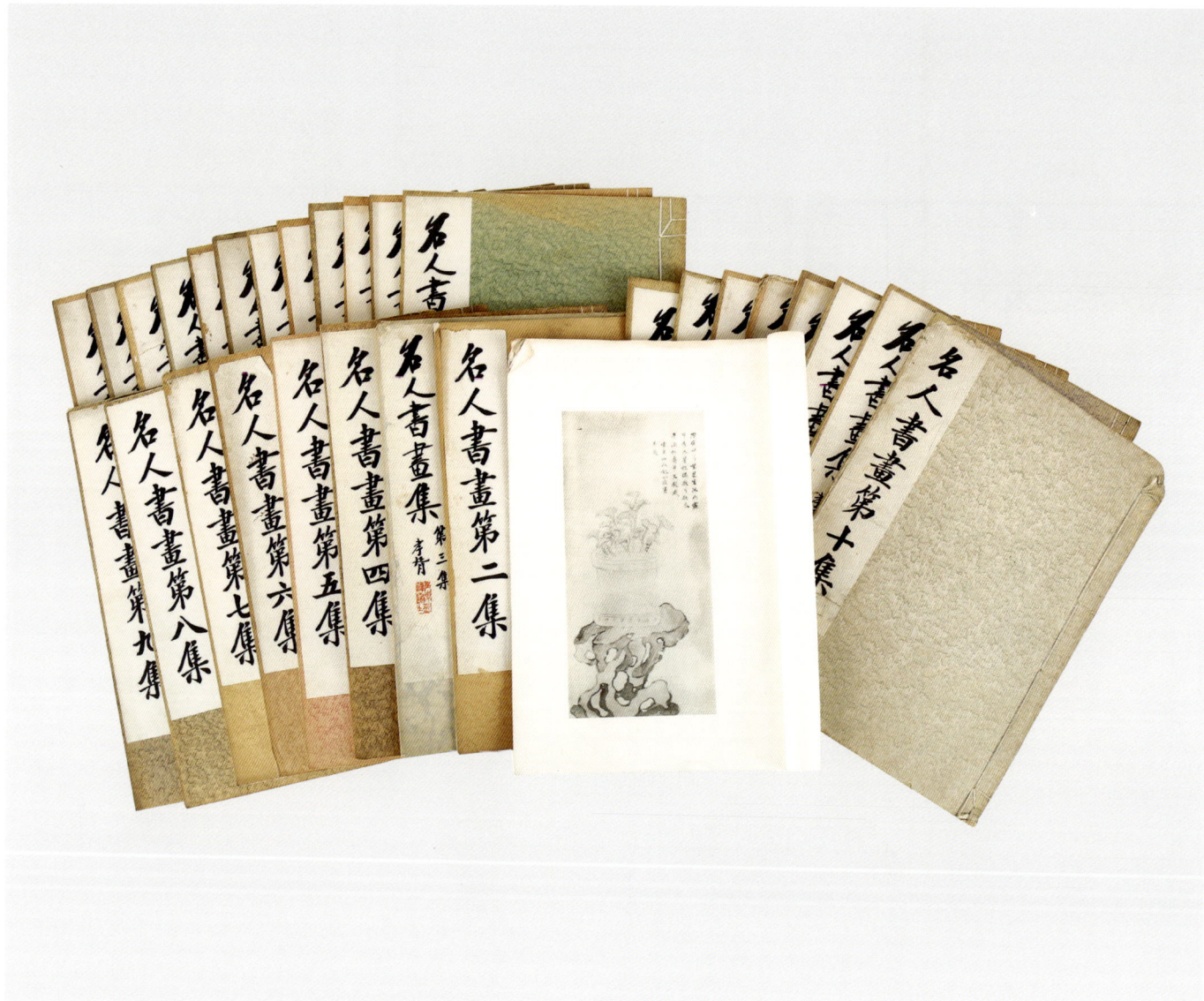

4921

《名人書畫集》三十集全帙

民國九年至十七年（1920～1938）上海商務印書館珂羅版

鑒藏印：趙暘雲審定（朱）

30 冊　宣紙

提要：拍品為民國九年（1920）至民國十七年（1938）間上海商務印書館出版的珂羅版畫冊，
　　　原裝原簽品佳，部分為鄭孝胥題簽。內收王翬、王原祁、何紹基、吳待秋等明清至民國
　　　間畫家畫作，為不可多得的美術文獻資料。

MASTERPIECES BY FAMOUS CALLIGRAPHERS AND PAINTERS (30 vols)

Collotype by the Shanghai Commercial Press between 1920 and 1938

30 volumes

開本：39.5×28cm

RMB: 30,000－40,000

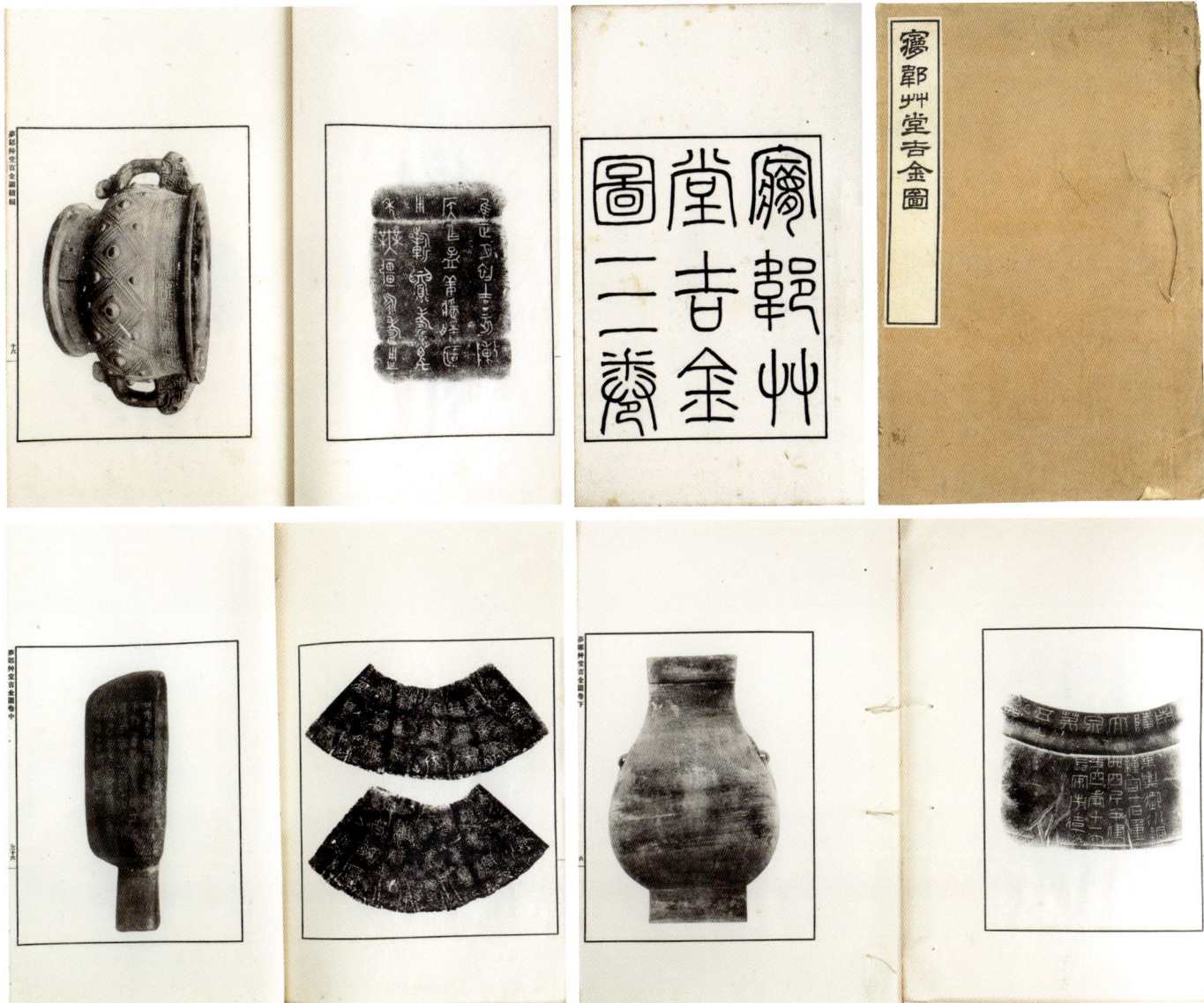

4922

戚叔玉舊藏《夢鄣草堂吉金圖三卷》

（民國）羅振玉著

民國間上虞羅氏影印本

1夾4冊 紙本

鑑藏印：叔玉（朱）

提要：是書為羅振玉養疴之時，課子輩椎拓所輯吉金，影印成圖三卷，以廣
流傳。
是冊內收歷代禮器、酒器、兵器、造像等，如商之勾兵、秦之虎符、
鎏金之雕戈、異文之短劍，世所罕見，影印器型，兼附金文。開本闊大，
原封原簽。
戚叔玉（1912～1992），名鶴九，以字行，山東威海人。畢業於北京

國民大學文學系，獲文學學士學位。承家學，曾從金城、丁佛言學書畫、
治印。後與張大千等交往甚密。精鑒別，擅書畫、詩文、篆刻。曾為
上海市政協委員、上海市文史研究館館員、西泠印社社員。

說明：戚叔玉先生舊藏，由其家屬友情提供。

[QI SHUYU] BRONZES COLLECTIONS OF MENG YI CAO
TANG (3 vols)

Photocopied in Republic of China

1 case of 4 volumes

開本：36.5×24.5cm

RMB: 10,000－20,000

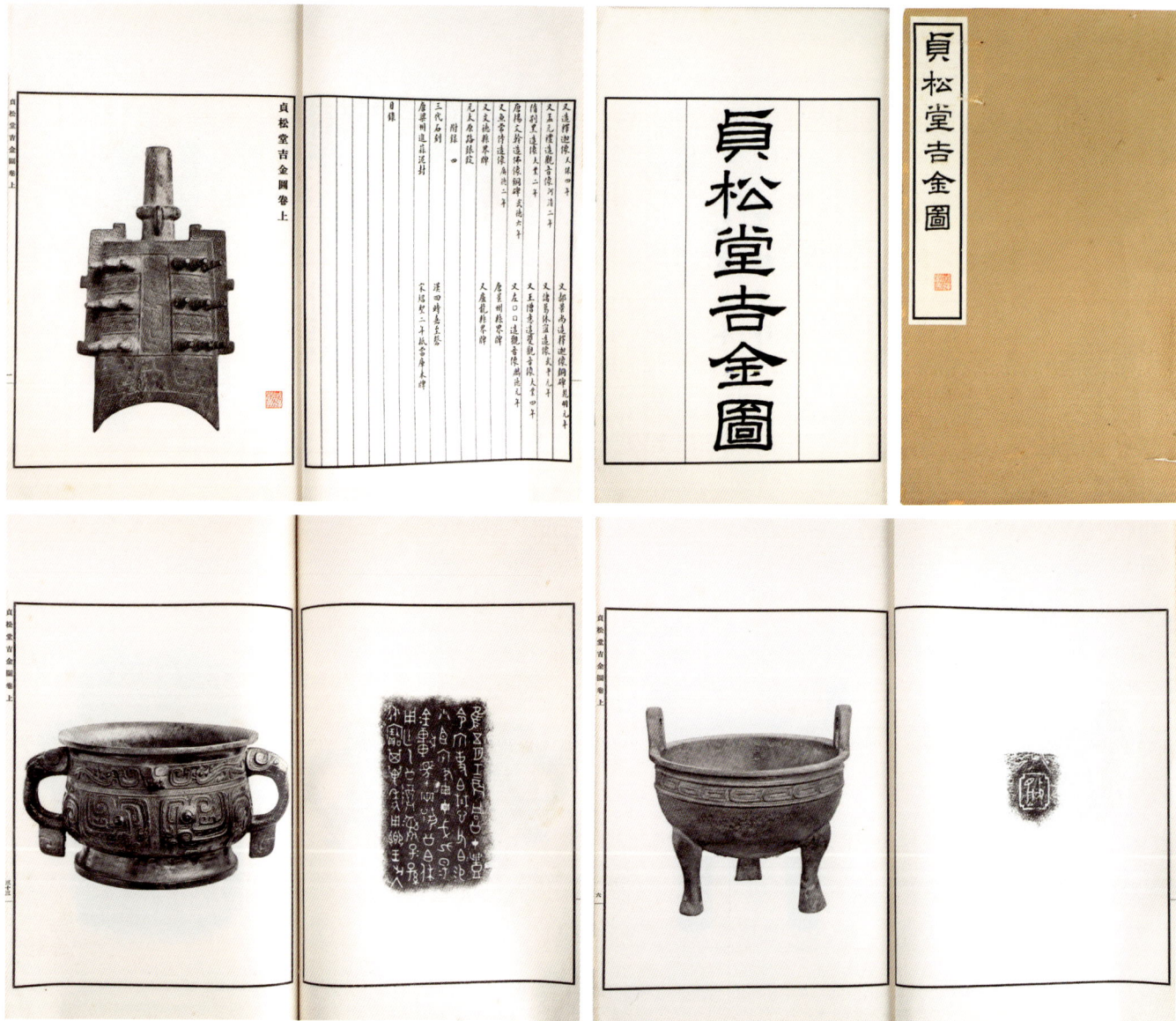

4923

戚叔玉舊藏《貞松堂吉金圖三卷 附古明器圖錄一卷》

（民國）羅振玉著

民國二十四年（1935）墨緣堂珂羅版影印本

3 冊　白紙

鑒藏印：戚璋長壽（白）　叔玉（朱）

提要：是書內收上虞羅振玉所得三代器百餘品，秦漢以降器數十品，合以津沽所得，爰命其子福頤編次為三卷，三代及漢石刻各一與唐封泥、宋木楬附之。另收古明器圖錄一卷。

是冊原裝原簽，白紙影印，圖文詳實，開本闊大。

戚叔玉（1912～1992），名鶴九，以字行，山東威海人。畢業於北京國民大學文學系，獲文學學士學位。承家學，曾從金城、丁佛言學書畫、治印。後與張大千等交往甚密。精鑒別，擅書畫、詩文、篆刻。曾為上海市政協委員、上海市文史研究館館員、西泠印社社員。

說明：戚叔玉先生舊藏，由其家屬友情提供。

[QI SHUYU] BRONZE VESSELS OF ZHEN SONG TANG (3 vols)
AND CATALOGUE OF ANCIENT BRONZES (1 vol)

Collotype by Moyuantang Studio in 1935

3 volumes

Provenance: Previously collected by Qi Shuyu and provided by his family.

開本：36.5×24.5cm

RMB: 5,000－8,000

4924

羅振玉、戚叔玉舊藏《貞松堂藏歷代名人法書三卷》、《百爵齋藏
歷代名人法書三卷》二種

（民國）羅振玉著

民國間墨緣堂珂羅版影印本

1夾6冊 紙本

鑒藏印：羅振玉叔言印信長壽（白） 戚璋長壽（白） 上海圖書館藏書
（朱） 上海圖書館退還圖書章（朱） 戚（白） 戚叔玉（朱） 叔玉
書畫（朱）

提要：是冊羅振玉舊藏《貞松堂藏歷代名人法書》內收晉、元、明、清歷代
名人書法，如敦煌石室晉人尺牘、明文衡山草書赤壁賦、清張文敏公
千字文等；《百爵齋藏歷代名人法書》內收五代楊少師、宋孝宗、元趙
文敏公、明楊文貞公、清伊秉綬等諸家法書，珂羅版影印成冊，開本
闊大，原裝原簽，是為研究歷代法家書風之詳實史料。

羅振玉（1866～1940），字叔蘊，一字叔言，號雪堂，晚號貞松老人，

浙江上虞人。端重考古，喜於傳刻古籍，亦精鑒藏金石書畫。刊有《殷
墟書契前後編》、《雪堂叢刻》等。

戚叔玉（1912～1992），名鶴九，以字行，山東威海人。畢業於北京
國民大學文學系，獲文學學士學位。承家學，曾從金城、丁佛言學書畫、
治印。後與張大千等交往甚密。精鑒別，擅書畫、詩文、篆刻。曾為
上海市政協委員、上海市文史研究館館員、西泠印社社員。

說明：戚叔玉先生舊藏，由其家屬友情提供。

[LUO ZHENYU, QI SHUYU] TWO KINDS OF COLLECTION
OF CALLIGRAPHY BY MASTERS

Collotype by Moyuantang Studio in Republic of China

1 case of 6 volumes

開本：38×25.7cm

RMB: 8,000－12,000

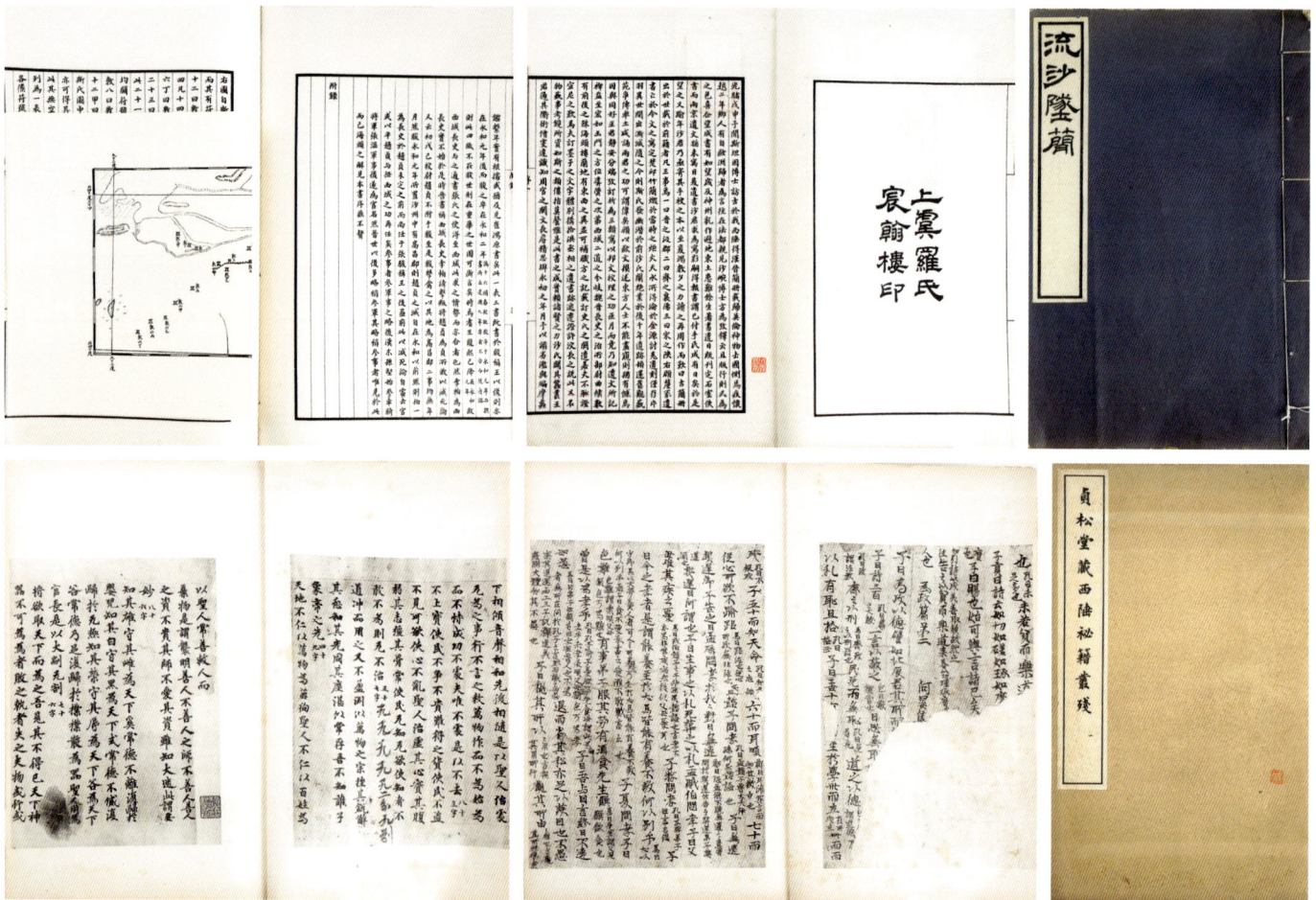

4925

戚叔玉舊藏《流沙墜簡》、《貞松堂藏西陲秘籍叢殘三集》二種

民國間上虞羅氏影印本

9冊　紙本

提要：1.《流沙墜簡》，（民國）羅振玉、王國維撰，民國三年（1914）上虞羅氏宸翰樓影印本，3冊，紙本。開本：37×24.5cm。是書收錄英籍考古學家斯坦因在中國盜掘的敦煌漢簡、羅布泊漢晉簡牘及少量紙片、錦書。依法國漢學家沙畹著作材料影印，附釋文及考釋。是冊開本闊大，刷印精良，是為中國近代最早研究尺牘之著述。鑒藏印：戚璋長壽（白）戚叔玉（朱）

2.《貞松堂藏西陲秘籍叢殘三集》，（民國）羅振玉輯，民國間上虞羅振玉影印本，1夾6冊，紙本。開本：37×25.5cm。是書刊布和介紹了羅氏當時所見之敦煌遺書，記載經文、律法、占卜等相關文獻，史料性極強。鑒藏印：戚璋（白）戚（白）戚叔玉（1912～1992），名鶴九，以字行，山東威海人。畢業於北京國民大學文學系，獲文學學士學位。承家學，曾從金城、丁佛言學書畫、治印。後與張大千等交往甚密。精鑒別，擅書畫、詩文、篆刻。曾為上海市政協委員、上海市文史研究館館員、西泠印社社員。

说明：戚叔玉先生舊藏，由其家屬友情提供。

[QI SHUYU] LIU SHA ZHUI JIAN, ZHEN SONG TANG CANG XI CUI MI JI CONG CAN SAN JI

Photocopied in Republic of China

9 volumes

Provenance: Previously collected by Qi Shuyu and provided by his family.

RMB: 8,000－12,000

4926

戚叔玉批校《三代吉金文存二十卷》（存一至十卷）

（民國）羅振玉著

民國間上虞羅氏百爵齋印本

1 夾 10 冊　紙本

鑒藏印：戚璋長壽（白）　叔玉（朱）

提要：是書為羅振玉集四十年之功編著而成，系羅氏金石研究扛鼎之作。首
　　　有民國丙子（1936）羅振玉自序，述編纂之緣起。編錄傳世三代彝器
　　　文字拓片 4800 餘器，禮、樂、兵、食諸器皆有網羅，部分拓其全型或
　　　大半者，並按銘文字數多寡排列，且銘文皆以原大拓本付印。其中彝
　　　器多為羅氏自藏，其搜羅宏富，考辨精當，故此編一出，即為學人所
　　　重。是冊內頁戚叔玉墨筆考釋年代、器型、文字，小楷校跋。開本敞闊，
　　　品相上是為研習三代吉金文字之重要文獻。

戚叔玉（1912～1992），名鶴九，以字行，山東威海人。畢業於北京
國民大學文學系，獲文學學士學位。承家學，曾從金城、丁佛言學書畫、
治印。後與張大千等交往甚密。精鑒別，擅書畫、詩文、篆刻。曾為
上海市政協委員、上海市文史研究館館員、西泠印社社員。

说明：戚叔玉先生舊藏，由其家屬友情提供。

**[QI SHUYU]　BRONZE INSCRIPTIONS BETWEEN SHANG
AND ZHOU DYNASTIES (Vol. 1-10)**

Block-printed by Baijuezhai Studio in Republic of China

1 case of 10 volumes

Provenance: Previously collected by Qi Shuyu and provided by his family.

開本：36×24.5cm

RMB: 10,000－20,000

  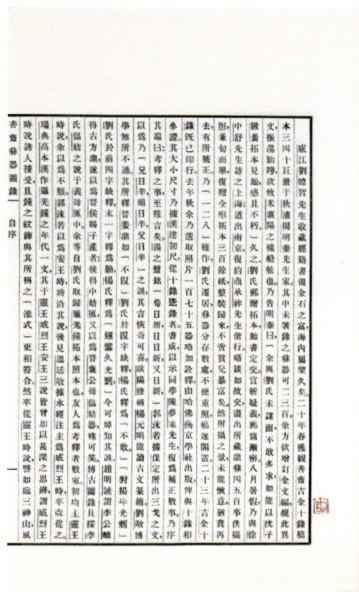 

 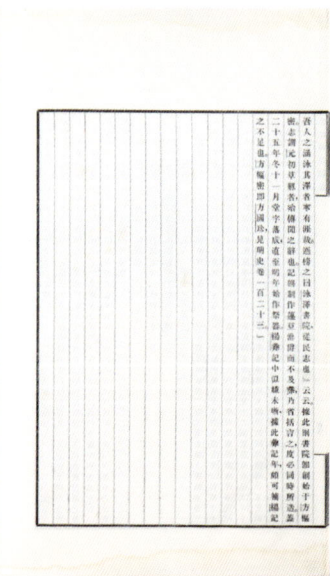  

4927

戚叔玉舊藏《善齋彝器圖錄》

（民國）容庚編輯

民國二十五年（1936）燕京大學哈佛燕京學社影印本

1函3冊　白紙

鑒藏印：叔玉（朱）

提要：《善齋彝器圖錄》收錄劉體智藏青銅器一百七十五件，附以銘文，徵引各家之說，加以考釋而成，可與《善齋吉金錄》相互參證。此本原裝原函，鄧爾雅題簽，末刊容庚撰《善齋彝器圖錄考釋》。此書共印二百部，拍品為第65部。戚叔玉舊藏。

戚叔玉（1912～1992），名鶴九，以字行，山東威海人。畢業於北京國民大學文學系，獲文學學士學位。承家學，曾從金城、丁佛言學書畫、

治印。後與張大千等交往甚密。精鑒別，擅書畫、詩文、篆刻。曾為上海市政協委員、上海市文史研究館館員、西泠印社社員。

說明：戚叔玉舊藏，由其家屬友情提供。

[QI SHUYU] CATALOGUE OF BRONZE WARES COLLECTED BY SHAN ZHAI

Photocopied by Harvard-Yenching Institute of Yenching University in 1936

1 case of 3 volumes

Provenance: Previously collected by Qi Shuyu and provided by his family.

開本：32.5×22.2cm

RMB: 10,000－20,000

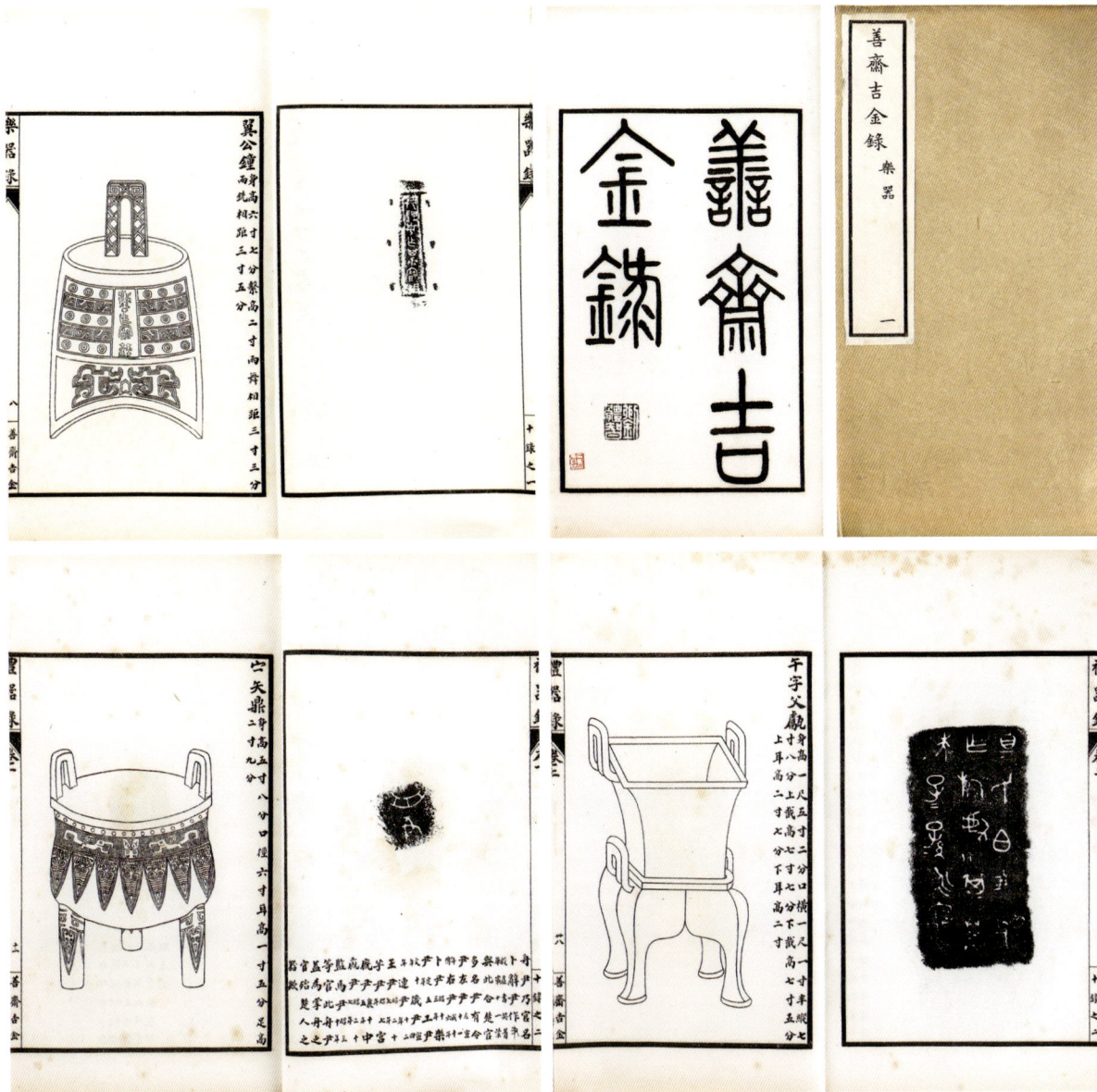

4928

戚叔玉舊藏《善齋吉金錄》

（清）劉體智著

民國二十三年（1934）石印本

4 函 28 冊　白紙

鑒藏印：叔玉（朱）

提要：《善齋吉金錄》收錄劉體智藏吉金器五千七百餘件，依樂器、禮器、古兵、度量衡、符牌、璽印、泉布、泉範、鏡、梵像、飪器分為十錄，每一器皆繪其形制，拓其文字，記其度數，間有考證。前刊劉體智自序。原裝原函 品相佳。戚叔玉舊藏。

戚叔玉（1912～1992），名鶴九，以字行，山東威海人。畢業於北京

國民大學文學系，獲文學學士學位。承家學，曾從金城、丁佛言學書畫、治印。後與張大千等交往甚密。精鑒別，擅書畫、詩文、篆刻。曾為上海市政協委員、上海市文史研究館館員、西泠印社社員。

說明：戚叔玉舊藏，由其家屬友情提供。

[QI SHUYU] BRONZES COLLECTION OF SHAN ZHAI

Lithographed in 1934

4 cases of 28 volumes

Provenance: Previously collected by Qi Shuyu and provided by his family.

開本：30×17.8cm

RMB: 30,000－50,000

4929

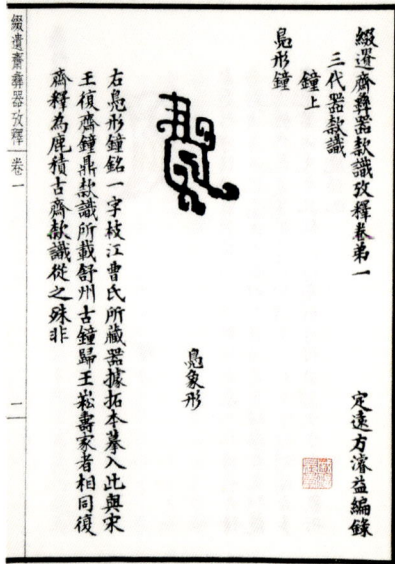

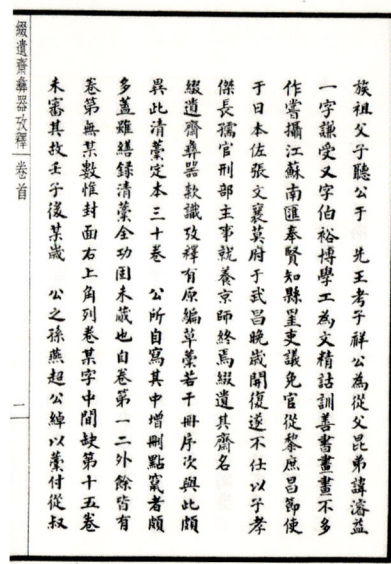

戚叔玉舊藏《綴遺齋彝器考釋三十卷 首一卷》

（清）方濬益編錄

民國二十四年（1935）三月商務印書館初版

2 函 14 冊　白紙

鑒藏印：戚璋長壽（白）

提要：《綴遺齋彝器考釋》著錄商周金文、陶文拓本共計 1382 器，皆據原拓本勾摹石印，摹寫精善。全書共三十卷，體例略仿阮元《積古齋鐘鼎彝器款識》，每器首刊摹本，後附釋文、考證。卷末刊方濬益從孫方燕庚題跋。原裝原函，品相佳，戚叔玉舊藏。戚叔玉（1912～1992），名鶴九，以字行，山東威海人。畢業於北京國民大學文學系，獲文學學士學位。承家學，曾從金城、丁佛言學書畫、治印。後與張大千等交往甚密。精鑒別，擅書畫、詩文、篆刻。曾為上海市政協委員、上海市文史研究館館員、西泠印社社員。

說明：戚叔玉先生舊藏，由其家屬友情提供。

[QI SHUYU] RUBBINGS OF BRONZES FROM ZHUI YI ZHAI (30 vols) AND PREFACE (1 vol)

Printed by the Commercial Press in March, 1935

2 cases of 14 volumes

Provenance: Previously collected by Qi Shuyu and provided by his family.

開本：33×22cm

RMB: 10,000－20,000

4930

戚叔玉舊藏《頌齋吉金圖錄一卷 附考釋》

（民國）容庚著

民國二十二年（1933）影印本

1 函 1 冊　白紙

鑒藏印：容庚私印（白）　叔玉（朱）

提要：是書前附容庚先生小像，內輯容庚所藏周作寶鼎、晚周王蒐鼎、漢河南矛等三十餘件青銅器影像，後附頌齋吉金圖錄考釋，是為其所藏吉金之珍貴留影。

原函原簽，共印一百五十部，此為第二十三部，名家舊藏，誠可寶之。

容庚（1894～1983），又名容肇庚，字希白，號頌齋，室名五千卷金石書室、寶蘊樓、善齋、伏廬，廣東東莞人。著名考古學家、古文字學家。早歲從舅氏鄧尒疋習小學、篆刻。歷任燕京大學、北京大學、清華大學、中山大學教授。有《金文編》《金文續編》《商周彝器通考》《海外吉金圖錄》等。

戚叔玉（1912～1992），名鶴九，以字行，山東威海人。畢業于北京國民大學文學系，獲文學學士學位。承家學，曾從金城、丁佛言學書畫、治印。後與張大千等交往甚密。精鑒別，擅書畫、詩文、篆刻。曾為上海市政協委員、上海市文史研究館館員、西泠印社社員。

說明：戚叔玉先生舊藏，由其家屬友情提供。

[QI SHUYU] CATALOGUE OF BRONZES COLLECTED BY SONG ZHAI (1 vol) ANNOTATION (1 vol)

Photocopied in 1933

1 case of 1 volume

Provenance: Previously collected by Qi Shuyu and provided by his family.

開本：22×33cm

RMB: 8,000－15,000

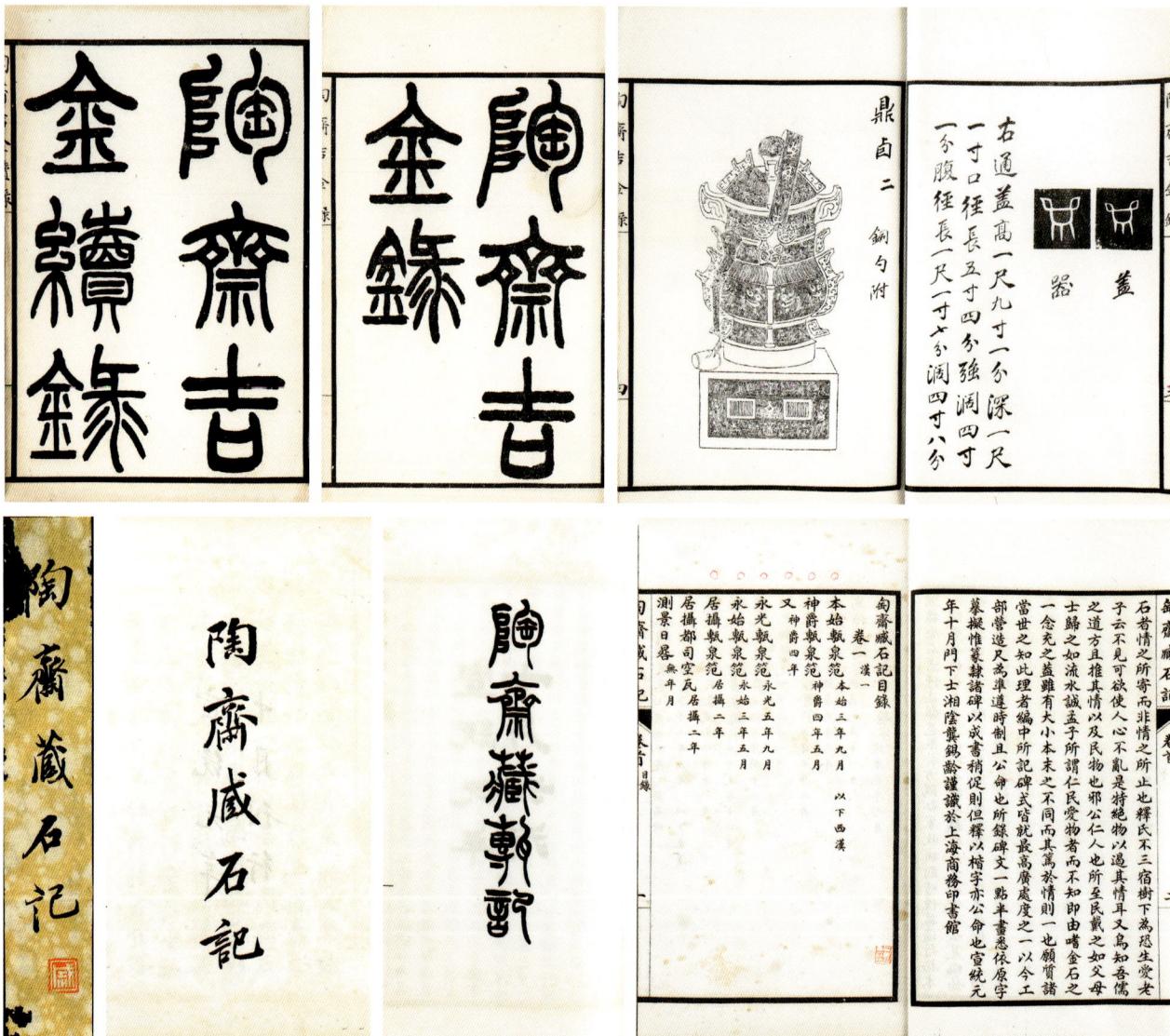

4931

戚叔玉舊藏《陶齋吉金錄八卷 續錄二卷》《陶齋藏石記四十四卷 藏塼記二卷》二種

（清）端方輯

清末石印本

18冊 紙本

提要：1.《陶齋吉金錄八卷 續錄二卷》，（清）端方輯，清光緒宣統間金陵石印本，1夾6冊，白紙。開本：30.5×20cm。是書前影端方序言，內收其所輯三代、秦漢以下彝器及六朝以來造像，共計八卷。描繪器型，輯錄金文，考其尺寸，窞鼎、伯田父敦、陳侯戈、虢叔大林鐘等器型文字無不詳盡。

是冊原封原簽，開本闊大，圖紋精美，是為研究古代吉金文字之重要參考。鑒藏印：叔玉（朱）

2.《陶齋藏石記四十四卷 藏塼記二卷》，（清）端方撰，清宣統元年（1911）商務印書館石印本，1函12冊，紙本。開本：25.6×15cm。拍品首刊宣統元年端方序，此書乃端方仿王昶《金石萃編》之例，取原石與拓

本相較，詳加考訂，與《陶齋吉金錄》并稱兩美。原裝品佳，函套有戚叔玉親筆題簽。鑒藏印：戚（白）

戚叔玉（1912～1992），名鶴九，以字行，山東威海人。畢業於北京國民大學文學系，獲文學學士學位。承家學，曾從金城、丁佛言學書畫、治印。後與張大千等交往甚密。精鑒別，擅書畫、詩文、篆刻。曾為上海市政協委員、上海市文史研究館館員、西泠印社社員。

說明：戚叔玉先生舊藏，由其家屬友情提供。

[QI SHUYU] TWO KINDS BRONZE VESSEL COLLECTION

Lithographed in late Qing Dynasty

18 volumes

Provenance: Previously collected by Qi Shuyu and provided by his family.

尺寸不一

RMB: 10,000－20,000

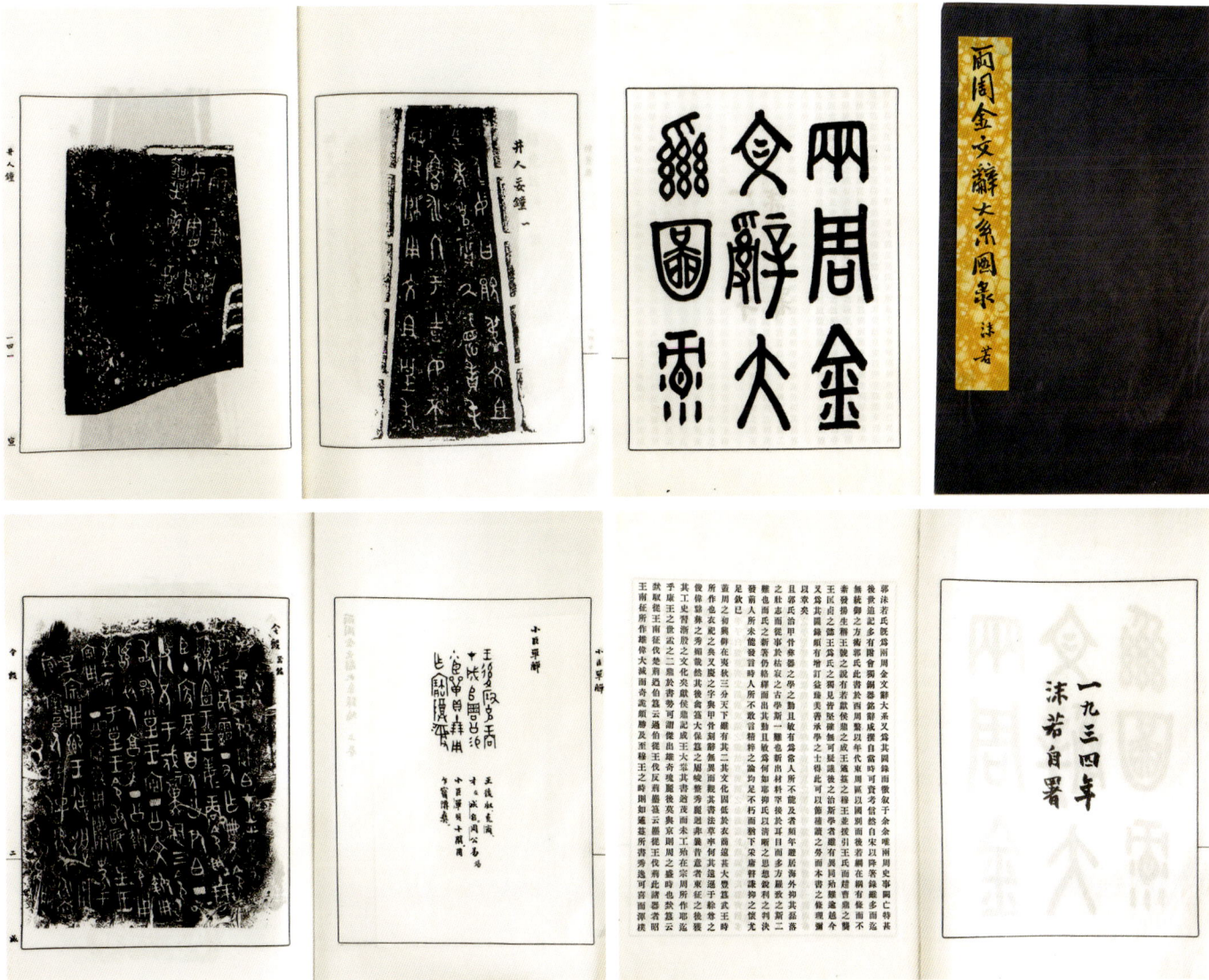

4932

戚叔玉舊藏《兩周金文辭大系圖錄》

（現代）郭沫若編

日本昭和十年（1935）文求堂影印本

1 夾 5 冊　白紙

提要：此書為郭沫若金文研究的主要專著之一，1935 年日本文求堂據著者手跡影印，匯集銘文及器形圖片。原裝原籤。戚叔玉舊藏，內有夾條。

戚叔玉（1912～1992），名鶴九，以字行，山東威海人。畢業於北京國民大學文學系，獲文學學士學位。承家學，曾從金城、丁佛言學書畫、治印。後與張大千等交往甚密。精鑒別，擅書畫、詩文、篆刻。曾為上海市政協委員、上海市文史研究館館員、西泠印社社員。

說明：戚叔玉先生舊藏，由其家屬友情提供。

[QI SHUYU] CATALOGUE OF INSCRIPTIONS ON BRONZE VESSELS OF EASTERN-WESTERN ZHOU DYNASTIES

Photocopied by Bunkyudo from Japan in 1935

1 case of 5 volumes

Provenance: Previously collected by Qi Shuyu and provided by his family.

開本：32.8×23.7cm

RMB: 10,000－20,000

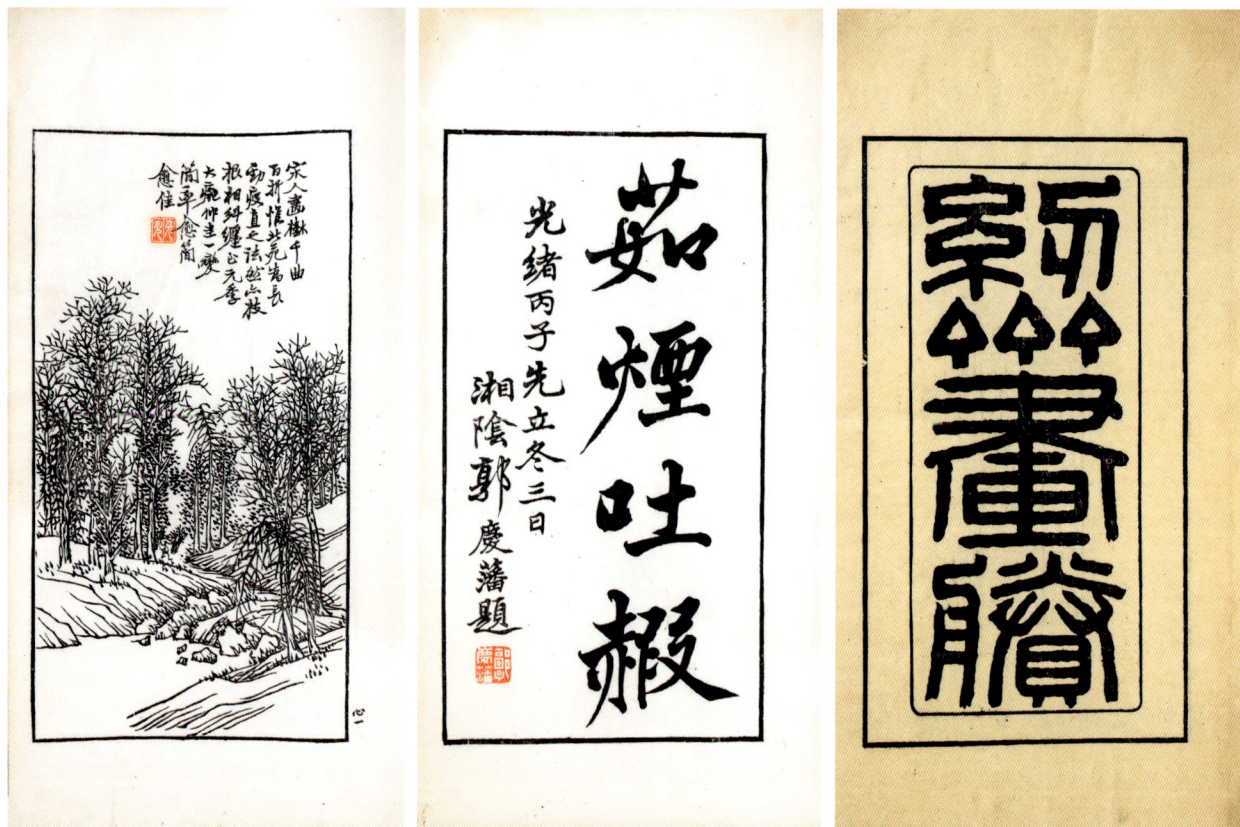

4933

戚叔玉舊藏《紉齋畫勝不分卷》

（清）陳允升繪

清光緒二年（1876）陳氏得古歡室刻本

4 冊　白紙

鑒藏印：叔玉（朱）

提要：此為晚清版畫名品，內收四明逸士陳允升繪山水一百六十幅，並存詩跋。卷首有王繼香、潘曾綬、傅璞、胡公壽、黃山壽等數十家名人序跋，皆據真跡上版。陳允升之子光豫、光華監刻，青伯署簽。原裝原簽，品相尚佳。戚叔玉舊藏。

　　陳允升（1892～1977），字紉齋，號壺洲，浙江鄞縣人。善畫，精治印，好學嗜古，草隸均妙，為"海上畫派"中堅人物。

　　戚叔玉（1912～1992），名鶴九，以字行，山東威海人。畢業於北京國民大學文學系，獲文學學士學位。承家學，曾從金城、丁佛言學書畫、治印。後與張大千等交往甚密。精鑒別，擅書畫、詩文、篆刻。曾為上海市政協委員、上海市文史研究館館員、西泠印社社員。

說明：戚叔玉先生舊藏，由其家屬友情提供。

[QI SHUYU] REN ZHAI HUA SHENG

Block-printed by Deguhuaishi Studio in 1876

4 volumes

Provenance: Previously collected by Qi Shuyu and provided by his family.

半框：21.9×11.9cm　開本：29.7×16.7cm

RMB: 8,000－12,000

文美齋詩箋譜

題 桐城張祖翼

4934

戚叔玉舊藏《百花詩箋譜》

（清）張兆祥繪

清宣統三年（1911）天津文美齋刊套印本

1 函 2 冊　白紙

鑒藏印：叔玉（朱）　戚璋長壽（白）

提要：是譜又名《文美齋詩箋譜》，為文美齋主人以張龢菴先生所繪折枝花卉，制為詩箋，所輯百幅，
鏤版行世，傅色揣稱，盡態極妍。

是冊封面及扉頁刊張祖翼題識，前有光緒丙午年張祖翼序文。原函原籤，品相佳。

戚叔玉（1912～1992），名鶴九，以字行，山東威海人。畢業於北京國民大學文學系，獲
文學學士學位。承家學，曾從金城、丁佛言學書畫、治印。後與張大千等交往甚密。精鑒別、
擅書畫、詩文、篆刻。曾為上海市政協委員、上海市文史研究館館員、西泠印社社員。

說明：戚叔玉先生舊藏，由其家屬友情提供。

[QI SHUYU] BAI HUA SHI JIAN PU

Printed by Tianjin Wenmeizhai Studio in 1911

1 cases of 2 volumes

Provenance: Previously collected by Qi Shuyu and provided by his family.

開本：29.5×18cm

RMB: 10,000－20,000

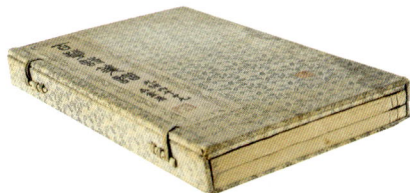

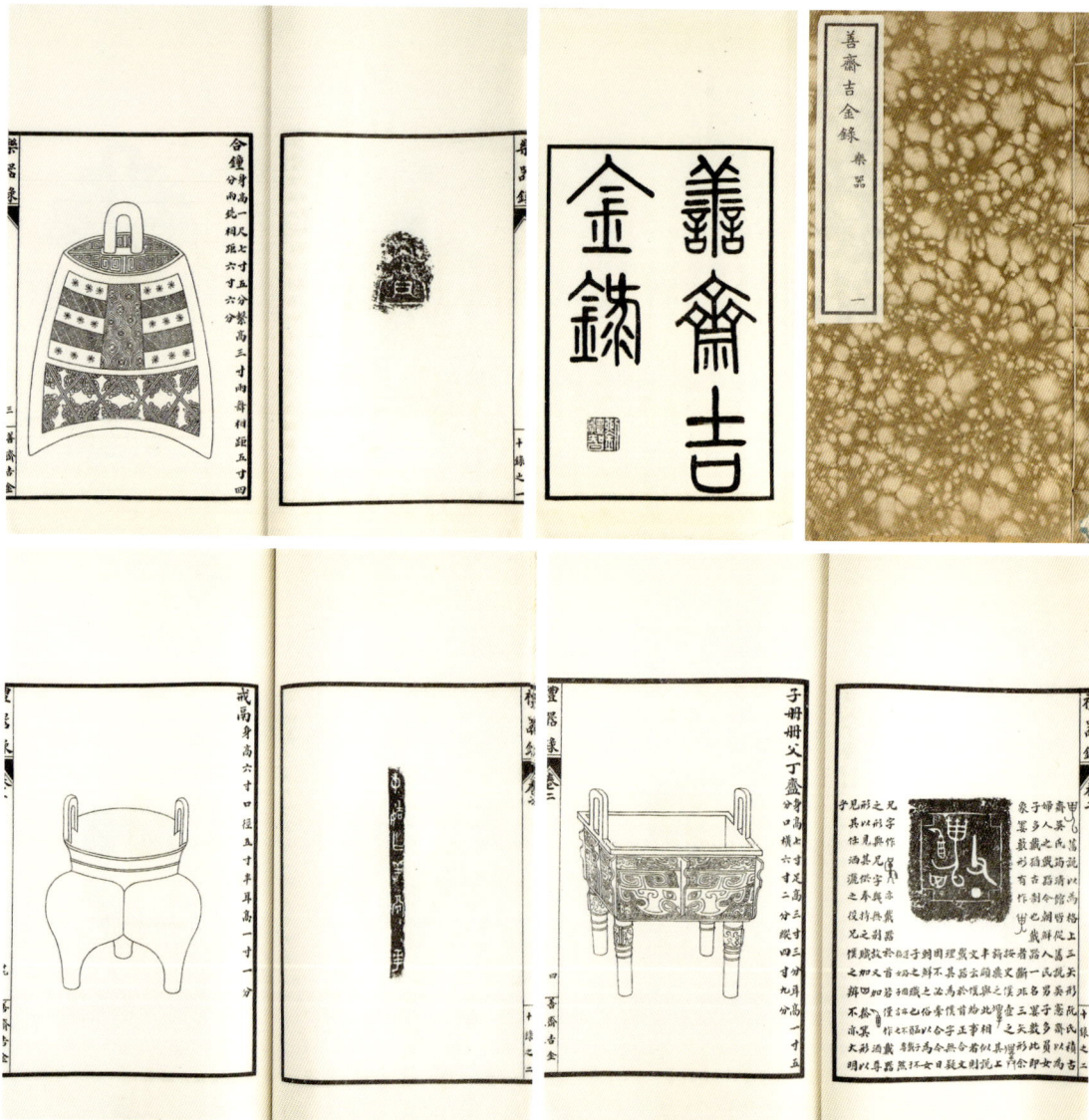

4935

善齋吉金錄十卷

（民國）劉體智輯

民國間劉氏影印本

4 函 28 冊　白紙

提要：是書為劉體智所藏青銅器之大成，內收樂器、禮器、古兵器、度量衡、符牌、鉩印、泉布、古鏡、梵像、任器十類，皆繪圖像，邊附銘文，旁記尺寸，間有考證。皇皇四冊，綾裝包角，虎皮宣護封，原裝原簽。是為民國間金石著錄之精品，歷為學家所推崇。

SHAN ZHAI JI JIN LU (10 vols)

Photocopied in Republic of China

4 cases of 28 volumes

開本：32×18cm

RMB: 60,000－80,000

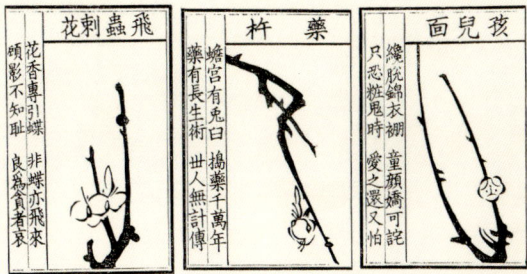

4936

中國版畫選

1958 年北京榮寶齋木板水印本

1 函 2 冊　宣紙

提要：是書精選自唐代以來我國版畫代表作品一百六十七幅，刊刻精緻，印工、紙墨上乘，對各圖的刊刻時間、地點、繪者、鐫者及風格都有簡介。原雕板在 1958 年印成後由中國歷史博物館保存。鄭振鐸在序言中直贊其中許多作品不僅逼肖原本，甚至有所超越。原函原簽封裝，觸手若新。

SELECTION OF CHINESE PRINTS

Block-printed by Rongbaozhai in 1958

1 cases of 2 volumes

開本：31.5×43cm

RMB: 10,000－20,000

4937

光緒版《百花詩箋譜》

清光緒三十二年（1906）文美齋初刻套印本

1 厚冊　特製紙

提要：拍品為光緒丙午年（1906）文美齋初刻本，用紙頗為厚重，異於通常所見的宣統三年印本。封面及扉頁刊張祖翼題識，前有光緒丙午年張祖翼序文。

是譜又名《文美齋詩箋譜》，文美齋主人以晚清天津著名畫家張兆祥所繪折枝花卉制箋，共計五十五幅，盡態極妍。此本封皮四周略有磨損，內頁品相佳，原裝。

BAI HUA SHI JIAN PU

Block-printed by Wenmeizhai Studio in 1906

1 volume

開本：29×19cm

RMB: 25,000－35,000

4938

北平榮寶齋詩箋譜

民國二十四年（1935）榮寶齋饾版拱花套印本

2冊　紙本

提要：是譜內收張大千、齊白石、溥心畬、吳待秋、徐操、顏伯龍、王夢白等名家所繪花草魚鳥、山水人物，另有仿文美齋百花箋譜、仿十竹齋箋譜等，共計二百幅，雙葉雙畫，设色妍雅。封面刊蕭愻題签，壽石工作序。原裝品相。

BEI PING RONG BAO ZHAI SHI JIAN PU

Printed by Rongbaozhai in 1935

2 volumes

開本：32.1×21.2cm

RMB: 40,000－50,000

PALAIS PAVILLONS ET JARDINS CONSTRUITS
PAR GIUSEPPE CASTIGLIONE

DANS LE DOMAINE IMPÉRIAL DU YUAN MING YUAN
au Palais d'Ère de Pékin

VINGT PLANCHES GRAVÉES DE 1783 A 1786. PAR DES ARTISTES
CHINOIS, REPRÉSENTANT LES CONSTRUCTIONS, JARDINS ET
FABRIQUES ÉDIFIÉS DE 1737 A 1766. POUR L'EMPEREUR K'IEN-LONG,
PAR LES JÉSUITES DE LA COUR : GIUSEPPE CASTIGLIONE DIT LANG
CHE-NING, PEINTRE, FERDINAND-BONAVENTURE MOGGI DIT
LI PO-MING, ARCHITECTE, IGNACE SICHELBART DIT SING NGAN,
PEINTRE ET ARCHITECTE, JEAN-DENIS ATTIRET DIT WANG
TCHE-TCH'ENG, PEINTRE, MICHEL BENOIST DIT TSIANG YEOU-REN,
INGÉNIEUR, ÉGIDE THÉBAUT DIT YANG TSEU-TSIN, HORLOGER
ET FERRONNIER, CHARLIER DIT CHA JOU-YU, HORLOGER ET
MACHINISTE, PIERRE CHÉRON D'INCARVILLE DIT T'ANG
TCHE-TONG, BOTANISTE ET PAYSAGISTE, MARTIAL CIBOT DIT
HAN KOUO-YING, HORTICULTEUR ET PAYSAGISTE.

JARDIN DE FLORE
AU 14 DE LA PLACE DES VOSGES
1977

4939

圓明園西洋樓銅版畫（存十五張）

1977 年法國出版

15 幅附 3 張　紙本

提要：拍品為 1977 年法國巴黎國家圖書館以 1786 年原版銅板刊刻 1:1 限量複製而成。採用全景式構圖，描繪了"諧
　　　奇趣"、"黃花陣"、"養雀籠"、"方外觀"、"海晏堂"、"遠瀛觀"、"大水法"、"觀水法"、"線法山"、"線法畫"
　　　十座西式建築，場面壯闊，構圖精密。完整一套應為二十幅，拍品存第一、二、三、四、五、六、七、九、
　　　十一、十三、十四、十五、十七、十八、十九。

COPPER PLATE ETCHINGS OF THE SUMMER PALACE

Published in France in 1977

18 pieces

板框：50.8×88cm　開本：60.4×95cm

RMB: 30,000－40,000

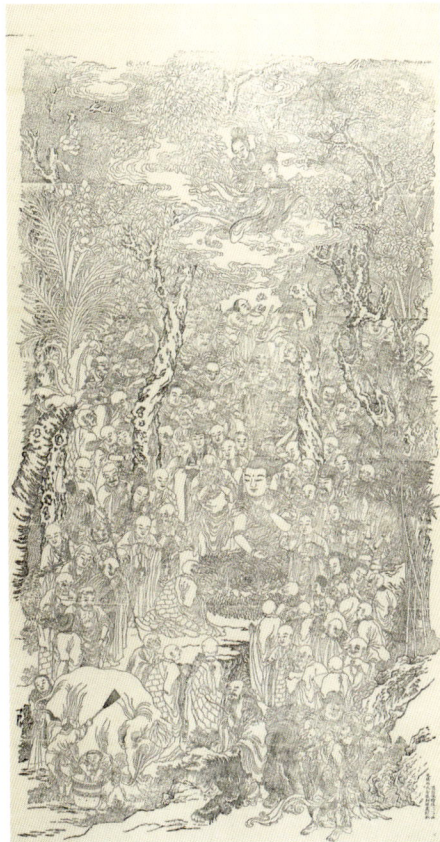

4940

清光緒間金陵刻經處刻大型佛教版畫十二種

清光緒間刻本

12 軸　紙本

鑒藏印：樸初（朱）

提要：金陵刻經處為清同治五年（1866）楊仁山創辦，所刻佛像版畫雕鎸精細，尺幅宏大，人物形象莊嚴華妙，為版畫藝術之珍品。拍品為清光緒間刻佛教版畫十二種：

1.《靈山法會》，177.5×94cm，右下鎸："簡詔敬繪，張國瑞臨，光緒丙戌金陵刻經處鎸版。"

2.《慈悲觀音像》，178×94cm，右下鎸："康熙丙子嵩山周璕敬寫，光緒戊寅壽之張益摹繪，淨業學人施資，金陵刻經處鎸板。"

3.《西方極樂世界依正莊嚴之圖》，176×94cm。無落款。

4.《千手千眼觀音像》，134×66cm，左下鎸："光緒四年歲次戊寅，三寶弟子智開謹遵《造像量度經》摹繪，金陵刻經處鎸版。"

5.《西方三聖圖》，134×66cm，左下鎸："謹按淨土三經及蓮宗著述繪成此圖，以資淨侶臨終觀行，廣陵藏經院念佛僧捐資，癸未仲冬金陵刻經處鎸板。"

6.《釋迦牟尼佛座像》，133.5×66cm，右下鎸："光緒四年春二月，金陵刻經處謹遵《造像量度經》摹繪敬刊。"

7.《千手觀音像》，107×60cm，右下鎸："光緒丙戌山陰張國瑞敬繪，金陵刻經處鎸版。"

8.《地藏王菩薩像》，107.5×60.5cm，左下鎸："金陵刻經處印造。"

9.《西方三聖圖》，107.5×60cm，左下鎸："杜高氏施資敬刻，願宿障頓消，早歸安養。"

10.《千手觀音圖》，107×60cm，右下鎸："佛弟子華岩秋岳氏敬寫，光緒四年金陵刻經處鎸板。"

11.《水月觀音圖》，107×61cm，無落款。

12.《西方三聖圖》，92.5×44.5cm，上鎸往生咒。

TWELVE KINDS OF BUDDHIST PRINTS

Block-printed in Guangxu period of Qing Dynasty

12 scrolls

尺寸不一

RMB: 130,000－150,000

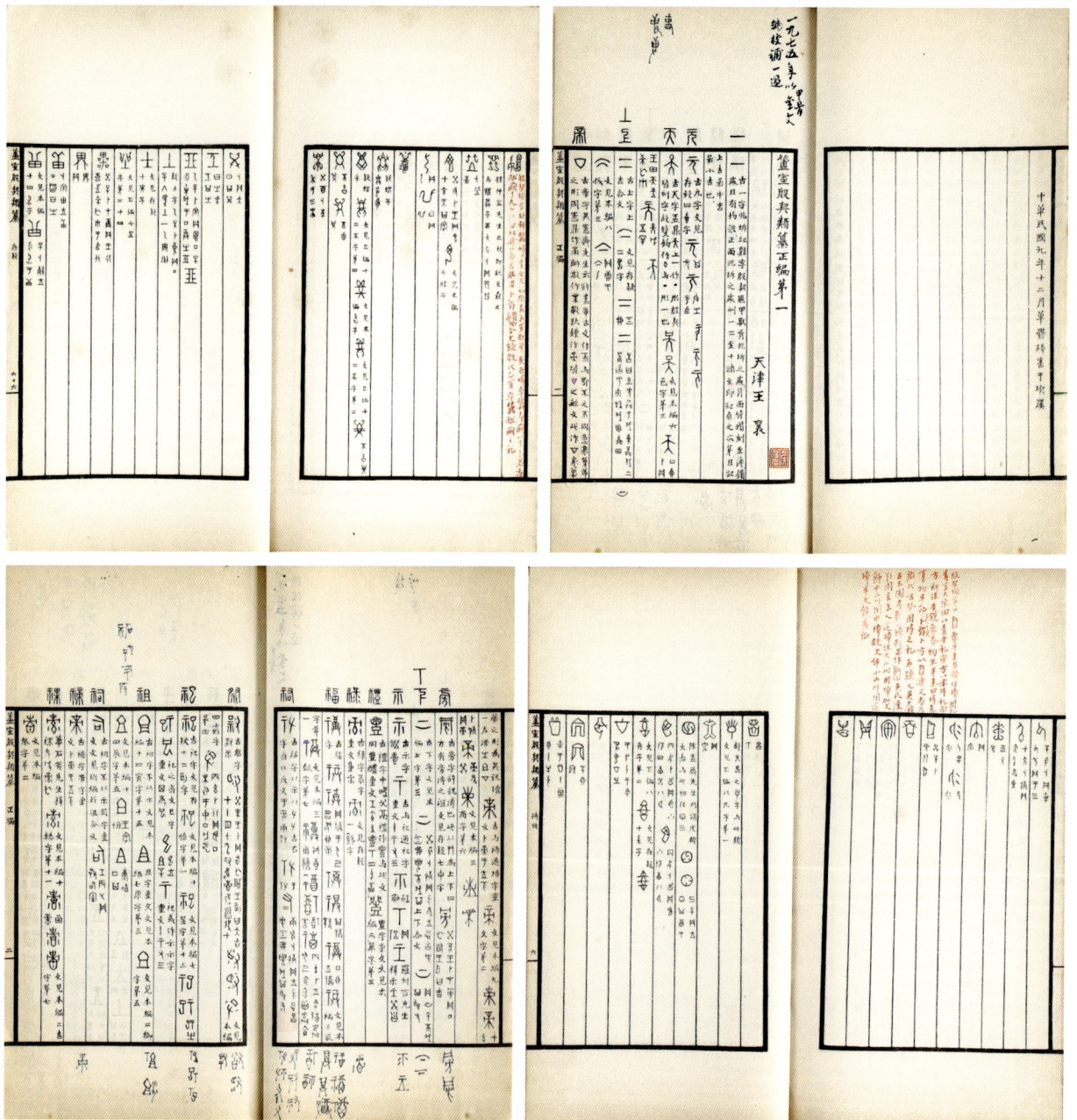

4941

簠室殷契徵文二十五卷 簠室殷契類纂三十卷（批校本）

（民國）天津王襄撰

民國十四年至十八年（1925～1929）天津博物院石印本

1夾6冊　紙本

鑒藏印：侯及名（白）及名（朱）

提要：是書為甲骨學奠基人之一王襄所撰，其中《簠室殷契徵文》共計十二卷、考釋十二卷、勘誤一卷，分天象、地望、帝系等十二類收錄甲骨拓片，民國十四年（1925）天津博物院石印本，4冊，其影印底本為天津博物院以自家創製的藥紙直接落石拓印，為一創舉。《簠室殷契類纂》正編十四卷、附編一卷、存疑十四卷、待考一卷，民國十八年（1929）河北第一博物院（原天津博物院）石印本，2冊。前刊王襄肖像及王襄、王守洵等人序。內有前人朱筆批校，又1957年以甲骨金文編校補。侯及名舊藏。原裝原簽。

王襄（1876～1965），字綸閣，初號符齋，後獲王懿榮舊藏白旅簠，

故號簠齋，祖籍浙江紹興，世居天津。辛亥革命爆發後閑隱天津，工書，精於篆刻，致力於甲骨的收購及研究。著有《簠室古匋》《簠室殷契類纂》《簠室殷契徵文》等。

侯及名（1920～2003），號友墨，河北臨榆人。1946年畢業於北京中國大學，獲史學碩士學位。中央文史館館員，中國美術家協會會員。曾任中國畫研究會理事、京華書畫會會長等職。著有《薊門印譜》《薊門畫譜》等。

FU SHI YIN QI ZHENG WEN (25 vols) AND FU SHI YIN QI LEI ZUAN (30 vols)

Lithographed by Tianjin Museum between 1925 and 1929

1 case of 6 volumes

開本：30.7×17.5cm

RMB：6,000－10,000

欽定書經圖說卷一

命官授時圖

光緒三十一年

帝堯　羲氏　義仲　義叔　和氏　和仲　和叔

總修纂修校對諸臣職名

總修官

經筵日講起居注官　賞戴花翎　東閣大學士翰林院臣孫家鼎

經筵講官　南書房行走管理國子監事務部臣徐郙

經筵講官　太子少保協辦大學士禮部臣榮慶

經筵講官　賞戴花翎吏部尚書南書房行走學務處大臣臣張百熙

經筵講官戶部尚書正紅旗滿洲都統管理新舊營房事務國史館副總裁軍機大臣政務處大臣學務大臣臣陸潤庠

經筵講官尚書銜都察院左都御史南書房行走臣張亨嘉

光祿寺卿大學堂總監督　南書房行走今任陝西學政臣朱益藩

日講起居注官翰林院侍讀學士南書房行走今任四川學政臣鄭沅

翰林院編修

4942
欽定書經圖說五十卷
清光緒三十一年（1905）武英殿石印本
2函 16冊　白紙
提要：是書為孫家鼎、張百熙等奉慈禧太后之旨纂輯，交京師大學堂編書局，延聘江南畫師繪五百七十幅插圖，樓臺界畫，人物勾勒，窮態極妍，反映了封建社會後期的社會景觀，個別禮儀場景還參考了儒家經典的記載，具有文獻、藝術等多方面價值。原函原裝，開本闊大，品相佳。

QIN DING SHU JING TU SHUO (50 vols)
Lithographed in 1905
2 cases of 16 volumes
開本：32.1×21.3cm
RMB: 80,000－100,000

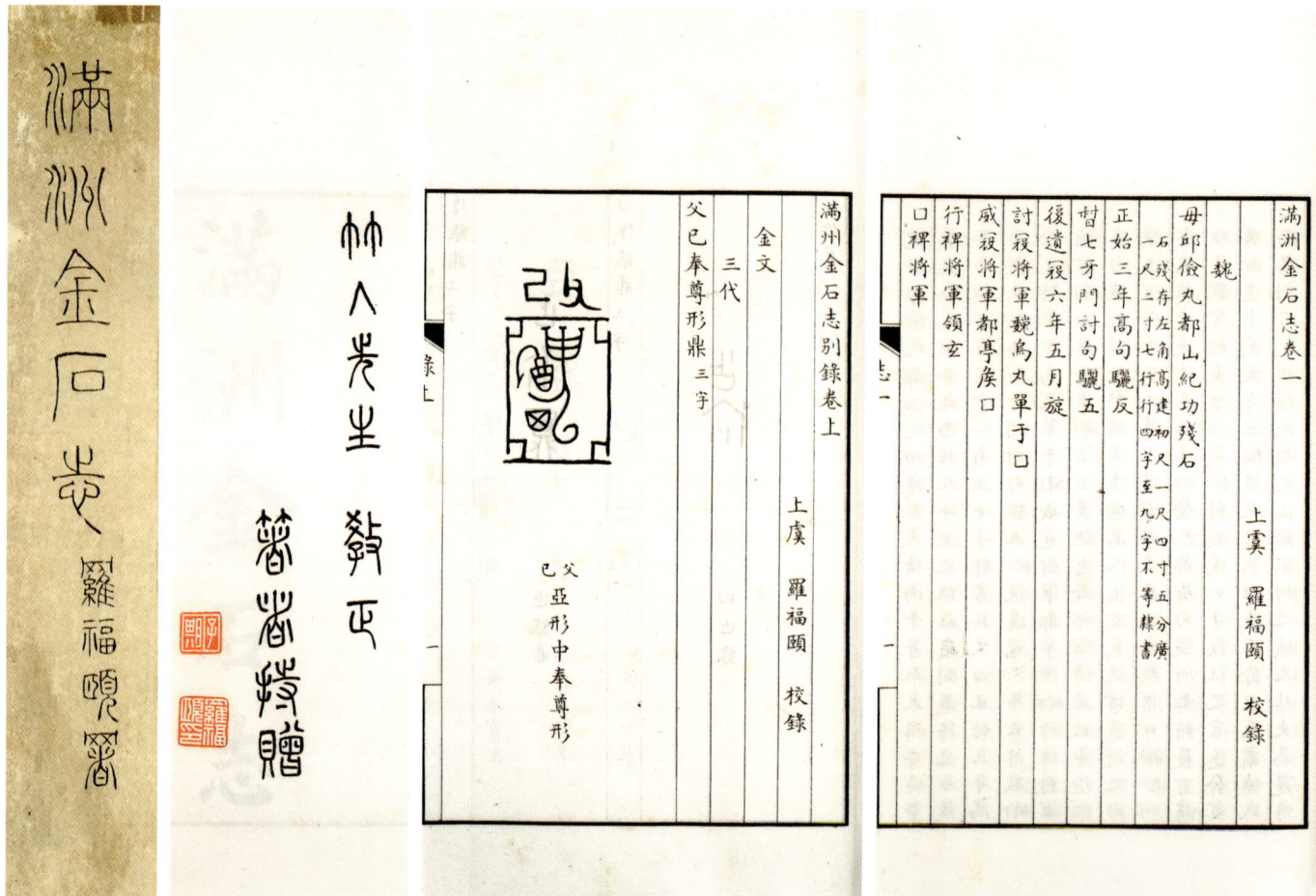

4943

羅福頤題贈《滿洲金石志六卷 別錄二卷 補遺一卷 外編一卷》

（民國）羅福頤校錄

1937 年滿日文化協會石印本

1 函 5 冊　白紙

鑒藏印：子期（白）　羅福頤印（白）

提要：此本扉頁有羅福頤親筆題贈："竹人先生教正，著者持贈。"上款人 "竹人先生" 或為王雲（1865～1946），字竹人，以字行，浙江紹興人。與西泠印社創始人丁輔之、吳隱等有交游。

　　《滿洲金石志》為羅振玉命兒子羅福頤編校，內收錄魏、晉、北魏、唐、遼、金、明代在奉天、吉林、黑龍江、熱河等地的滿洲碑刻、金文，如高句麗好太王碑等，對熱河、承德 吉林等地方志記載中的訛漏進行了校補，具有極高文獻價值。

　　原裝原簽，品相佳。

[LUO FUYI] CHRONICLE OF MANCHU TABLET INSCRIPTIONS (6 vols), SEPARATE RECORDS (2 vols), SUPPLEMENT (1 vol) AND ADDITIONAL WORKS (1 vol)

Lithographed by Manchu-Japan Cultural Association in 1937

1 case of 5 volumes

開本：26.1×15.5cm

RMB: 6,000－8,000

題者簡介：羅福頤（1905～1981），字子期，七十後自號僂翁，羅振玉第五子，祖籍浙江上虞，出生於江蘇淮安。歷任中國考古學會理事、中國古文字學會理事、杭州西泠印社理事等職。著有《漢印文字征》《古璽文編》等。

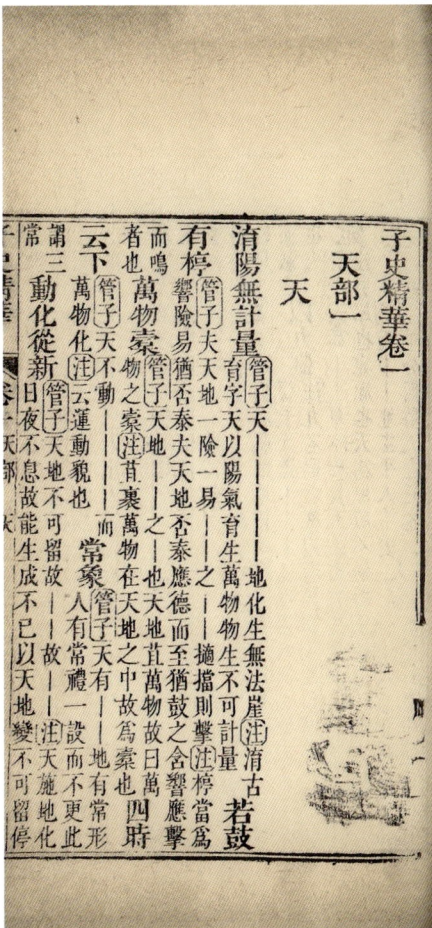

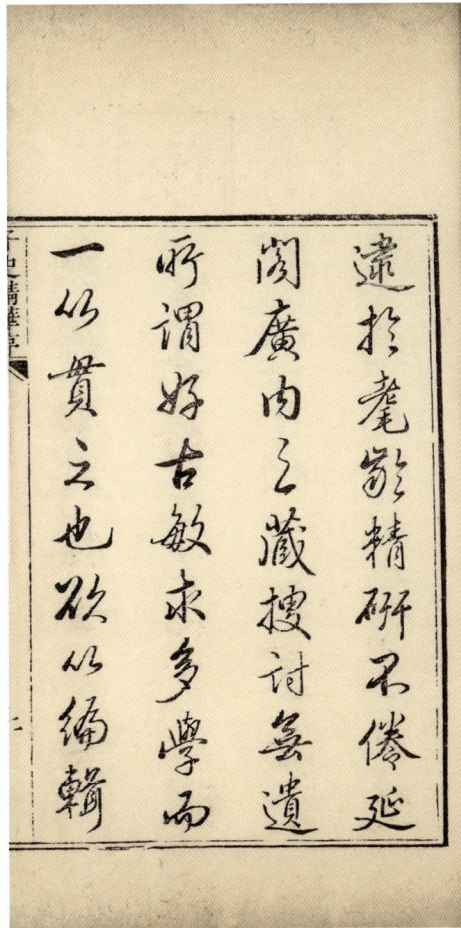

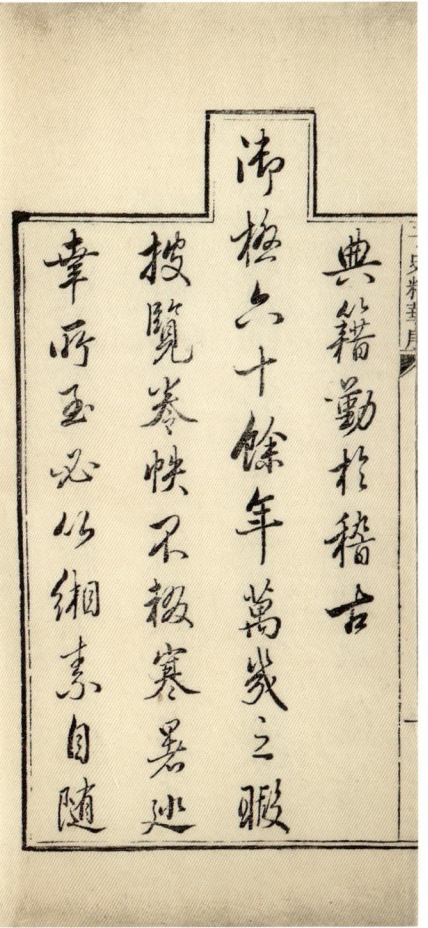

4944

子史精華一百六十卷

（清）允祿、吳襄等奉旨纂

清刻本

4 函 24 冊　紙本

提要：是書為清聖祖康熙帝命允祿、吳襄等編纂的一部類書，分天、地、帝王、文學、器物等三十部，每條以句中精要詞語作標題，以原文和注釋分雙行夾註於下，采輯宏富，考核精良。前刊清雍正五年（1727）御製序。舊裝，品相佳。

ZI SHI JING HUA (160 vols)

Block-printed in Qing Dynasty

4 cases of 24 volumes

半框：18.3×12.5cm　開本：26.7×15.7cm

RMB: 25,000－35,000

4945

4945

吳湖帆題贈鄭振鐸《梅景書屋畫集》

民國二十九年（1940）彩色珂羅版

1 冊　紙本

鑒藏印：吳湖帆印（白）

提要：此集為吳湖帆喪偶後輯夫婦二人所繪山水寫真十六幅，影印行世。
　　　前刊夏敬觀、陳邁序，末刊潘承厚跋。拍品扉頁有吳湖帆題贈鄭振
　　　鐸："西諦先生惠存，弟倩庵贈。"

[WU HUFAN, ZHENG ZHENDUO] COLLECTION OF
PAINTINGS BY MEIJING SHUWU

Collotype in 1940

1 volume

開本：38.2×26.3cm

RMB: 5,000－8,000

4946

鄭振鐸手裝并題贈《王石谷仿元六家》珂羅版畫冊二種

民國間珂羅版

2 冊　宣紙

鑒藏印：鄭振鐸印（朱）

提要：1.《王石谷仿元六家》，民國珂羅版，1 冊，開本：39.5×27.5cm，封面有鄭振鐸朱筆題贈上海出版公司創始
　　　人之一劉哲民："頃印《蘊輝齋藏畫》得睹石谷此冊，深喜其筆姿飛動，無施不宜，乃別刷二十本分貽友好，
　　　并手自裝訂成冊，雖曰粗頭亂服而亦自有其真焉。哲民我兄。鄭振鐸，三六、九、二十。"
　　　2.《青藤盦藏畫第三集》，民國珂羅版，1 冊，開本：28.5×39.5cm，封底有吳文祺墨筆題贈鄭振鐸："振鐸兄
　　　惠存，文祺敬贈。"封面封底有蟲蛀及水漬。

[ZHENG ZHENDUO] TWO KINDS OF COLLOTYPE PAINTING ALBUMS

Collotype in Republic of China

2 volumes

尺寸不一

RMB: 20,000－30,000

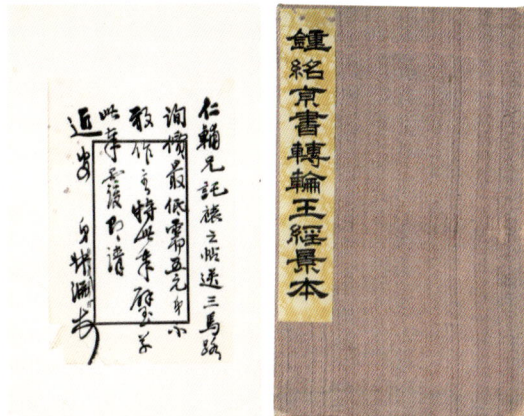

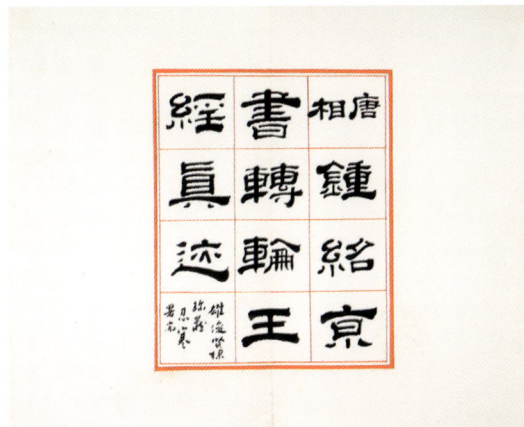

4947

龍榆生題《鐘紹京書轉法輪王經》珂羅版

民國間珂羅版

1 冊　紙本

提要：此冊首有龍榆生墨筆題："唐相鐘紹京書轉法輪王經真跡，雄俊賢棣珍藏，忍寒署耑。"
封面有墨筆題："鐘紹京書轉法輪王經景本"。內夾俞叔淵信札一頁。

龍榆生 (1902～1966)，名沐勳，晚年以字行，號忍寒居士、風雨龍吟室主，江西萬載人。
近代詞學大師，其成就與夏承燾、唐圭章並稱。建國後任上海音樂學院教授。著有《東
坡樂府箋》、《唐宋名家詞論》等。

[LONG YUSHENG]　ZHONG SHAO JING SHU ZHUAN FA LUN WANG
JING

Collotype in Republic of China

1 volume

開本：30×18.8cm

RMB: 8,000－12,000

4947

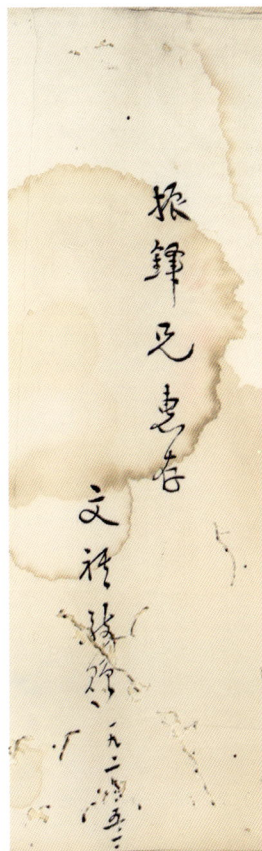

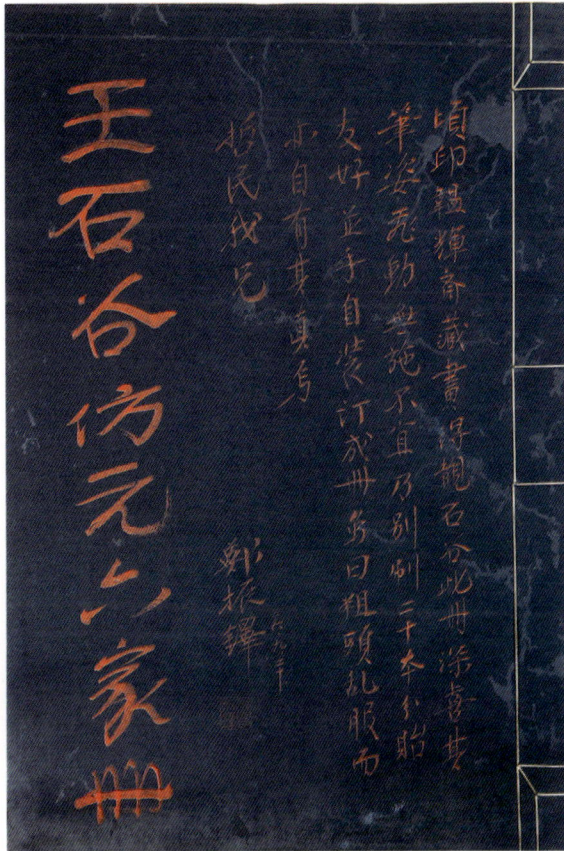

4946

4948

清乾隆勵宗萬監製紙

1 幅

提要：此幅左下角鈐"臣勵宗萬監製"朱文印。保
存完好，紙面略有自然黃斑，右下角有裂紋
一道。

勵宗萬（1705～1759），字滋大，號衣園，
直隸靜海人。康熙間進士，雍正元年授翰林
院編修。後遷光祿寺少卿、鴻臚寺卿、內閣
學士、都察院左副都御史。好詩詞，尤工書法，
與張照時稱"南張北勵"。著有《京城古跡考》
等。

**PAPER MADE UNDER THE SUPERVISION
OF LI ZONGWAN**

Made in Qing Dynasty

1 piece

89.5×168.5cm

RMB: 10,000－20,000